浙商大日本研究丛书

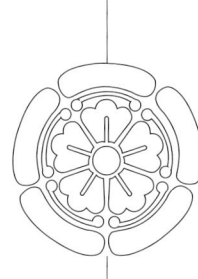

中日史学史脞论

李军 著

中国社会科学出版社

图书在版编目（CIP）数据

中日史学史脞论／李军著 .—北京：中国社会科学出版社，2022.8
（浙商大日本研究丛书）
ISBN 978－7－5227－0031－1

Ⅰ.①中… Ⅱ.①李… Ⅲ.①史学史—对比研究—中国、日本
Ⅳ.①K092②K093.13

中国版本图书馆 CIP 数据核字（2022）第 055830 号

出 版 人	赵剑英	
责任编辑	陈雅慧	
责任校对	王　斐	
责任印制	戴　宽	
出　　版	中国社会科学出版社	
社　　址	北京鼓楼西大街甲 158 号	
邮　　编	100720	
网　　址	http://www.csspw.cn	
发 行 部	010－84083685	
门 市 部	010－84029450	
经　　销	新华书店及其他书店	
印　　刷	北京君升印刷有限公司	
装　　订	廊坊市广阳区广增装订厂	
版　　次	2022 年 8 月第 1 版	
印　　次	2022 年 8 月第 1 次印刷	
开　　本	710×1000　1/16	
印　　张	21.5	
字　　数	343 千字	
定　　价	118.00 元	

凡购买中国社会科学出版社图书，如有质量问题请与本社营销中心联系调换
电话：010－84083683
版权所有　侵权必究

历史观本身亦有其历史,其历史亦有一定的影响。
——李大钊《史学要论》

在从"史料"写作到史书编撰完成的各个阶段,甚至是在阅读"史书"的读者内心中都存在着历史思想。
——[日]高桥章则《德川时代的历史思想》

历史学的认识论本身在一定程度上也是一部历史。
——[法]安托万·普罗斯特《历史学十二讲》

序　一

古代中国发明汉字、礼仪开化在先，官方正史向来有为周边民族或国家立传记史的传统，以辨华夷之别，天下之大。公元1世纪东汉班固所著《汉书》的"地理志·燕地"条记述曰："乐浪海中有倭人，分为百余国，以岁时来献见云。"此19个字，即中国正史对日本的最早记述。200年后，陈寿的《魏志·东夷传》中有关日本记述的篇幅猛增百倍，内容之丰富、翔实，远超《汉书》，但因方位记述语焉不详，留下邪马台国在哪里的千古之谜。此后历朝中国正史的外国传皆列入东瀛，国号亦先后记作"倭""倭国""日本"等。但说到研究，却远远滞后。

至少到明代中期的成化至嘉靖年间，备受"北虏南倭"袭扰的明朝人，开始研究日本。直浙总督胡宗宪挂名主编的《筹海图编·倭国事略》，与军中幕僚郑若曾的《日本图纂》《日本国考》，以及南京守备李言恭等《日本考》、常州训导薛俊的《日本考略》、出使日本的郑舜功的《日本一鉴》等十余种图书问世，涉及日本的历史沿革、山川形势、语言习俗，其重点在探讨倭寇的缘起、兴衰，附议平定倭寇之策。万历朝鲜之役期间，明人再次关注丰臣秀吉治下的日本。可以说，自明代起，正史中的日本不再安分。国防安全也成为研究日本的新内容。

进入近代，伴随资本主义世界市场的组建，欧美列强西力东渐，东亚面临未曾有的大变局。日本开港后的幕末改革走在洋务运动的前头，一场明治维新更决定性地拉开中日两国近代发展的差距。明治年间，日本侵台湾，吞琉球，发动中日甲午战争、日俄战争以及吞并韩国，中日关系遭到彻底扭曲。大正年间的"二十一条"要求，昭和初期逐步升级的侵华战争，中国学人的日本研究，不得不直接面对中华民族生死存亡的重大现实问题。故近代以来，除了学术性思考，更多的现实性需求，成为中国研究日本的思维方式。在近代的不同时期，日本政府或各类日本人游移于敌乎、友乎、师乎之间，陆离光怪，景象万千。在中国周边国家之中，能像日本这样影响近代中国命运的国家，屈指可数。清季至民国，有关日本研究的成果林林种种，不一而足。特别是戎马倥偬的抗战岁月，中国学者在艰苦卓绝之中坚持日本史研究，其治学与报国的精神令人钦佩。

1949年中华人民共和国成立后，周一良、吴廷璆、邹有恒先生等第一代学者筚路蓝缕，为日本研究奠基。1972年中日邦交正常化，为学术互动开创了有利条件。除1976年井上清教授来北京大学主持日本近现代史讲习班之外，日本史研究进展不大。1978年改革开放以来，中国的日本史研究进入学术史上的最好时期，在创新观点、成果积累、人才培养、国际交流等方面前所未有地活跃兴旺。特别是日本史研究资料的大量获取与积累，结束了理论见长，但资料不足的失调。1990年前后，日本六兴出版社推出多卷本的"东亚视野中的日本史"系列，标志着第二代中国日本史研究者的学术水平得到日本学术界的承认；1997年浙江人民出版社出版的《中日文化交流史大系》，将中日学者的合作研究推向新高峰。嘲笑中国日本史研究不过是"中小学生水平"的说法已是明日黄花，对等交流成为主流。

进入新世纪，学术研究群体在新老交替过程中，实现了年轻化、高学历化、国际化和多元化。第三代、第四代学者成为中国日本史研究的中坚，日本史教学科研的主力军，他（她）们接过老一代学者的接力棒，开拓前进，再创新业绩。在此期间，国家和地方政府加大了对人文学科，包括日本史研究的资金投入，如同南开大学日本研究院多卷本的"日本现代化研究"丛书、"近代以来日本对华认识"系列研究等力作陆续推出，展示了日本史教学科研的新成果和阵容。与此同时，网络时代的"草根史学"兴起，日本史研究不再一枝独秀于讲坛史学的象牙塔，网络化、社会化日新月异。中国的日本史研究的发展前景，令人鼓舞。

新时期的中国日本史研究业绩显著，也面临着新老问题与挑战。例如，日本史的学术研究与现实关注如何协调，基础研究与应用研究如何配置，援引与创新如何兼顾，各断代史如何均衡发展，跨地区与跨国别研究如何推进，老一代治学风范和业绩如何发扬光大，国际接轨与争取中国学者的学术话语权，等等。

回顾古代中国正史外国据实记史的传统，点检近代以来中国日本史研究的历程，基于东亚和平、中国的国家安全、中日博弈与共赢等现实问题的思考，愈加需要客观把握一个真实的日本。发现日本人身在列岛却未必能想得到、看得到并能认识清楚的日本问题，已经是新世纪中国研究日本的新课题。在日本史研究理论、视角、思路、资料运用等方面，展现中国学人的治学特色，进一步创建中国日本史研究体系，可谓任重道远。

因此，浙江工商大学推出"日本研究丛书"，可谓恰逢其时。按照分辑出版、每辑多部的节奏，推出东方语言文化学院与东亚研究院教师的最新科研成果，努力再现浙东学人精心治学、勇于创新、知行合一的学风，突出注重日本文化研究的特色。对此，应该点一大赞。作为希望，谨提两点：其一，此丛书力求学术研究不拘一格，精益求精，凸显新时期中国日本史学术研究的新面貌。其二，与全国其他地区的学人互通声气，切磋学艺，再创佳绩。东西南北携手合作，共同扩展中国学人的日本史解释体系，为创建中国特色日本史研究体系添砖加瓦。盛举可期，可庆可贺！

是为序

宋成有
于北京海淀蓝旗营
2018 年 11 月 28 日

序 二

说到浙商大的日本研究，大致可分为两个阶段。

第一阶段始于1989年杭州大学日本文化研究所的成立，终于2004年研究所移砚浙江工商大学，为时15年。其间的1998年，因杭州大学并入浙江大学，研究所更名为"浙江大学日本文化研究所"。2001年，研究所创始人、所长王勇教授在《中日关系史论考》（2001年）一书的前言中，对于研究所的基本方针和多年成就有如下言简意赅的总结：本所创建之初，确立了"立足本地，放眼世界；开门办所，促进交流"的基本方针，通过共同申请课题、举办国际会议、出国讲学进修、邀请专家讲演等方式，不仅与国内同行建立起良好的合作关系，成为国内日本文化研究的重要基地之一，而且开拓了与日本、韩国、欧美学界的交流渠道，为中国的日本研究与国际接轨做出了微薄的贡献。笔者以为，这一阶段，研究所在研究内容和研究方法方面，都形成了自己的特色和风格。具体而言，研究内容以中日文化交流史为主，研究方法表现为重视资料的搜集、整理和保存，以建立在原典解读基础之上的实证研究为主要方法，同时，注重与日本学界的交流与合作，对于日本学界的最新研究成果有充分的吸收和客观的批判。代表性成果首推十卷本中日文版《中日文化交流史大系》。这一时期的日本文化研究所作为中国学界研究日本文化的一大重镇，受到中日学界的广泛关注。

2004年4月，在王勇、王宝平两位教授的带领下，日本文化研究所移师浙江工商大学，承时任校长胡祖光教授鼎力支持，我们成立了只有一个专业的日本语言文化学院，从此开启了浙商大日本研究的新时代。

时光荏苒，转眼间，我们已在浙江工商大学度过了近15个春秋。15年间，我们的日本研究人员由最初的7名增至26名，大多具有海外留学背景，部分成员通晓中日韩三国语言，形成年龄结构合理、锐意进取、勇于创新的研究团队。我们拥有两个省部级科研平台：教育部区域国别研究中心"日本研究中心"、浙江省哲学社会科学重点研究基地"东亚研究院"。我们也是日本国际交流基金海外日本研究据点之一。我们相继获得"日语语言文学""亚非语言文学"硕士学位授予权和"外国语言文学日本及东亚研究方向"博士授予权。与前一阶段相比，我们的研究视野和研究领域由日本扩展至东亚，开始把东亚国家作为一个有机联系的整体进行综合研究，并将日本置于整个东亚乃至全球的视域来认识与考察。我们的研究内容也在保持中日文化交流史研究特色的同时，开始关注东亚三国语言、文学、国际关系和经济贸易等。我们的研究方法也有了新的变化，除了坚持在文献考证与田野调察基础之上对研究对象进行细致入微的考察与分析，也开始寻求实证研究基础之上的理论构建和理论创新，并开始关注现实问题的研究。

今年，恰逢日本文化研究所成立三十周年，也是浙商大日本语言文化学院（2015年因新增阿拉伯语专业而更名为"东方语言文化学院"）成立十五周年。三十年，在历史长河中只是稍纵即逝的瞬间，可是，对于浙商大日本研究者而言，却是极不平凡的三十年，有创业的艰辛，有失败的痛苦，也有成功的荣耀；有王勇、王宝平等前辈学者勇立潮头、运筹帷幄的智慧与担当，也有后继者们淡泊名利、不辞辛苦的进取与奉献。为纪念这段历史，展示近些年的研究成果，也为鼓励我们的研究人员继承前辈的事业，潜心学术、砥砺前行，我们策划了《浙商大日本研究丛书》的出版。

本丛书系浙江工商大学东亚研究院和日本研究中心研究成果之一。丛书既然冠以"浙商大"之名，也就意味着丛书的作者们与我校有着或深或浅的关系。或是我校特聘专家，或是我校专职教师，或是我校兼职研究员，或是我校毕业生，总之，皆是我们的"自家人"。就收书范围而言，可以是学术专著，也可是论文集；文风肃穆井然也好，轻松诙谐也罢，皆无限制。我们只有一个要求：所有的著作皆需出自严谨的学术态度，遵守规范的学术道德，是长期积累、精雕细琢的学术精品，而非粗制滥造、追逐名利的学术垃圾。

"志之所在，逾于千里"。我们相信，我们的研究者们既有"著书不为稻粱谋"的品格和境界，也有"但开风气不为师"的勇气和胸怀，能以"鹰击长空，鱼翔浅底"的学术追求和学术自由，以"舍我其谁"的责任与担任为中国的日本研究做出应有的贡献。

有所望焉！是为序。

江　静

2019 年 1 月 7 日

序 三

改革开放以来，中国的日本史研究取得巨大进展。多种版本的日本通史、断代史、专题史等学术专著或译著大量推出，涉及日本的政治、外交、经济、思想、文化、军事、中日关系等多个领域。中国学术界的若干研究成果走向世界，受到日本学术界的高度评价。近年来，中国学术界还接连出版有关日本侵华战争的大部头绝密档案资料集，其中不乏日本资料库缺失的重要内容。可以说，从研究成果与资料发掘等两方面，中国日本史的研究成果斐然。

与此同时，在日本史研究成果的学术质量、研究布局、中国学术特色如何体现等方面，也存在各种亟待解决的问题。日本史学史、史学理论研究的长期边缘化，亦为其中之一。众所周知，改革开放40余年来，欧美史学理论主要流派的著作被大量译成中文出版，总数不数十部。相形之下，日本史学史的译著屈指可数，仅有坂本太郎的《日本的修史与史学》和永原庆二的《20世纪日本历史学》等两本译著由北京大学出版社出版。实际上，中国学者的日本史研究兴趣多集中于历史事件、人物、思想社会、对外关系等具体问题的探讨，对日本史学思想与方法论多不以为意。据统计，1949—1996年期间，国内的日本史著作共有203部，其中1979—1996年即出版162部，为专著总数的80%（李玉、汤重南、林振江主编：《中国的日本史研究》，世界知识出版社2000年版，第42—43页）。2001—2018年，出版的专著猛增至1970部（杨栋梁、郭循春：《改革开放40年来我国的日本史研究——基于"大数据"统计的分析》，《历史教学》2019年第3期），约为1949—1996年的12.2倍。然而，除了若干篇涉及近世、近代、战后日本史学流派与史观的论文之外，迄今为止，尚无一部中国学者撰述的日本史学史专著出版。新世纪对中国学术界的日本史研究提出新要求，呼唤着中国人的日本史学史早日问世，堪当重任者当有其人。

终于，2021年10月我在应院长江静教授之邀，参加浙江工商大学东亚研究院举行的学术研讨会上，获悉代表学校致辞的校党委副书记李军教授的《中日史学史脞论》（以下简称《脞论》）即将付梓。这个好消息实在令人欣喜。"脞论"之"脞"，意为"细小而繁多；琐细"，（中国社科院语言研究所编：《现代汉语词典》，商务印书馆2000年版，第220页）。脞论即细小而繁多或琐细之论。书名采用"脞论"二字，既是自谦，也是一种论述风格。作者在此著中，着力探索"史学史或曰历史之历史"即"人类自身本质意义的观念史"的研究价值，准确定位中日文化交流史中的中日史学史。换言之，此著的研究价值并未因"脞论"而有所减轻。

作者围绕历史学的内涵及其真实客观性、治史方法、史学的社会价值、史著的文字表述、史学思想与方法论等历史学的基本问题，深入浅出，展开论述。全书共设"史料"、"史家"、"史用"、"史话"、"史学"等5章，分别列出57个论题，展开论述。其论题具体且具有跳跃性，但论题之间存在内在的逻辑关系，纵横交错的思维交织点相互应对，编制成论述的精彩平台。作者熟练引用古今中外的名家名著名言，增强了论述的说服力；奔涌的思绪借助生动活泼的文笔，增强了论述的感染力与可读性。议论详略得当，深入细致，不乏启迪意义。可以说，全书既集中了作者读史、治史的个人的感受，也对何谓史学、史学思想、史学的社会效应、史学的书写、史学史等基本课题加以学理性的阐释，对于史学殿堂的入门者或已有若干耕耘的治史者来说，此书皆有阅读价值，可谓开卷有益。

《脞论》虽非专论日本史学史的著作，但在中日史学史比较过程中，提供了关于日本史学史发展的若干重要探索，对整体上思考日本史学史的演化进程来说，不乏启发意义：

其一，梳理了日本史学史的发展脉络。在《脞论》中，作者着重论述日本古代传统史学的演进过程，对近代新史学、当代史学也有所涉及，古代、近代、当代三阶段的发展脉络判然。众所周知，在日本古代皇权由盛而衰的奈良、平安时代，720—901 年间，天皇朝廷先后编撰《日本书纪》《续日本纪》《日本后纪》《续日本后纪》《日本文德天皇实录》《日本三代实录》等六部官修正史，通称"六国史"。其记述自"神代"起笔，写至醍醐天皇登基。其内容涉及皇位更替、礼仪制度、神佛移位、国记民生、祥瑞灾变、对外交往等事迹。诚如《朓论》作者所言，"六国史"均以中国史学为楷模、加以全面模仿，使用的文字则是古汉语。

《朓论》作者还注意到：至 10 世纪，武士阶级伴随着庄园制的发展与普遍化而登上政治舞台。各地武士团分属源氏或平氏旗下，在彼此展开激烈竞争并同朝廷公卿的周旋之际，逐渐由地方进入中央。至 12 世纪，首个武家政权镰仓幕府建立，天皇朝廷愈加边缘化。至 14 世纪，后醍醐天皇的建武新政，不过是皇权试图夺回统治权的绝唱；皇统由此分裂为南北朝，最终复归于室町幕府掌控下的北朝。

作为皇权失坠与武家崛起在史著撰述上的反映，私人撰史持续数百年。其间，《朓论》作者提及并加以议论的名著，即有记述平安时代皇权与摄关家纷争的慈圆的《愚管抄》，强调日本的国格与皇统北畠亲房的《神皇正统记》等。《朓论》作者认为，以"镜"命名的历史物语，包括《大镜》《今镜》《水镜》《增镜》，合称"四镜"，继承了"六国史"的鉴戒史观，展示了史著的社会效应。镰仓幕府官修的编年体史书《吾妻镜》(《东鉴》)，展示武家政权对修史与史鉴的重视。记载源平争霸历程的《平家物语》、记录南北朝历史的《太平记》、反映开启战国时代的《应仁记》等军事物语流行，为研究战乱动荡年代的日本史提供了丰富的史料。适应武士文化素养有限、乐于接受浅显易懂读物的受众现实，史著记述汉和文兼用，注重故事性与娱乐性。《朓论》作者通过具体事例的评析，对如何认知在官修六国史之后，私撰史著的延绵不衰、军事物语流行的现象作出了合理的解释。

进入江户时代，为加强思想意识统治，幕府与雄藩主持下的官修史籍再度兴起。《本朝通鉴》《后鉴》《德川实纪》《宽永诸家系图传》等遵循儒家大义名分论的史著先后推出，一时竟成盛况。《朓论》作者主要选取儒官林罗山、林春斋父子编撰的《本朝通鉴》与水户藩主德川光圀主编的《大日本史》两部代表性史著，展开评析和比较。作者认为，《本朝通鉴》参照《资治通鉴》的编年史体例，撰写自神代至 1615 年退位的后阳成天皇的日本通史，发挥官修史学佐政的史鉴作用。《大日本史》则仿效《史记》，接受明末鸿儒朱舜水的史观指导，采取纪传体修史体例，记载自神武天皇至南北朝终结的日本历史。《脞论》作者对《大日本史》的神宫皇后改列皇妃传、大友皇子列入本纪、南朝正润说等"三大特笔"问题，作出不乏新意的评述。

此外，《脞论》作者还注意到江户时代私撰史著活跃的历史现象。江户前期，古学派的山鹿素行著《中朝事实》，鉴于明清更替，倡导"日本中华论"。江户中期，将军侍臣、儒学者新井白石著《读史余论》《古史通》等史籍，用"天下大势九变"与"武家五变"等演化论区分历史发展进程。形成师承关系的国学日趋活跃，其集大成者本居宣长广泛搜集资料并详加考证，著成《古事记传》。本居在书中强调《古事记》和《日本书纪》的神代记述为信史，鼓吹国乃神国、日本皇统"万世一系"的"国体论"。至江户后期，狩谷棭斋著《日本灵异记考证》等，同样热衷古典注释的考证。至幕末，赖山阳的《日本外史》等与后期水户学相唱和，鼓吹尊王攘夷的历史观，为即将到来的倒幕维新运动未雨绸缪。《脞论》作者对上述江户时代的私撰史著，均给予恰当的评介与分析。

对近代日本史学，《脞论》作者从锁国时代兰学的滥觞入手，对新井白石的《西洋纪闻》《采揽异言》的著述予以新视角的评价。随即，以明治维新这个开启系统接受西方文化、思想与学术的过程为中心，评析文明开化期间，法国基佐与英国巴克尔的文明史学、德国兰克的实证史学、斯宾塞的社会理论所产生的巨大影响，论述上述史学对近代日本新史学的催生过程。《脞论》作者对文明史学代表人物福泽谕吉、实证史学代表人物那珂通世等的学术贡献、治史特点等作出评价，并就那珂通世推崇《崔东壁遗书》等问题展开探讨。作者认为，日本明治以后的新史学大致上依循着两条脉络向前发展，一条是实证史学，另一条是唯物史学。其发展过程充满曲折，原因在于日本国家权力对史学思想的钳制，"久米邦武事件""南北朝正统论事件"等迫害行为即为典型事例。

此外,《胀论》作者还强调昭和初期"皇国史观""神国史观"为日本军国主义侵略张目,给东亚带来巨大的灾难而不足为训。与此同时,肯定战后日本实证主义史学、马克思主义史学以及文化社会史学的进步作用。在全书的结论部分,作者瞩目历史相对主义和后现代思潮对包括日本史学在内的历史学形成挑战,提出努力划清与历史虚无主义的界线、丰富并提升史学研究的新境界、将历史研究与史学理论研究置于同等重要的地位等三项应对挑战的举措。这些看法显示了作者的见识与格局,值得充分肯定。

其二,通过比较研究的视角,探讨古代中日治史的异同。概括起来看,古代日本以中国为师,全面学习。中国官方修史的春秋大义、华夷之别的史观,以及春秋笔法和编年体、纪传体的体例,均为日本修史的模仿对象。作者认为,最早在公元 6 世纪前半叶的继体、钦明天皇时期,日本的修史在史观、史识、史体、史例、史法、史论等方面,无不对中国亦步亦趋。此后编纂"六国史",也无一不循上述体例。就史鉴而言,唐太宗李世民的修《晋史》诏的"大矣哉,盖史籍之为用也",几乎为《续日本书纪》的上表文原文引用,称"史籍之用大矣"。就史观和笔法而言,《日本后纪》的序文宣扬《春秋》抑恶扬善的笔法,强调"无隐毫厘之瘴,咸载锱铢之善。"在记述内容上,在日本的物语史著中,往往会夹杂出现一些有关中国舶来的历史故事,称之为"巡考异国先例",为即将出现的不祥命运预先铺陈。例如,江户时代的《太平记》引用三国故事,将南朝视为注重仁义的蜀汉,将北朝视为智而不仁的魏国;日本传统儒者史家也将《资治通鉴》奉为史学圭臬,效仿其要旨与体例,编纂《本朝通鉴》,等等。

另一方面,作者还特别注意到中日传统史学之间存在的微妙差异。一般说来,从《日本书纪》至《大日本史》,传统日本官修史学一如中国正史,也强调君臣大义、华夷之别、春秋笔法。与此同时,均专门设神代卷,通过建国神话的书写,强调日本为造化神创造之国并受诸神护佑与神裔君临的"神国论"、天皇"万世一系"统治日本的"皇国论"以及日本以武立国、国质尚武的"武国论"。这些为"国体论"提供思想来源的论说,显然不同于中国传统史学以出生神话为点缀,更多强调君王在人世间武功文治的撰述。换言之，不是杜撰建国神话，而是通过君王在人世间的作为来青史留名。作者认为，相比较起来，中国史家的"发愤而著史"体现了人生志向和社会情怀。日本物语史著注重细节刻画和情感渲染，在史著中更多投射出作者个人的生活情愫与生命情怀，更多体现出《源氏物语》式的小说家流的特色。

其三、评析近代中国传统史学转型过程中的日本影响。作者认为，推动中国传统史学转型源自多种作用力，其第三种作用力，即为日本史学转型提供的样板效应。当然，清末社会政治变革与文化思想新潮的大势、一大批受过传统史学训练并热情学习吸纳国外史学新识的史学家等，也是导致中国传统史学近代转型的基本要素。作者强调，日本近代新史学之所以激发样板效应，直接促成中国近代史学转型、催生新史学，是因为日本传统史学与中国传统史学既同根同源，明治维新后在史学转型方面比中国启动早、进步快，树立了一个现成可学的榜样，也为中国学习西方史学架起了一座方便的桥梁。作者认为，日本史学教科书更具适用性，甚至"历史"、"教科书"等词都是从日语直接借用过来的。日本教科书采用新的编写体例，即"新式章节体通史"，促进中国传统史学叙事体裁的转型与史学新思维的传播。梁启超的"史学革命说"、王国维的"二重证据法"等，也无不深受旅居日本期间的观察与思考的启发。此外，中国疑古学派受到日本疑古史学的影响。如顾颉刚受到白鸟库吉"尧舜禹抹杀论"的感染，其"层累地造成说"则与内藤湖南"加上原则"之间存在雷同之处。

作者认为，新史学主要包括实证史学，以及唯物史学即马克思主义史学。在中国近现代史学转型过程中，无论是实证史学还是唯物史学，从一开始就受到了日本史学界的重大影响。1902年，旅居日本的梁启超在《新民丛报》第18号上发表《进化论革命者颉德之学说》一文，最早提到马克思的名字。1903年，留日的马君武在《社会主义与进化论之比较》一文中，首次提及唯物论一语。留学过日本早稻田大学的李大钊在1919年发表《我的马克思主义观》，首次系统介绍马克思主义唯物史观、政治经济学和科学社会主义的基本观点。直到20年代中期，在留学苏联和欧洲的中国学生开始翻译经典理论之前，日本一直是马克思主义和唯物史观向中国传播的主渠道，中国史学界关于中国社会历史的大论战，也与日本史学界的论争不无关系。

实际上，前述笔者之所以因《脞论》的付梓而欣喜，固然与1996年以来，在多篇中国日本史研究综述中，屡屡提及看不到中国学者的日本史学史专著的遗憾。或许是机缘巧合，北大历史系与日本史学史的研究关联密切。1935年，周一良先生在燕京大学本科毕业学位论文即以《〈大日本史〉之史学》为题，涉足中国的日本史学史研究。在论文的结论部分，周先生呼吁关注唯物史观，认为"历史之学其究竟仍在于经世致用，非仅考订记述而已。惟其所以用之者代有不同，人有不同，自孔子作《春秋》之寓褒贬别善恶，至近世之唱唯物史论，一例也。"（周一良：《〈大日本史〉之史学》，《周一良集》第四卷，辽宁教育出版社1998年版，第86页）。1978年，百废俱兴之际，遵照周先生关于北大历史系应该为全国高校日本史研究整理资料的嘱托，沈仁安教授带领日本史组的马斌、李玉、宋成有等教师搜集、翻译、出版自1958年之后缺失的日本学者研究动态资料集。此外，还与李玉、宋成有等联名发布多篇有关日本近代、战后史观与史学流派的学术论文，1991年出版坂本太郎著《日本修史与史学》。进入新世纪，沈教授的弟子王新生博士于2014年翻译出版了永原庆二著《20世纪日本历史学》；另一位弟子戴宇博士正在埋头于国家社科基金重点项目《战后日本史学与史观研究》的撰述之中。与此同时，南开大学日本研究院毕业的瞿亮博士的《日本近世的修史与史学》也即将推出。上述新成果，颇为令人期待。

总之，《中日史学史脞论》作者李军教授的基于中日比较史学史、世界史学史、史学思想与史学理论、中国唯物史学等四重研究意义，撰成中国学者首部涉及日本史学史诸多层面的创新之作，具有重要的学术贡献。值得点赞，可喜可贺。令人感到美中不足的是，作者在结论部分论及后现代主义、历史相对主义的广泛影响以及对唯物史观的挑战，但未能结合战后日本史学史的具体案例展开评析。众所周知，战后日本史学是在不同史观与学派的兴衰演替中，不断展现其充满动感的新面貌。其演进，不仅是日本传统史学转型的继续，也是近代新史学在新形势下的开拓与蜕变。如何评析其诸多史观与史学流派的研究立场、治史取向与方法，是今后有待持续展开的课题。毕竟，战后日本史学史的发展更具特色、影响广泛，对青年学者具有吸引力。与此同时，对于发展中日两国的学术交流，加深相互理解的进程来说，史学及史观的角色作用依然无可取代。

李军教授的《中日史学史脞论》付梓在即，可庆可贺。

是为序

宋成有
2021 年 12 月 24 日
于北京海淀区蓝旗营小区

目　　录

前言　从李大钊唯物史观谈起 …………………………（1）

第一章　史料 ……………………………………………（16）
　　真实与客观 …………………………………………（16）
　　史料与史学 …………………………………………（20）
　　失传的《天皇记》 …………………………………（23）
　　古今书厄 ……………………………………………（27）
　　纸上与地下 …………………………………………（31）
　　收之扶桑 ……………………………………………（36）
　　井真成的墓碑 ………………………………………（40）
　　《尚书》与《御记文》 ……………………………（46）
　　双绝碑 ………………………………………………（51）
　　不朽的史料 …………………………………………（55）
　　传信与传疑 …………………………………………（59）
　　曹操的形象 …………………………………………（63）
　　乾隆的御制诗 ………………………………………（69）

第二章　史家 ……………………………………………（76）
　　撰史的动机 …………………………………………（76）
　　鸿门宴 ………………………………………………（81）
　　《三国志》与《军记物语》 ………………………（86）

曲笔与直书 …………………………………………… (91)
　　纵横自有凌云笔 ……………………………………… (97)
　　正史与官修 …………………………………………… (102)
　　刘知几的感叹 ………………………………………… (107)
　　史家与法官 …………………………………………… (110)

第三章　史用 ………………………………………………… (114)
　　通古今而笃名教 ……………………………………… (114)
　　孔子与《春秋》 ……………………………………… (121)
　　中日正统史观 ………………………………………… (125)
　　南北朝的两统分立 …………………………………… (132)
　　纤瑕不玷瑾瑜 ………………………………………… (135)
　　郑樵与林家学 ………………………………………… (142)
　　鉴与镜 ………………………………………………… (149)
　　《资治通鉴》与《本朝通鉴》 ……………………… (154)
　　《愚管抄》的"道理" ……………………………… (158)
　　事实与评论 …………………………………………… (163)

第四章　史话 ………………………………………………… (169)
　　文学与历史 …………………………………………… (169)
　　传奇与说话文学 ……………………………………… (174)
　　讲史与说唱文艺 ……………………………………… (178)
　　民间的信史 …………………………………………… (186)
　　《太平记》与三国故事 ……………………………… (192)
　　《太平记》的史书特质 ……………………………… (197)
　　关羽的三种形象 ……………………………………… (201)
　　忠与义 ………………………………………………… (205)
　　《水浒传》的历史考据 ……………………………… (209)
　　历史的同心圆 ………………………………………… (214)

第五章　史学 (218)

　　史风的转变 (218)
　　考据历史学 (223)
　　崔述与《考信录》 (227)
　　明治维新与文明史学 (231)
　　那珂通世与《崔东壁遗书》 (237)
　　兰克与日本实证史学 (241)
　　中国传统史学的转型 (248)
　　南北朝正统论事件 (252)
　　中国新史学的发展 (256)
　　吕思勉的新史观 (259)
　　史以致用 (266)
　　日本疑古史学 (270)
　　"层累地造成说"的由来 (275)
　　京都学派与中国学 (282)
　　唯物史学在日本 (287)
　　唯物史学在中国 (291)

结　语 (299)

参考书目 (313)

后　记 (321)

前言　从李大钊唯物史观谈起

1

李大钊是中国近现代史学史上最早倡导马克思主义唯物史观的学者。他曾在北京大学开设"史学思想史"课程，部分教学讲义于1920年12月发表在《新青年》第八卷第四号，题为"唯物史观在现代史学上的价值"。在这篇文章中，李大钊开宗明义地阐述了马克思、恩格斯在《共产党宣言》中的"唯物史观"。李大钊的唯物主义新史观体现了清末民初中国史学界对传统旧史学的怀疑和批判精神，在当时各种史学新思潮的风云际会中树立起一座重要的思想灯塔，对20世纪中国历史学产生了深远的影响。

李大钊史学思想的形成与其留学日本期间的学习经历密切相关。1913年，李大钊从天津北洋法政专门学校毕业后，于次年初进入日本东京早稻田大学政治经济系学习。当时的日本史学界经历了明治维新的思想洗礼，尤其受西方史学流派的影响，文明史学、文化史学、实证史学、社会经济史学、唯物史学等各种"新史学"风起云涌。李大钊在早稻田大学留学两年多时间里，修学了"近代政治史"课程，主讲教师是日本史学家浮田和民（1859—1946）。浮田和民曾经留学美国，学习史学和政治学，1900年起在早稻田大学任教，担任过图书馆馆长，著有《史学原论》《希腊史》等多部作品，其中《史学原论》一书采集了西方众多史学名家的学说，在日本影响很大。中国留日学生汪宝荣曾在1902年《译书汇编》中介绍过此书，至1903年出现了6种中文译本，有的译本直接命名为"新史学"。李大钊作为浮田和民的亲炙弟子，应该熟悉该书内容。李大钊回国后，1920年到1924年有关史学史和史学理论的讲稿、文章、小册子等，在1924年由商务印书馆结集为《史学要论》（又名《史学通论》），其中不少内容可以看到其师的影响。浮田和民《史学原论》的特色之一是博引欧美名家的史学思想和史学理论，李大钊在论述中同样罗列了泰西和日本学者的史论、史观。

影响李大钊史学思想的另一位学者是日本经济史学的奠基人物内田银藏（1872—1919），内田博士吸取了德国历史学派的思想，在日本率先使用"经济史"一词，并且出版了《历史理论》一书。内田博士执教于东京大学和京都大学，李大钊未必听过他的课，但肯定读过他的书。在发表于1923年4月上海《民国日报》副刊的《史学与哲学》一文中，李大钊讲到"历史的定义"，引用了几位西方学者观点之后，重点介绍了内田银藏有关史学的"三要义"，作为阐论自己观点的参考。李大钊后来在《史学要论》中详细阐释了史学"三要义"：一是考察社会变化，二是寻究事件证据，三是研究因果关联。这些有关史学的见解在今天看来似乎已为常识，但在现代史学肇始之际却是发覆之论。

在20世纪初中国传统史学的转型过程中，史学界面临的主要任务就是用现代史学的观点重新审视、梳理和总结两千多年的传统史学、史学史、史学思想史，同时以现代史学观念、方法和学理对文献史料和考古史料进行研究。李大钊积极应对新史学的这一新任务。1919年，李大钊发表了《我的马克思主义观》，这是中国第一篇全面系统介绍马克思主义的文章。此后，他发表了《物质变动与道德变动》《由经济上解释中国近代思想变动的原因》，这是李大钊运用唯物史观研究历史的初步尝试。1920年，李大钊在北京大学史学系开设"史学思想史"，这门课属于当时北京大学史学系规定的必修课"欧美史学原理"的内容。他在课堂上说："历史观本身亦有其历史，其历史亦有一定的影响"，"历史观是史实的知识，是史实的解喻。所以历史观是随时变化的，是生动无已的，是含有进步性的"。这种对传统史学思想的学理检视，事实上是对古代史学认识论的研究，而历史学的认识论本身也构成了一部历史。这是因为，身处特定社会时代的史学家及其史学研究与著述，都隐含着一种自觉或不自觉的历史观念，同时也有意或无意地在读者中传播着这种历史观念。正如克罗齐那句广为流传的名言"一切真历史都是当代史"，史学家的历史作品体现了所处时代的社会思想，其中当然包含了时代历史观念。因此，将某个特定时代的史学作品排列开来，它们就构成了一部那个时代的历史观念史，或曰史学思想史；而将两千多年中国代表性史学著述排列开来，就可以梳理出中国古代史学思想的演化轨迹。

中国古代是一个富于史著的社会，留下的大量历史著述中蕴含了丰富的历史观念和史学思想。日本史学巨匠内藤湖南（1866—1934）是最早用新史学方法研究中国史学史的学者，也是在大学讲坛上讲授"中国史学史"课程的第一人。他于1914—1925年前后三次在京都大学开设中国史学史课程，根据讲课笔记整理而成的《中国史学史》是在现代史学观念下对中国传统史学及史学思想进行的第一次系统梳理。梁启超于1921年在南开大学讲授《中国历史研究法》，1926—1927年在清华研究院讲授《中国历史研究法补编》，在时间上稍晚于内藤湖南。由于日本更早接受德国客观主义和历史主义史学学风的影响，日本的史学理论以及中国史学史研究无疑给中国传统史学带来了一种新的思想激荡，李大钊是这场思想文化变革中高擎唯物史观大旗的巨擘。

2

传统史学的现代转型需要回答一个关键性问题："什么是历史？"李大钊的"史学思想史"课程和《史学要论》著作用唯物主义历史观回答了这个问题。他在《史学与哲学》一文中如是说：

> 我们日常泛言历史，其涵义约有三种：（一）譬如说吾汉族有世无与伦比的历史，这并不指记录而说，乃指民族的经历或发展的过程，所以四千年的历史一语，可以说文化进化的代名词；（二）又如说吾国无一可观的历史，其意乃指见识高远、文笔优美的历史书籍而言；（三）又如问一友人以君所专攻的科目是什么？答云历史。此历史二字，乃指一种科学的学问而言。（李守常：《史学要论》，商务

印书馆2009年版，第55页）

李大钊是最早注意到"历史"概念歧义性的中国现代学者。在李大钊看来，历史有三种含义，第一种含义"乃指民族的经历或发展的过程"，历史的第二种含义"乃指见识高远、文笔优美的历史书籍而言"，另外历史还有第三种含义，"乃指一种科学的学问而言"。李大钊的这种观点，看起来似乎很简单，其实道出了极为深刻而重要的史学观念，其根本要义就是区分了历史过程与历史著述之间的差异。1923年10月，在上海大学的一次题为"研究历史的任务"学术演讲中，李大钊在谈到历史材料如《史记》《汉书》《罗马史》《希腊史》时再次强调："这类的书，固然浩如烟海，但这不是史，而是供给吾人研究历史的材料。从前许多的旧历史学家，都认为这是历史。其实这是研究历史的材料，而不是历史。"在《史学要论》中，李大钊就此作了进一步系统阐述：

> 我们要研究中国，或是日本，固然要尽量搜集许多关于中国或日本的记载与著作，供我们研究的材料；但不能指某人所作的现代中国，说这就是中国；指某人所作的现代日本，说这就是日本。我们要研究列宁，或是罗素，固然要尽量搜集许多关于列宁或罗素的记载与著作，供我们研究的材料；但不能指某人所作的列宁传，说这就是列宁；某人所作的罗素传，说这就是罗素……从前许多人为历史下定义，都是为历史的记录下定义，不是为历史下定义；这种定义，只能告诉我们以什么构成历史的记录，历史的典籍；不能告诉我们以什么是历史。……什么是活的历史，真的历史呢？简明一句话，历史就是人类的生活并为其产物的文化。（李守常：《史学要论》，商务印书馆2009年版，第75—76页）

在20世纪中国新史学的发轫发展过程中，特别是在史学观念更新问题上，李大钊无疑走在了时代的最前列。学者周文玖在《李大钊与中国马克思主义史学》一文中说：

李大钊对历史和历史记录的这一区分,在史学理论上具有重要意义。首先,它动摇了过去被神化了的所谓二十四史、《资治通鉴》等史书的权威,它们都不过是对历史的记录,都有各自的局限性。这就冲破了过去对权威史书的迷信,解放了人们的思想。其次,历史不怕改作,而且必须改作。指出历史认识是不断进步的,为人们树立科学的历史认识论打下了理论基础。(周文玖:《因革之变:关于历史本体、史学、史家的探讨》,北京师范大学出版社2010年版,第237页)

20世纪以来,各国历史学家和历史哲学家一直在孜孜矻矻地讨论着"什么是历史"和"什么是历史学"的问题,出版的大量论著令人应接不暇。时至今日,各史学流派众说纷纭,但都认为历史应该包含至少两种不同的含义,也就是李大钊所说的"历史过程"与"历史著作",任何一个严肃的史学家都不应也无法在这个问题上含糊不清。正如英国学者约翰·托什在《史学导论》中所说:

在日常用语中,"历史"一词包含两种意义。它既指在过去实际发生的现象,也指在历史学家的著述中对那种过去发生的现象的记述。([英]约翰·托什:《史学导论》,北京大学出版社2007年版,第1页)

另一位英国哲学家W. H. 沃尔什也在《历史哲学》中指出:

我必须指出一个简单的并为人所熟悉的事实,即"历史"一词本身是模棱两可的。它包括(1)过去人类各种活动的全体,以及(2)我们现在用它们所构造的叙述和说明。([英]W. H. 沃尔什:《历史哲学》,北京大学出版社2008年版,第6页)

不过,在日常生活中,人们仍然易于混淆历史过往与历史叙事两者之间的差别,不少人不加区别地使用"历史"一词的两种不同含义。当然，这在很大程度上也是出于无奈，因为在日常话语体系中，甚至在许多学术话语体系中，缺乏两个相应的不同词语或范畴，而只能使用"历史"一词。正如王学典在《史学引论》中所说：

> 人们常常将"历史的记录"与"历史本身"混为一谈，这并不意味着人们在故意犯错误。细究起来，这种"错误"其实部分发源于"史"字本身。换句话说，"历史的记录"与"历史本身"这两种不同的东西是用同一个"史"字来表达的，这注定了两者之间纠缠不清的关系。（王学典主编：《史学引论》，北京大学出版社2008年版，第3—4页）

这样的看法已经越来越成为史学家的共识。

3

为了厘清两者关系，我们不妨对"史"和"历史"的含义做一番追根溯源的考察。

古人对"事"与"史"是有区分的。在中国古代，"史"一开始既不是指往事，也不是指历史，而是指"史官""史臣"，一种在宫廷内专门担任记录官方重要事件和君王言论，并且掌管文书的官职。

史的官职可以上溯到殷商时期。在甲骨文中，"史"的字形如同一个人手持书册之状，就是记言记事之人。《汉书·艺文志》也说："古之王者，世有史官，君举必书，所以慎言行，昭法式也。左史记言，右史记事，事为《春秋》，言为《尚书》。"随着统治者记录历史、传播历史的需求不断扩大，史官的分工也越来越细，《周礼·春官》中记载了大史、小史、内史、外史、御史等史职，分别承担不同的文献记录与传播职能。史官一般是世袭的，周代比较著名的史官有"冯相氏""保章氏"等。内藤湖南在《中国史学史》中说，"冯相氏是历法官，保章氏是占星官……由此可以证明我的一个看法，即史官曾经是执掌历法、占星的职官"。

内藤湖南的看法不无道理，在中国古代，史与巫、祝的确常常相提并论。司马迁说，"文、史、星、历，近乎卜、祝之间"。星、历、卜、祝就是星相师、历算师、占卜师、巫师，他们的主要司职是卜筮、祭祀、占星、历法以及天道、鬼神、灾祥、吉凶、释梦等，管理着天人之间的事务。史官之所以与这些人相提并论，是因为在古人看来，人间的史事与天意密切相关，史官记录人事，事实上就是在记录天人之间的沟通与互动，所以史官一般也兼通星、历、卜、祝这些事情。这一点，似乎中外颇为一致。

日本出现有文字的史书大约在公元8世纪初，最早的两部史书是成书于712年的《古事记》与成书于公元720年的《日本书纪》。从这两部书充满神代思想的特点看，日本最初的历史著述承担着一种整理古代传说、构造天皇神性、强化政治权威、统一民族心理的文化功能。据说，在4世纪上半叶日本已经设置史官，而且大多由大陆移民担任，称为"东西史部"。很显然，大和朝廷早期史学的诞生受到了中国传统史学的深刻影响。《古事记》与《日本书纪》的作者分别署名万安太侣和舍人亲王，但事实上这两部书都不是新创作的，而是对古代流传下来的《帝纪》《旧辞》（又称《本辞》）等文献进行整理、修改后加工编成的。天武天皇在《古事记》编撰过程中，选用了一位名叫稗田阿礼的低级舍人参与整理《帝纪》《旧辞》。天武天皇之所以这么做，除了稗田阿礼记忆力超群，并且是天皇的贴己人外，还有一个重要的原因就是稗田氏属于猿女君一族，此族是天钿女命的后裔，负责宫廷祭神事务，惯于传播丰富的古代传说。

在《旧约·创世纪》中，擅长解梦的约翰成为埃及法老的宰相，同样擅长解梦的但以理成为巴比伦王尼布甲尼撒的谋士长。这些都并非巧合，古代最重要的政事就是天人交流，一个人如果具有这种灵性的能力，同时又通晓人神沟通的以往历史，很自然就是最合适的从政人选。

既然把记录往事的人称为"史"，这些史官所记录的文本就被称为"史""史书""书""传"。东周时期，各国史书各有专名，按照《孟子·离娄下》的说法，"晋之乘，楚之梼杌，鲁之春秋，一也"。令人欣慰的是，古人的头脑是清晰的，能够分清往事与史书之间的不同。司马迁的《史记》，原本叫《太史公书》，意思是"太史公所著之书"。这一个"书"字，很清晰地表明它只是往事的书录，而非往事本身。《太史公书》后来被称为《史记》，书名中这个"记"字，同样表明了"记录"的意思。龚自珍在《古史钩沉论》中提出五经与诸子皆史之说，认为五经是"周史之大宗"，诸子是"周史之小宗"，内藤湖南指出龚氏所说的"史"，并非今日所谓"历史"的意思，而仅仅是史官记录并保存文献的意思。

此后的历史著述，直到宋代以前，所谓"正史"中的《汉书》《三国志》《后汉书》《晋书》《宋书》《齐书》《梁书》《陈书》《魏书》《旧唐书》《新唐书》等，除《三国志》称"志"外，基本上都遵从《太史公书》的传统，将历史著述明确称为"书"，只有《南史》《北史》直接以"史"冠名。到了元代，脱脱编撰《宋史》，直接称"史"。以后所有正史也都称为"史"。殊不知，"书""史"一字之差，歧义由此产生。许多人习惯于将中国历史等同于"二十四史"，谈到中国历史便说"一部二十四史，不知从何说起"。这种错误正是李大钊所严词批评的。

我们再来看"历史"一词。如前所述，"历""史"本是两种宫廷官职，古代很少见到合称"历史"。在《三国志·吴主传》裴注引《吴书》中，赵咨说吴王孙权"志存经略，虽有余闲，博览书传历史"，这里的"书传历史"其实应该用顿号分开，分别指"书、传、历、史"四种文籍。王树民在《中国史学史纲要》一书中认为，"历史"作为一个近现代意义上的概念，是近代从日本传过来的。清末中国留日学生在留日期间接触到大量古代汉语中少有的双音节词汇，如"干部""社会""经济""时间""科学""积极""消极""总理""环境""作用""课程""美术"，等等，据统计总数在七八百左右，这些词汇后来随着社会文化的译介引入中国，"历史"就是其中之一。日语以"历史"对应英语 History，是颇有几分深意的。《说文》这样解释"历"字："历，过也，从止。"用现代汉语来诠释，就是"经过""经历""历程"的意思，带有一定的时间属性。日本人将"历""史"二字合为"历史"一词，反映了日语对"历史"时间属性的一种体认。

李大钊在《史学要论》中相当精辟地指出，"历史"这个词语的源头，实则上起于记录。他写道：

> "历史"在英语为 History，在法语为 Historie，在意大利语为 Storia，三者同出于希腊语及拉丁语的 Historiae，其初义本为"问而知之"；由是而指把问而知之的结果写录出来的东西亦云，遂有记录的意义了；历史在德语为 Geschichte，在荷兰语为 Geschiedenis，有"发生的事件"的意义。（李守常：《史学要论》，商务印书馆 2009 年版，第 83 页）

李大钊追寻到"历史"一词的希腊语源头 Historiae，其实就是古希腊希罗多德那部叙述希波战争的历史名著的书名，原义是"通过目击者的证词进行调查而获得事实真相"，中文翻译为《历史》。李大钊考证了各国"历史"一词"问而知之"的含义，深化了"历史"一词双重内涵的全面理解。

遗憾的是，随着时间的流逝，无论在何种语言中，人们逐渐淡忘了"历史"这个词的原义，将"历史往事"与"历史记录"两种不同的意义同时赋予"历史"一词。尤其是到了现代社会，昔日往事与往事叙述之间的差别越来越淡化、模糊甚至消解，只要涉及过去的事情，不管是指过去的事，还是指对往事的记录、叙述，统统称为"历史"，由此造成了诸多似是而非的模糊观念。更让人困惑的是，"历史"一词居然还可指称"未来"，如"终将接受历史的审判""还需留待历史的检验"，等等，"历史"在这里意指一种未来的时间，与原意正好相反。

为了避免陷入误区，有些学者试图用不同的限定词对两者加以区别。如有的将历史分为"历史之客观"与"历史之表现"；有的则说历史有广义和狭义的区别；也有的用"历史"与"历史编纂学"、"实际的历史"与"记录的历史"、"实在的历史"与"描述的历史"等标示两者的界线；或者用"历史（甲）"指称往昔的影响，用"历史（乙）"指称往昔的认知；还有的建议用"历史 1"标示客观的历史，用"历史 2"标示历史学家、作者心中眼中的历史，用"历史3"标示作品中被作家加工描写过的历史。这些做法当然不无裨益。问题是汉语普通名词一般都由两个或三个字组成，不像专有名词可以由若干个字组成，加上限定词的名词变成了复合名词，在日常口语中复合名词的使用率远低于普通名词。换句话说，通过复合名词的方法并不能真正解决前述"历史"一词双义的问题，还是需要全面把握"历史"概念本身的含义。

4

在清末民初中国新史学发轫发展过程中，日本学者给予的直接和间接助力可谓巨大。美国学者阿里夫·德里克在《革命与历史：中国马克思主义历史学的起源》一书中明确指出，从20世纪头十年开始，直到20年代中期苏联和欧洲影响所达之前，"日本作者在马克思主义理论知识（区别于其政治含义）和中国知识分子之间一直发挥着中介作用"，包括李大钊在内的中国马克思主义者通过日本作者的原著和译作了解到马克思、恩格斯的思想。德里克写道：

> 中国作者中，在史学方面最多产的是李大钊。他不仅确定了史学于马克思主义理论中的中心性，而且视唯物史观为马克思最为重要的思想贡献。（[美] 阿里夫·德里克：《革命与历史：中国马克思主义历史学的起源》，江苏人民出版社2010年版，第22—23页）

除了李大钊的唯物史观，清末民初最早的一批新史学的先知先觉者，如梁启超、王国维、罗振玉等也都受到了日本史学家特别是东京大学和京都大学的实证主义学院派史学家的深刻影响，梁启超1902年在《新民丛报》上连载的《新史学》就有不少内容取材于浮田和民的《史学原论》。日本史学对中国史学界的影响一直延续到抗战前夕。可以肯定地说，如果没有日本新史学的助力，中国传统史学现代转型的时间、路径都会受到影响，成果也会大打折扣。

如果对中日两国史学的考察视线拉远到古代，情况恰恰相反，中国古代史学给予日本史学的影响可谓深远。早在公元 6 世纪前半叶的继体、钦明天皇时期，在汉字汉文长期影响下，日本皇室开始用文字记录天皇系谱，出现了"帝皇日继"的《帝纪》；同时还出现了众神神话、男女相思求爱故事、地名起源、歌谣由来的所谓先代《旧辞》，它们是《古事记》和《日本书纪》两部最古史书的资料来源。《古事记》篇幅很短，只有 3 卷，使用汉文及日本语法纪事；《日本书纪》则长达 30 卷，不仅用汉文记录，而且史文体裁也效仿中国史书。日本古文书学的奠基人、著名历史学家黑板胜美认为，《日本书纪》的作者曾经读过唐代史家刘知几的《史通》。黑板胜美的学生坂本太郎在《日本的修史与史学》一书中认同老师的说法，但又作了补充，他写道：

> 《书纪》的编者对中国《史通》所叙述的古来史书的性质和撰述方法具有很多知识，大概反复讨论过日本应采取的方法……《书纪》的体裁虽然接受了中国古来的史书体裁，但并不是盲目追随，而是根据自己的主见，从各方面择取必要的东西，建立独特的体例。这同这个时代在整个制度方面对待唐朝制度的态度是完全相同的。（[日]坂本太郎：《日本的修史与史学》，北京大学出版社 1991 年版，第 15 页）

从此之后，日本开启了皇室、幕府、大名藩主、学者的修史之路。在西方史学输入之前，中国史学在思想、观念、方法、文献等方面对日本史学的影响依然具有决定性的作用。迟至十七、十八世纪之交，被誉为日本近代史学"顶峰"的新井白石，其基本史学思想仍然是儒家正统的历史观，这种正统性从新井白石强烈的排佛思想中可见一斑。新井白石的《读史余论》强调历史著述中的"大义名分"，他的《古史通》注重史学服务现实政治的目的，他在《史疑》中呼吁历史著述应该广泛采用"异朝"中国的史料，这些都表明直到近世日本史学仍深受中国传统史学的影响。可以说，在长达十个多世纪的时间里，日本古代传统史学以中国传统史学为师，孜孜不倦学习效仿，并结合日本社会政治特点创新发展，在史观、史识、史体、史例、史用、史法、史论等方面亦步亦趋，在世界各大文化圈范围内创建了除中国古代史学之外最重要的史学成就之一，与中国传统史学一起构成了东亚儒家文化圈史学的高原。当然，日本史学一方面如饥似渴地学习中国，另一方面也在接受和消化过程中积极创新，努力形成体现本国实际的史学特色，到了德川时代甚至还出现了日本文化的自我中心意识。尽管如此，与中国古代史学相比，日本史学的发展水平相对较低，总体上处在学习、模仿与借鉴的状态之中，可以说中日两国传统史学长期以来是一种典型的师徒关系。

当然，随着时间的推移，"弟子不必不如师，师不必贤于弟子"。明治维新以后，日本社会上下君民对西方文化知识体系的接受程度远超中国，这其中也包括西方近世史学。西方史学对日本的影响，先有明治初年以"明六社"一派为代表的日本启蒙思想家的文明史学，其中最著名的就是福泽谕吉《文明论概略》。明治十年之后又有继承文明史精神的民间史学，山路爱山是其代表人物。从一定意义上说，昭和初期以后急速发展的历史唯物主义史学继承了从文明史学到民间史学的传统。另外，以旧帝国大学为中心的学院派史学家们深受德国兰克史学的影响，将中日传统的考证主义与西方客观主义结合起来，形成了实证主义史学。与此同时，为批判实证主义史学而出现的文化史学更加关注历史发展的精神层面，其代表人物是继承了内田银藏学说的西田直二郎博士。稍后还有代表日本战前史学最高水平的津田左右吉史学，以及河上肇、野吕荣太郎、福本和夫等人的历史唯物主义史学，都在日本史学界产生了重大影响。正所谓闻道有先后，术业有专攻，在20世纪初全球范围内历史学交流交融的时势变化过程中，日本史学后来居上，反客为主，成为中国近现代史学转型的学习师长和效仿榜样。

5

本书是一部关于中日史学史的学术论著。

全书在内容上包括四个部分：一是中国传统史学特色，二是日本传统史学特色，三是中日传统史学特色比较及其相互影响，四是中日传统史学的近现代转型及其相互影响。

全书在体例上包括五章，每章拈出若干中日传统史学的特色话题和近现代中日史学交流的关捩之点，逐一加以阐论，以期勾画出全球史学史背景下中日史学发展史的基本概况。

第一章"史料"，围绕历史的真实性，阐论史料的史学意义，以及史料的散失与幸存、搜集与整理、辨伪与考信。第二章"史家"，围绕历史的客观性，述论中日古代史学家作为史著主体的心态、特点以及历史著述主观性与客观性的对立统一。第三章"史用"，主要讨论史学的实用意义，具体又分"史法"和"史鉴"两大部分，"史法"围绕历史的社会性，介绍中日传统史学的撰史目的，比较中国"春秋笔法"与日本"大义名分"的异同；"史鉴"围绕史学的功用，分析中日传统史学"以史为鉴"的史学特色，比较中日两国"史鉴"文化的异同。第四章"史话"，围绕历史与文学的关系，介绍中日古代民间历史传播的文化特点，讨论中日民间说史背景下史学与文学的关系，比较中国古代"话本"与日本古代"物语"的异同。第五章"史学"，围绕东亚传统史学的近现代转型，叙述中国清代历史考据学的特点与成果，介绍近现代日本史学在中国考据学与西方实证主义史学影响下的新发展，讨论日本史学对中国近现代历史学转型的助推作用，阐述中国新史学的基本特色，最后落脚在中国唯物史观的传播与唯物史学的建立。全书首尾呼应，纵横交错，史论结合，点面兼顾。

本书的学术创新与学术价值和意义在于：

第一是比较史学史的研究意义。本书从李大钊所述的历史观念出发，坚持历史唯物主义史观，探讨中国传统史学的脉络与特点，并对中日两国传统史学进行比较，重点阐述中国传统史学对日本古代史学发轫、发展的重大影响，以及日本古代史学演进的自身特点，并且介绍明治维新后日本接受西洋史学的基本概况以及中国清末民初传统史学转型过程中的中日史学交流。目前国内尚无有关中日史学史比较的学术专著，本书虽称不上是一部系统全面的中日史学交流史、比较史，但书中关涉中日史学史的一些重要话题，对中日传统史学特点进行粗浅比较，兼及两国史学近现代转型的相互影响，大致勾勒出中日两国史学发展基本轮廓及其关联性，有助于深化对东亚史学共同特征和差异特点的认识。

第二是世界史学史的研究意义。本书并不局限于中日史学史的考察与比较，而是将中日史学史置于世界史学史的视域之中，考察其特点，审视其流变，分析其得失，评估其意义。如果说中日古代史学史基本上涵纳于东亚文化圈之内产生、交流和演进，那么从近现代开始的中日史学史则是在一个相对开放的全球史学史范围内交融、流变和发展。故此，本书以全球史学史视野来进行中日史学史较论，从中梳理出中日近现代史学转型的内生动力与外在推力，也揭示出中日近现代新史学发展与世界史学史发展的相互关系及基本定位。

第三是史学思想与史学理论研究意义。本书通过阐论中日史学流变中的具体史事、史著、人物、思想等，试图在史学思想和史学理论的框架内，对"历史学是什么""什么是历史的真实""史学家的客观性""历史叙事的方法""历史的借鉴意义""历史学的社会现实功用""历史叙事与文学叙事的关系"等重要的历史学主题展开讨论，以期使本书不仅呈现中日历史著述史的基本脉络，也能展示中日史学思想史的重要观点，并在世界近现代史学思想的多维视角下进行意义分析。

第四是中国唯物史学的研究意义。本书始终坚持马克思的历史唯物主义，不仅在中日史学史论述中贯彻唯物史观，而且将唯物史观作为近现代中日史学发展史的重要内容加以考察，先是在序言中从李大钊的唯物史观切入，又在第五章中介绍日本新史学中唯物史观的发展与影响，阐述近现代中国唯物史观的传入传播以及作为史学领域主导思想的确立，有助于加深理解中国唯物史学和马克思主义思想传播的历史过程与现实意义。

本书的实践意义主要体现在两个方面：一是深化了中日史学交流史的认识，有益于当代中国史学不断拓展全球视野，加强域外学术交流，促进史学繁荣发展。二是深化了史学思想和史学理论的认识，有助于当代中国史学更好地坚持历史唯物主义史观，自觉抵制历史虚无主义。

历史是一座幽深而神圣的文化殿堂。"庭院深深深几许，杨柳堆烟，帘幕无重数。"千百年来，许多人阅读历史书籍，却从来没有登堂入室走进历史学和史学史的深宅大院。这本书就是陪伴读者进入"历史之历史"

的桃花源。此时，不禁想起了唐代郎士元的一首诗《听邻家吹笙》：

> 凤吹声如隔彩霞，不知墙外是谁家。
> 重门深锁无寻处，疑有碧桃千树花。

现在，就让我们推开历史学的"重门深锁"，去探寻两座相邻庭院的"碧桃千树花"。

第 一 章

史　　料

> 人生到处知何似，应似飞鸿踏雪泥。
> ——苏轼《和子由渑池怀旧》

真实与客观

往事随风，恰似春水东流，逝者如斯夫；笔下追忆，留存片鳞半爪，遂成千古史。

人类需要历史，历史依靠叙述，叙述有赖记忆。

记忆总是刻骨铭心，珍藏着匆匆而过的青春，遥祭着悄然逝去的韶华，回味着轻似烟云的往事。

记忆是一部高速行驶的列车，承载着过去岁月的感情，穿梭在人生轨迹的站台之间，欣赏着沿途风景的往事踪迹，寻觅着生命里程的下一个站点。即便记忆暂处休眠状态，仍然可以在梦境追寻往事，恰如李煜《采桑子》所吟，"可奈情怀，欲睡朦胧入梦来"。

记忆将点点滴滴的情感遗珠串联起来，形成个体生命的历史；记忆也将人类的往昔片段重新拼装起来，凝结为一个族群的集体记忆，那便是历史。

记忆把朦胧的桨声灯影变成抒情的诗歌，把家族的门庭荣耀变成厚厚的家谱，把族群的自我认同变成生动的故事，把国家的悠久岁月变成宏大的叙事。无数的个体记忆和集体记忆川流不息，汇成一个社会的历史长河。法国史学家雅克·勒高夫在《历史与记忆》一书中说："记忆滋养了历史,历史反过来又哺育了记忆,记忆力图捍卫过去,以便为现在、将来服务。"往事就像一凹隐身于岁月高山之上的天池,盛接过去的风雨,辉映当下的水光,顺着时间的山涧,将源源不断的水流注入蜿蜒千里的人类长河,经久不息地输送到现世人间的每一个溪口,灌溉家国的万里沃野,滋润世人的丰饶心田。

史学家汪荣祖在《史学九章》中说,"真实的往事如湖上之风,寒潭雁影,既逝矣,已无从直接追捕,惟有从文字记录中去重建"。当往昔借助笔尖成为历史,当过去通过言语变成传说,思维正常的人必定会问一个问题:这是真的吗?于是便有了历史学的第一要义:历史的真实性;也有了历史哲学的基本问题:什么是历史的真实性?

一部历史文本是否"真实",取决于历史文本与历史往事之间是否"契合"。历史的真实性就是历史叙事"符合"历史往事原状的程度,符合程度越高则真实性越强。

问题随之而来:什么叫"契合"?如何判断"符合"?这是史学家和历史哲学家长期的聚讼焦点,古往今来大多数史学思想正是在这个关键点上形成歧义而分道扬镳。

在自然科学和社会科学中,一种知识称得上"真实",必须与事实相符合,而且这种"符合"必须能够反复观察、反复试验、反复验证。这是科学的一条铁律。

历史学的尴尬在于,它所关注的往事,一丝一毫都不可能再现,只能凭借过去留下的文字或遗物的线索,来进行事后的研究。正如英国历史哲学家沃尔什所说:

> 历史学最引人注目的事情是,它声称所要描写的事实乃是过去是事实;而过去的事实是不能再被直接检验的。总之,我们不能简单地看它们是否符合已经独立地为人所知的现实来检验历史陈述的正确性。([英]W. H. 沃尔什:《历史哲学》,北京大学出版社2008年版,第10页)

历史学的这个特点确实令人沮丧,也因此有的史学家表示不服气,他们尝试进行历史实验，以重现和验证史料的真实性。美国学者斯图尔特·休斯在《历史学是什么》中写道：

> 也有一个或者两个历史学家通过再现历史片段完成一种实验的著名范例。我们可以想到的是，一个博学的德国人在普鲁士军械库举办一场模拟战斗，以此来检验温泉关的权威性叙述。最近，塞缪尔·埃利奥特·莫里森身体力行，自驾航船从西班牙驶向西印度群岛，证实了哥伦布原始航海日志的准确性。这是打破一般规律的激动人心的例外之举。（［美］斯图尔特·休斯：《历史学是什么》，北京师范大学出版社2018年版，第4页）

确如休斯所言，这种历史"实验"只能偶尔为之，因为过去发生的事情毕竟很难重现。即使刻意去"重演"，也不是真正的"过去"。一些喜欢历史的美国人常常在南北战争纪念日穿上军装、扛起春田步枪，来到昔日战场进行所谓的历史"重演"，不过这仅仅是"重演"而已。英格兰曾经有一群年轻志愿者，按照历史学家的要求，严格依照铁器时代的生活条件在英格兰西南部生活了12个月，他们修屋建舍、纺线制衣、耕田种地、养牛挤奶，试图重新建立古代英格兰的往昔生活。结局可以想象，实验最后失败了，倒不是因为不能复原古代生活，而是不能复原古人的思想态度，包括对于人与自然的关系、宗教观念、两性关系态度，等等，都已今非昔比。今天，大多数人已经承认，史学家可以进行历史叙事，也可以提出历史论述，但无法像化学家、生物学家那样进行实验，去重现过去，或验证他们的研究结论。

既然如此，所谓历史的真实性又从何谈起呢？难道历史学家就此放弃对历史真相的探寻吗？回答是：史料！历史学家从往事的遗迹中寻找可靠的史料，努力复原一幅关于"过去"的图景。W. H. 沃尔什在《历史哲学》中说，"虽然过去并不接受直接的检验，但它已经以文献、建筑物、硬币、制度、礼仪等等的形式而把自己丰富的遗迹留给了现在"。古人说，"折戟沉沙铁未销，自将磨洗认前朝"，那些深藏在历史沉沙中的蛛丝马迹，既是重塑往事的凭据，也是检验历史真实的标准。

宋仁宗嘉祐六年，苏轼独自赴任陕西路凤翔府签判，路过河南渑池，想起六年前曾经与弟弟苏辙一起从四川赴京应试，途经渑池，留宿寺院，在院壁挥毫题诗。此时苏轼故地重游，触景生情，便给苏辙写了一首《和子由渑池怀旧》，诗文如下：

> 人生到处知何似，应似飞鸿踏雪泥。
> 泥上偶然留指爪，鸿飞那复计东西。
> 老僧已死成新塔，坏壁无由见旧题。
> 往日崎岖还记否，路上人困蹇驴嘶。

老僧已死，新塔既建，院璧残破，旧题无见，苏轼不禁感慨万千：人生东奔西走，犹如飞鸿踏雪泥，留下的只是偶然间的指纹爪印。飞鸿远去，雪泥融化，一切痕迹消散，仿佛未曾发生。

在此之前，唐诗文化意象中，崔颢《黄鹤楼》、李白《登金陵凤凰台》也以"黄鹤""凤凰"比拟随风而逝的往事，苏轼将往事比作"飞鸿"，三者均隐含了古人对于时间与历史的深刻理解。

飞鸿虽然远去，却留下了雪泥指爪；黄鹤一去不返，而汉阳树、鹦鹉洲犹存；凤凰台空江自流，还有幽径古丘的白鹭洲。这些历史的遗迹便是后人回忆往事、叙述历史的史料。

史料是历史的拼板，史学家的不懈努力就是要用有限的史料拼出一幅尽可能完整的历史图案。英国学者理查德·艾文斯在《捍卫历史》一书中说："从事历史研究就像在做一个拼图游戏，那些拼板分散在一个屋子的许多盒子之中，其中有一些已经被毁掉，即使我们把所有拼板组合在一起，依然有很多重要的拼板无法找到。"虽然，史料碎片化，获取具有偶然性，史学家手里并没有一盒完整的拼板，甚至有可能失去关键性的拼板，然而史学家的工作就是透过所有偶存的遗迹和片段的记录，以"管中窥豹，略见一斑"智慧和勇气，去努力拼出一幅尽量完整的历史图像。好在史学家不必复原所有的历史原貌，只需获得关键的信息。英国学者 G. R. 埃尔顿在《历史学的实践》一书中说："历史研究并非对过去的研究，而是对过去的当前痕迹的研究；如果人们所说、所想、所做以及所经历的事情没有留下任何痕迹，那么这些事情就好像从来没有存在过。"从这个意义上说，史学家是用有限的史料拼出重要历史的局部拼图，经过艰苦卓绝的努力，这并非没有可能。

说到史学家，历史的真实性还关涉历史撰写人的客观态度。如果一个史学家怀有偏见或被利害关系左右，就很难做到客观。这涉及历史学的第二要义：历史的客观性。客观性与真实性是两个密切相关而又不尽相同的问题，历史的真实性是就史料与文本而言，历史的客观性是就史家写作主体而言，客观性是真实性的必要条件，但不是充分条件，诚如法国史学家安托万·普罗斯特在《历史学十二讲》中所说，历史学的真实性"远远超出了研究者的不偏不倚与研究的不计利害衡量"，还需要史料、史法、史观等因素来支撑。不过，缺了史家历史著述的客观态度，所有的一切都将大打折扣，甚至付之东流。本书有关中日史学史的全部叙述和阐论都围绕历史学的真实性与客观性展开，可以说是串起三千年史海遗珠的一条红线。

史料与史学

光绪二十一年，明治二十八年，即 1895 年 4 月，在甲午战争中战败的清政府与日本签订了《马关条约》。

就在当月，东京帝国大学文学部恢复了"史料编纂挂"，重新开始了修史的事业。当时东大校长浜尾新、文科大学长外山正一、编纂委员三上参次博士等人经过商议，做出了一个重要决定，史料编纂挂不编写编年史，只编纂史料。据说，他们的想法是，国史的编纂可任凭能够自由发挥主观意志的史学家个人去进行，但搜集史料非个人所能胜任，政府应编辑已搜集的史料供学者利用。就这样，史料编纂挂把主要工作精力聚焦在编辑出版史料上。其间，史料编纂挂在 1929 年改名为"史料编纂所"，到 1958 年 3 月共计出版的史料有：《大日本史料》213 册、《大日本古文书》123 册、《大日本记录》20 册、《大日本近代史料》16 册。坂本太郎在《日本的修史与史学》中评论道：

修史的主要目的改变为编纂史料，这是英明的转变。如果根据明治二年（1869）所述的精神编修国史，恐怕很难恢复修史事业；即使恢复并写出了史书，这些史书也经不起今天学术界的批判。正因为是史料，所以今天仍然有用。（[日]坂本太郎：《日本的修史与史学》，北京大学出版社1991年版，第170页）

中日签订《马关条约》与日本成立史料编纂挂，貌似两件风马牛不相及的事情，其实存在着一定的内在联系。日本明治维新后，对传统文化进行了批判性反思，张开双臂迎接西方近现代文明，包括历史学在内的近现代西方科学和学术思想、范畴、方法、技术等被引进输入到思想、文化、学术、教育等诸多方面，日本社会的整个知识观念体系开始与西学对接，在思想观念和文化领域引发了一场深刻的变革，这种社会变革极大地推动了日本国力的迅速提升，甲午战争便是一个结果。

与此同时，甲午战争"割台湾、偿二百兆"的惨烈后果使中国进步知识分子开始深刻怀疑封建政治和传统文化，在政治领域的维新与革命运动风起云涌之时，一场以西学知识启蒙和传统文化改造为鹄的的学术变革也在迅速兴起，最先开始变革的是传统经学、历史学。这场启蒙运动在戊戌变法失败和庚子事变之后愈演愈烈，康有为大声疾呼，要借鉴"万国史学"为治病之"药石"，梁启超明确提出"君史"与"民史"的区别，希望改造传统史学，以"新史"造就"新民"，以"新民"成就"新国"。

如果说晚清救亡图存的文化改造是中国新史学发轫的内在动力，那么东瀛明治史学新风的传播流布则是中国新史学发展的外部助力。在晚清流亡或留学日本的中国学者中，绝大多数人受到了日本新学的影响，历史学也不例外。戊戌变法失败后，梁启超流亡日本。1901年，时年28岁的梁启超打算在日本发起创作一部具有新史观、新体裁、新文体的中国通史，虽然只写出《中国史叙论》一文，但这篇文章于第二年扩充成《新史学》一文，在国内产生了极大影响。梁启超在《三十自述》中说，"居日本东京者一年，稍能读东文，思想为之一变"，可见梁启超当时的学术思想是受到了日本新学的影响。这一点，还可从梁启超当年为《新民丛报》撰写的《东籍月旦》一文中得到佐证,他在这篇文章中介绍了日本当时重要的学术著作书目,罗列了几十部世界史、东洋史、日本史著作,并且一一作了题解,显然亲自认真阅读过。其后,梁启超又先后写作了《清代学术概论》《中国历史研究法》《先秦政治思想史》《中国近三百年学术史》等,构成了一个比较完整的新史学体系,亲笔书写了中国近现代新史学的开篇。因为受到日本新史学的影响,梁启超相当重视史料之于史学的意义,他说,"史料为史之组织细胞,史料不具不确,则无复史之可言",其中"不具不确"四字,把史料的要害与史学的要义一语道破了。

梁启超熟读西洋史学著作,是中国新史学得到西洋史学外部助力的一个佐证。如果说早先国内学者接触西洋史学主要依靠转译日文西学论著,那么等到20世纪20年代左右一大批留学欧美的年轻人学成归国,他们带来了更加原汁原味的西方近现代史学知识体系。1929年,傅斯年接受中央研究院院长蔡元培的建议,将其任所长的中央研究院历史语言研究所从广州中山大学迁到了北平,他同时兼任北京大学教授,在北大开设"史学方法论"课程。傅斯年曾经在英国爱丁堡大学、伦敦大学和德国柏林大学留学,受到了自然科学、哲学、史学、语言学等学科的良好训练。傅斯年的史学观念深受欧洲科学主义和实证主义思想影响,体现了当时世界史学领域的前沿发展态势。

从傅斯年当年在北大开课的讲义存稿《史料略论》中,我们看到他有关史学的著名论断,"史学的对象是史料","史学便是史料学","史料学便是比较方法之应用"。傅斯年这三句话,道出了他心目中历史学研究的对象、内容与方法。他说:

> 假如有人问我们整理史料的方法,我们要回答说:第一是比较不同的史料,第二是比较不同的史料,第三还是比较不同的史料。(傅斯年:《史学方法导论》,上海古籍出版社2011年版,第4页)

东京大学史料编纂挂以及梁启超、傅斯年等重视史料学,都反映了那个时代风靡全球的实证史学对东亚传统史学的冲击力与影响力。傅斯年在 1928 年创建"史语所"之时，曾经亲自撰写了《中央研究院历史语言研究所工作之旨趣》一文，刊登在《历史语言研究所集刊》第一本第一分册，开宗明义一段话，与东大史料编纂所的宗旨颇为相似，同样重史料而轻史著。他写道：

> 历史学和语言学在欧洲都是很近才发达的。历史学不是著史：著史多多少少带点古世中世的意味，且每取伦理家的手段，作文章家的本事。近代的历史学只是史料学，利用自然科学所达到的范域，自地质学以至目下新闻纸，而史学外的达尔文论正是历史方法之大成。（傅斯年：《史学方法导论》，上海古籍出版社 2011 年版，第 134 页）

需要说明的是，当时中日新史学对西学的积极响应以及对传统史学的批评抨击，绝无彻底否定传统史学之意，而只是淘汰传统史学的封建史学思想以及相对落后的技术方法，至于古代留下的大量史料，不仅毫无排斥，甚至奉若至宝。日本学者致力于编辑出版史料，中国学者同样注重整理比较史料，体现了两国新史学发展的共同特点。

在讨论了史学要义和史料意义之后，接下来我们把目光投向古代史学的基石——史料。

失传的《天皇记》

前文已述，日本最早的史书是已经失传的《帝纪》《旧辞》，日本存世最早的史籍是《古事记》《日本书纪》。在《帝纪》《旧辞》与《古事记》《日本书纪》之间，还出现过一部重要的日本史籍，即传说是圣德太子主持编纂的《天皇记》。

圣德太子是第 31 代天皇用明天皇的皇子，公元 593 年被立为第 33 代天皇推古天皇的太子。圣德太子作为推古天皇的摄政，推行文化立国的国策。在推古天皇二十八年，即公元 620 年，圣德太子与大臣苏我马子商议，编纂一部日本国史，名为《天皇记、国记、臣连伴造、国造、百八十部并公民等本记》。

这个冗长的书名看上去令人费解，其中的"臣连伴造、国造"是氏族身份称号，"臣""连"是中央大族，最重要的大族被称为大臣、大连；"伴造"是世袭担任朝廷某项职务的中级氏族，"国造"是地方豪族，"百八十"是多数的意思，"部"是"伴造"的同族；"百八十部"就是大多数大族同族的意思；"公民"是直属朝廷的民众，大概类似于春秋时期的"国人"。按照坂本太郎的解释，这是一部包括天皇记、日本国记以及大族豪族重要人物记直至国民的史书，"此书名只是表明要写包括全体国民在内的历史的理想，实际上没有完成"，当然，"即使是理想，相对以前只能笼统地称为旧辞的传说，设想了对象范围明确的各种历史，作为历史叙述的进步何等之大，是不言自明的"。

此书最重要的特点是"吸取了年代观念，确立了古代史的纪年"，这是日本编年史之始。虽然在此之前的《帝纪》《旧辞》已有天皇在位多少年的年数观念，却没有按照时间来记录历史。中国古代最早的史书《尚书》记录了周朝初年的重大事件和国家文告，也没有年代的观念，只能说是史料，而非史书。根据西周时期"左史记言，右史记事，事为《春秋》，言为《尚书》"，中国古代编年史应该从西周便开始了，遗憾的是没有史籍留存下来。春秋时期已有各诸侯国编年史。留存至今最早的编年史就是孔子依"鲁史"而修作的《春秋》，从中大致可以窥见"鲁史"最迟起笔于春秋中期，至少比日本圣德太子的编年史《天皇记》早一千年。对于日本而言，圣德太子的《天皇记》具有划时代意义，因为从史学史的角度来看，只有把时间与事件同时记录下来，才称得上是真正的历史叙事，"太子在其打算撰写的天皇记、国记中确定了纪年，是按照时间记载事实的"，这是日本史学史上了不起的创举。

遗憾的是，这部日本最早的编年史并没有流传下来。坂本太郎写道：

> 皇极天皇四年（645）苏我氏灭亡时，天皇记、国记在苏我氏家中焚毁。据说船史惠尺取出燃烧的国记献给中大兄皇子，但这些书连残鳞片甲也没有流传到后世。（[日]坂本太郎：《日本的修史与史学》，北京大学出版社1991年版，第5—6页）

这种史料的散佚对于史学家来说真是刻骨铭心的哀痛。早在两千多年前，中国第一位史学思想家孔子就对史料的不足发出深深的感叹：

> 夏礼吾能言之，杞不足征也；殷礼吾能言之，宋不足征也。文献不足故也。足，则吾能征之矣。（《论语·八佾》）

孔子是一位相当严谨的史学家，"无征不信"是他的基本态度。面对史料的残缺，孔子不无遗憾地说，夏代的礼仪他还知道一些，但夏人后裔的杞国已经所剩无几，无法提供证据了；商代的礼仪他也知道一些，但在商人后裔的宋国也已所剩无几，无法提供证据了。夏商的文献史料实在太少了，不然的话，就有充分的史料证实夏商的礼仪。"文献不足故也。足，则吾能征之矣"，这句话道出了历代史家多少自信满满的抱负与无可奈何的失落！

由于缺乏文字史料，日本绳文、弥生、古坟时代的历史只能依靠考古发现，而在近现代西方考古学传入日本之前，这些历史只能付之阙如。最早详细记录日本历史的文字书籍并非出自日本，而是出自《三国志·魏志》。家永三郎在《日本文化史》中明确说，"八世纪前后完成的《古事记》《日本书纪》《风土记》，以及被视为在它们前后成形的祝词、寿词等日本方面的文献"，都只是"反映了《魏志·倭人传》之后的时代状况"。在日本史学界，有一个颇有意思的说法，叫做"谜之四世纪"，意思是说日本四世纪的历史如同谜一般不为人知。这是为什么呢？原因正如吉村武彦在《岩波日本史》第一卷《日本社会的诞生》中所说，"在中国的正史中，《魏志》记载了日本三世纪的邪马台国，《宋书》记载了五世纪倭国五王，但是却没有四世纪大和王权诞生时倭国的相关记载。其原因可能是四世纪的中国正处在五胡十六国时代，国内分裂，疏于外交"。我们看到在后来的南朝各史中都有倭国的记载，所以日本四世纪这段历史在中国史书中犹如一个缺口，殊为可惜。

古代史料的记录、保存与流传，是相当侥幸的事情，大多数史料湮灭在无情的光阴流逝之中。梁启超在《中国历史研究法》中深有感触地说：

> 史料者何？过去人类思想行事所留之痕迹，有证据传留至今日者也。思想行事留痕者本已不多，所留之痕，又未必皆有史料的价值；有价值而留痕者，其丧失之也又极易。因必有证据，然后史料之资格备。证据一失，则史料即随而湮沈。（梁启超：《中国历史研究法》，中国人民大学出版社2012年版，第42页）

要说古代史料的散失，可以说是一部东西方史学家共同的辛酸史。古罗马学者热衷于书写历史作品，但留存至今的只是少数。史学家李维的142卷皇皇巨著《罗马史》留存至今不过35卷。塔西佗估计原本有14卷的《历史》，保存下来仅4卷有余，他的《编年史》也非全本。按照美国学者J. W. 汤普森《历史著作史》一书的说法，从史学价值上讲，塔西佗失传的著作比李维失传的著作更为可惜。史料的毁失不仅古今相似，而且中外尽然。

史学家总是"我生亦晚"，等到降临人世之时，无数宝贵的史料早已被岁月的黑洞吞噬，留给他们的是四处散落、残缺不全的拼板。细数起来，中国古代史籍的散失实在是一部令人扼腕的痛史。有的文本被有意隐匿窜改，如清廷自改实录；有的典籍被有意蹂躏毁坏，如秦国焚毁列国史记；有的则因一部新的史著出现，导致其他同类旧史消失殆尽，如唐初修成《晋书》，唐人称为《新晋书》，于是原来十八家晋史俱废。这种悲剧从古到今一直在发生。顾颉刚在1935年的一篇文章中讲述了史学家痛心之事：

> 十余年前，北京的历史博物馆嫌明清内阁大库的档案堆积得太多了，又占房屋，又费功夫，觉得讨厌，所以就把其中不整齐的装了八千麻袋，卖给纸厂，作为造还魂纸的原料。司法部中藏有明朝的刑部老档，总长朱深看它是过时货，下令烧了。七年前，国都南迁，蒙藏院的档案无人保管，全数散出，卖给摊贩包花生糖果。（顾颉刚：《崔东壁遗书序》，载《崔东壁遗书》，上海古籍出版社2013年版，第2—3页）

法国史学家朗格诺瓦在《历史研究导论》中说：

> 史料之被保存或既亡失，乃为一种机会侥幸之事。故在历史之构造建设中，其主要之情形，唯视机会侥幸之如何以决定。（[法]朗格诺瓦、瑟诺博司：《历史研究导论》，中国人民大学出版社2011年版，第179页）

就此而言，我们今天所看到的历史，都是岁月风尘中的幸存物。

尽管史学家时常空怀壮志，无奈抱残守缺，他们依然孜孜矻矻，专注于各种史料的挖掘、整理、比较、辨析及阐述，用近似于刑事侦查的态度和方法，去发现历史上遗留和幸存的所有蛛丝马迹，从九死一生的史料中拨开重重疑云，努力拼出一幅接近于往事原貌的历史拼图。

古今书厄

史料，是史学家心中无限的爱。史料，也是史学家心头永远的痛。

据《隋书·牛弘传》，隋朝初年，秘书监牛弘深感历代图书损失严重，便向隋文帝上《请开献书之路表》，希望君王下诏鼓励百姓将散落民间的书籍呈交政府抄录备份。

牛弘在上表中列举了中国图书典籍史上遭受的五次重大灾难，牛弘称之为"五厄"：

第一次是秦始皇焚书坑儒。秦始皇统一宇内之后，为了彻底剪断各诸侯国的文化传统，以确保嬴氏江山万代相传，下了一个"焚书之令"，把民间的藏书付之一炬，"先王坟籍，扫地皆尽"，"此则书之一厄也"。

第二次是西汉末年的长安兵乱。汉代革除秦弊，敦尚儒术，汉武帝"广开献书之路，百年之间，书积如丘山"，侥幸逃脱"秦火"的藏书慢慢收集起来，"外有太常、太史之藏，内有延阁、秘书之府"，国家图书馆总算像模像样了。汉成帝年间，诏令刘向、刘歆父子编纂图书目录，"汉之典文，于斯为盛"。不料，西汉末年的赤眉、绿林农民起义，长安陷于兵火，宫室图书，并从焚烬，"此则书之二厄也"。

第三次是东汉末年的董卓乱京。董卓带着汉献帝退守长安，掳走了兰台、石室、鸿都、东观等国家图书馆内的大量书林秘牒，据说一共装载了七十余辆大车。董卓覆灭之际，"西京大乱，一时燔荡"。留在洛阳的书籍也因"吏民扰乱，图书缣帛，皆取为帷囊"，东汉两百年间好不容易重新积聚的珍贵典籍就此散失殆尽，"此则书之三厄也"。

第四次是西晋末年的所谓"五胡乱华"。曹氏父子饱读诗书，重视文典，司马代曹未生大乱，图书典籍越积越多，晋朝秘书监荀勖编纂图书目录《新簿》，对图书进行分类整理。可惜好景不长，刘渊、石勒入主中原，"京华覆灭，朝章国典，从而失坠"，"此则书之四厄也"。

第五次重大损失是梁朝侯景之乱和萧绎兵败焚书。"永嘉南渡"后，许多图书典籍被带到了南方，"衣冠轨物，图画记注，播迁之余，皆归江左"。东晋与南朝诸帝普遍重视文化，"晋、宋之际，学艺为多，齐、梁之间，经史弥盛"，宋人王俭编纂《七志》，梁人阮孝绪编纂《七录》，两部图书目录登记各种图书三万余卷。然而，梁朝侯景叛军攻破南京，许多图书毁于兵火。萧绎平定侯景之乱后，收集残余图书，"公私典籍，重本七万余卷，悉送荆州"。公元552年，西魏大军压境，萧绎走投无路，激愤之下一把大火将这些图书"悉焚之于外城"，余烬残存仅十分之一二，"此则书之五厄也"。

历代史书史料的佚失，中外社会皆然。就在江陵焚书半个世纪之后，罗马帝国的亚历山大图书馆也毁于日耳曼"蛮族"的兵火，古希腊罗马经典文献损失惨重。这两次人类文化史上的巨大书厄，实可遥相祭奠。

牛弘向隋文帝建议，民间百姓凡是献书一卷，赏赐缣帛一匹。于是"一二年间，篇籍稍备"。后人所见《隋书·经籍志》留下的一份长长书目，展示了牛弘献书之策的重大成效。

日本历史上也有人为破坏史著的例子。记录日本南北朝历史的著名军记物语《太平记》一共四十卷，其中第二十二卷在创作后不久就遗失了。这卷书的内容涉及拥立北朝光明天皇的室町幕府第一任征夷大将军足利尊氏与他的弟弟足利直义之间反目为仇的史事。后来，足利尊氏的孙子足利义满出任第三任征夷大将军，看到《太平记》第二十二卷中记载了足利氏的家丑，就命令执事细川赖之将其从全书中抽出烧毁。

日本历史上也有民间献书之举，尤其在战乱与灾难之后。德川幕府初，为政者重视文化事业，鼓励收集民间文书文献。德川家康早年被作为人质送到今川义元身边，今川氏通晓日本典故，德川家康受到了良好的熏陶。后来德川家康被封到关东八国，也留意经史讲读，成为公认的儒将。庆长七年，即1602年，德川家康在江户建立金泽文库，专门收集日本和中国古书，其中不乏两宋元代的善本书。庆长十一年，德川家康召见学者林罗山，将他留在身边担任侍臣。庆长十三年，德川家康派林罗山到长崎采集书籍。寺庙、神社、贵族等也陆陆续续献上书籍。对于战乱中损坏残缺的书籍，德川家康也命人加以修补。平泉澄《物语日本史》说：

> 家康开创的事业之中有一项对后世影响极大，即奖励学问的事业。家康于文禄二年招徕藤原惺窝，听其讲授《贞观政要》，之后还聆听了惺窝所讲《汉书》，以及林罗山所讲《论语》等；另外，家康还在伏见创办学校，任命三要为校长，并在此处指示其出版了《孔子家语》《六韬三略》《贞观政要》等书籍。《吾妻镜》五十一册，采用活版印刷技术，于长庆十年完成出版。之后根据制定诸法度的需要，家康要求手下广泛收集古书并进行抄写，由此古书资料得以大量重现于世。就这样，自应仁大乱以来，难得一见的古书得以被作为珍宝对待。（［日］平泉澄《物语日本史》，社会科学文献出版社2017年版，第549页）

文中所说的《吾妻镜》是镰仓幕府时期北条氏的史官撰写的日记，是了解镰仓幕府历史的珍贵史料。天正十八年，即1590年，丰臣秀吉在小田原合战中击败北条氏政，丰臣秀吉的部下黑田如水进入号称"天下第一坚城"的小田原城劝降，答应投降的北条氏政遂将《吾妻镜》赠给了黑田如水。十五年后，黑田如水临终之时将此书献给德川家康。德川家康认为《吾妻镜》对武士制度十分有利，就用征讨朝鲜时获得的铜铸活汉字印刷了该书，与其他书籍一并分赐贵族、武士和寺院。

明历三年，即公元1657年，江户城内发生了一场大火，据说大火是由一位16岁少女火化葬礼上随风飘起的一只死者衣袖引发的，所以叫做"振衣大火"。大火烧掉了大半个城市，许多文书典籍化为灰烬，其中包括林罗山主编的《本朝编年录》40卷，记录的是从神武天皇到宇多天皇的历史，林罗山受此打击，一病不起。后来德川幕府的第八代征夷大将军德川吉宗编纂德川氏历史的时候，苦于缺乏史料，就采取了民间献书的办法。他命令骏河国的神社、寺院和老百姓呈报所藏古文书，又派学者青木昆阳前往甲斐、信浓、武藏、相模、伊豆、远江、三河七国采访古文书，收集到的古文书全部在江户制作摹写本，然后把原本归还原主。这批摹写的古文书至今还有28册存于内阁文库中。

  日本修史利用各种古文书作为史料，这早在天武天皇十年（681）《日本书纪》以及延历十六年（797）至延喜元年（901）编撰五部国史就已开始，但以个人书信为主的古文书作为历史材料，加以编辑成集，据说是进入江户时代以后从山鹿素行的《武家事记》开始的，德川吉宗则开启了正式的大范围采访古文书的事业，后来还影响了各藩也效仿幕府进行古文书采访和编辑，这在日本史学史上也算是一件大事。

  再回观中国，隋代牛弘之后的书厄痛史远未结束。大约又过了一千年，明代著名学者胡应麟在《少室山房笔记》中归纳了从隋唐至宋末的图书"五厄"：

  第一次是隋炀帝大业末年的战乱，唐军将洛阳的藏书运往长安，途中由于船破舟翻，图书被淹，损失了十分之八九。第二次是唐代安史之乱，安禄山攻破长安，唐玄宗带着杨贵妃仓皇出逃，国家藏书大量焚于兵火。第三次是唐末黄巢起义，长安国家藏书再次遭到浩劫，唐代诗人韦庄《秦妇吟》有两句诗："内库烧为锦绣灰，天街踏尽公卿骨"，可以想见当时图书典籍的命运。第四次是北宋末年金兵攻破汴京，大量典籍毁于金兵之手。第五次是南宋国家藏书随着赵家王朝的覆灭，毁于蒙古军队之手。

  又过了三百多年，民国学者教授祝文白总结了明代以后的图书"五厄"：一是李自成攻陷北京之后的文籍散失；二是清代顺治七年钱谦益绛云楼不慎失火导致的藏书焚毁；三是乾隆年间修撰《四库全书》过程中禁毁了大量图书；四是咸丰年间太平天国兵火焚毁大量图书，天一阁、汲古阁等著名书楼均未能幸免；五是日本侵华战争毁坏劫掠大量图书。

在中国古代，文字书写媒介除了早期使用的龟甲、金石外，秦汉以降常用的简牍、丝帛、纸张等均不易保存。私人藏书本来就不多，政府典藏一旦遭到毁坏，许多历史孤本、孤证或者消亡，或者散落民间，湮灭无闻。民国学者陈登原在《古今典籍聚散考》中，对中国图书史上典籍散佚、毁失的情况深感哀伤，他写道：

> 吾人但取《汉书·艺文志》以校《隋书·经籍志》，取《隋书·经籍志》以校金门诏之《明史·经籍志》，取《明史·经籍志》以校《四库总目》，则吾人对于先人之典籍沦亡，文献难征，不将为之泫然？（陈登原：《古今典籍聚散考》，华东师范大学出版社2010年版，第3页）

当史学家面对历代书录、书志、书目，眼见一代又一代前朝典籍化为乌有，空留下一长串名存实亡的目录，内心痛楚难以形容。诚如梁启超所言，"不治史者，不知文献之可贵与夫文献散佚之可为痛惜也"。中日近现代新史学把注意力首先集中到史料上，道理亦在于此。

纸上与地下

我们在前面谈论的主要是史籍类史料，下面再来看看另一类非史籍类史料。

大致而言，史料可以分成两大类：一类是人们有意作为历史记录而留下的史料，主要就是各种文字性的史籍；还有一类不是专门为了记录历史而留存的历史遗迹，它们主要是地下考古发现的史料，也包括地上留存的历史遗物。它们有的是文字性的，如金文、简书、碑铭等；也有不是文字性的，如建筑、器皿、金玉等。

梁启超对史料有一种分法，叫做"在文字记录者"与"在文字记录以外者"，这种分类大致可行，但不够精细，因为"在文字记录以外者"的历史遗留物中也有包含文字的。傅斯年也有一个说法，叫做"直接的史料"与"间接的史料",这种分类更加科学一些。美国学者阿兰·梅吉尔从是否刻意人为的角度将史料分为历史痕迹（historical traces）和历史材料（historical sources）。他在《历史知识与历史谬误》一书中写道：

> 痕迹是过去留下的任何事物,但它们并不是为了向我们提供过去而存在,而仅仅是作为正常生活的一部分出现。材料则相反,它是创造者想要作为事件记录留下的任何东西。（[美]阿兰·梅吉尔：《历史知识与历史谬误》,北京大学出版社2019年版,第35—36页）

"历史材料"是人为有意记述的历史文本,"历史痕迹"则是往事不经意留下的印记。在中国古代的各种史料中,留存了许多原始文档,包括皇帝的敕令、朝臣的奏章、士人的书信等。另外,在稗官野史和个人文集中,也保存了大量私人性的文字。这些个人文档不同于史家的历史叙事,它的史料价值在于尚未经过史家的第二次整理加工,从理论上说算是古人留下的第一手文字素材,就如同今人不以出版为目的的私人日记。这些史料当时之所以被人写出来,虽有各自不同的目的,但都不是有意留给后人进行史学研究的,相对来说更具有"随意性"和"客观性",这就是梅吉尔所说的"历史痕迹"。

1974年3月,几位陕西临潼县村民在地里打井时偶然发现了秦代兵马俑殉葬群,史学家从中了解到秦国军制及先秦车马制作工艺等历史,然而当初秦始皇陵修筑兵马俑并非为了给后世留下历史研究的史料,所以它们属于梅吉尔所说的"历史痕迹"。另外,19世纪末王懿荣进士在出土的"龙骨"上慧眼发现了甲骨文字,因此成为史学家研究商周历史的重要史料,它们也属于"历史痕迹"。凡是经过考古发掘而发现的"历史痕迹"可以称为考古史料,但还有一些"历史痕迹",如岩画、石窟、佛塔、古建筑,以及敦煌文献、古犹太《死海古卷》等并非是考古发现的。

下面略谈新史学的考古文献、甲骨文字和敦煌文献等史料研究中,有关中日学者交流合作的点滴事迹。

中国新史学的标志性特征之一,就是对考古史料的特别重视。这一点,在一定程度上受到了先行一步的日本近现代考古学的影响。中国传统的金石、碑铭之学原本就有较高水平，日本在江户时代也已对古碑、古物进行了一些研究。日本真正的科学发掘遗迹的开端是明治十年即1877年东京的大森贝冢发掘，由东京大学的美籍教师莫斯领衔，标志着日本近现代考古学的诞生。近现代考古学是建立在包括人类学在内的诸多科学与技术基础之上的，坪井正五郎（1863—1913）博士在留英返日之后成为这个领域的领军人物。明治二十八年日本成立考古学会，整个明治时期日本考古学以东京大学和帝室博物馆为中心。到了大正时期，京都大学文学部开设了考古学讲座，主持讲座的是留学英国、曾任东大教授的滨田耕作（1881—1938）博士，他后来被称为日本近现代考古学之父，直到今天日本最有名的考古学和历史学研究奖项"滨田青陵赏"就是以他命名的。坂本太郎说，滨田耕作"把应如何科学地发掘处理以及如何整理遗物等知识传播于世"。从1910年开始，滨田耕作经常到中国进行调查发掘，曾经参与了运送到北京的敦煌文物的调查，结识了中国文献学家沈兼士、金石学家马衡等。1921年北京大学国学门成立考古研究室，马衡任研究室主任，沈兼士专门派人造访请益滨田耕作。中国近现代考古学发展迅速，成为新史学的一支最重要的生力军，从王国维到罗振玉，再到傅斯年、郭沫若、张光直等，都是利用考古史料的行家里手。

对于文字史料与考古史料两者的关系，王国维早年提出所谓"二重证据法"，即将"地下发现之新材料"与"纸上之材料"二者互相释证，以达到考证古史的目的。1925年4月王国维受聘于清华学校研究院，后来应学生会邀请作了题为"最近二三十年代中国新发见之学问"的演讲，介绍了近期古器物图籍的发现及其对学术发展的影响。下半年王国维正式开设"古史新证"课程，在总论说：

> 吾辈生于今日，幸于纸上材料之外，更得地下之新材料。由此种种材料，我辈因得据以补正纸上之材料，亦得证明古书之某部分全为实录，即百家不雅驯之言，亦无不表示一面之事实。此二重证据法，惟在今始得为之。（王国维：《王国维全集》第十一卷，浙江教育出版社2009年版，第242页）

王国维在国内最先把考古史料置于文字史料同等重要的地位，体现了日本新史学的考古学思想方法的影响，也是中国传统史学与实证史学相互结合的具体表征。王国维去世后，陈寅恪在《王静安先生遗书序》中，对王国维的学术方法进行了总结，"一曰取地下之实物与纸上之遗文互相释证"，"二曰取异族之故书与吾国之旧籍互相补正"，"三曰取外来之观念与固有之材料互相参证"。这其实是对"二重证据法"的深化阐释。

随着中国新史学的发展，考古史料的地位更加突显，从过去的"补充"递进到"补缺"，甚至成为最重要的方法。蔡尚思在出版于1939年的《中国历史新研究法》中说，王国维"信古的色彩带得太浓厚，似乎是为信古而考古者；又他整理甲骨文的方法，系侧重'补其文字'，到了郭沫若的《卜辞通纂》，才侧重'接其断片'"。后来傅斯年又将考古学方法上升到排他性的地位，他说：

> 我们大概都可以知道，古代历史多不可靠，就是中国古史时期，多相信《尚书》《左传》等书，但后来对于《尚书》《左传》，亦发生怀疑，不可信处很多很多，于是不能不靠古物去推证。中国最早出土的东西，要算是钟鼎彝器了。周朝钟鼎文和商代彝器上所刻的文字去纠正古史的错误，可以显明在研究古代史，舍从考古学入手外，没有其他的方法。（傅斯年：《史学方法论》，上海古籍出版社2011年版，第148页）

当然，中国新史学并没有走到抛弃传世文本史料而专用考古史料的地步。不过，在现代西方史学界的上古史研究中，这种史学方法还是颇有影响的。如美国学者罗泰《宗子维城：从考古材料的角度看公元前1000年至前250年的中国社会》一书就是典型代表。在这本中文版厚达五百多页的专著中，作者几乎没有使用任何传世文本史料，全部采用了考古史料，即用所谓"社会考古学"的方法，来叙述中国西周到东周时期的礼制变革、社会变迁和宗教变化等文化现象，得出与很多传世文献史料研究不同的结论。例如，作者利用一套出土的白庄一号窖藏青铜器的形制风格变化，主要是酒器数量的减少和食器、乐器数量的增多，来推断中国西周晚期曾经发生过礼制改革，而且"综合分析白庄一号窖藏出土的器物和铜器铭文表明，周代礼制及其用器制度的变化背后，可能发生了更为重要的贵族社会的全面重组"。这种将考古学"从文献历史学的束缚中解放出来"的史学方法，对于传世文本史料略显无礼，且在学术态度上不乏武断。

对于文本史料与考古史料的合理态度应该是两者的兼容并蓄。尽管文本史料疑云重重，毕竟历时弥久，而且汗牛充栋，虽有瑕疵也难以一朝弃之。考古史料也并非都是梅吉尔所说的"历史痕迹"，因为诸如青铜器铭文事实上也不过是家族荣誉史的炫耀记录，早已经过了宗子族长们的字斟句酌，很难说就能反映当时的"客观"史实，后世史学家未必亦步亦趋。

说到考古史料发现，不能不提甲骨文字。明治三十五年，即1902年10月，时任《朝日新闻》记者的内藤湖南听说了发现甲骨文字的消息，就赶往北京崇文门外刘铁云家里，亲眼看到了第一批甲骨文字，并目睹了刘铁云拓片的过程，内藤湖南因此成为世界上最早见到甲骨文字的外国人。刘铁云《铁云藏龟》出版后，日本东京高等师范学校教授林泰辅（1854—1922）博士于1909年发表了第一篇有关甲骨研究的论文《论清国河南省汤阴县发现之龟甲牛骨》，寓居北京的日本人田中庆太郎将文章转给了罗振玉，罗振玉阅后"深佩赡核"，致信为祝，并且在重新研究的基础上撰写了《殷商贞卜文字考》一文，与林泰辅切磋。林泰辅后来编撰出版了《龟甲兽骨文字》一书，以此为标志开启了日本学术界对甲骨文字的学科性研究。这些研究又反过来推动了中国学者研究的深化。纵贯世界学术研究史，跨国、跨地域、跨文化的交流合作，对于人类知识积累和文化科学发展，具有不可替代的重要作用。尤其是在新旧学术发展的创新转型阶段，异域和国际的学术交流合作常常成为关键性的助力。

敦煌文献的发现，可以说是人类文献史上的一个神话传奇，古代文献发掘的一次意外惊喜，中国文献研究的一场世纪盛宴。在近现代敦煌文献研究中，中日两国学者通力合作、相互促进，产出了一大批重要的成果。以《坛经》为例，明清以来流行于世的《坛经》宗宝本有2万多字，明版《大藏经》收录的就是这个版本，长期以来人们都以为这就是禅宗六祖慧能当年讲法的内容，直到敦煌莫高窟藏经洞打开之后，大量敦煌文献重见天日，中日学者在20世纪20年代发现了唐代敦煌《坛经》抄本，包括英博本、敦博本、旅博本，均只有1万多字，显然这才是唐代早期的《坛经》版本。30年代日本学者铃木大拙在东京兴盛寺又发现了北宋初年的《坛经》抄本，由北宋初年邕州罗秀山惠进禅院沙门惠昕编定，故被称为惠昕本，此本字数近1万4千字。学者们认为，惠昕本是敦煌本向宗宝本演化的过渡性版本，而宗宝本则已人为地加入了大量后期禅僧的笔墨，非复当年慧能说法的原貌了。如果今天有人要研究慧能禅宗思想，随手拿来一本宗宝本《坛经》作为基本史料，不了解它与敦煌本、惠昕本以及契嵩本、德异本之间的异同，岂非贻笑大方。中日学者的《坛经》研究对于认识佛教禅宗发展史具有重要意义，也充分显现了"历史痕迹"史料的特殊价值。

收之扶桑

在人类文化交流史上，异域文化传播有时候还有一个意想不到的功效，那就是文化典籍的异域保存与回传。这种现象自古而然，故《汉书·艺文志》中说，"仲尼有言，'礼失而求诸野'"。有一句成语叫"失之东隅，收之桑榆"，如果把"桑榆"改为"扶桑"，用"收之扶桑"比喻在中国失传的文献又意外复得于日本，倒是颇为贴切的。

在中日文化交流过程中，特别是唐宋时期中日文化交流中，大量唐宋刊本典籍传到了日本，其中不少典籍的原本后来在中国本土失传，却在异域日本得到了较好的保存。后来，这些抄本、刻本或相关残本通过种种机缘又回传到中国，弥补了诸多史料空白，在人类文化传播史上演绎了许多生动佳话，不断印证着异域文化交流的深远反哺意义。在这里不妨介绍两部重要书籍"收之扶桑"的故事，一部是皇侃《论语义疏》，一部是南宋绍兴八年董弅刻本《世说新语》。

先说皇侃《论语义疏》。说到《论语》的注释，最著名的当然是朱熹的《四书集注》。其实，在朱熹之前，还有三国时期何晏的《论语集解》、南朝萧梁时期的皇侃《论语义疏》以及北宋邢昺的《论语注疏》，分别代表了汉代、六朝、唐宋《论语》学的最高水平，南宋朱熹《论语集注》是在此基础上的集大成者。

皇侃（488—545）是六朝萧梁时期学者，所撰《论语义疏》成书于梁武帝普通、大通年间（520—534），是对何晏《论语集解》的疏解，故全称《论语集解义疏》，问世后流行甚广，《隋书·经籍志》《经典释文》《旧唐书·经籍志》《新唐书·艺文志》《崇文总目》《中兴馆阁书目》《宋史·艺文志》《郡斋读书志》《遂初堂书目》皆有著录。皇侃此书是汉魏六朝《论语》注疏的集大成者，到了隋唐时期成为《论语》研究的重要参考文献，如唐陆德明《经典释文》和邢昺《论语注疏》中均有引用。朱熹《论语集注》问世后，成为科举应试的定本，皇侃《论语义疏》的影响渐衰，南宋陈振孙（1181—1262）《直斋书录解题》未予著录，朱熹以后未见任何一位《论语》学者提到此书，所以推断此书大约在南宋末年或宋元之际便失传了。

日本平安时代的阳成天皇、宇多天皇年间（876—898），即中国唐僖宗乾符三年到唐昭宗光化元年，藤原佐世奉敕编纂《本朝见在书目录》，后改称《日本国见在书目录》，这是日本现存最早的一部完整汉籍目录学著作，其中就著录了《论语义疏》，可知该书至迟在唐代就已传到日本。事实上，《论语义疏》传入日本的时间应该更早。

我们知道，《古事记》记载应神天皇二十年（289）有贤人"名和迩吉师"贡上《论语》十卷，这个"和迩"就是《日本书纪》中的"王仁"。王仁的《论语》应该就是何晏的《论语集解》。皇侃《论语义疏》传到日本后逐渐取代了《论语集解》，因为《论语义疏》包含了《论语集解》的内容。日本福冈国际大学国际关系学院院长海村惟一教授在《古代日本对〈论语义疏〉的扬弃——以圣德太子〈宪法十七条〉为主》一文中认为，"现存于日本的古钞本《论语》几乎都是何晏的《论语集解》通过皇侃的《论语义疏》而保存"，《日本书纪》记载推古天皇十二年（604）圣德太子"亲肇作撰《宪法十七条》"，扬弃化用了来自中国的23种重要经典、57个精华语句，其中《论语义疏》被化用的语句高达

12次，占化用总数的21%，频度超过所有其他中国典籍。所以海村惟一的结论是，"总而言之，圣德太子在《宪法十七条》里所扬弃的《论语》文本极有可能是皇侃的《论语义疏》"。如果这个说法成立，那么《论语义疏》传入日本的时间就可以上推到公元7世纪初，距离皇侃撰写《论语义疏》仅仅过了半个世纪。

日本古代学者对《论语义疏》这部书十分重视，先后有十多部古抄本流传于世。9世纪中后叶日本贞观年间惟宗直本编撰《令集解》，引用《论语义疏》计有十三处；11世纪初宽弘五年惟宗允亮完成的《政事要略》引用《论语义疏》四处。江户时期山井鼎撰写《七经孟子考文》，荻生徂徕之弟荻生北溪在此基础上编撰《七经孟子考文补遗》，其中抄录了《论语义疏》，于享和十六年（1731）刊刻。后来中国学者正是通过荻生北溪的《七经孟子考文补遗》，才知道皇侃《论语义疏》在日本还有存世。

乾隆年间，有一位颇有学识的余姚商人汪鹏，字翼沧，号竹里山人，因商贾之事曾经三赴日本长崎。汪鹏偶然发现了《论语义疏》一书，大喜过望，如获至宝，遂购得携回，于乾隆三十六年（1771）献给了当时担任浙江遗书局总裁的王亶望，次年以巾箱本形式出版。当时朝廷正在编撰《四库全书》，于是就由浙江巡抚采进编入其中。黄遵宪《日本杂事诗》有诗曰，"论语皇疏久代薪，海神呵护尚如新"。黄遵宪自注该诗曰，"惟皇侃《论语义疏》日本尚有流传。乾隆中开《四库》馆，既得之市舶，献于天禄矣"。《四库全书总目提要》对这段经典文本失而复得的佳话作了概括性说明，文多不载。

2017年9月，日本《朝日新闻》报道庆应义塾大学的研究小组发现了皇侃《论语义疏》手写本，经过考证是中国南北朝末期至隋朝的写本，东传日本后在寺庙和民间被妥善保存至今。这应该是现存《论语义疏》最早的版本，这个古本的重见天日为中日两国文献互传历史再谱新篇。

我们再来看南宋绍兴八年董弅刻本《世说新语》的故事。《论语义疏》是古籍书的失而复得，《世说新语》则是善本书的废而复举。

《世说新语》在宋代以后流传的善本主要有三种：一是宋绍兴八年董

弅刻本（简称"董刻本"），二是南宋淳熙十五年陆游刻本，三是淳熙十六年湘中刻本。后两个刻本在中国均已不存，故《中国古籍善本书目录》未见登录。董刻本自从南宋末年流入日本，便为国人所未见。幸运的是，董刻本却在日本保存完好，先是保存在中世武家北条氏所设"金泽文库"，后入前田氏的"尊经阁文库"。昭和四年（1929）日本东京前田育德财团将此书列入"尊经阁丛刊"影印出版，遂得以重新传回中国。此本各册之首末页，钤有"金泽文库"（阳文长方印）、"金泽学校"（阳文长方印）、"石川县劝业博物馆图书室印"（阳文长方印）、"尊经阁章"（阳文方印）、"睢阳王氏"（阳文方印）五枚藏印，其中前四枚均为日本收藏印，显示出此本在日本境内的递藏过程。

余嘉锡、朱一玄等学者均认为，三个宋代刻本中最接近当年刘孝标注本的是董刻本。学者李笑野《〈世说新语〉董弅刻本近真面貌的文献价值再认识》一文认为，董弅选取了他较为近真可信的晏殊手校本作为底本，"说明了董弅曾作过一番研究，而这种研究所守持的态度是求真、求实"。另外，董刻本附有两宋之际著名学者汪藻《世说叙录》一篇，这是有关《世说新语》的一篇高水平研究文献，陈振孙《直斋书录解题》卷十一著录董刻本《世说新语》时说，"《叙录》者，近世学士新安汪藻彦章所为也。首为《考异》，继列《人物世谱》《姓氏异同》，末记所引《书目》"，大致介绍了《世说叙录》的主要内容，可惜董刻本亡佚后这篇《世说叙录》也石沉大海，后人无缘得见。四库馆臣在《四库全书总目提要》中论及汪藻的《世说叙录》，不无憾恨地说了一句"佚之久矣"！当年国内学者第一次手捧日本"尊经阁丛刊"影印本《世说新语》，赫然发现汪藻《世说叙录》二卷附于书后，那种失而复得的激动心情，恐怕不是今人能够想象的。后来余嘉锡《世说新语笺疏》就用了不少汪藻《世说叙录》的资料。

一国之经典文献是属于该国的，同时也是属于全人类的，其传播、保存和影响也是超越国界的。人类文化传播的一个重要特点便是"往复式"，即在不同地域之间来回往复地流传，并在往复流传中不断完善。众所周知，东罗马帝国崇尚希腊文化，在西罗马帝国崩溃之后，东方拜占庭帝国就成为保存古希腊文化的唯一重镇。当拜占庭帝国灭亡时，许多人携带大批古希腊罗马的艺术珍品和文学、历史、哲学书籍，逃亡西欧避难，从而在中世纪晚期的意大利城邦点燃了文艺复兴的火炬，使理性主义的光辉照亮欧洲近代文明。中国古代文化典籍传到日本后，就如同将宝贵的文献史料资料异地另存，在意想不到的时刻给后人带来合浦还珠的惊喜。

井真成的墓碑

2004年9月，一个风和日丽的下午，西北大学博物馆一位学者来到西安著名的八仙庵古玩市场淘宝，在一个地摊上看到了一块方方正正的小石碑，石碑上刻有"开元"和"日本"的字样，这立即引起了他的注意，他便花钱将其买下。未曾料想的是，这方据说是在西安东郊建筑工地出土的石碑，竟是一份佐证日本古代史的重要史料。次年，由中华文物交流协会与东京国立博物馆、奈良国立博物馆等在日本共同举办了"遣唐使展"，石碑被千里迢迢送到日本巡回展出，引起日本举国轰动，日本明仁天皇亲往参观。那么，这究竟是一块什么石碑呢？

墓碑为汉白玉质，呈正方形，长宽约四十公分，厚约七公分，上面用极为秀整的字体镌刻着一篇墓志《赠尚衣奉御井公墓志文并序》，碑文共十六行，每行十六字，经考证是公元7世纪上半叶日本遣唐使留学生井真成的墓志铭。

日本遣隋使团和遣唐使团是公元7世纪初至9世纪末中日官方交流的最重要形式。日本从公元600年，即隋开皇二十年、日本推古天皇八年开始，首次派出遣隋使，直到公元838年最后一次派出遣唐使，在奈良时代和平安时代的两百多年里，日本一共派出五次遣隋使团和十四次遣唐使团。当尚处在飞鸟时代早期的日本使者踏上中国大地，看到一个高度发达的古代文明时，他们内心是极为震撼的。吉田孝在《岩波日本史》（第二卷）中说：

> 在隋朝气势恢宏的都城中目睹了另一个世界的高度文明，倭国使者受到的异文化的冲击，其程度之强烈，绝非今天的我们能够想

象出来的……遣隋使和朝堂要员们所受到的精神冲击，后来成了倭国国家制度改革的出发点。（吉田孝：《岩波日本史》（第二卷），新星出版社 2020 年版，第 20 页）

在前后十九次文化交流中，大量中国文化典籍输入日本，对日本文化及制度的形成发展产生了极为深刻的影响。

日本遣唐使团一般分乘三四艘船千里渡海，一路需经数月乃至更久，可谓历尽千辛万苦，有时遇到风浪只能半途折回，改日重新启程，不少人在旅途中付出了生命代价。如公元 837 年的承和遣唐使第一次从难波出发，遭遇狂风暴雨，第一船漂到肥前国，第二船漂到松浦郡，第三船、第四船在海上被风浪击碎，大半人丧生。仁明天皇命令继续出发，并且与上次一样亲自举行盛大饯行仪式。不幸的是第二次出行又遭遇风浪，第一船、第四船漂到壹岐，第二船漂到值贺岛，众人历尽艰险才得以生还。仁明天皇坚持继续航行，于是一面着手准备，一面下令全国五畿七道各国诵读《海龙王经》和《大般若经》护佑。遣唐使团的副使小野篁称病不发，并作文讽刺遣唐之行无益于民，仁明天皇闻之大怒，将其流放隐岐。遣唐使七艘大船终于顺利起航，并于承和六年返回日本。仁明天皇将遣唐大使藤原常嗣升至从三位，将带回的大唐物品进献神宫。

早期遣唐使船一般从平城京（今奈良市西郊）出发，通常走两条路线：北路沿朝鲜半岛西海岸北上，漂洋渡海，在中国胶东半岛登州登陆，然后在中国官员安排下换乘车舟，沿黄河走水路或陆路抵达洛阳和长安；南路从平城京出发后南下经过五岛列岛，穿过东海，在中国长江口一带登陆，由于各船抵达时间不一，一般相约在扬州等登陆地附近大城市齐集，再长途跋涉赶赴洛阳和长安。唐代诗人钱起在《送僧归日本》诗中描述了中日文化之旅的艰辛，他写道：

上国随缘住，来途若梦行。
浮天沧海远，去世法舟轻。
水月通禅寂，鱼龙听梵声。

惟怜一灯影，万里眼中明。

晚唐诗人韦庄在《送日本国僧敬龙归》中也表达了这种海空孤寂的漫漫旅程，他写道：

扶桑已在渺茫中，家在扶桑东更东。
此去与师谁共到，一船明月一帆风。

因为旅途不易，再加上求知若渴，有的日本学人来到长安后，酷爱中国文化而长留不归，希望学成之后再随后面的遣唐使团一同返回。养老遣唐使团的成员阿倍仲麻吕，又作安倍仲麻吕，《旧唐书·东夷·日本国传》称为仲满，于717年来到中国，年方十九，在唐朝留居了三十多年，其间历任司经局校书、左拾遗、左补阙等职，直到753年才跟随天平胜宝遣唐使团踏上返回祖国之旅，此时安倍仲麻吕已年逾半百，被唐朝任命为回聘日本使节，朝中好友纷纷赠诗送行，留下了王维《送秘书晁监还日本国》、包佶《送日本国聘贺使晁巨卿东归》、储光羲《洛中贻朝校书衡》等诗篇。

天平胜宝遣唐使团分乘四条船从扬州出发，同行的还有时年66岁的著名高僧鉴真和尚，这是他第六次尝试东渡。阿倍仲麻吕与遣唐大使藤原清河乘坐第一船，不幸的是船队在琉球附近遭遇风暴，阿倍仲麻吕所乘船只向南漂走，与其他船只失去联系，同伴皆以为溺死。幸运的是，鉴真和尚乘坐遣唐副使大伴古麻吕的船只顺利抵达平城京，开启了他在日本的文化传播事业。

阿倍遭遇意外的消息传到长安，曾与阿倍同朝共事的李白非常悲伤，写下了《哭晁卿衡》，诗曰：

日本晁卿辞帝都，征帆一片绕蓬壶。
明月不归沉碧海，白云愁色满苍梧。

诗中之"晁衡"即为阿倍仲麻吕。其实，阿倍仲麻吕并没有死，他所乘船只漂流到安南驩州（治所在今越南荣市）一带，遇海盗，同船死者一百七十余人，阿倍与藤原十余人历尽艰险，辗转回到长安。此后，阿倍没有机会再回日本，在中国又生活了十一年后去世，最后官至光禄大夫兼御史中丞，被封为北海郡开国公，死后追赠二品潞州大都督。藤原也未返回日本，在中国又生活了二十年后去世。

日本《古今和歌集》录有一首阿倍仲麻吕为埋骨唐土的日本人咏唱的和歌：

远天翘首望，春日故乡情。
三笠山头月，今宵海外明。

井真成大概就是这样一位日本长期留学生，他在长安勤奋学习，与中国官员一起出入朝廷，已然融入唐朝社会，不幸英年早逝，葬身异乡。井真成墓碑上镌刻的文字是这样的：

公姓井，字真成。国号日本，才称天纵。故能衔命远邦，驰聘上国。蹈礼乐，袭衣冠；束带立朝，难与俦矣。岂图强学不倦，问道未终；壑遇移舟，隙逢奔驷。以开元廿二年正月□日，乃终于官弟，春秋卅六。皇上哀伤，追崇有典；诏赠尚衣奉御，葬令官给。即以其年二月四日，窆于万年县浐水东原，礼也。呜呼！素车晓引，丹旐行哀；嗟远人兮颓暮日，指穷郊兮悲夜台。其辞曰："寿乃天常，哀兹远方；形既埋于异土，魂庶归于故乡。"

这篇不到200字的墓志，文辞优美、情意真切，日本学者东野治之在《遣唐使》一书中将全文汉译如下：

公姓井，字真成。日本人，天生才能出众。接受皇命远赴他乡，一路驰骋来到中国。井公学习中国的礼仪教养，遵从中国习俗，束带穿礼服上朝，其风姿无人能比。究竟有谁会想到，求学不倦、尚未大成的井公竟英年早逝。开元二十二年（公元734年、天平六年）

正月□日卒于官舍，享年三十六岁。皇帝（玄宗）为之感伤，依礼授其荣誉，追赠"尚衣奉御"职衔，以官礼下葬。同年二月四日遵照礼制葬于万年县浐河之东的平原。呜呼！黎明时分驾着载有棺柩的原木之车而去，用红色的魂幡吊唁亡者。真成倒在夕阳中，感叹自己身处遥远的异国他乡，在墓中朝着荒凉的郊外悲恸不已。其辞写道："死是自然规律，让人悲哀的是身在远方。形骸虽已葬入异国他乡，魂魄却可以回归故里。"（［日］东野治之：《遣唐使》，新星出版社2020年版，第9—10页）

我们细细品读井真成的墓志，不由为他束带立朝的风姿所倾倒，为他强学不倦的精神所折服，为他客死他乡的不幸而哀伤，更为大唐文明之国、礼乐之邦的恢宏气度而感慨。这些动人心弦的岁月往事，就是"遣唐使展"在日本引发反响的原因。除此之外，墓志中出现的"日本"二字，更是深深吸引了史家与民众的眼球——这是迄今为止古代遗物中第一次出现东瀛之邦的"日本"国名！

长期以来，中国史书一直称日本为"倭国"或"倭奴国"。直到唐高宗咸亨元年（670），日本使节来到中国，请求更改国名，因为其地近于日出，所以希望改为"日本"。这件事在《新唐书》中有明文记载：

> 咸亨元年，遣使贺平高丽。后稍习夏音，恶倭名，更号日本。使者自言，因近日所出，以为名。（《新唐书·东夷传》）

唐朝史学家张守节在开元二十四年（736）写成《史记正义》一书，他在卷二中写道："又倭国，武皇后改曰日本。"这说明在武则天时代唐朝正式确定认同"日本"国名。

武曌在位是690—705年，在这个时期，日本曾于702年派遣大宝遣唐使觐见武则天，武则天很可能就在这次接见日本遣唐使之时同意改名的。此时，距离井真成墓志中镌刻"日本"二字不过三十来年，所以这份"历史痕迹"的实物史料对于日本而言可谓弥足珍贵。

在日本遣唐使中还有僧人，如桓武天皇的日本延历遣唐使团中就有最澄与空海。延历遣唐使团于延历二十二年（803）乘船出发，途中遇到恶劣天气，被迫放弃渡海。第二年重新出发，终于踏上了向往已久的大唐土地。后来最澄离开长安南下天台求法，返国创立日本天台宗。空海一直在长安修学，回国时带回大量佛经与文典，所撰《请来目录》中有《刘希夷集》《王昌龄集》等大批诗文和书法作品。空海后来在日本奈良东大寺弘传密宗，世称东密，他撰写的文学理论著作《文镜秘府论》保存了中国六朝隋唐时期的许多文学文论史料，是研究中国中古文学不可或缺的资料。

在遣唐使停止之后，后世仍有日本僧人不断来华学习交流，相关事迹可谓史不绝书。他们中的大部分人并没有最澄、空海那么幸运，德川幕府初期的大学者藤原惺窝从筑前乘船渡海前往明朝探究朱子学，中途遇到风暴漂到了鬼界岛，最后不得不通过与朝鲜学者交流才将宋明朱子学传到日本，以取代当时还在日本传授的汉唐儒学。在日本漂洋过海的学者僧人中，有不少人像井成真一样最后未能返回故国，长眠于他乡。江静教授《日藏宋元禅僧墨迹选编》一书中就记录了两则这样的哀伤故事。

日本有一幅被私人收藏的墨迹，是元代至正十四年嘉兴本觉寺住持楚石梵琦所作。楚石梵琦回忆了自己三十四年前在主持海盐福臻寺之时，曾与正在嘉兴本觉寺参禅的日本僧人钳大冶往来交流，钳大冶向楚石梵琦介绍了"其师高峰之贤"，日本"本国禅席之盛"，不久钳大冶北上求法，不幸死于道中。

日人收藏的另一幅墨迹是明初南京天界寺主持季潭宗泐应日本僧人子建净业之请，为来华途中去世的日僧亡灵所作的供养法语，其中说道：

> 今日本国诸比丘周寂等十人跋涉琼波，触冒酷暑，远自其国，来此参禅，道途辛苦，因而致毙，可谓为法忘躯。（江静：《日藏宋元禅僧墨迹选编》，西南师范大学出版社2015年版，第24页）

诚如江静所言，"以上两则墨迹让我们意识到，当时来华求学的日本僧人中，能够平安归国、名扬后世的只是少数"。幸运的是，井真成、钳大冶这些"为法忘躯"的文化使者，多少留存了星星点点的"历史痕迹"，让后世了解到中日文化交流史上的传奇故事，使得许许多多类似于井真成、钳大冶的文化传播者精神未灭，在后世的岁月长河中继续熠熠生辉。

《尚书》与《御记文》

中国古代长期拥有崇尚信史的传统，提倡史家"其文直，其事核，不虚美，不隐恶"。严谨的史学家面对各种珍贵的幸存书籍，虽然心存敬畏，却依然怀持一种审慎态度，小心翼翼地加以严格的检校和考信。梁启超在《中国历史研究法》中说：

> 要而言之，往古来今之史料，殆如江浪淘沙，滔滔代逝。盖幸存至今者，殆不逮吾侪所需求之百一也。其幸而存者，又散在各种遗器、遗籍中，东鳞西爪，不易寻觅。即偶寻得一二，而孤证不足以成说，非荟萃而比观不可，则或费莫大之勤劳而无所获。其普通公认之史料，又或误或伪，非经别裁审定，不堪引用。（梁启超：《中国历史研究法》，中国人民大学出版社2012年版，第43页）

我们前述牛弘献书的故事，其实只讲了一半。《隋书·儒林传》记载了后面半个故事：

> 时牛弘奏请购求天下遗佚之书，（刘）炫遂伪造书百余卷，题为《连山易》《鲁史记》等，录上送官，取赏而去。后有人讼之，经赦，免死，坐除名，归于家，以教授为务。（《隋书·儒林传》）

原来，隋朝政府有偿献书的政策推出后，有个叫刘炫的读书人贪财起念，竟然伪造了《连山易》《鲁史记》等书籍百余卷，顺利骗到了钱财，结果被人告发入狱，后来念其颇有才学，总算免于一死。

伪书代有所出，中国历史上最著名的公案就是被认为最古的书籍

《尚书》。《尚书》原本叫"书",汉初加了一个"尚"字,表示"古老"之意。《尚书》的由来本来就颇费周折,先是汉初伏生传出 28 篇,后来又有发孔子宅第旧壁得书,到了东晋豫章内史梅赜又有献书,至唐代孔颖达作《九经正义》,《尚书》一共 58 篇。此后《尚书》一直被奉为圣经宝典,具有至高无上的文化权威。朱熹、胡应麟等有识之士曾经对《尚书》内容心存怀疑,后来清代考据学者阎若璩写了一本《尚书古文疏证》,终于将此定谳:除了与伏生所传今文 28 篇篇名相同的篇章,以及《舜典》等 3 篇之外,其余都是伪作。另外,传世的《孔子家语》《列子》均非原作,前者应该是汉末王肃的伪作,后者则可能是西晋张湛的伪造,千百年来混淆了不少真相,如孔子诛少正卯就出自《孔子家语》,至今仍有人深信不疑。

伪书各国皆有,日本嘉禄三年,即公元 1227 年,在河内国圣德太子墓附近,发掘出一块玛瑙石,上面刻着一篇《圣德太子御记文》,内容是这样的:"人王八十六代时东夷,泥王取国,七年丁亥岁三月,可有闰月,四月二十三日,西戎来从国,世间可为丰饶贤王治世三十年,而后自空猕猴狗,可食人类。"镰仓初期的贵族歌人藤原定家曾经亲眼见过这个出土的"御记文",他在那年 4 月 12 日的日记中记录了这件事。我们从上述"御记文"的文字中可以看出,这是一篇伪造出来的东西。就在几年前,后鸟羽上皇发兵讨伐镰仓幕府的执权者北条氏,结果反被打败,后鸟羽上皇、土御门上皇和顺德天皇都被流放,导致京畿地区人心不安,《圣德太子御记文》就是在这样动荡不安的时代背景下被伪造出来的,表达对当下和未来的一种预言,这种所谓的"未来记"成为当时历史叙述的一种形式,后来中世天台宗的学者中就有人根据《圣德太子御记文》来解释叡山开创史的。日本历史上没有出现中国历代那么多伪书,《圣德太子御记文》可以说是一种具有日本特色的作伪史料。

在日本古籍中被怀疑为最大的伪书,竟然是最早的史籍《古事记》。冈田英弘在《日本史的诞生》一书中认为,日本最早的史籍是公元 720 年完成的《日本书纪》,而不是通常认为的《古事记》,《古事记》是 9 世纪平安朝初期的伪作。

我们在前文讲到,天武天皇命舍人稗田阿礼参与编撰《古事记》。天武天皇去世后，又经历了持统天皇、文武天皇、元明天皇，据说此时老态龙钟的稗田阿礼感觉到自己力不从心，就向元明天皇请求帮助。元明天皇是日本奈良时代的首位女帝，曾是天武天皇的皇太子草壁皇子之妃，她很想完成天武天皇的修史遗愿，就请当时第一流的文学家、民部卿太安万吕接续稗田阿礼的工作。太安万吕又称太安麻吕，他经过努力工作，对稗田阿礼的旧稿进行修改增补，分为3卷，于和铜五年即公元712年正月二十八日上献天皇，完成了《古事记》编纂。在《古事记》三卷之前，有一篇用汉字写成的序文，落款署名是"和铜五年正月二十八日"和"正五位勋五等太朝臣安万吕谨上"。太安万吕之墓在1979年被发现，从其火葬的痕迹看，此人是一位佛教徒。

冈田英弘提出五个疑点，判断《古事记》是伪书。疑点一，当时朝廷真实记录《续日本纪》中记载了太安万吕的事迹，却没有提到他编纂《古事记》；疑点二，奈良朝任何书籍都没有提到或引用过《古事记》；疑点三，在公元814年敕撰完成的《新撰姓氏录》中，许多姓氏的由来都是仔细收集了《日本书纪》中的记事，却没有一则取自《古事记》；疑点四，问世于712年的《古事记》的内容比问世于720的《日本书纪》还新。疑点五，天皇于713年下令编纂《风土记》，《日本书纪》中几乎没有出云神话的内容，因为《日本书纪》早于《风土记》完成，而《古事记》中出云神话却很丰富，明显是参照《风土记》而来的。冈田英弘的结论是，《古事记》是伪书，作伪者正是太安万吕的孙子多人长，他说：

  总之，《古事纪》并非太安万侣在公元712年编纂的著作，而是约百年之后，多人长根据《日本书纪》和其它资料编造而成，为的是主张自己氏族的由来比《新撰姓氏录》所写的高贵。（［日］冈田英弘：《日本史的诞生》，海南出版社2018年版，第172页）

其实早在江户时代，诗人贺茂真渊就已经对《古事记》的序文提出质疑。说来也巧，伪书《孔子家语》的破绽恰恰也是作伪者王肃的序文，真是聪明反被聪明误。不过，还是有不少人拒绝公开承认《古事记》作伪，如江户时代的国学者们就把《古事记》视作日本自古以来就有属于自己纯粹文化的一种象征，国学派为首的本居宣长还以作注的方式撰写了《古事记传》。坂本太郎在《日本的修史与史学》一书中也坚决否认《古事记》是伪书的说法，表示"这些说法牵强附会，标新立异，丝毫也不妨碍我们照旧相信古事记的序文，也不会使我们对古事记是和铜五年完成、日本现存最古的史书这一看法，抱有任何踌躇之感"。不过，坂本太郎在书中并没有给出任何反驳的理由。

伪书的层出不穷，也促进了古代考据辨伪学的发展。中国的考据辨伪学尽管长期以来受到经学思想影响，很难直接怀疑和挑战儒家经典的权威地位，但在史学领域还是产出了不少成果，如宋代朱熹《诗集传》能够打破《毛诗》桎梏，发明《诗经》本义，还原了不少上古史实。特别是到了清代，以阎若璩、胡渭、万斯同、姚际恒、惠栋为代表的乾嘉考据学派，将考据辨伪学推向了高峰，在一定程度上已经与近代实证主义史学接轨。尤其是伟大的考信辨伪学者崔述，在正统考据学主流学派之外独辟蹊径，在学术精神和学术成果两个方面将中国传统考据辨伪学推向了顶峰，不仅为20世纪初中国新史学的疑古学派注入了至关重要的学术智慧与精神动力，并且对那珂通世、竹添光鸿（竹添进一郎）、泷川资言（泷川龟太郎）等日本实证主义史学家产生了重要影响。

1927年2—6月，梁启超在燕京大学开设"古书真伪及其年代"课程，课堂内容后来由听课学生根据记录整理出版。梁启超在讲课中将伪书分为"全部伪""一部伪""本无其书而伪""曾有其书，因佚而伪""内容不尽伪，而书名伪""内容不尽伪，而书名人名尽伪""内容及书名皆不伪而人名伪""盗窃割裂旧书而伪""伪后出伪""伪中益伪"十种种类。举例来说，《古事记》就是"本无其书而伪"；《孔子家语》则是"曾有其书，因佚而伪"，原本《孔子家语》最早著录于《汉书·艺文志》，其书早佚，王肃取当时尚存有关孔子记载，编造成伪本《孔子家语》，崔述在《洙泗考信录》中痛加斥责，顾颉刚《孔子研究讲义》称之为"伪书之中尤其伪者"，"无任何取信之价值"。

按照梁启超十类细分法看待广义的伪书，历史上的伪书真是"多极了"。梁启超说：

>书籍有假，各国所同，不只中国为然。文化发达愈久，好古的心事愈强。代远年湮，自然有许多后人伪造古书以应当时的需要。这也许是人类的通性，免不了的。不过中国伪造的本事特别大，而且发现得特别早，无论哪门学问都有许多伪书：经学有经学的伪书，史学有史学的伪书，佛学有佛学的伪书，文学有文学的伪书，到处都可以遇见。（梁启超：《古书真伪常识》，中华书局2012年版，第3页）

梁启超认为，中国"几千年来，许多学问，都在模糊影响之中，不能得忠实的科学根据，固然旁的另有关系，而为伪书所误，实为最大原因"。这句话听起来似乎过于严重，但是以广义的伪书而言，把有意的和无心的、全部伪和部分伪的不实史料都视作伪书，这句话倒是成立的。

纯粹故意作伪的伪书固然比较极端，更多的情况是无意中产生的舛误。许多历史文献在千百年传抄翻刻过程中，文本文字已经发生了许多变迁，经常出现竹简断损、帛书烂缺、纸张破损、字迹漫漶等，极易发生字句、片段、篇章的传写舛误，包括误字、讹脱、衍文等，甚至还有不少人为的内容增删，令这些珍贵文献的真实性大打折扣。晚清学者俞樾写过一本小书《古书疑义举例》，他在序言中做了一个很有意思的比喻，"执今日传刻之书，而以为是古人之真本，譬犹闻人言笋可食，归而煮其箦"。

在俞樾看来，汉字本身一直在变化，从大篆、小篆到隶书、楷书；书写媒介也一直在变，从甲骨、竹简到丝缣、纸张；当下之人手捧史籍，读着白纸黑字，以为这就是古代史籍的原本面貌，这就如同一个人听说竹笋鲜美，回到家里把竹席煮熟来吃。也就是说，在俞樾眼里，后世流传之书与原本之书的差别如同竹席与竹笋之别。

为了校正古书抄写、翻刻中的文句错误，校勘学应运而生，与之相关的还有版本学和目录学。这种工作从汉代校勘学开山鼻祖刘向开始，一直延续到清代，涌现出一批又一批"目光如炬，心细如发"的考据校勘大师。清代阮元在《礼记注疏校勘记·序》中说，乾隆年间，惠栋以宋代刻本《礼记》校对清初汲古阁刻本，两者相隔也不过四百多年，居然从汲古阁刻本中校出讹字 4704 个、脱字 1145 个、缺字 2217 个、异体字 2625 个。戴震以《永乐大典》所引《水经注》校对近刻本，发现近刻本缺漏 2128 字，妄增 1448 字，臆改 3715 字。近人章钰校勘胡刻本《资治通鉴》，居然校出脱字、误字、衍字、倒字一万多字，其中 5200 多个脱字"关系尤大"。所以清代史学家王鸣盛在《十七史商榷》序言中说，"欲读书必先精校书，校之未精而遽读，恐读亦多误矣"。阅读那些未经仔细校勘的古代史料，必须小心翼翼，否则难免鲁鱼亥豕之误。

历史上的史料本是少数有心人的艰难之作，这些著述只是历史原貌的片鳞半爪。在数千年的流传过程中，又经过无数次大大小小、有意无意的散失亡逸，几乎可以说"百不存一"，又兼传抄过程中的有心增删和无意脱误，史学家要用这些史料恢复历史的原貌，揭示历史的真相，甚至试图发现历史的规律和法则，真需要有超强的自信和胆识。

双绝碑

严谨的史学家总是对史料抱有怀疑的态度，努力排除史料中存在的任何瑕疵，这就像一个负责任的建造师总是努力剔除任何存在瑕疵的建材一样，以免留下隐患。梁启超在《中国历史研究法中》说，"鉴别史料之误者或伪者，其最直捷之法，则为举出一极有力之反证"。举例并不能证明，但举反例却可以证伪。梁启超举例说，"言上海历史者，每托始于战国楚之春申君黄歇，故共称其地曰申江、曰黄浦、曰歇浦；但近代学者从各方面研究之结果，确知上海一区，在唐以前尚未成陆地，安得有二千余年春申君之遗迹"？上海为什么得名"申"？一种说法是源于战国时期楚国的春申君，然而上海在战国时期尚未形成陆地，怎么可能与春申君有关联？这就是史料考证中的反证法。

我们再举一个有关诸葛亮的例子，展示反证法对于史料考证的意义。公元 227 年，蜀汉建兴五年，47 岁的诸葛亮准备第一次兴师伐魏，临行前向后主刘禅进呈了一份奏表，这就是流传百世的《出师表》，又叫《前出师表》。

陈寿《三国志·诸葛亮传》中收录了这份重要的历史文档，使我们得以了解诸葛亮的身世、躬耕地与品格作风。诸葛亮在《出师表》中讲道："先帝不以臣卑鄙，猥自枉屈，三顾臣于草庐之中，谘臣以当世之事，由是感激，遂许先帝以驱驰"，为"三顾茅庐"提供了有力的史实证据；另外，诸葛亮自称"五月渡泸，深入不毛"，也是诸葛亮南征的重要史证。

可惜的是，诸葛亮的第一次北伐以街亭败北、挥泪斩马谡而告终。次年十一月，诸葛亮听说孙、曹交战，于是决定再次出兵北伐。据说，诸葛亮在出征前又写了一份奏章，习惯称为《后出师表》。这份文献在陈寿《三国志》中没有看到，在陈寿编辑的诸葛亮文集中也没有收录。此文最早见于东晋史学家习凿齿的《汉晋春秋》，被裴松之全文收录在《三国志注》中，得以保存至今。

裴松之最早对《后出师表》产生疑虑：为什么陈寿《三国志》中没有这篇文字？不过，裴松之毕竟是严谨的史学家，他按照"信以传信，疑以传疑"的原则，既没有说《后出师表》是假的，也没有说它是真的，只是说了一句分量很重的话，"此表亮集所无，出张俨《默记》"，算是给后人的一个提醒。

从此，诸葛亮《后出师表》的真伪问题成为历代学者们一桩有趣的聚讼。为了便于后文分析，我们先把《后出师表》中的重要文字录在下面：

> 先帝深虑汉、贼不两立，王业不偏安，故托臣以讨贼也。以先帝之明，量臣之才，固知臣伐贼，才弱敌强也。然不伐贼，王业亦亡。惟坐而待亡，孰与伐之？是故托臣而弗疑也。臣受命之日，寝不安席，食不甘味。思惟北征。宜先入南。故五月渡泸，深入不毛，并日而食……刘繇、王朗各据州郡，论安言计，动引圣人，群疑满腹，众难塞胸，今岁不战，明年不征，使孙策坐大，遂并江东，此臣之未解二也……自臣到汉中，中间期年耳，然丧赵云、阳群、马玉、阎芝、丁立、白寿、刘郃、邓铜等及曲长、屯将七十余人，突将、无前、賨叟、青羌、散骑、武骑一千余人……凡事如是，难可逆见。臣鞠躬尽瘁，死而后已。至于成败利钝，非臣之明所能逆睹也。（《三国志·诸葛亮传》裴注引张俨《默记》）

清末学者卢弼编纂《三国志集解》，搜罗了历代学者的观点，对《后出师表》提出如下疑义：

疑问之一：诸葛亮在《后出师表》中为了劝诫后主，举了刘繇、王朗"各据州郡"的例子。事实上，这些都是二三十年前的事情，而且只是地方小势力，根本不能与蜀汉相提并论，这两个例子明显不伦不类。诸葛亮曾经告诫后主不要"引喻失义"，现在他自己就引喻失义了。

疑问之二：张俨是吴国人，陈寿是蜀国人，如果真有《后出师表》这样的重要文献，蜀国人不记载，反而保存在吴国人的书籍里，这难道不奇怪吗？

疑问之三：《前出师表》已有"故五月渡泸，深入不毛"这句话，《后出师表》又说了一遍"故五月渡泸，深入不毛"，难道诸葛亮给国君上表喜欢重复其辞吗？倒是伪造者为了达到一时目的，不惜从《前出师表》中摘取佳句，这种可能性颇大。

疑问之四：在《后出师表》中，诸葛亮两次称蜀国"偏安"，又说蜀国"民穷兵疲"，说自己"才弱敌强"，用词相当丧气；更为离奇的是，诸葛亮在《后出师表》中居然说"然不伐贼，王业亦亡。惟坐而待亡，孰与伐之"，还说"至于成败利钝，非臣之明所能逆睹也"，这种明显自我贬低、消极气馁的话，与《前出师表》中"兴复汉室，还于旧都，不效，则治臣之罪"的豪言壮语，简直判若两人，而两表相隔时间不过一年，诸葛亮前后态度的激变明显不符常理。

疑问之五：《后出师表》有两句十分精彩的话，那就是脍炙人口的"鞠躬尽瘁，死而后已"，成为历代传诵的名言。不过，问题恰恰在此。明代学者袁枚分析说："按此表上于建兴六年，亮此时未五十，非当死时也。后死于十二年，天也，非亮之所当知也。"当时诸葛亮才47岁，后来又活了6年，他在大军出师北伐之际，怎么会说到"死"字呢？按照袁枚的推断，"鞠躬尽瘁，死而后已"这8个字一定是诸葛亮死了之后，作伪者根据诸葛亮一生的事迹精神，总结概括出来的，对诸葛亮的刻画当然十分准确了。

上述五个方面都仅仅是存疑而已，如果没有梁启超所说的"极有力之反证"，还不能说《后出师表》是伪作。我们看《后出师表》，诸葛亮在文中提到自己到了汉中之后，赵云等及曲长、屯将七十余人先后去世。问题在于，诸葛亮是在建兴六年上表的，而赵云事实上死于建兴七年。这是一个关键性的反证，据此可以将《后出师表》判定为伪作。

如果《后出师表》不是诸葛亮写的，那又是谁写的呢？有人认为，这篇文字很可能是诸葛亮的侄儿诸葛恪写的。在《吴书·诸葛恪传》中，东吴大臣诸葛恪一心伐魏，但他当时说过这样的话，"每览荆邯说公孙述以进取之图，近见家叔父表陈兴贼争竞之计，未尝不喟然叹息也"，可见当时吴国许多人反对诸葛恪伐魏。或许诸葛恪为了说服同僚支持其出兵伐魏，伪造了一份诸葛亮的《后出师表》，想借此激励吴人士气。后来吴人张俨将错就错，以为真的是诸葛亮之作，就把这篇伪作载入了《默记》，记在诸葛亮名下。

说到诸葛亮前后《出师表》，使人联想到另一位古代名人岳飞。在甘肃陇南地区礼县的郊外有一座小山包，称为祁山堡，据说是当年诸葛亮北伐时的大本营，堡内建有武侯祠，祠内有两块石碑，石碑上分别镌刻着岳飞亲笔手书前后《出师表》。中国历史上一文一武珠联璧合的书法佳作，堪称难得一见的绝配，故被称为"双绝碑"。然而，史学家却对此提出了疑义。

疑问之一：岳飞手书诸葛亮前后《出师表》的书法作品一直未见诸史载，直到明朝成化、弘治年间，这幅书法作品突然惊艳现世，令人生疑。

疑问之二：这幅作品看上去，岳飞的书法鸾飞凤舞，亦草亦行，挥洒恣肆，苍劲有力。但是据岳飞孙子岳珂亲口说，岳飞书法一向习用苏东坡体，而从《出师表》的字体看，根本不是苏体。

疑问之三：在岳飞手书中，居然出现了宋钦宗赵桓的"桓"字御讳，这在注重避讳的宋代是难以想象的。

最关键的还是史家举出了反证：岳飞在文末还写了一个题跋，"绍兴戊午秋八月望前，过南阳，谒武侯祠，遇雨，遂宿于祠内。更深秉烛，细观壁间昔贤所赞先生文祠、诗赋及祠前石刻二表，不觉泪下如雨。是夜，竟不成眠，坐以待旦。道士献茶毕，出纸索字，挥涕走笔，不计工拙，稍舒胸中抑郁耳。岳飞并识"。偏偏是这个题跋，露出了作伪的马脚。因为据史家考证，绍兴戊午秋八月这个时间点，岳飞恰恰没有在南阳。史家认为这是明朝人白麟的托伪。

史家还怀疑，不仅武侯祠的"两绝碑"是赝品，就连脍炙人口的词作《满江红》也很可能是伪作。余嘉锡《四库提要辨证》中有《岳武穆遗文》提要的辨证，明确指出岳飞《满江红》词是伪作。后来，夏承焘写了《岳飞满江红考辨》赞同此说，认为《满江红》其实是明朝将军王越或其幕僚的伪作。邓广铭等学者表示反对余、夏的观点。为此，史学家张政烺写了《岳飞"还我河山"拓本辨伪》一文，论证《满江红》是明代文人的作品，理由主要有两条：

第一，在明代之前的宋、元书籍中从来没有提到过这首词。岳飞的孙子岳珂历时三十一年收集编辑了祖父的文稿，定名为"金佗萃编"，其中也没有收录这首词。就连岳珂都没有见过的文稿，居然在差不多300年后反而被明朝人见到了，这不奇怪吗？

第二，从《满江红》的内容看，用张政烺的话来说，更是"文义不通，史实不符"。如"八千里路云和月"，按照张政烺的说法，"岳飞兵未趋幽燕，从哪里到哪里是八千里呢？分明是虚晃一枪。所以这几句看似真切、有感情，事实上是虚的，通是空话，像是一个失意文人落魄江湖的情调"；还有如"驾长车，踏破贺兰山缺"，贺兰山在宁夏境，与宋、金都毫无关联；至于"壮志饥餐胡虏肉，笑谈渴饮匈奴血"，也是似通非通，不像是一位国家上将的口吻，听上去更像是"庸俗之辈"的话语。

不过，由于张政烺并没有提出"极有力之反证"，所以《满江红》仍可归于岳飞名下。这才是"信以传信，疑以传疑"的史学态度。

不朽的史料

因为史料有假有误，所以考证考信的功夫就十分重要。我们在前面说过，傅斯年认为整理史料的方法就是比较不同的史料，这其实一直是中国古代史家的惯用手法，诚所谓"有比较才有鉴别"。傅斯年在《历史语言研究所工作之旨趣》中写道：

西历纪元前两世纪的司马迁，能那样子传信存疑以别史料，能作八书，能排比列国的纪年，能有若干观念比十九世纪的大名家还近代些。北宋欧阳修一面修《五代史》，纯粹不是客观史学，一面却作《集古录》，下手研究直接材料，是近代史学的真功夫……司马光作《通鉴》……能利用无限的史料，考定旧记，凡《通鉴》和所谓正史不同的地方每多是详细考定的结果，可惜长篇不存在，我们不得详细看他们的方法，然尚有《通鉴考异》说明史料的异同。（傅斯年：《史学方法导论》，上海古籍出版社 2011 年版，第 135 页）

这样的例子在中国史学史上举不胜举，傅斯年举了汉代和宋代的例子，其实魏晋南北朝也是中国史学相当辉煌的时期，前四史中的《后汉书》和《三国志》就是这个时代的作品。关于陈寿的《三国志》，我们后面再说，这里讲一讲《三国志注》，看一看古人是如何进行史料比较研究的。

在陈寿作《三国志》之后 130 余年，南朝宋文帝刘义隆看到《三国志》过于简略，请时任中书侍郎的裴松之为《三国志》作注。裴松之接到任务后，用了 3 年左右时间，完成了《三国志注》，附上一份《上三国志注表》，一并呈给皇帝过目，宋文帝读了很欣喜，称赞道："此为不朽矣！"

在裴松之之前，一些学者为史书《左传》《国语》《战国策》等作注，都仅限于音义、名物、地理、典故的解释。裴松之作注不是一般的训诂和解释，而是旁征博引各种史料，并且注明出处，时加考证辨析，为《三国志》提供了大量极其珍贵的补充资料。

裴松之的史注方式，按照陈寅恪的说法，是借鉴了佛教经典"合本子注"的方法。当时中国佛经翻译如火如荼，同一种佛经，不同的人翻译，就有不同的译本。为了进行参照对比研究，有人就对不同译本的佛经进行比较，编纂了所谓的"合本"。这种方法启发了裴松之，他在注《三国志》时，引用了许多相关史料，把不同史家的各种说法集中到一起，对陈寿的原文进行补充、旁证、反证和对比。

裴松之在《上三国志注表》中，讲到了他作注的体例，包括补缺、考异、矫正、评论,这些其实都是史料比较学的重要方法,都建立在不同史料的排比、辨疑和考证基础之上,傅斯年说"比十九世纪的大名家还近代些",并非言过其实。我们试举数例如下:

补缺,就是用其他史料弥补《三国志》叙事中的简略、缺失、遗漏。这是裴注内容最多、价值最高的部分。如关于曹魏高贵乡公曹髦之死,《三国志·三少帝纪》只有寥寥十几个字:"五月己丑,高贵乡公卒,年二十。"裴松之连续引用了《汉晋春秋》《世语》《晋诸公赞》《魏氏春秋》《晋纪》《魏末传》六种史籍记载,字数多达 635 字,补充了曹髦被杀的经过,不仅明确了司马昭政治势力公然弑君的史实,而且也展示了不同的史家对这段往事的叙述。又如,陈寿《三国志》讲到魏晋时期最重要的玄学家王弼,只在《钟会传》中顺便提了寥寥 23 个字,"弼好论儒道,辞才逸辩,注易及老子,为尚书郎,年二十馀卒"。而裴松之则引何劭《王弼传》,补充了王弼的生平事迹和思想学说,多达 750 余字。没有裴松之这段文字,正始玄学少了一位主力干将,一部魏晋玄学史真不知从何落笔了。再如,讲到吕布与李傕、郭汜在长安交战,裴松之注引王粲《英雄记》,为我们展现了两员大将"单挑"的场面:

郭汜在城北。布开城门,将兵就汜,言"且却兵,但身决胜负"。汜、布乃独共对战,布以矛刺中汜,汜后骑遂前救汜,汜、布遂各两罢。(《三国志·吕布传》裴注引王粲《英雄记》)

这是三国志及裴注中唯一的一处"两军圆阵,两将交马"的场景。由此可知《三国演义》中两将单打独斗的确是存在的,只不过相当罕见。

考异,就是拿《三国志》和其他史书中的不同记载进行比较、考证和辨析,按照裴松之的说法,就是"或同说一事而辞有乖杂,或出事本异,疑不能判,并皆抄内以备异闻",体现裴松之良好的史识和史才。如陈寿在《魏延传》中讲到魏延在诸葛亮死后"叛逆",裴松之引录鱼豢《魏略》中的一段话,提出了不同说法:

诸葛亮病,谓延等云:"我之死后,但谨自守,慎勿复来也。"

> 令延摄行己事，密持丧去。延遂匿之，行至褒口，乃发丧。亮长史杨仪宿与延不和，见延摄行军事，惧为所害，乃张言延欲举众北附，遂率其众攻延。延本无此心，不战军走，追而杀之。（《三国志·魏延传》裴注引鱼豢《魏略》）

虽然裴松之很谨慎地说，这是"敌国传闻之言"，不一定可信，但是这段史料对于全面了解魏延"反叛"的真相，还是大有裨益的。

裴松之留下了大量弥足珍贵的三国史料，不仅极大丰富了后人对这段历史的了解，也让后人看到了三国历史的多重叙事，开阔了人们认识三国历史的视野。事实上，陈寿《三国志》原本大约36万字，裴松之注大约32万字，几乎与原文数量相当。裴注引用书籍有200多种，其中史籍有140多种。这些史书百分之九十以上已经亡佚，全赖裴注得以部分保存，功绩巨大。学者逯耀东在《裴松之与〈三国志注〉》一文中认为，"如果要研究魏晋时期的历史，则裴注的史料价值，当凌驾于陈寿的《三国志》、范蔚宗的《后汉书》之上，至于《晋书》的西晋初年部分，则更瞠乎其后了"。逯耀东评价《三国志注》凌驾于《三国志》《后汉书》之上，这个说法可以商榷。不过，有一点是可以肯定的，假如没有裴松之，流传下来的三国历史肯定不会像现在这么丰富，许多后世津津乐道的三国故事、三国人物都将湮灭无闻，三国历史绝无可能如此熠熠生辉。后世市井流传的三国平话、罗贯中撰写的《三国演义》，很多都取材于裴注，假如没有裴松之，很可能就没有风靡东亚三国的"三国热"。

在日本史学史上，尽管远未达到中国古代这样的史料比较考辨水平，但对史料的搜集、保存、整理、比较工作也在日本史学诞生之后不久就展开了。公元9世纪下半叶，在日本第59代宇多天皇时期，有一位学者型官员菅原道真编纂了一部《类聚国史》，主要取材于8世纪末到9世纪问世的所谓"六国史"，将编年体的六国史按照事项重新分类编纂，以便于检索查阅，其实就是一种类书。中国古代的类书最早可以追溯到魏文帝曹丕组织诸儒撰集经传而成的《皇览》，唐代是类书的第一个高峰期，著名的类书有欧阳询《艺文类聚》、许敬宗《文馆词林》、徐坚《初学记》、虞世南《北堂书钞》、白居易《白氏六帖》等。其中《文馆词林》

编于唐高宗时期，曾经流传到日本，《白氏六帖》也肯定传到过日本。坂本太郎认为，"《类聚国史》的许多观念来自中国的类书，项目分类方法也参考了中国的类书，但也有很多自己的创见"。类书虽然不是一种纯粹的史料比较，至少也是一种史料的重新整理与编排。尤有意义的是，《类聚国史》"记事的选取方法极其严密，一字一句也不轻易放过，原则是引用全文"。由于六国史的全部记事被分别记入《类聚国史》的各项目中，它就在客观上起到了保存六国史史料的作用，而事实上六国史确实存在失传的情况，如《日本后记》40卷中就失传了30卷，《类聚国史》能够复原所缺部分。对于文字史书诞生才一百多年的日本史学而言，菅原道真这种注重史料的态度是值得称道的，坂本太郎为此稍显夸张地赞扬道："这才是彻底的原典第一主义、历史主义的态度，甚至可以使人闻到了近代科学的芳香。"

传信与传疑

对不同史料进行比较，有时很难确定哪一条史料更准确，这时中国传统史学有一个良好的传统，那就是"信以传信，疑以传疑"，意思是"有把握的可信史事就如实记叙，没有把握的存疑史事也先记下来，以备日后考证"。

鲁桓公五年，陈国国君陈桓公去世。《春秋》这样记载：

> 五年，春，正月，甲戌、己丑，陈侯鲍卒。（《春秋·桓公五年》）

我们看到，《春秋》在这里记录了两个日子，一个是桓公四年的十二月二十一日，另一个是桓公五年的一月六日。这种写法在《春秋》中相当罕见。

对此，《穀梁传》作了这样的解释：

> 鲍卒何为以二日卒之？春秋之义，信以传信，疑以传疑。陈侯

以甲戌之日出，己丑之日得，不知死之日，故举二日以包也。(《谷梁传·桓公五年》)

按照《榖梁传》的说法，陈桓公患有精神疾病，在十二月二十一日离家出走，下落不明，直到第二年一月六日才找到尸体，《春秋》作者不知道他究竟死于何时，就记录了两个日子，从而包容不漏。这种"信以传信，疑以传疑"的史法是符合"春秋之义"的。

根据《左传》的说法，记录两个日子是因为陈国当时发生了国内动乱，连续发了两次讣告，所以鲁国史官就记录了两次。这与《榖梁传》的说法其实并不矛盾。司马迁在《史记·三代年表》中也说，孔子编撰《春秋》"疑则传疑"。长期以来，"传信传疑"的史学思想借助于官方经学的长期传播，已经成为古代史家的依循准则，形成了一种审慎对待史料、重视考据史料、精于考信史料的传统，这是中国古代史学极具闪光性的特质。

按理说，历史学家本应该给读者提供一种"确凿而真实"的史实，为什么要传播这些模棱两可的历史"疑问"呢？难道不怕引发歧义、惑乱人心吗？事实上，这种"疑以传疑"的做法是史学严谨态度的必然要求。

就"确凿"而言，人的记忆有选择性、倾向性、情感性，史料本身具有残缺性、差异性、多样性，甚至不乏历史上作伪的"史料"与"史实"。史学家的历史叙事理应将有关史料的诸多复杂性体现在自己的研究中，而不是简单地追求唯一的"确凿"，这才是避免将读者引入歧途的严谨态度。正如阿兰·梅吉尔所说：

一位真正的历史学家——一位忠于史学传统的学者——乐于将其思维置于相互冲突的态度或论点之间。历史学家的任务并不是提出一种关于世界本身的单一、毫无歧义的立场、更不要说什么单一、一贯的理论了。（[美]阿兰·梅吉尔：《历史知识与历史谬误》，北京大学出版社2019年版，第3页）

在历史研究中，史料的缺失和歧义并不可怕，史家得不到确凿的结论也是常态，最可怕的是存疑精神的缺失和唯我独是的武断。中国古代长期保持"信以传信，疑以传疑"的史学传统，这是应该值得充分珍视的文化财富。

再就"真实"而言，首先要明白，历史学家并不打算也没有办法复原历史，就像画像或照片里的人物不管多么惟妙惟肖都不可能是真人，历史著述只是借助于文字进行历史叙事和历史解释，所谓"真实性"其实是历史学家们的一种约定：有充分而可靠的史料来支撑所有的历史叙述和解释。其次，历史学家有一套约定俗成的研究方法和写作程序，相对可靠的史料、言之有据的叙事、符合逻辑的分析是通往历史真实的必由之路。缺乏充分的史料，一定不可能得到历史"真实"；有了充分的史料，没有严谨的论证方法也难以获得历史"真实"；唯有基于充分考证的史料，并且符合历史学的思维方式和逻辑推理，历史叙述才有可能提供所谓的"真实"；读者同样也要按照这样的检验标准，来判断历史文本是否"可信"。再次，所谓的"真实性"是一种相对而非绝对的概念，历史学家努力使自己的历史著述接近于"真实"，这在很大程度上取决于历史学家手中掌握的史料的数量质量以及运用历史学方法的严格程度。安托万·普罗斯特认为，"最不严格的方法是提供例证来支持系统化，我们可以称之为'例证法'"，"最严格的方法是构建可量化的指数和统计学上的效力"，"在这两个极端之间，有各式各样可能的方法，历史学家根据自己的史料和问题构造出它们"。

从追求"确凿"与"真实"的意义上说，历史叙事与侦探破案不乏共性。历史叙事与刑事侦查都以过去发生的事件作为自己的研究对象，两者都试图揭示某一事实的真相，并且都把实现这一目标建立在拥有确凿证据的基础之上：历史学的证据是文字史料和实物史料，犯罪侦查学的证据则是人证和物证。

过去地球上每分每秒发生的林林总总原本是杂乱无章、散乱无序的。史学家要进行历史叙事，既不可能包罗万象，也没必要面面俱到，只能聚焦特定的主题，选取一定的角度，依据有限的事实，给出一个局部的描述或解释，呈现一个独立成型的故事，称之为某某"历史事件"。所以古人说"史者，事也"。

犯罪侦查所要做的大致也是如此。侦查的目标并不是要还原案发当天所有的场景，而只是收集与犯罪有关的证据，通过调查案情、揭露关键性事实，找到确凿的犯罪证据便大功告成了。侦探的主要任务是收集证据，并且在事实证据与嫌疑人行为之间建立充分的联系。与史学家一样，侦探的工作也定位在一个有限的目标：以关键性证据支撑事实真相，证明犯罪嫌疑人就是作案人。侦探并不需要呈现整个案件的所有情节，甚至不需要了解作案的全部过程，有时候嫌疑人的一件工具、一个足迹、一滴体液，就足以成为关键性证据，使案情水落石出。

史料是历史事实的基石，证据是刑事侦查的核心。那么，对于侦探来说，掌握的案件线索不全又该怎么办呢？答案是：运用逻辑推理。当犯罪侦查不得不用残缺的拼板去拼出一张包含关键性细节的图像时，推理是最常用的办法。

历史同样需要推理，这并不奇怪。与侦探相比，史学家的任务更加艰巨。侦探可以直接讯问证人或嫌疑人，获得第一手的证词或口供。史学家无法询问他的研究对象，只能从不会说话的史料中搜寻证据，并且根据逻辑推理得出相应的结论。

史料就是史学家手中的证据。我们在前文讲到王国维提出"二重证据法"，其意义就在于给史学家增加了一个新的证据来源，为历史推理提供了更加充分的依据。根据严绍璗《汉籍在日本的流布研究》的说法，"王国维'二重证据法'是在日本期间确立的"。1898年，22岁的王国维在上海参加了罗振玉创办的东文学社，受业于东洋史学家藤田丰八，日语水平精进，遂于1900年底受罗振玉资助留学日本东京理化学校，次年返回。辛亥革命爆发后，罗振玉携家赴日，王国维同行，侨居日本京都五年，与京都学派人物过从甚密，他的"二重证据法"的重要研究实践成果是在此期间做出的。王国维"二重证据法"的新方法论与中国传统史学不无关系，清代乾嘉学派钱大昕曾利用碑刻史料与历史文献互相比勘以研究考证元史问题，古代金石碑铭之学亦可视为此法萌芽。不同之处在于，王国维"二重证据法"与日本新史学之间存在着相互影响的关系，建立在近现代科学考古学的基础之上。林泰辅于1921年在《斯文》

杂志上发表《关于支那上代的研究资料》一文，提出"关于中国古代研究的资料，在传统的经、子、史书籍之外，必须重视龟甲兽骨文、铜器文及铜器、货币及兵器古玺、石器及玉器、陶器、石刻文等六个门类的古物"，按照钱婉约《从汉学到中国学：近代日本的中国研究》一书中的说法，"这一观点几乎就是王国维'二重证据法'的另一种具体的表述形式"。"二重证据法"后来被内藤湖南所运用，对推动日本中国学的形成起到了积极作用。

曹操的形象

日本民间对曹操的评价一向良好。早在17世纪末《三国演义》的第一个日译本《通俗三国志》问世之时，曹操的形象就是智谋的化身，《三国演义》中的奸诈形象在很大程度上减弱了。日本史学家注意到，曹操的负面形象主要是由《三国演义》造成的，所以他们致力于根据《三国志》等史著的史料，重新塑造曹操的人物形象。

1897年，年仅32岁的内藤湖南写了一本《诸葛武侯》的小书，他在书中除对诸葛亮深表敬佩之外，对曹操的评价也不低。他写道：

> 愚尝谓，曹操之雄猜，人辄以"奸"蔽之，然其奸实不如明太祖之甚，而其开豁之处，则宁过之，如"天命在我，我为周文王"之语；其矫饰之处，又犹守义之心。（［日］内藤湖南：《诸葛武侯》，江苏人民出版社2019年版，第71—72页）

到了20世纪20年代，受到新文化运动的人性解放和自由风气的影响，魏晋玄风与三国六朝文学风靡一时，鲁迅1927年在广州作了题为"魏晋风度及文章与药及酒之关系"演讲，其中就对曹操颇有好评，认为"曹操是一个很有本事的人，至少是一个英雄"，在汉末魏初文章崇尚"清峻、通脱"的氛围下，曹操的"文章从通脱得力不少"，"是一个改造文章的祖师"。鲁迅这些话在"五四运动"之后的环境里说出来，显然是对曹操充分的肯定。当时国内还有宗白华、汤用彤、王瑶、贺昌群、刘大杰等一批学者也对魏晋风度赞赏有加，对建安与三曹文学体现"人的自觉与文的自觉"相当共鸣。由此曹操的人物形象有了新的改观，这也为后来50年代的曹操翻案做了一定的学术铺垫。

与此同时，日本学者中也有一些人研究魏晋政治文化和文学，京都学派的创始人狩野直喜（1868—1947）就发表过有关三国历史文学的论著，对于三曹文学也做了深入的研究，给予曹操正面客观的评价。狩野直喜的高足吉川幸次郎（1904—1980），曾在50年代出版了两部有关三曹的论著，以正史《三国志》及其相关史料为依据，讲述曹操及其子曹丕、曹植的事迹和文学。吉川幸次郎坦言受到鲁迅演讲启发，认为陈寿对曹操"非常之人，超世之杰"的评价还是公允的。

陈寿在《三国志·武帝纪》中对曹操的总体评价是比较正面的，他说：

> 评曰：汉末，天下大乱，雄豪并起，而袁绍虎视四州，强盛莫敌。太祖运筹演谋，鞭挞宇内，揽申、商之法术，该韩、白之奇策，官方授材，各因其器，矫情任算，不念旧恶，终能总御皇机，克成洪业者，惟其明略最优也。抑可谓非常之人，超世之杰矣。（《三国志·武帝纪》）

裴松之在《三国志注》中提供了大量曹操的负面史料，对曹操历史形象的杀伤力的确是很强的。到了唐宋以后，曹操在民间的形象已经相当糟糕了。曹操作为一名杰出的政治家，在历史上出现过不同的功过评价，这是很正常的事。不过，世人对曹操的负面印象在很大程度上源于曹操个人道德的一个致命硬伤：他曾经涉及一桩吕伯奢凶杀案，似乎成了难以洗刷的"历史污点"。那么这件事的真相究竟如何？我们前文说到历史学的推理，下面我们通过曹操杀吕伯奢一案，来领略一下历史推理的作用。

事实上，陈寿《三国志》并没有曹操杀人案的任何记述。据《三国志·武帝纪》：

卓到，废帝为弘农王而立献帝，京都大乱。卓表太祖为骁骑校尉，欲与计事。太祖乃变易姓名，间行东归。出关，过中牟，为亭长所疑，执诣县，邑中或窃识之，为请得解。（《三国志·武帝纪》）

那么这个罪名如何栽到曹操头上的呢？事情缘于裴松之在《三国志注》中引用了三处史料。最早的说法出自《三国志·武帝纪》裴注引《魏书》曰：

太祖以卓终必覆败，遂不就拜，逃归乡里。从数骑过故人成皋吕伯奢；伯奢不在，其子与宾客共劫太祖，取马及物，太祖手刃击杀数人。（《三国志·武帝纪》裴注引《魏书》）

按照《魏书》的说法，曹操在逃亡路上经过吕伯奢的家，吕伯奢不在，他的儿子与部曲家丁一起打劫曹操，想要夺取马匹和财物，曹操拔刀自卫，杀了数人。

《魏书》作者王沈的生卒年不详，主要活动时期应该在曹魏后期，此时距离曹操亡命洛阳已经50多年。王沈的政治态度倾向于曹魏政权，而且王沈写《魏书》算是当代人写当代史，本应有所顾忌。既然王沈明确认定曹操在吕伯奢家里杀人，说明当时社会上已经流传这个故事，应该不是空穴来风。王沈说吕伯奢的儿子与宾客劫持曹操，所以引发了凶杀案，事实上有替曹操分辩的用意。

裴松之接着又引了其他两条史料。一条来自西晋史家郭颁《世语》：

太祖过伯奢。伯奢出行，五子皆在，备宾主礼。太祖自以背卓命，疑其图己，手剑夜杀八人而去。（《三国志·武帝纪》裴注引《世语》）

另一条来自东晋史家孙盛《杂记》：

太祖闻其食器声，以为图己，遂夜杀之。既而凄怆曰："宁我负

人,毋人负我!"遂行。(《三国志·武帝纪》裴注引《杂记》)

总的来看,郭颁和孙盛的叙述对曹操更加不利。我们注意到,郭颁隐去了吕伯奢儿子劫财的细节,使得事件性质发生了重大变化。吕伯奢同样不在家,但他家五个儿子都在,在双方宾主见面过程中,曹操以为这五个儿子合谋搞他,于是杀了八人之后逃走。文中没有交代吕伯奢的儿子们究竟是不是起了歹念,却交代了曹操因为董卓的追捕而疑心重重,言下之意导致这桩血案的可能是曹操的疑心,而不是五个儿子的歹念。这样一来,案子的性质发生了重大变化,曹操从原来的"正当防卫",一下子变成了"过失杀人",而且一杀就是八个,表现得相当凶残。还有一个细节的变化:王沈说曹操"数骑"经过吕伯奢家,杀人很可能是随从干的,曹操自己并不一定亲自动手。而郭颁没有说曹操带着其他人,那么这八个人就可以推论是曹操一个人杀的。

孙盛基本上与郭颁说法相似,但增加了一个具体的情节,"太祖闻其食器声,以为图己,遂夜杀之",这个细节描叙让故事显得更加生动可信。孙盛另外还增加了一个细节,曹操杀人之后心中充满凄怆地说"宁我负人,毋人负我",似乎他已经明白这是一场误杀。

这两条证据究竟是否可靠,我们无法验证。唯一的办法就是借助于逻辑推理,看看这两个证人平时说话是否可靠。对于郭颁的史风史笔,有两条不同的评述。裴松之尽管在三国志注中多次引用郭颁《世语》,但对他的史笔似乎并不看好。裴松之说:

(郭)颁撰《魏晋世语》,蹇乏全无宫商,最为鄙劣,以时有异事,故颇行于世。干宝、孙盛等多采其言以为晋书,其中虚错如此者,往往而有之。(《三国志·三少帝纪》裴注)

不过,梁朝的刘孝标似乎有不同看法,《世说新语·方正》中有一则"夏侯玄既被桎梏",刘孝标注引了郭颁《世语》、东晋人袁宏《名士传》的说法之后,评论道:

郭颁，西晋人，时世相近，为《晋魏世语》，事多详核。孙盛之徒皆采以著书，并云玄距钟会，而袁宏《名士传》最后出，不依前史，以为钟毓，可谓谬矣。（《世说新语·方正》"夏侯玄既被桎梏"条）

一个说"全无宫商"，一个说"事多详核"，真是两种截然不同的评价。

再来看孙盛，此人是东晋人，生于公元302年，距离曹操案发已经过了一百多年。说来有趣，这个故事越到后面记叙反而越加详细。按理说历史叙事应该遵循"远不如近，闻不如见"的规律，但经常出现的情况却是，时间越远，叙事反而越具体、越详细，这就是顾颉刚所谓的历史学"叙事层累性"现象。

孙盛记述曹操说"宁我负人，毋人负我"这句话，恐怕不一定可靠。因为孙盛还写过一本书叫《魏氏春秋》，讲了郑玄之子郑小同被杀这件事，其中也有类似的话：

（郑小同）尝诣司马文王，文王有密疏，未之屏也，如厕还，问之曰"卿见吾疏乎？"答曰："不。"文王曰："宁我负卿，毋卿负我。"遂酖之。（《后汉书·郑玄传》注引《魏氏春秋》）

在孙盛笔下，曹操与司马昭同是杀人，又说同样的话，这是不是有点过于巧合？

虽然《晋书·孙盛传》称孙盛"词直而理正，咸称良史"，但裴松之认为孙盛写史，喜欢自说自话，或者篡改语句，或者编造故事细节。裴松之注《三国志》，对各位史家评论并不多，其中对孙盛微词最多，似乎在提醒后人，阅读孙盛的史著应该多加小心。

再来看证人的主观倾向。对于三国鼎立，孙盛的政治态度完全倾向于刘备，认为蜀汉延续了刘汉政权的正统地位。对于曹操则完全视为篡逆，所以孙盛笔下的曹操形象是相当不堪的。

基于以上推理，曹操误杀吕伯奢的可能性并不大。陈寿写《三国志》，应该看到过王沈的《魏书》，并且在不少地方参考了这本书。但是陈寿并没有采用王沈的说法，看来陈寿对王沈的叙述是抱怀疑态度的。后来，司马光编写《资治通鉴》，就没有采信《魏书》《世语》《杂记》中的任何一种说法，没有出现曹操杀吕伯奢的任何记载。

不管怎么说，在郭颁、孙盛笔下，曹操仍属"误杀"，而到了《三国演义》中，曹操一下子变成了丧心病狂的"故意杀人犯"。罗贯中写《三国演义》，为了增强小说的矛盾冲突，取用了大量裴松之注的史料和民间的传说，将曹操写成了一个不可救药的反面角色，集奸诈、残忍、任性、多疑于一身，终于完成了将曹操从"奸雄"变为"奸贼"的过程。《三国演义》对于吕伯奢命案作了三点关键性改编：一是将吕伯奢说成是曹操父亲的结拜兄弟，这样曹操杀死吕伯奢一家就显得更加残忍无道了。二是添加了一个新的情节：曹操在逃亡路上杀死了买酒归来的吕伯奢，这样整个案子的性质发生了重大变化。三是将"宁我负人，毋人负我"加上了"天下"两字，变成"宁使我负天下人，休教天下人负我"，使得原本只是仅仅针对吕伯奢单个人，变成了曹操面对所有人的人生哲学，凸显出曹操人格深处的阴暗面。尽管这是文学家的编造，却在民间留下了难以消除的负面影响。

无论对于史学家的历史叙事，还是对于民间的历史传说，都应该怀持审慎的态度。吕思勉在《历史研究法》一书中说：

> 传闻的不足信，人人能言之，其实亲见者亦何尝可信？人的观察本来容易错误的。即使不误，而所见的事情稍纵即逝，到记载的时候，总是根据记忆写出来，而记忆的易误，又是显而易见的。况且所看见的总是许多片断，其能成为一件事情，总是以意联属起来的，这已经掺入很大的主观的成分。况且还有没有看见或忘掉的地方，不免以意补缀呢？这种错误，是无论何人不能免掉的，如其要免掉，那就世界上没有史事了。这还是得之于见的，其得之于闻的，则传述者又把这些错误一一加入。传述多一次，则其错误增加一次。事情经过多次传述，就无意间把不近情理的情节删除或改动，而把有趣的情节扩大起来。看似愈传述愈详尽，愈精彩，实则不可信的

成分愈多。(吕思勉:《史学与史籍七种》,上海古籍出版社 2009 年版,第 31 页)

历史已然留下了许多空白,这不足为奇。《论语·卫灵公》记载孔子曾说过"吾犹及史之阙文",意思是说,"我还能够看到史书中存疑空阙的地方"。历史留下的存疑空阙就让它留着,没有必要人为地强予填空。对待历史的合理态度应该是,尊重往事的留白,尊重历史的缺憾,不要让历史留下的空地成为后人驰骋主观想象力的跑马场。毕竟,书写真实的历史叙事不是一件容易的事,最大困难来自各种人为的干扰,包括政治的压力、伦理的要求、功利的考量、利益的诱惑,等等。影响历史叙事"真实性"的最大因素莫过于史学家对于揭示"真实性"的过于自信甚至傲慢。历史学进入 21 世纪,越来越多的史学家放弃自大,心怀谦卑,认识到历史学本身的局限,敢于承认往事与叙事、历史事件与历史记录之间的差异,正视克服自我主观性的种种障碍。正如法国史学家马克·布洛克《历史学家的技艺》所说,"学者最重要的责任是结束自己的无知,并诚实地承认自己的无知"。或许,历史学家对于历史真实的最大忠诚,莫过于承认自己无法完全揭示历史的真实。

乾隆的御制诗

乾隆皇帝读过不少史书,而且勤学善思,时常写一些类似于读后感的咏史诗。乾隆曾在一首御制诗中,表现出令人惊叹的良好史识。

当时,乾隆大概在读《史记·张仪列传》,书中讲到战国纵横家张仪早年游说失败,被人掠笞数百,回家之后与妻子有这样一段对话:

其妻曰:"嘻!子毋读书游说,安得此辱乎?"张仪谓其妻曰:"视吾舌尚在不?"其妻笑曰:"舌在也。"仪曰:"足矣。"(《史记·张仪列传》)

这段夫妻之间的对话,看上去生动有趣。然而,乾隆却表示怀疑,他在御制诗《读史汉书有感》中写道：

> 两人促膝谈，彼此不泄露。
> 所语竟谁传，而史以为据。
> 甚至惟一人，心迹隐未吐。
> 只恐他或知，炳然乃传后。
> 发潜信赖史，纪讹亦屡屡。
> 尽信不如无，不求甚解悟。
> 此皆非常人，卓识有别具。
> 固远不逮迁，翻訾有抵牾。
> 后人复不逮，而更妄非固。
> 呜呼圣贤门，却成是非路。

乾隆反问道，夫妻之间的私密谈话，外人怎么会知道？司马迁根据谁的传言，了解到这段对话？乾隆接着又说，有时候史书甚至记录一个人的内心独白，这种未曾吐露的心迹，却赫然传于后世。言者已然作古，话语随风而逝，后人能够"听到"的古人言语都是历史传播者的转述。所以，一味相信史书，有时难免受骗。孟子当年说"尽信书则不如无书"，陶渊明读书"不求甚解"，还是非常有道理的。

乾隆所举张仪的例子还不算典型，在日本史籍《太平记》中，记录了一则故事，颇有异曲同工之处。日本后醍醐天皇的大将楠木正成与足利尊氏、足利直义兄弟在须磨口激战，兵败集体自杀，当时的情景是这样的：

> 脱下铠甲，楠木正成发现身上共有十一处伤。残存的其余七十二人也多处受伤。楠木正成等人在六间大小的客殿内排成两排，共同念诵了十遍阿弥陀佛，准备一起切腹自杀。楠木正成对楠木正季说道："临终的想法将决定来世的善恶。你有什么愿望呢？"楠木正季笑着说："我希望连续七世都投胎为人，继续歼灭朝敌。"楠木正成也面带微笑说道："或许这并不是最好的想法，但也是我的

愿望。"兄弟二人对刺而亡。十六名族人和五十余名随从也切腹自杀。当时，菊池武朝奉兄长肥前守的命令前来查看须磨口的战况，正好看到楠木正成自杀的情景。菊池武朝不忍离开，也当场自杀。（［日］久米邦武：《早稻田大学日本史》第六卷，华文出版社2020年版，第476页）

既然这些人都当场自杀了，那么谁听到看到了这一切呢？所以久米邦武说，"书中的描述根本没有任何依据"。

这种自相矛盾的不实之词在中外史书中数不胜数，许多读者也熟视无睹。乾隆在这首小诗中提出了一个人类史学史上的重大问题：史学家的历史叙事会不会——或者说在多大程度上会——包含本人的想象与创作？这种想象与创作会不会——或者说在多大程度上会——影响历史叙事的真实性？这个问题可以说是现代历史学、历史哲学以及史学思想史最深邃、最根本的问题。

我们在前文中谈到伪造的史料。伪造的史料是伪造者主观有意地作假和作伪，为了达到一定的目的，不惜篡改或作伪，其实质就是破坏了历史叙事的真实性。乾隆提出的问题与主观造假无关，史家从头到底一直严谨地恪守历史真实性的原则，但是在具体历史细节的写作过程中，史家有意识或无意识地加入了一定的个人想象的成分，羼入了些许主观情感的因素，从而或多或少影响了历史叙事的真实性。

历史是人书写的，人是有七情六欲和主观能动性的。更为要紧的是，人在历史叙事中要对史料进行组织、编排、分析和写作，也就是文字加工和话语表述，不可避免地嵌入了文学修辞、个人想象以及价值倾向等主观因素，如果史家对主观性与客观性之间的对立统一关系把握不好，就会影响历史叙事的真实性。

在日本，从8世纪初到10世纪初，编撰国家正史的事业一直没有中断过。然而在六国史之后，国家正史编撰便中止了。在11世纪到12世纪，日本史学出现了一类非官撰的史籍，这些可读性很强的史书在一定程度上采取了小说的手法，被称为故事历史，包括《荣华物语》，又名《世继》，以及《大镜》《今镜》《水镜》《增镜》等，通称为"世继和镜"。这些史书是作为之前官撰正史的对立面而产生的，作者不满足于正史的缺乏细节、文采，试图通过细节描写来"打动读者心弦和表现人情机微的力量"。在这些作品中，充满了《源氏物语》式的小说样态，表现普通人的心理活动，体现出作者丰富的生活想象力。这是11世纪到12世纪日本史学的一种有趣特色。如果我们用现代史学的"真实性"要求去衡量，当然会有很多问题。但是在史学萌芽和早期阶段，人们对于历史的观念与今人是有所不同的，主观想象的成分并不被完全排除在历史叙事之外，那个时代根本就没有现代人头脑中的所谓"史学"与"文学"的概念，更遑论两者之间的本质差异。

这种情况在古希腊史学中同样存在。公元前431年到公元前404年，以雅典为首的提洛同盟和以斯巴达为首的伯罗奔尼撒联盟之间，正在进行一场全面战争，几乎所有的希腊城邦都卷入了这场战争。交战第一年，双方死伤惨重。这年冬天，雅典人按照通常的惯例，要为阵亡将士举行一个公葬。葬礼安排在狄斐隆门外的郊区，众人在墓地里掩埋了遗骨，进行默哀悼念。按照惯例，国葬的最后一个重要程序是由一位推选出来的德高望重的人物发表演说。这次发表演说的任务交给了桑西巴斯的儿子伯里克利，他是雅典城邦的首席将军。这一天，晴空万里，微风吹拂，温暖的阳光洒在宽阔的草地上。一切就绪之后，伯里克利从墓地走向一座高台，向众人作了一场长达6千多字的演讲，这就是流传百世的名作《伯里克利在阵亡将士墓地上的演说》。其中，最脍炙人口的一段是这样的：

> 我要说，我们的政治制度不是从我们邻人的制度中模仿得来的。我们的制度是别人的模范，而不是我们模仿任何其他人的。我们的制度之所以被称谓民主制度，因为政权是在全体公民手中，而不是在少数人手中。解决私人争执的时候，每个人在法律面前都是平等的；让一个人担任公职优先于他人的时候，所考虑的不是某一个特殊阶级的成员，而是他们有的真正才能。（［古希腊］修昔底德：《伯罗奔尼撒战争史》，商务印书馆1960年版，第19页）

这段话，记录在修昔底德的史学名著《伯罗奔尼撒战争史》中，一直被认为是西方民主思想的滥觞，大多数现代学者的民主论著中，少不了要引用这段话，以表明西方民主传统源远流长。问题是，我们现在看到的这篇伯里克利的演讲词，真的是他的原话吗？

这个问题还得让史学家自己来回答。修昔底德出生于公元前455年或以前不远，他亲身经历了伯罗奔尼撒战争，并且担任过雅典将军，亲自指挥了一场海军战舰救援行动。修昔底德是否亲临公葬现场，已经不得而知。就算他亲耳聆听了伯里克利的演说，要把如此冗长的演讲全部记录下来，也不是太容易的。

我们通读《伯罗奔尼撒战争史》，可以看到书中记录了大量演说辞。这种演说辞的历史叙事方式源自于荷马史诗，修昔底德继承光大了这一传统。在当时笔录工具并不称手的情况下，修昔底德又是怎么做到的呢？答案很简单，那就是借助于"想象"。修昔底德在《伯罗奔尼撒战争史》一开始对此作了交代：

> 在这部历史著作中，我利用了一些现成的演说词，有些是在战争开始之前发表的；有些是在战争时期中发表的。我亲自听到的演说词中的确实词句，我很难记得了，从各种来源告诉我的人也觉得有同样的困难；所以我的方法是这样的：一方面尽量保持实际上所用词句的一般意义；同时使演说者说出我认为每个场合所要求他们说出的话语来。（［古希腊］修昔底德：《伯罗奔尼撒战争史》，商务印书馆1960年版，第17页）

也就是说，这些演说辞并不是修昔底德的实录，而是他"认为每个场合所要求他们说出的话语"。这种做法奇怪吗？其实并不奇怪。当时的古希腊人并不要求一本讲述历史的书籍一定要是字字真实，他们读历书也不会天真地把作者的每一句话当作真实，希腊人看重的是这些话是不是符合事件场景和人物身份，就像观看戏剧一样，关心的不是戏剧故事的真实性，而是戏剧故事是否合情合理，用现代人的话来说，是不是符合"文学真实性"。

事实上，修昔底德为后世西方史著开启了一种叙事样式，就是美国学者斯塔特在《修昔底德笔下的演说》中所说的，"大多数古代史家都采纳了某种类型的演说辞，从完整的辩论到会议报告、对话、书信、口信以及其他形式的口头表达"。在人类文字发明之前，经历了漫长的口传历史岁月，养成了一种对口头传说的信任习惯，这种习惯在文字发明之后依然根深蒂固地影响着叙事的传统。随着时间的推移，人们对口传的信任才慢慢地让位于对文字的尊崇。孟子说"《诗》亡然后《春秋》作"，也是同样的道理。按照美国学者J. W. 汤普森《历史著作史》的说法，西方社会直到修昔底德之后两百年，从古罗马史学家波里比阿开始，才在撰写史著时重视考量演说辞作为史料的确凿性。事实上，在19世纪客观主义历史学独领风骚之前，世界上大多数民族都还没有在历史与文学、真实与传说、客观与主观之间划出一道判然有别的鸿沟。相对而言，中国古代史学对于史著的真实性应该是最为讲求的。

有关历史的"客观性"与"真实性"问题永远是历史学与历史哲学的热门话题。历史撰述作为一种对于历史的记录、描摹、叙事、分析，必须面对"客观"与"真实"的考量。现代历史学充分注意历史往事与历史叙事之间的差异，通过分析历史往事、撰史者、历史文本三者之间的关系，来阐明历史的"客观"与"真实"。

所谓历史的"客观性"乃就撰史者而言，是撰史者面对往事、撰述历史的一种历史态度，以及通过所撰写历史文本展示出来的学术观点。撰史者的主观意识、主观价值、主观偏见越少，历史文本的客观性就越强。简单地说，"客观"就是史学家在撰史过程中尽量排除主观先见的学术努力。当然，完全的"客观""中立"是不可能的，史学家毕竟是一个主观生命体，要求一个撰史者抛开所有主观性来写作，就像要求一个人提着自己的头发离开地面，是肯定做不到的。

用文字记录历史，不是简单地将口头传说变成白纸黑字，而是一个再加工、再编码、再创造的过程。这个道理，早在古希腊时期就被认识到了。柏拉图在《斐多篇》中借苏格拉底之口说，文字"免去了人们的记忆之苦，在他们的灵魂中制造出了忘记，人们需要知道的，却将其寄托于文字，幸亏有文字，人们方可从外部寻找再度忆起的方法。因此，它不是记忆,而是再度回忆的程序,是人们发现的一剂良方"。现代史学家勒高夫在《历史与记忆》中称之为"语言学上再编码",这是影响史家客观性的重要因素。

下面这一章,我们就专门来讨论史家的客观性问题,看看中日史学文化的相关态度与特色。

第二章

史　家

记录纷纷已失真，语言轻重在词臣。
——刘因《读史》

撰史的动机

人类传播历史，可以追溯到上古结绳记事的时期。在文字出现之前，历史传播的主要形式是"讲故事"，类似于叙事诗之类的故事式史述。可以想象，讲故事的人需要有超人的记忆力。在中国上古时期，这项工作一般由盲人来做，《国语·周语上》所谓的"瞽献曲，史献书，师箴，瞍赋，矇诵"。俗话说，上帝关上了一扇门，同时会打开一扇窗。据说，盲人失去了视力之后，反而能更好地集中精力去记忆和讲诵。在古希腊，游吟歌手荷马也是一个盲人。日本史学家川崎庸之在《纪记与镜》一文中认为，在日本原始史料的《帝纪》《本辞》中"很难找到真正称得起叙事诗的东西"，所以日本史学发展不适用"西方史学史上差不多已成定型的由诗的或故事式的历史逐渐发展为辩论式的或教训式的、实用性的历史这种顺序"。这大概是因为日本从一开始就接受了相对成熟的中国史学的影响，跳过了那个史诗和诗史的阶段，所以日本古代未听说有瞍、矇之类的盲人史家。

进入文字社会后，出现了历史往事的专门记录者，人类历史从"传说的社会"变为了"记录的社会"。由于中国古代社会"学在官府"，典籍文献的书写与传承都掌握在官方手里，先秦时期的史官是一种家传世袭的官职，父死子继，代代相承，形成"秉笔直书"的家学传统，他们努力使自己的撰述符合史学笔法和求真精神，甚至不惜献出自己的生命，涌现出不少可歌可泣的事迹。《左传》记载齐庄公被弑事件即为一例：

> 太史书曰："崔杼弑其君。"崔子杀之。其弟嗣书，而死者二人，其弟又书，乃舍之。南史氏闻太史尽死，执简以往。闻既书矣，乃还。(《左传·襄公二十五年》)

当时这位齐国的史官听说了这桩杀人案，马上在史书上记录："崔杼弑其君"。崔杼怎肯接受"弑君"的恶名，马上将史官处死。大史的两个弟弟也是史官，二弟知道大哥秉笔直书被杀，毫无畏惧，接着记录"崔杼弑君"，结果也被崔杼杀掉。三弟前仆后继，继续秉笔直书，崔杼虽然心狠手辣，但还是被这三兄弟的无畏精神震慑了，只好听之任之。此时，齐国另一个姓南的史官听说大史兄弟惨遭杀害，顿时义愤填膺，在家里操起简册就往朝廷跑，准备继承大史兄弟的遗志。

汉魏六朝是中国古代最重要的私人撰史时期，出现了诸如司马谈与司马迁、班彪与班固、裴松之与裴子野、李大师与李延寿等著名父子史学家。这种世袭制有利于维系一种持久的史官职业伦理，对保证历史记录的客观公正不无意义，在很多情况下也是史家光宗耀祖和泽被后世的重要体现。日本也有家族撰史的现象，在编纂六国史的时候，皇室专门设立了"撰国史所"，从《续日本纪》开始，藤原氏一直担任总裁，出现了藤原继绳、藤原冬嗣、藤原绪嗣、藤原良房、藤原基经、藤原时平等史学家。在德川幕府时期，出现了著名的林家史学，史学家林罗山及其三男春斋、四男春德，还有春斋的两个儿子春信、春常都传承家学，接续完成了记载从神代天皇到后阳成天皇历史的《本朝通鉴》一书。

如果对中日古代"史家"进行比较，颇能看出两国传统史学的异同与特点。首先，比较两国古代史著的创作主体，中国呈现出从私撰到官修的发展历程，而日本则是一个从皇室官修到民间私撰，再到幕府修史的过程，幕府修史兼具官修与私撰的特点。关于这个问题，我们后文再叙。其次，比较两国古代史学名家的数量和水平，则中国明显呈压倒性优势。从两千五百多年前的孔子开始，直到晚清魏源、王韬、康有为、梁启超等，史学名家代有所出，普通史家更是数不胜数。在隋唐科举制度之后，几乎所有的知识分子都熟知史学，因为经史学识本是他们的基本素养，所以像崔述这样极为普通的地方小官员就可以成为大师级史学家。即使在隋唐之前，经过察举征辟选拔出来的士人，也有不少史学名家，像杜预、荀勖这样的高级官员，既无历史家学渊源，亦无专门史学训练，不过因为本人留意爱好，遂成史学大家。相较而言，日本古代有名的史学家并不多，可以列举的主要有稗田阿礼、万安太侣、舍人亲王、菅原道真、三善清行、淡海三船、大江音人、皇圆、慈圆、林罗山、山鹿素行、新井白石等。这可以用两国史学的历时长短不同来解释，中国史学史源远流长，时间至少在日本一倍以上。其实更重要的因素是，两国传统史学的社会地位不尽相同，中国史学自汉代以降一直与经学联系在一起，或者准确地说中国史学在很大程度上被当作经学来对待，如《春秋》及其三传皆入"十三经"，这种经史融合的特点被章学诚称为"六经皆史"。我们看到一个有趣的现象是，中国古代重要史著的作者都是清清楚楚的，而日本许多史著作者究竟是谁并不清晰，特别是物语类"故事历史"著作，如《平家物语》《太平记》《梅松论》的作者失传，《荣华物语》《大镜》《今镜》《水镜》《增镜》的作者多人混淆不清，中世许多史著作者也不甚明了，这多少体现了日本古代社会对史学的重视程度远不如中国。直到江户时代，在儒家学说影响下，史学地位明显提高，史著作者才基本能够对号入座。再次，比较两国古代史家著史的创作动机，则中日两国也有不尽相同的特点。

  史家撰写历史有着各式各样的动机。有的史家撰史是为了铭记君王的"功绩"，正如《墨子·鲁问》中墨子对鲁阳文君所说："攻其邻国，杀其民人，取其牛马、粟米、货财，则书之于竹帛，镂之于金石，以为铭于钟鼎，传遗后世子孙，曰：'莫若我多！'"有的史家撰史是为了满足人们的好奇心，正如英国史学家埃尔顿在《历史学的实践》中所说，"渴望了解过去发生了什么，以及渴望理解历史的进程，这些是人类共同的特征"。有的史家则受到某种特殊情感驱使，发愤而著书，把自己的感情融入写作过程中。

在二十四史中，《史记》是情感性、可读性最强的一部。鲁迅在《汉文学史纲要》中称《史记》是"无韵之离骚"，除了说《史记》体现了社会批判的精神，也意指《史记》情感丰沛如同《离骚》。司马迁坦率承认，自己的史著乃是一部"发愤之所为作也"。司马迁缘何"发愤"写史？

一是实现父亲的遗志。司马迁的父亲司马谈作为汉家史官，在汉武帝泰山封禅的时候，没有机会跟随，"故发愤且卒"。司马迁在《太史公自序》中生动叙述了父亲的临终嘱托：

> 余先周室之太史也。……汝复为太史，则续吾祖矣。……余死，汝必为太史；为太史，无忘吾所欲论著矣。且夫孝始于事亲，中于事君，终于立身。扬名于后世，以显父母，此孝之大者。……今汉兴，海内一统，明主贤君忠臣死义之士，余为太史而弗论载，废天下之史文，余甚惧焉，汝其念哉！（《史记·太史公自序》）

二是心怀历史使命感。司马迁具有强烈的"斯文在兹"的文化责任意识，他满怀激情地说：

> 先人有言："自周公卒五百岁而有孔子。孔子卒后至于今五百岁，有能绍明世，正易传，继春秋，本诗书礼乐之际？"意在斯乎！意在斯乎！小子何敢让焉。（《史记·太史公自序》）

三是遭受"李陵之祸"后强烈的激愤之情。"无所比数"的奇耻大辱转化为司马迁历史写作的强大精神动力。他在写给任安的《报任少卿书》中说：

> 盖西伯（文王）拘而演《周易》；仲尼厄而作《春秋》；屈原放逐，乃赋《离骚》；左丘失明，厥有《国语》；孙子膑脚，《兵法》修列；不韦迁蜀，世传《吕览》；韩非囚秦，《说难》《孤愤》；《诗》三百篇，大底圣贤发愤之所为作也。此人皆意有所郁结，不得通其

道，故述往事、思来者。乃如左丘无目，孙子断足，终不可用，退而论书策，以舒其愤，思垂空文以自见。(《汉书·司马迁传》)

这段文字也出现在《太史公自序》，说明这种情绪和心态反复萦绕在司马迁脑海里。梁玉绳在《史记志疑》中指出，司马迁在这里列举的孔子、吕不韦、韩非的例子，对照史实并不相符，司马迁作为史学家对此当然清楚。司马迁之所以"明知故犯"地列举这些例子，体现了此时此刻作为一个情感激愤之人的澎湃心绪，而非一个历史学家的严谨叙事。

我们从《史记》的字里行间，也能够体会到司马迁对于历史、人生和现实的激愤之情。司马迁写《史记》，与孔子作《春秋》，都有强烈的个人动机：司马迁更多的是一种情感的宣泄，孔子更多的是一种政治的寄托，或多或少带有一点以史寓意、借题发挥的色彩。这种著史动机，当然会在一定程度上影响到历史著述的客观性，但是我们对此却不必过于诧异，因为所谓排除主观先见的历史"客观性"只是近现代史学的旨趣，古代史家不仅不介意在史著中表达个人观点，而且将此作为著史目的。孔子说"知我者，其惟《春秋》乎"，说明《春秋》一书承载着孔子的思想，而不是纯粹"客观"的史述。司马迁说"欲以究天人之际，通古今之变，成一家之言"，也是希望通过史著表达自己的史观、史识。司马迁打算把这部书"藏诸名山，传之其人"，"俟后世圣人君子"，表达了强烈的主体历史意识。

在早期官修六国史之后，日本进入到私人撰史阶段。11世纪的日本出现了一种新的历史观念，它与先前政治史不同，史述的目的是寻找一种承载"无法排遣的无聊之情"的"世间故事"，于是便出现了各种物语历史，作者在其中寄托自己丰富的生活情感，试图去探索悲欢离合生活中的真实人性。正如《源氏物语》之《萤》篇中著名的"物语论"所说，物语"记载神代以来世上发生的各种事件。《日本纪》之类只不过是叙述片段而已，物语才正是有条有理地叙述详细事实"。比较起来，中国史家的"发愤而著史"则体现了人生志向和社会情怀。日本物语史著注重细节刻画和情感渲染，在史著中更多投射出作者个人的生活情愫与生命情怀，更多体现出源氏物语式的小说家流的特色。

鸿门宴

在日本物语史著中，有时会出现一些荒诞不经的逸闻故事，如《平家物语》叙述纪州名草郡高雄村出现一只"身躯短而手足长，力能胜人"的大蜘蛛，"乃派官军，宣以圣旨，以葛藤结网而捕杀之"云云，预示着不祥命运的出现。在中国古代史书中偶尔也会出现一些怪异之事，以为天灾人祸之征兆，这是中日文化相似之处。

在日本物语史著中，还会夹杂一些有关中国的历史故事，被称为"巡考异国先例"，为即将出现的不祥命运预先铺陈。如《平家物语》卷五"咸阳宫"大谈燕国太子丹刺杀秦始皇的故事，虽然基本史事大致如实，但其中也夹杂了许多想象的细节，乃至荒诞的情节，我们且看下面这段文字：

> 燕丹行到桥上，果然桥断而掉入河中，但燕丹并未被淹，反而滴水不沾，如履平地，安然抵达对岸。缘何如此？回头一看，只见无数大龟浮在水中，甲并甲，排成一列，让燕丹步行过去。此乃冥显二界神佛圣贤不弃燕丹孝行之所致，当无可疑。（[日]佚名：《平家物语》，译林出版社2017年版，第287页）

通过考察日本史著中有关中国史事的描述，我们可以大致看出该史著的虚构成分与史实价值。相较于中国古代史著，这种物语史著的真实性与客观性显然不可同日而语，这也在一定程度上体现了两国古代史学文化与史家态度的特点。

尽管如此，我们从更加严格的意义上审视，中国古代史著特别是早期史著中，也有一些史家有意或无意的想象虚构成分。先秦时期，人们对于历史客观性的要求并不像后世那么明确。我们看先秦诸子引用的历史故事，很多并不讲究真实性。《庄子》就喜欢以寓言、神话、梦境讲道理，《韩非子》直面现实宣讲政治原理，却也不太重视寓言、传说与史实的区别，我们看他的《说林》《内储说》《外储说》等素材，就知道当时历史与文学之间的界限并不分明。包括《国语》《战国策》中的史料，许多是为战国纵横家提供说辞，史述的真实性并不是作者最主要的考量。

在司马迁的时代，文学与史学尚未明显区分。事实上，当时学术的分科，只有经学与子学。《汉书·艺文志》连"史部"都没有，仅有的几本史书被列在经学《春秋》之后，算是"六艺略"中的《春秋》类，这说明时人头脑里还没有独立的史学的概念，更遑论文学与史学的界限。中国"文学自觉的时代"要到建安时期才初步形成。虽然古人也注重历史著述讲究一个"实"，如《汉书·河间献王传》称刘德"修学好古，实事求是"，但当时还没有强调史家主观情感的中立，因此在历史叙事中不乏文学性的夸张描述。

西方古代史学也颇有相似。早期西方人物传记起源于个人回忆录。在亚历山大东征之后的希腊化时期，个人传记和回忆录风靡各地，撰史者时常喜欢添枝加叶、夸大其词。罗马共和国时期，一些军人和政治家热衷于撰写回忆录，他们需要通过回忆录来为自己进行政治辩白。罗马帝国流传下来的重要传记著作要数塔西佗的《阿古利可拉传》，传主是塔西佗的岳父、曾任罗马不列颠总督的阿古利可拉。这部篇幅不长的传记，与其说是一种客观的历史传记，不如说是一个女婿对丈人的颂词。特别是篇后的一番倾情诉说，宛如一篇祷词中的款款细语，表达了塔西佗对逝者的无限追念。正如汤普森《历史著作史》所说，"塔西佗这部书有一定历史价值，但更有意思的是把它看作对于一位未曾被当时社会风气腐化的卓越的罗马公民的一个几乎完善的颂歌"。欧洲基督教形成时期的历史写作也充满了文学色彩。如果说，四部《福音书》是耶稣的传记，那么《使徒行传》就是使徒们的传记。这些传记充满了夸张和虚构，只不过当时的作者与读者都认为是真实的。

我们知道，在现代写作过程中，史学家与文学家的目标、写作内容与写作方式是很不相同的，史学家应尽量排除自我情绪的干扰，客观如实地叙述历史，而文学家则需要充分调动自己的每一个情感细胞，把充沛的感情倾注在字里行间。但是，历史叙事并不排斥细节描述，也需要对历史事件进行生动、具体、形象的描写。英国史学家约翰·托什在《史学导论》中说，"历史学家要努力在他们的读者中创造一种直接经历的幻觉,这是通过描述一种氛围或一种场景来实现的"。这要求史学家运用一定的想象力以及把握和刻画细节。古代史家写作,虽然自称"述而不作",习惯于抄录旧史,但在抄录的同时,总要有所创作,他们希望尽量详尽地展现历史细节,有时候把握不好分寸,就会在细节铺陈和情节渲染中掺入文学想象甚至夸张虚构。

司马迁是一个很会讲故事的人,《史记》中有大量生动有趣的故事,在二十四史中文学性最强,当然也最"好看"。司马迁善于用简练的文字再现历史场景,有时达到了细致入微、栩栩如生的地步,很接近于文学性的描写,几乎可以看作一部文学作品。司马迁写的是通史,上溯"三皇五帝",下至武帝当代,上下纵贯三千年。汉初,经过了秦朝的禁书之令,又经历了秦汉之际的战乱,史料相当匮乏。司马迁写史的一个方法就是四处"采风",访问前朝遗老。司马迁说他自己:

> 二十而南游江、淮,上会稽,探禹穴,窥九疑,浮沅、湘;北涉汶、泗,讲业齐鲁之都,观孔子之遗风,乡射邹、峄;厄困蕃、薛、彭城,过梁、楚以归。(《史记·太史公自序》)

司马迁沿途搜集的"道听途说",作为"口述史料"写入了《史记》中,增添了《史记》的文学色彩。

《史记·项羽本纪》中"鸿门宴"的故事是司马迁最文学化的历史叙事,场面格外生动,有人物、有场景、有情节、有对话、有动作、有表情,构成了一系列动态的画面,呈现出强烈的戏剧色彩。由此引来了后人对它真实性的怀疑。吕思勉在《古史家传记文选》中明确说《项羽本纪》"此篇带传说性质甚多",还具体提出了对"鸿门宴"的疑问:

第一,刘邦攻破咸阳,项羽兵临城下,两个人是和是战,自当有通盘计划,项羽怎么会轻听曹无伤一言,就要率领四十万大军进攻沛公呢?又怎么可能一经刘邦解释,又马上将曹无伤之言告诉沛公?

第二,范增想要在鸿门宴席间刺杀刘邦,怎么可能不禀告项羽,而擅自招来项庄杀人呢?真要杀人,就直截了当下手,又何必在席间假装舞剑击杀呢?如果范增真布置好了要刺杀刘邦,项伯一个人哪能阻挡得了？

第三，席间，樊哙撞仆卫士，面数项王；沛公脱身独去，留下张良入谢；范增年已七十，一时间暴怒难忍，竟至拔剑撞破玉斗；这些情节仔细想想，符合情理吗？

第四，项氏世为楚将，当时楚兵剽悍，冠于全国，项羽岂有背离楚国、定都关中之理呢？

第五，项羽入关后，有人建议项羽"都关中"，项羽说："富贵不归故乡，如衣绣夜行，谁知之者？"吕思勉认为，项羽不可能说这样的话，这是后人臆造。

另外，《项羽本纪》里说，陈平使用反间计，挑拨项羽与范增的君臣关系：项王使者到汉营，安排了"太牢"级别的宴请招待，看见使者，故意装作惊愕地说："吾以为亚父使者，乃反项王使者？"换了"恶食"招待，于是项王就对范增起了疑心。吕思勉认为，这种故事"尚不可以诳小儿，更可发一噱矣"。

出现这些幼稚可笑的情节，不是司马迁故意虚构，也不是因为他喜欢猎奇，而是当时司马迁听到、见到的史料原本如此。正如吕思勉在《历史研究法》中所说：

> 在汉朝初年以前，历史所传的，如赵高指鹿为马之事，如流俗所谓鸿门宴的故事，都是说得天花乱坠，极有趣味，而细想一想就知道其万无此理。其可信程度，决不会超出后世的《三国演义》之上。（吕思勉：《史学与史籍七种》，上海古籍出版社2009年版，第9页）

尽管司马迁是伟大的史学家，但后人对其历史叙事的批评与质疑还是不少。清代学者梁玉绳在乾隆年间用了24年时间，匡谬正疵，探本溯源，写下了《史记志疑》三十六卷，校勘考订出《史记》在版本、字句、读音、词义、诠释等方面的很多问题。对于《项羽本纪》，梁玉绳也提出了疑问，并举两个例子，以佐证自己的质疑。

第一例，《项羽本纪》中说，项伯私下会见张良、刘邦之后，回到项羽军营，"具以沛公言报项王"。梁玉绳写道：

> 项伯之招子房，非奉羽之命也，何以言报？且私良会沛，伯负漏师之重罪，尚敢告羽乎？使羽诘曰"公安与沛公语"，则伯将奚对？《史》果可尽信哉！（梁玉绳：《史记志疑》，中华书局2006年版，第202页）

第二例，《项羽本纪》中说，项羽军在鸿门，刘邦军在霸上，相距二十里，来回四十里。梁玉绳考证这个距离有误，他写道：

> 然则霸上与鸿门相隔七十七里矣，沛公罢饮脱归，行七十七里，而项伯之夜来夜去，且驰一百五十四里，何以言"四十里"耶？（梁玉绳：《史记志疑》，中华书局2006年版，第202页）

如果两地确实相距六七十里地，则刘邦悄悄溜走，让张良等他回到军中再入席向项羽谢罪，这些情节就成了子虚乌有。梁玉绳还引了另一位学者董份的质疑，也颇有道理：

> 当时鸿门之宴必有禁卫之士呵讯出入，沛公恐不能辄自逃酒。且疾行二十里亦已移时，沛公、良、哙三人俱出良久，羽在内何为竟不一问，而在外竟无一人为羽之耳目者？矧范增欲击沛公，惟恐失之，岂容在外良久而不亟召之耶？此皆可疑。（梁玉绳：《史记志疑》，中华书局2006年版，第203页）

鸿门宴或许确有其事，但要将这段往事变成文字，既要真实，又要生动，并不是一件容易的事。司马迁试图兼顾两者，结果他获得了"集文史于一身"的美名，但或许也使其作为严谨史学家的英名受到负面影响。有的学者把《史记》视作历史文学，但历史文学的实质依然是文学而非历史，这与其说是肯定，毋宁说是贬损，至少在实证史学看来就是如此。

历史著述当然要讲究文采，《论语·雍也》记载孔子说，"质胜文则野，文胜质则史"。《左传·襄公二十五年》记载孔子还说，"言以足志，文以足言"，"言之无文，行而不远"。不过，文采与真实之间必须保持一定的张力。在先秦两汉时期，存在着文史不分的传统。司马迁作史，文笔生动形象，注重个性化和典型化描写，有些历史叙述宛如波涛汹涌，起伏跌宕，体现了那个时代历史叙述与文学叙述的交融与渗透。这既是史迁个性的表现，也是时代文风使然。

从班固《汉书》开始，中国史著风格逐渐发生变化，更加趋于严谨和求实。陈寿的《三国志》算是一个代表，与《史记》《汉书》相比，《三国志》的篇幅相对较短，行文简练，以至于有人认为陈寿《三国志》"文采不足"。其实，从一定意义上说，从史学发展史角度看，这种"文采不足"正是史学走向严谨、客观和成熟的标志。

《三国志》与《军记物语》

《三国志》是中国史籍里第一部系统叙述日本历史的史书，在中日史学交流史中具有特殊的意义。

除了《三国志》之外，《汉书》与《后汉书》也谈到了倭人。《汉书·地理志》中说，"夫乐浪海中有倭人，分为百余国，以岁时来献见云"。乐浪就是汉武帝于公元前 108 年在朝鲜半岛设置的乐浪郡，倭人向汉朝的朝贡大概发生在公元前 1 世纪左右。现在从日本福冈县出土了西汉时期的青铜镜，发现青铜原料产自中国，证明倭人与汉朝之间的朝贡与交流是确凿的。《汉书》有关倭人的记载只有片言只语，所以要说系统介绍倭人情况，《三国志》还是最早的史籍。《后汉书》成书时间晚于《三国志》，作者范晔是南朝刘宋时代的人，比陈寿晚了一百六十多年。范晔《后汉书·东夷传·倭传》参考引用了陈寿《三国志》的史料，但也有《三国志》所没有的倭国描述，是非常宝贵的史料。

《三国志·魏志·东夷传·倭人传》全文共 1988 字，记述了日本在大和王朝建立以前，即所谓弥生时代的情况。日本学者常略称为《魏志·倭人传》，这并无不可，因为《三国志》中的《魏志》《蜀志》《吴志》原本就是三部独立的书，直到宋代才合为一书。

《魏志·倭人传》很早就传到了日本，日本最早的国家正史《日本书纪》曾经征引《魏志·倭人传》的内容，以双行小字夹注的形式系于卷九"神功皇后摄政三十九年""四十年""四十三年"条，认为《魏志·倭人传》中的倭女王卑弥呼就是仲哀天皇的皇后神功，将曹魏的景初三年、正始元年和二年分别对应神功摄政的年份，可见古代日本人完全接受了《魏志·倭人传》的史述。《古事记》的"丧屋"与《魏志》的停丧仪式指的应是同一回事，《古事记》的"修禊"与《魏志》的水中澡浴也是相同的习俗。《魏志》最有意思的记载是"邪马台国"这个名称，吉村武彦在《岩波日本史》（第一卷）中指出，《魏志》中记录了日本早期的邪马台国，按照《岩波古语辞典》补订版，"邪马台"的古音应该是 Yamato 或者 Yamado，而"大和"的读音正是 Yamato。冈田英弘在《日本式的诞生》中也说，"《魏志·倭人传》一书的确忠实地记录了3世纪日本列岛的原貌，无论是历史学的专家，还是普通百姓，基本上对此深信不疑"。一个国家最初的历史被另外一个国家有心地记录下来，这在世界史学史上算是一个美谈，也体现了东亚古代文化圈同根同源的特色。

谈到《三国志》，不能不谈陈寿。冈田英弘在《日本式的诞生》中把陈寿称为"深谙日本实情的陈寿"，如果这个说法成立的话，陈寿就是中国历史上第一位日本史专家。有关陈寿为什么要在《三国志》中专门书写《倭人传》，我们留待后面再说。这里讲讲陈寿的基本情况。陈寿，蜀国人，早年受学于蜀国著名史学家谯周，30岁时蜀国灭亡，入晋后任过著作郎等职，曾奏上删定的《诸葛亮集》24篇。晋国平吴后，陈寿开始撰写《三国志》，大约历时5年完成。陈寿是一位实事求是的史学家，尊重三国鼎立的客观事实，在体例上独创了三国分撰的写史方式，在《蜀书》《吴书》中如实描述这两个政权的情况，这是十分难能可贵的。《三国志》善于叙事，文笔简洁，剪裁得当，得到了当时大学者张华的充分肯定，后来裴松之也认为陈寿有"良史之才"。在二十四史中，《三国志》是一部独树一帜的良史。

不过，也有人对陈寿提出非议，主要有两个方面：一个方面涉及撰史风格，认为《三国志》写得太简略，缺乏文采。另一个方面是有关陈寿撰史的客观性，甚至涉及史品史德，赵翼在《二十二史札记》中认为陈寿的《三国志》有"曲笔""回护"的现象。所谓回护，就是谀言增饰、隐讳文过；所谓曲笔，则是诬言损誉、刻意贬抑。史家因个人好恶或利害关系而扭曲史实、掩饰真相的写作方式，有违于撰史的客观性。北宋《册府元龟》国史部中有"不实"条，列举了从先秦至唐代史官曲笔逢迎的具体事件。

陈寿在《三国志·蜀书》中为他的老师谯周作传，被认为存在回护的问题。《三国志》的读者，或者《三国演义》的读者都知道，当钟会和邓艾兵分两路、大军压境之时，姜维还在剑阁前线顽强抵抗，成都城内却已经准备开门投降了。当时力劝后主刘禅投降的是光禄大夫谯周。故此，谯周在后世一直形象不佳，唐代罗隐咏史诗《筹笔驿》愤愤道："千里山河轻孺子，两朝冠剑恨谯周。"温庭筠咏史诗《经五丈原》同样诮骂道："象床宝帐无言语，从此谯周是老臣。"

陈寿是谯周的得意门生，《晋书·陈寿传》说陈寿"少好学，师事同郡谯周"。常璩《华阳国志·陈寿传》也说陈寿"少受学于散骑常侍谯周，治尚书、三传，锐精史、汉"，师生二人感情至深。在《蜀书》中，陈寿不但给恩师作了一篇长传，而且还讲述了谯周临终前师生对话的情景。这种史家直接把自己写入史著的做法，不但在陈寿《三国志》中仅此一例，而且在古代史著中也不多见，以至于晚清学者周寿昌在《三国志注证遗》中惊叹道："《周传》中陈寿忽自叙还来，亦史中仅见。"陈寿在《蜀书·谯周传》中用不小篇幅讲述了谯周如何规劝刘禅降魏的过程，力图体现谯周拯救蜀国生灵免遭涂炭的功绩。用陈寿的话来说，"于是遂从周策。刘氏无虞，一邦蒙赖，周之谋也"。史学家刘咸炘相当尖锐地批评道："竟赞其功，承祚之陋，师承所在，奚足怪哉。"

陈寿对恩师谯周主动投降的肯定，必然延伸到他对刘禅儿子北地王刘谌"杀身成仁"的态度。陈寿对此只在《后主传》最后一笔带过，说"是日，北地王谌伤国之亡，先杀妻子，次以自杀"。在《二主妃子传》中并没有给刘谌立传，使得这段悲壮的历史差点湮灭无闻。赵翼在《廿二史札记》"《三国志》立传繁简不同处"条中批评陈寿说，（刘谌）"此岂得无传，乃寿《志》仅于《后主传》内附见其死节，而王子传内不立专传，未免太略"。东晋习凿齿肯定也注意到了这个问题，在所撰《汉晋春秋》中补写了这样一段文字：

> 后主将从谯周之策，北地王谌怒曰："若理穷力屈，祸败必及，便当父子君臣背城一战，同死社稷，以见先帝可也。"后主不纳，遂送玺缓。是日，谌哭于昭烈之庙，先杀妻子，而后自杀，左右无不为涕泣者。(《三国志》裴注引《汉晋春秋》)

对于往事的回顾与记述，是人的一种复杂心理活动，其中包括理性分析、逻辑推理、事实考据，也夹杂着感情寄托、人生感悟、文学创作。这是一种历史的情怀，一种人性的体现，一种个人心路在文字立言中的自我展开。古代本来就讲究立德、立功、立言之"人生三不朽"。对于史家和文人而言，著史立言就像立德、立功一样，是自我情感生命在永恒历史中的确认。问题是，在著史中注入过多的情感因素，就会产生一种先入为主的情绪和意见，英语叫做 Bias，汉语可译为"成见""偏见""先见"。"先见"并非总是出于情感，但情感肯定会形成"先见"。陈寿基于对谯周的感恩与尊重，在《谯周传》中自然而然地流露出情感 Bias，很可能连他自己也没有意识到。

这种情况在日本史著中同样存在。我们前文谈到了日本 11—12 世纪出现了具有小说故事性质的"世继与镜"史书，到了 12 世纪末至 13 世纪的动荡年代，受到"世继与镜"类史书的影响，出现了一种新的历史文学"军记物语"，在记录历史的同时掺杂了大量文饰、附会、夸张甚至造假，其中较有代表性的作品有《将门记》《陆奥话记》《平家物语》《保元物语》《平治物语》《太平记》《梅松论》等。对于军记物语，坂本太郎的看法是，"应承认其根本意图是以关心历史，把历史事实或历史环境转述予他人的志向为根据的。即使各个事实缺乏正确性，但其思想背景和社会背景是确实的事实"，所以"应认为军记物语也是历史叙述的一种"。

我们对军记物语的真实性自然不能抱太高的期望，那么军记物语中反映出的作者的客观性又如何呢？我们且以记录镰仓幕府至南北朝历史的《梅松论》为例，略做一番考察。《梅松论》分上下两卷，虽然篇幅很小，却是一部与40卷的《太平记》齐名的军记，作者不详。该书主要叙述以南北朝为背景的日本政坛历史，"先谈日本将军的沿革，再概观镰仓将军时代，又从元弘之乱、中兴政治及其瓦解，谈到新田义贞的金崎城陷落，最后叙述尊氏的品行和事迹"。

足利尊氏原本是镰仓幕府的武将，正庆二年即1333年受后醍醐天皇之命讨幕，一举灭亡了镰仓幕府，后来由于与后醍醐天皇矛盾加深以至关系破裂，建武三年即1336年率军攻入京都，拥持明院统丰仁亲王为光明天皇，改年号为延元，并受封为征夷大将军，在京都室町开府，建立室町幕府。后醍醐天皇逃亡吉野，建立南朝，日本南北朝由此形成。

总的来说，军记的一个重要特点就是赞美幕府将军，肯定武士作为一个新兴社会阶层的积极意义。《梅松论》在这一点上表现明显，书中对逼迫后醍醐天皇退位的足利尊氏充满了正当化的叙述，在南北对峙中明显站在足利尊氏一方，以至于坂本太郎怀疑作者"似乎是受到足利氏惠顾的人"。新井白石曾经批评过《梅松论》在历史叙述中过于明显的主观色彩。清水正之在《日本思想全史》中说，"新井虽拥护武家政治的正当性，却反对《梅松论》等论述的足利尊氏的反叛原因，称其为'对武家加以润色'，致力于在进行历史叙述时基于事实，排除极为主观性的解释"。在德川幕府时期，幕府与皇室之间的政治矛盾也反映在史学领域。由于受到儒学思想的影响，尊奉朱子学的水户学者都把足利尊氏当作逆贼看待。水户德川家第二代藩主德川光圀主编《大日本史》，就将足利尊氏列入逆臣之中。

受到幕府重用的林罗山一心维护幕府政治，轻视四书五经，强调史学的资政作用，垄断了修史事业，称德川家康是神祖、神宗，在江户一带形成了绝对的文化权威。而京都等地的一些学者则注重"修身齐家治国平天下"的四书五经，强调儒家经学"君君臣臣父父子子"的伦理要求，公开倡导"勤王论""神国论"思想，旨在维护皇室权威，其代表人物是得到备前国的池田光政重用的熊泽番山。双方不可避免地发生冲突，林罗山认为熊泽番山"是国家的大害，与基督教教徒的危害不相上下"，甚至指责熊泽番山是引发由井正雪与丸桥忠"庆安之乱"的罪魁祸首，于是熊泽番山的学问被德川幕府定性为异端邪说，池田光政也不得不与熊泽番山划清界限，熊泽番山被京都所司代赶出京都，晚年幽居，抑郁而死。

德川光圀早年阅读《史记·伯夷列传》，深受感动，渐生尊皇、勤王之心。后来林罗山在德川幕府授意下编纂《本朝通鉴》，德川光圀十分鄙视林罗山的为人，对其学问也不放心，担心林罗山歪曲事实，有损尊王之道，遂决定编纂《大日本史》。说实话，德川光圀的《大日本史》也未必没有主观先见，书中的"三大特笔"就是例证，相关情况我们后面再说。

我们之前曾经谈论过历史叙述的真实性与客观性，有一点是肯定的：史家的客观性不一定能保证史述的真实性，但史家缺乏必要的客观性一定不会有史述的真实性。也就是说，史家的客观性是史述真实性的必要条件。

曲笔与直书

中国古代文化传统中，历史著述是一种重要的文化权力，能够产生"乱臣贼子惧"的巨大效力。所以，古代社会对于史著的真实性要求还是相当严格的。即使像陈寿这样的著名史家，不但受到回护的指责，还被认为存在曲笔的嫌疑。《晋书》是这么说的：

> 或云丁仪、丁廙有盛名于魏，寿谓其子曰："可觅千斛米见与，当为尊公作佳传。"丁不与之，竟不为立传。（《晋书·陈寿传》）

《晋书》用"或云"这种含糊其辞的语调，认为陈寿向丁氏兄弟"索米"不成，便不给他们立传。唐人修《晋书》，参考了魏晋南北朝十八家私人撰写的晋代史书，《晋书》修成之后十八家晋史便失传了。"或云"这种说法究竟出自哪家晋史，已不可考。

在《三国志》中，丁仪、丁廙兄弟确实没有被专门立传，但是在《王粲传》中，陈寿在介绍了建安七子之后，接着说，"自颍川邯郸淳、繁钦、陈留路粹、沛国丁仪、丁廙、弘农杨修、河内荀纬等,亦有文采,而不在此七人之例"。丁氏兄弟与繁钦、路粹这些人一样没有被专门立传,应该说也属正常。至于陈寿有没有向丁氏兄弟索米,我们不能断定。从陈寿的为人来看,他是一个比较有个性的人,《晋书》本传借张华之口称其"不远嫌",大概是指他做事情不太避嫌,所以才会有"使婢丸药""不以母归葬"等引起乡党贬议的行为。陈寿在处理朋友关系上似乎也有点执拗,据常璩《华阳国志》称:

> 时梓潼李骧叔龙亦隽逸器,知名当世,举秀才,尚书郎,拜建平太守,以疾辞不就,意在州里,除广汉太守。初与寿齐望,又相昵友,后与寿情好携隙,还相诬攻,有识以是短之。(《华阳国志·陈寿传》)

这样有个性的人会不会做出"索米"之事?很难说一定不会。

不过,话还要说回来,总的来说,陈寿是一位严谨的史家,《晋书·陈寿传》说"时人称其善叙事,有良史之才"。当时夏侯湛也在撰写《魏书》,看到陈寿的《三国志》,自叹不如,当即停手搁笔。晋初大学者张华也很赞赏《三国志》,表示要推荐陈寿撰写《晋书》。东晋常璩撰写《华阳国志》,在《陈寿传》中说,"中书监荀勖、令张华深爱之,以班固、史迁不足方也"。这真是很高的评价了。

到了唐朝,刘知几在《史通·曲笔》中断言陈寿曲笔,并且放出狠话说,"此又记言之奸贼,载笔之凶人,下字忒恨。虽肆诸市朝,投畀豺虎可也"。真是语不惊人死不休。刘知几是一位极具才情的史学思想家,他提出了史家修史态度的史才、史学、史识之说,对史书中的诬罔之文痛加批评。后来清代学者朱彝尊、杭世骏、王鸣盛、赵翼等均为陈寿辩诬,认为丁仪、丁廙并非名人,没有立传无可厚非。不过,曲笔的罪名依然像一块乌云一样至今笼罩在陈寿头上。

人非草木,孰能无情?撰史者记述历史人物、历史事件,很难做到一点不含个人好恶。但如果掺入个人恩怨,甚至刻意歪曲,造成历史上长期的以讹传讹,那就不仅仅是史识问题,而是史德问题了。章学诚在

《文史通义·史德》中专门谈到了"史德"。他认为，刘知几所说的史识，虽然涉及道德伦理，但只就史家臧否褒贬、抑恶扬善的道德倾向而言，"不过欲于记诵之间，知所决择，以成文理耳"。章学诚认为比这更重要的是史家自身的撰史道德，"德者何？谓著书者之心术也"。也就是说，史家著史的客观严谨态度，才是最为重要的史德。"能具史识者，必知史德"。有史德的人，必有史识；有史识的人，未必有史德。如何做到有史德呢？章学诚说，"盖欲为良史者，当慎辨于天人之际，尽其天而不益以人也"。这里的"天人之际"大致就是后世所说的"客观性与主观性之间的关系"，章学诚将史家的客观态度提高到史德的层面，在无意之间将一个学术问题转化为伦理问题，体现了中国传统伦理思想在史学思想领域的渗透与延伸。

关于陈寿还有另一种微词，说他对诸葛亮"应变将略，非其所长"的评价包含了贬损之意，原因是陈寿的父亲是蜀国的将军，在街亭之战中兵败受到了诸葛亮的处罚，所以陈寿挟恨报复。另外，陈寿在编撰《诸葛亮集》时也说，"于治戎为长，奇谋为短，理民之干，优于将略"。陈寿的这个评论被后人怀疑有曲笔之嫌。

在陈寿之后两百多年的北魏时期，崔浩与毛修之有一段对话，是这样说的：

（浩）与共论说，言次，遂及陈寿《三国志》有古良史之风，其所著述，文义典正，皆扬于王廷之言，微而显，婉而成章，班史以来无及寿者。修之曰："昔在蜀中，闻长老言，寿曾为诸葛亮门下书佐，被挞百下，故其论武侯云'应变将略，非其所长'。"（《魏书·毛修之传》）

唐人编纂的《晋书·陈寿传》也说：

寿父为马谡参军，谡为诸葛亮所诛，寿父亦坐被髡，诸葛瞻又轻寿。寿为亮立传，谓亮将略非长，无应敌之才，言瞻惟工书，名过其实。议者以此少之。（《晋书·陈寿传》）

好在陈寿《三国志》中还有其他一些文字，可以为自己辩解。第一，陈寿对诸葛亮总体上是赞誉有加的，在说"应变将略，非其所长"之前，还有一大段评价极高的赞词。如果怀恨报复，应该不仅仅针对诸葛亮的军事才能。第二，陈寿在说诸葛亮"奇谋为短"之后，也有一段话加以补充说明：

然亮才，于治戎为长，奇谋为短，理民之干，优于将略。而所与对敌，或值人杰，加众寡不侔，攻守异体，故虽连年动众，未能有克。昔萧何荐韩信，管仲举王子城父，皆忖己之长，未能兼有故也。亮之器能政理，抑亦管、萧之亚匹也，而时之名将无城父、韩信，故使功业陵迟，大义不及邪？盖天命有归，不可以智力争也。（《三国志·诸葛亮传》）

陈寿在这里为诸葛亮找了三点客观理由：一是敌方也有司马懿这样的"人杰"，并且魏蜀强弱差距太大。二是诸葛亮缺少像王子城父、韩信这样的名将；三是天命有归，不可力争。这三点理由对于当时的人们来说，已经相当充分了。

日本传统史著中也存在不少"曲笔"的现象，如记录关原之战的《德川实纪》等史书把石田三成说成是一个"叛逆"，将其描绘成品质与能力颇为不堪之人，这与史实是不符的。石田三成原是丰臣秀吉的忠实部下，担任奉行一职，深受丰臣秀吉信任。丰臣秀吉死后，石田三成成为德川家康牟取权力的绊脚石，于是两人最后摊牌，各自联合东部与西部大名势力，展开了著名的关原之战。结果石田三成兵败被俘，惨遭杀害。扫清了这个最大的障碍之后，德川家康终于向丰臣秀吉的儿子丰臣秀赖下手，荡平了大阪丰臣氏的势力，开启了德川幕府时代。从此，在德川幕府时代的史书中，石田三成就成了无德无能的叛逆，正如池田晃渊在《早稻田大学日本史》第九卷《德川幕府时代》（上）中所说，"德川幕府通过宣传石田三成是一个大恶人来替德川家康遮丑"。

有时候，史家的情感好恶偏向不是指向个人，而是针对某个时代、某个社会，于是在他的历史著述中就会注入对整个时代、整个社会的曲笔偏见。在古罗马的史学家中，塔西佗是一位具有明显政治倾向的作者，他对所处的罗马帝国怀有根深蒂固的抵触，发自内心怀恋昔日的罗马共和政体。汤普森在《历史著作史》中说，塔西佗这些情绪很明显地反映在他的历史著述里，"因而在塔西佗笔下的历史对罗马帝国早期的人物和事件都流露出深刻的反感"，甚至"不太关心弄清事实并根据这些事实说明真相"。与所有拥有情感偏向的史家一样，塔西佗善于选择"有用的"史料来展现和支持他的主观先见，"人们在他那戏剧性的技巧里边发现他选材的动机是使他的撰述符合他自己承认的对早期帝政的成见"。在《日耳曼尼亚志》这部描写古代日耳曼民族的史学名著中，塔西佗则极尽赞美之词，"描写成一支牧歌式的幻想曲"，为后人特别是崇尚民主政治的学者们提供了古代日耳曼民族早期民主传统的有力史证。塔西佗后来为19世纪民族主义意识强烈的德国史学家所宠爱，原因也在于此。

中外史学家在自己的著作中倾注个人的经历和感情，将历史著述作为抒发自己情感的寄托，这在一定程度上也是可以理解的。然而超过了一定的界限，特别是受到主观恶意动机的驱使，便会造成许多历史著述的曲笔。借用刘因《读史》中的一句诗："若将字字论心术，恐有无边受屈人。"史家是对历史进行评论的人，而评论历史的人终究也要被历史所评论。所以，史家保持历史研究和历史叙事的客观性，不仅是对历史的负责，也是对自己的负责。

在传统史学中，与"曲笔"相对立的是"直书"，或曰"秉笔直书"。历史上最著名的直书良史便是受到孔子称赞的董狐。据《左传》记载：

> 乙丑，赵穿攻灵公于桃园。宣子未出山而复。大史书曰："赵盾弑其君。"以示于朝。宣子曰："不然。"对曰："子为正卿，亡不越竟，反不讨贼，非子而谁？"宣子曰："乌呼，'我之怀矣，自诒伊戚'，其我之谓矣！"孔子曰："董狐，古之良史也，书法不隐。赵宣子，古之良大夫也，为法受恶。惜也，越竟乃免。"（《左传·宣公二年》）

这件事在历史上很著名，对大多数人来说都不陌生。孔子表扬董狐"书法不隐"，是说他不畏强暴，坚持用"弑君"一词来记录晋灵公被杀事件，具有古代"良史"的遗风。我们知道，齐国太史及二弟就是为了一句"崔杼弑其君"而惨遭杀害的，晋国太史董狐很幸运遇到了一位品格良好的正卿赵盾，不仅免于伤害，而且成就了中国史学史上一个传颂千古的"良史"。春秋时期，政治权力尚未完全集中，秉笔直书已属不易；秦汉以降，政治集权远超先秦时期，史家受到巨大威权压力，一旦触及专制君主的"逆鳞"，随时可能飞来横祸，甚至有性命之虞，这种情况到了明清时期越演越烈，因史得祸，甚至殃及九族的例子比比皆是。尽管如此，中国传统史学仍然一直坚持"书法不隐"和"秉笔直书"的精神，成为一种社会正义和文化精神的追求方向，这是中国史学文化最为难能可贵的地方。

从现代史学的角度继续分析董狐案例，我们发现古人所说的"直书"与现代史学的"客观性"和"真实性"是不尽相同的。从事件真实性看，赵盾确实没有弑君，弑君的是他的族人赵穿。董狐之所以移罪于赵盾，不是根据具体事实，而是根据当时的政治伦理和史学原则：作为一国执政的正卿，"亡不越竟，反不讨贼"，即在国家严重政治事变中没有表明态度，就应该为整个事件负全责，直接被定性为"弑君"。赵盾当然感到十分冤枉，晋灵公是一个相当不堪的国君，几次三番要杀死赵盾，赵盾对国家忠心耿耿，隐忍躲避再三，赵穿忍无可忍才擅自杀了晋灵公，与赵盾确实无甚关系。所以赵盾引用了《国风·邶风·雄雉》中一句诗："我之怀矣，自诒伊阻"，意为"我如此思念夫君，却给自己带来忧伤"，表达自己的无奈和哀伤。孔子对此当然心知肚明，但他从政治伦理角度出发，肯定了董狐作为史家刚正不阿的态度。我们要注意，孔子说董狐"不隐"，并不是"事实不隐"，而是"书法不隐"。所谓"书法"，就是历史记述的政治原则，即所谓"春秋笔法"。孔子是个明白人，从叙事真实性上说赵盾是冤屈的，所以孔子为他惋惜，他深知赵盾其实是一位"良大夫"，得到弑君的恶名是"为法受恶"，成为历史书写原则的牺牲品，如果当时再跑远一点，跑到国境之外就可以免责了。

从这个案例中，我们清楚地看到，春秋时期的所谓"良史"，与历史主义语境下的真实性与客观性要求，还是存在微妙差异的。对此，有学者分析道：

> 孔子对董狐的赞美再次表明：虽然他欣赏史学家"秉笔直书"的品质，但他却没有倡导我们所理解的客观性观念。"秉笔直书"意味着史学家要不顾政治压力辨明善恶，严肃地承担起其道德责任。它是一种截然不同于客观性观念的价值评判的视角。所谓客观性，不涉及价值判断，用兰克的话来说就是"如实直书"。（［美］伍安祖、王晴佳：《史鉴：中国传统史学》，中国人民大学出版社2014年版，第29页）

古人所说"秉笔直书"与现代"客观性观念"倒也不是"截然不同"，但侧重点确实有别。"秉笔直书"侧重在顶住威权压力，坚持历史道德原则；而"客观性观念"则侧重于克服史家主观性，将史述建立在史实基础之上。由此可以看出中国古代史学传统的两个特点：相对于史家的客观态度，更关注史家的道德态度；相对于史著的史实真相，更看重史著的政治意义。这也是为什么《春秋》长期被视为经学而非史学，注重政治意义诠释的《公羊传》《穀梁传》被奉为西汉官学，而侧重史实叙述的《左传》却迟至东汉才被列为官学。

纵横自有凌云笔

比史家主观性更糟糕的是受制于外力，不得不屈从强权，写出违心之作。两者相较，史家主观先见可以通过自身努力加以克服，而史家受到外力干预或胁迫，则无论如何写不出真实客观的历史。在日本与中国传统史书中，不乏此类事例。

后鸟羽天皇建久三年，即1192年，源赖朝在除掉劲敌平氏、消灭源义仲和源义经，统一全国之后，被任命为征夷大将军，创建了镰仓幕府。然而好景不长，由于源赖朝已经除掉了几乎所有强劲的政治势力，他原本最信任的属下和亲属北条氏实力独大，终于暴露了狼子野心，在源赖朝死后的第五年，逼迫源赖朝的儿子二代将军源赖家出家到伊豆的修禅寺，第二年源赖家就死于寺庙中。关于源赖家的死因，《愚管抄》《增镜》《梅松论》均认为是遭人暗杀。但是《吾妻镜》却没有此事的相关记载，这应该是因为当时作者有所顾忌。事实上，听闻征夷大将军源赖家死讯，他的家臣曾试图造反，但被北条氏派兵镇压了。

《三国演义》第九回"除凶暴吕布助司徒，犯长安李傕听贾诩"讲了这样一个故事：司徒王允利用连环计杀了董卓，随后发生了大文豪蔡邕伏尸大哭之事。王允勃然大怒，不听他人劝阻，硬是把蔡邕杀了。这个故事取材于《后汉书·蔡邕传》，大致符合史实，只是蔡邕并没有伏尸大哭，仅仅对董卓之死"不意言之而叹，有动于色"，无意之中面露同情而已。

> 及卓被诛，邕在司徒王允坐，殊不意言之而叹，有动于色。允勃然叱之……即收付廷尉治罪。邕陈辞谢，乞黥首刖足，继成汉史。士大夫多矜救之，不能得。太尉马日磾驰往谓允曰："伯喈旷世逸才，多识汉事，当续成后史，为一代大典。且忠孝素著，而所坐无名，诛之无乃失人望乎？"允曰："昔武帝不杀司马迁，使作谤书，流于后世。方今国祚中衰，神器不固，不可令佞臣执笔在幼主左右。既无益圣德，复使吾党蒙其讪议。"（《后汉书·蔡邕传》）

王允将蔡邕收付廷尉治罪，蔡邕表示服罪，并且愿意黥首刖足，留下一条命来撰写东汉历史。王允恶狠狠地说了一番史家不寒而栗的话：当年汉武帝没有杀掉司马迁，让他有机会写了《史记》这部诽谤之书，流传于后世。鉴于前车之鉴，现在必须杀掉蔡邕，免得让他有机会非议我们。于是旷世逸才蔡伯喈就这样死于非命。这件事，让一生声名不错的王允留下了一个巨大的历史污点，后来王允被李傕、郭汜所杀，也少了许多世人的同情。

秦国覆灭之后，汉惠帝开始除挟书之律。汉武帝开献书之路，求遗书于天下。司马迁著《史记》，"不虚美，不隐恶"，被称为实录。但是，司马迁也知道他的史著未必能够行于当世，所以本打算"藏之名山，副在京师,俟后世圣人君子"。事实确实如此,《太史公书》在司马迁生前并没有传出,直到"迁既死后,其书稍出。宣帝时,迁外孙平通侯杨恽祖述其书,遂宣布焉"。此时,距离司马迁去世已经二十多年了。

东汉班固作《汉书》的运气就没有这么好了。其父班彪写作《汉书》,未成而先亡。父亲去世后,班固回到乡里潜心研究,想要完成其父的遗志,不料突然大祸降临。

> 既而有人上书显宗,告固私改作国史者,有诏下郡,收固系京兆狱,尽取其家书。……固弟超恐固为郡所核考,不能自明,乃驰诣阙上书,得召见,具言固所著述意,而郡亦上其书。显宗甚奇之,召诣校书部,除兰台令史。……帝乃复使终成前所著书。(《后汉书·班彪传》)

班固被诬告"私改作国史",他能够死里逃生,亏得弟弟班超飞速向皇帝"上访",才由悲剧变成喜剧。

人们常常将真、善、美相提并论。在现实生活中,追求这三样东西,难易程度是完全不同的。

求美作为一种艺术追求,总体上说无伤大雅,因为不涉及政治现实,能够上下同好,相安无事。

求善作为一种社会道德追求,其伦理道德的标准涉及一些现实政治因素,与求美相比稍显复杂。不过,人类社会道德毕竟存在许多基本共同原则,如"仁义礼智""忠孝廉耻""温良恭俭"等,不同社会阶层不至于形成太大的分歧。

唯有求真,无论是过去的真相还是当下的事实,涉及现实利害关系,遇到的阻力与风险远比求善、求美更多。

文、史、哲三种学科门类,都与追求真、善、美有关。文学主要是求善和求美,是人类对生活的艺术加工和美学创造,它并不要求完全的真实,有时候甚至刻意超越真实。文学即使对真实有所追求,也只是"文学的真实""艺术的真实",是对现实的真实反映,而非反映现实的真实,也就是所谓的"艺术源于现实而超越现实"。所以,在古代社会,文学有时因其现实批判主义而使专制统治者有所忌惮，如清代政府明令禁毁小说《水浒传》，但总体上还有周旋余地。

哲学，从理论上讲，是追求真、善、美的统一。哲学比较抽象、超越，它可以在自己相对独立的思辨空间中，从容进行逻辑思考与理性踱步。当然，哲学有时候也会涉及现实，尤其是当它"不但要认识世界，而且要改变世界"之时。即便如此，哲学常常只是一种面对现实的思维方式和理论形态，未必直接触及现实问题。更何况，哲学的领域本来就十分宽泛，喜欢逃避现实的哲学家甚至可以在深邃哲学思考中找到一方清净的世外桃源，去享受庄子式思辨的精神逍遥或禅宗式顿悟的解脱。

唯有史学，在文、史、哲三者中距离现实最近，因而常常处境为难。在古代专制政治的环境下，史家要么以牺牲客观真实保全自身，要么以牺牲自身保全客观真实，两者兼得并不容易。史学的任务是要揭示历史的真相，这比揭示现实的真相还要困难，因为现实的真相毕竟世人有目共睹，不太容易隐瞒；历史的实相早已烟消云散，大多数普通人既不掌握史料、也不娴于史学，历史的真相只能由极少数人——当然主要是史学家——提供给绝大多数人。如果没有保持客观态度、敢于秉笔直书的史学家鼓起勇气说出真相，许多往事实情恐怕就会湮灭无闻，或者只能一知半解，甚至颠倒黑白。历史从来都与现实息息相关、密切相连。战国时期，有人问孟子，周朝的爵禄制度是怎么回事，孟子说，"其详不可闻也，诸侯恶其害己，而皆去其籍"，可见战国时期的统治者已经知道毁灭典籍以掩盖历史。秦始皇统一六国之后，在李斯的怂恿之下，变本加厉，下令销毁各国史籍，只留下本国的史书。这件事情，《史记》说得很详细：

> 丞相臣斯昧死言："……今皇帝并有天下，别黑白而定一尊。私学而相与非法教，人闻令下，则各以其学议之，入则心非，出则巷议，夸主以为名，异取以为高，率群下以造谤。如此弗禁，则主势降乎上，党与成乎下。禁之便。臣请史官非秦记皆烧之。非博士官所职，天下敢有藏诗、书、百家语者，悉诣守、尉杂烧之。有敢偶语诗书者弃市。以古非今者族。吏见知不举者与同罪。令下三十日

不烧,黥为城旦。所不去者,医药卜筮种树之书。若欲有学法令,以吏为师。"制曰:"可。"(《史记·秦始皇本纪》)

李斯向秦始皇建议,"史官非秦记皆烧之",并且"有敢偶语诗书者弃市",这在古今中外都是极其罕见的。所有史书一律烧毁,除了官方自己的教科书;老百姓不能在一起谈论《诗》《书》等历史文典,违者"弃市",即在闹市区杀头示众。这里解释一下,文中的"偶语"之"偶"字,不是"偶然"之意,而是成双成对的意思。《史记正义》注释曰,"偶,对也"。"偶语"就是两个以上的人在一起说话。秦国为什么要禁止老百姓在一起说话聊天?按照《史记集解》引应劭的说法,"禁民聚语,畏其谤己"。所以秦国对付百姓的政策就是销毁历史,使老百姓相信官方所说的一切。专制者害怕历史真相,其实是活人害怕死人,其心虚与理亏亦可见一斑。事实上,专制者是真正的懦夫,他们害怕面对真话、真相和真理,在他们外强中干的表面下,是色厉内荏的虚弱本质,这种虚弱源于其反历史主义本质。

两汉时期,统治者对史家的历史著述稍有放宽,所以诞生了《史记》《汉书》两部伟大的历史著作。汉末天下大乱,王纲解纽,史家辈出,出现了数以百计的个人历史著述,其中许多被裴松之《三国志注》所引用。由于三国鼎立,相互敌视,各国史家一方面要保持史学传统和史德良知,另一方面又不得不屈从政治压力,尽量褒扬己方,贬损敌国,不少史学家放弃客观立场,写出违心之作。譬如,对于一场赤壁大战,各方的叙述就出入不小。即使在魏国内部,随着曹氏与司马氏政治斗争日趋白热化,分属曹、司马两家的史作者不得不小心落笔。当时史学家王沈投靠司马家族,在政治旋涡里卷入很深,高贵乡公将要发兵进攻司马昭,王沈主动告密。此人撰写的《魏书》,被认为"多为时讳,未若陈寿之实录也"。东吴后期,暴君当政,作史者大有朝不保夕之虞。韦昭担任太史令,负责撰写《吴书》,华覈、薛莹等一同参与。孙皓"欲为父和作纪,曜执以和不登帝位,宜名为传",结果得罪了孙皓,被关入监狱。韦昭在狱中通过狱吏给孙皓写了一封长信,表示自己愿意继续修史,希望免于一死。华覈等也连连上疏,希望孙皓顾念韦昭年已七旬,仿效汉武帝开恩司马迁的故事，让他戴罪完成修史工作。但孙皓岂有汉武帝的度量，还是毫不留情地处死了韦昭。

对于一般史家来说，身处这样一种动辄获罪的险恶政治氛围中，明哲保身就是无奈的选择。故此，刘知几在《史通》中沉痛地说：

> 夫为于可为之时则从，为于不可为之时则凶。如董狐之书法不隐，赵盾之为法受屈，彼我无忤，行之不疑，然后能成其良直，擅名今古。至若齐史之书崔弑，马迁之述汉非，韦昭仗正于吴朝，崔浩犯讳于魏国，或身膏斧钺，取笑当时；或书填坑窖，无闻后代。夫世事如此，而责史臣不能申其强项之风，励其匪躬之节，盖亦难矣。(《史通·直书》)

历史上究竟有多少正直的史家"身膏斧钺""书填坑窖"，实在难以计数。在严峻的政治压力下，史家自然不能拿鸡蛋往石头上碰，他们有时候不得不违心落笔，实在有难言之隐。刘知几为史家说话，认为后人不要一味责怪史家"不能申其强项之风"，因为这实在太强人所难了，借用元好问《论诗三十首》的诗句，"纵横自有凌云笔，俯仰随人亦可怜"。

正史与官修

日本明治维新之前的史学深受中国史学影响，很多方面学习和模仿中国古代的历史编纂方式，同时也结合日本国情有所取舍和创新，形成了日本史学自身的特色。中国从唐代开始有国家修史的传统，并有所谓"正史"之说。日本早期也有国家修史的情况，也先后形成了几部类似于正史的官修史书，称为六国史。在这一点上，构成了东亚史学不同于西方史学的重要特点。不过，中日两国在官修正史方面也存在不尽相同的状况，中国官修正史历时更悠久、体系更完备、内容更丰富、制度更成熟，正史的文化影响也更大。

"正史"之名，始见于南朝梁阮孝绪的《七录》中的"正史削繁"。这里的"正"字作动词。《隋书·经籍志》称，"世有著述，皆拟班、马，以为正史，作者尤广"，这里的"正"字为名词。此"正史"二字是指类似于《史记》《汉书》纪传体的史著体裁。《隋书·经籍志》史部一共13种类型，首列"正史"，指的就是纪传体。《春秋》之类的编年史称为"古史"。

唐初，令狐德棻有鉴于战乱之中经籍亡逸，向高祖李渊进言："窃见近代已来，多无正史……陛下既受禅于隋，复承周氏历数，国家二祖功业，并在周时。如文史不存，何以贻鉴今古？如臣愚见，并请修之。"高祖然其奏，下诏修撰前朝国史。可见，唐代的"正史"概念已经由纪传体形式之"正"演变到内容之"正"，即符合官方要求的国史。

先秦以降直至唐朝之前，所有的史籍都是私人撰写的。从唐朝开始，中国史学史上发生重大的转折，出现了官方设馆修史，包括修撰前朝历史和当朝实录、起居注、国史等，从此确立了官方修史的常态化史学编纂制度。官修正史主要有两个原因：一是官方对国家集体记忆的重视，旨在强化国家史权的控制；二是客观上历代积累的史料越来越丰富，单个人历史著述变得十分困难，官方组织力量进行集体编著势在必行。

欧洲社会在中世纪后期，特别是15世纪古登堡活字印刷术的发明和发展，使得知识快速积累和人才成倍增长，为何没有像中国这样发展出官修史书呢？原因很复杂，其中有一个原因是中西方历史著述的内容与体裁不尽相同：中国古代历史著述的内容基本上都是国家历史，体裁则有通史和断代史以及纪传体、编年体，很少从一个主题或一个人物切入，撰写专题史或人物史。作为国史，起止时间都相当长，少则几十年、上百年，长则两三百年甚至上千年，要将长时段历史的帝王将相和各色人等以及典章制度系统地撰述出来，在史料比较丰富的情况下，确非单个人所能胜任之事。

西方的史著很少以朝代为著述时段，即使像苏维托尼乌斯《罗马十二帝王传》这样的"通史"，也不过写了12个皇帝而已，充其量相当于中国正史中的本纪。李维《罗马自建城以来的历史》纵贯400年，但主要内容还是集中在后200年，而且还不需要写类似于中国史著的各种志、表。西方史著大都是综合类、专题类、传记类的著作，有的叙述一个年代，如伏尔泰《路易十四时代》；有的叙述一个事件，如吉本《罗马帝国衰亡史》；有的叙述一个人物，如艾因哈德《查理大帝传》；有的叙述一个地区，如马基雅维里《佛罗伦萨史》，这些史著在叙述内容、史料范围与文字篇幅方面均不及中国古代正史那样浩瀚庞大，个人易于独立完成。另外，西方史著无所谓"正史"之说，史家无非"成一家之言"，这使得史家写作更加个性化，不必承担官方正史"祖述功业""贻鉴今古"的政治重任。如果要问，东方史学与西方史学之间的主要差异是什么，答案之一就是"官修正史"。正如日本学者壱岐一郎在《对日本古代史的重新认识》一文中所说，"官修史虽然只是古代史书的一个方面，但却是东方史学区别于西方史学的主要特征"。当然，中国史学与日本史学之间在官修史方面也有差异，但这种差异只是程度不同，而不是本质不同。这点我们下面会说到。

唐太宗本人热衷官方修史，下诏重修晋史，并且亲自捉刀，撰写《晋书·宣帝纪》等史论，为后世树立了一个代代相传的榜样。从此以后，历朝历代都有皇帝参与编史的情况。皇帝亲自撰史也有意想不到的好处，可以确保撰史的顺利进行，也有利于史书的长期留存。司马光组织编完《资治通鉴》，宋神宗亲自撰写了一篇序文。公元1102年，宋徽宗重新推崇王安石"熙宁新政"，大肆迫害元祐党人，追贬已经去世的司马光、文彦博等人，牵连一大批文人，他们编纂的史籍与文集遭到禁毁，就连司马光的《资治通鉴》也岌岌可危。幸好《资治通鉴》有一篇神宗御撰的序文，总算免遭灭顶之灾。

清朝乾隆四年，编订《史记》至《明史》等二十四种史书为正史，按照《钦定四库全书总目》的说法，"共为二十有四，今并从官本校录，凡未经宸断者，则悉不滥登，盖正史体尊，义与经配，非悬诸令典，莫敢私增"。就这样，正史遂成为官修史书的专称，其内容可以与儒家经典相匹配，其地位达到了国家令典的高度。

由此我们看到，中国古代历史编纂的史权发展史大致经历了4个不同的阶段：

第一阶段，西周和春秋时期史权归王朝和各诸侯国所有。虽然孔子私撰《春秋》，实在是拯救乱世的无可奈何之举，故有"知我罪我"之叹；需要补充一点，如果不算左丘明为《春秋》作传，战国时期基本上没有出现史学家和史学著述，所有诸子百家的著述均属政论而非史著。战国时期之所以缺乏史著，原因大概要到先秦道德主义史观上去找，孔子作《春秋》是为了警示"乱臣贼子"，而战国时期"乱臣贼子"遍布天下，王道德治已经全然衰落，史学的当代警示意义便不复存在，历史著述也就无人问津了。

第二阶段，从两汉以降至于唐朝之前，私人撰史相当普遍，并且成果丰硕，说明国家史权意识淡薄。

第三阶段，从唐朝到明朝，国家正史的史权意识再次确立，官方正史由政府设馆专修，但并不禁止私人撰史。

第四阶段，清朝政府明令禁止私人撰史，意味着国家史权的完全垄断，史著的政治色彩强化至极。

到了近现代之后，在西方和日本新史学影响下，出现了突破传记体、编年体等传统正史体裁的新式史著写法，这种史著形式的革新客观上削弱和消解了历史著述的政治色彩。随着史著政治性的减弱，其学术性和个性化不断增强，学者著史再次成为可能，史权重新回归到个人手中。当然，国家也并没有完全放弃史权，而是通过其他方式体现对国家历史编纂的指导性。

顺便说一句，在明清时期中国社会出现了演义小说和历史小说的创作高峰，在一定程度上体现了民间知识分子在私人史权不断失去的过程中借助通俗小说继续从事历史编纂的努力。一方面，官修正史成为平民百姓望而生畏的庙堂重典，另一方面历史传说故事则为普通民众提供了饭后茶余的谈论话题，以诗歌、说书、平话、戏剧、小说之类的方式，在街头巷尾广泛传播，丰富了市井娱乐文化。口头说唱历史文学经过施耐庵、罗贯中等落拓文人之手，演变成脍炙人口的小说。

日本最早的《日本书纪》就是模仿中国正史的敕撰史书。随后的《续日本纪》《日本后纪》《续日本后纪》《日本文德天皇实录》《日本三代实录》与《日本书纪》合称六国史，也都是政府主持编纂的国史。学者沈仁安在《开展日本史学史研究的几点意见》一文中说，"自《日本书纪》始，学习中国的正史，以之为范本，成为日本古代史学的传统"。但是与中国不同的是，日本并没有形成新朝编纂前朝历史的传统，这可能是因为日本天皇被认为是"万世一系",不同于中国异姓改朝换代。另外,在武家统治的镰仓、室町、德川幕府时期,天皇权力式微,朝廷无力修史,官修国史中止长达七百多年。由于日本古代并没有强烈的史权意识和史权垄断,此时武家、幕府、各藩乃至学者个人开展了大量的历史编纂。幕府时期出现了大量军记物语,其目的主要是彰显武家功业和幕府统治权力的正当性。水户藩所发起主持并长期编纂的《大日本史》,内容涵盖广泛,并且采用了典型的中国正史纪传体和志、表形式,具有一定国家正史的意味,从史权上说已经直接超越了朝廷和幕府,却并没有受到僭越的指责。对于中日传统史学的这种微妙差异,乔治忠评论道:

> 中国古代官方修史的主持者是朝廷,一般以皇帝敕修的名义举行。地方官府仅可纂修当地的方志,不敢纂修全国性的史书。日本则不然,天皇的朝廷之外,武家、幕府、各藩皆可以修史,《吾妻镜》、《本朝通鉴》即为显证,尤其是《大日本史》,竟为水户藩所发起及长期主持,史权越过幕府和朝廷,而无人指责其僭越。这说明,日本官方修史虽往往强调大义、名分,但却未将修史活动本身联结到名分、等级的礼法原则。此中缘由,乃是缺乏成熟的关于修史的权力和职责归属观念,乃是史学并未完全纳入整个国家政治文化运行机制的表现。但其积极意义,则是一定程度上弥补了皇权式微时期官方史学的荒芜,也导致不同历史见解、不同编纂风格官修史书的产生。(乔治忠:《论中日两国传统史学的比较研究》,《学术月刊》2006年第38卷1月号)

到了明治二年,即1869年,明治天皇下达辅相三条美实御笔命令书,要求开设史局,重启中断数百年的修史事业,这意味着国家史权的重新回归。政府后来编撰了倒幕维新历史的《复古记》298卷,以及模仿西方史著写法的学生教科书《稿本国史眼》等。这项工作后来中断,直到明治二十八年在东京帝国大学重新设立史料编纂挂,恢复修史事业。不过,此时的日本史学已经受到西方近代史学的影响,遂放弃政府修史,决定政府只编纂史料,以供学者使用。从国家史权的角度看,这是一个重要的标志性事件，意味着日本史学已经与中国传统史学分道扬镳了。

刘知几的感叹

唐代以后官方修史成为定制，历史著述便有了"官修"与"私撰"、"正史"与"野史"之分。历史著述成为统治阶层的集体记忆，成为安邦治国的通鉴，成为皇家意志的工具。

官方所修的历史"理所当然"就是正史，有了这个"正史"之名，史著自然就有了权威性。"正史"这个概念，就从原本一种史著纪传体"正态"，变成了史著内容的"正确"。其他的各种私人著述，由于没有官方的一个"正"字招牌，就落得了"野史""稗史"之名，缺乏基本的可信度和权威性，其史学价值自然远不如正史，历史著述和历史传播进入到了大一统时代。

官修正史在文献史料的收集、编纂人员的汇集、政府财力的支持等方面均有私人撰史不可比拟的优势。但是，随之而来的问题也不少。刘知几曾有"三为史臣，再入东观"的经历，在朝廷史馆中工作多年，深知个中利害，不愿意"仕于其间，忽忽不乐"，就写信给监修国史萧至忠等官员请求退出，这封信载于《史通·忤时》，其中列举了官修史书的五大弊端，力证隋唐设馆修史不如古代一家修史之善。刘知几的观点得到了不少史家的认同，吕思勉《历史研究法》也说，"从前功令，定某种书为正经正史，使人把它的价值，看的特别高，这种办法颇不适宜"。

历史编纂成为一种官方垄断的政治行为，在隔代修史的传统下，前代历史被深深打上了当代的政治和文化印记，使得历史著述的"客观性"受到严重影响。伍安祖等学者在《世鉴：中国传统史学》中指出，"朝廷支持下的集体修史，不可避免地极易受到帝国的审查与干扰，而严格的审查，几乎与唐代史馆相伴相生"。这种传统从唐朝开始源远流长，成为中国史学的最主要特点之一。历史编纂成为统治者维护统治的文化工具，所有前朝的历史记录、历史叙事、历史解释都必须服务和服从于当朝政治需要，历史著述的工具化态势由此形成并且不可逆转。

中国历史著述开始告别长期以来的个体化、私人化撰史传统，其后有影响的历史著述一般都成于众手。史著不再具有原先"成一家之言"的鲜明个性，这也是唐代以后正史中鲜有名著的原因之一。史学界提到二十四史，依然将私撰的"前四史"视为中国史著代表之作，原因也与此有关。张舜徽在《史通平议》中说：

> 大抵自唐以上，史成于一人。自唐而下，史成于众手。成于一人者，为之愈难，其书愈善；成于众手者，就之愈易，其书愈不能精。焦竑尝论之曰："古之国史，皆出一人，故能藏诸名山，传之百代。而欲以乌集之人勒泓巨之典，何以胜之。故一班固也，于《汉书》则工，《白虎通》则拙；一欧阳修也，于《新唐书》则劣，于《五代史》则优。此其证也。"（见《澹园集·论史》）焦氏此论，盖亦自知几之言推演而出。（张舜徽：《史学三书平议》，中华书局1983年版，第98页）

史家私撰与参与官修在著史心态上是不尽相同的，在由高官牵头的史著编纂过程中，真正有学识、有想法的史学家在官方和钦定的编纂指令要求下，不得不俯首帖耳、委曲求全，史家心态变得更加约束、拘谨和平庸，在体现自己的史观、史识和史能等方面施展不开手脚。事实上，在官修史书的具体操作中，由高官担任总编纂往往只是挂名而已，主要功用就是传达朝廷的旨意，起不到实际的总纂作用，有的还根本不具备总纂的能力。刘知几《史通·职辩》说，"但今之从政则不然，凡居斯职者，必恩幸贵臣，凡庸贱品，饱食安步，坐啸画诺，若斯而已矣"。各编纂者还经常相互扯皮，影响效率和质量，"人自以为荀、袁，家自称为政、骏。每欲记一事，载一言，皆搁笔相视，含毫不断。故头白可期，而汗青无日"。如果史家运气不好，与人品不淑的人一起修史，有时候还会出现相互推诿和争名夺利，如刘知几所描述的那样，"近代趋竞之士，尤喜居于史职，至于措辞下笔者，十无一二焉。既而书成缮写，则署名同献；爵赏既行，则攘袂争受。遂使是非无准，真伪相杂。生则厚诬当时，死则致惑来代"。对于那些有想法、有抱负的史家来说，这样一种撰史方式，无疑是一种精神折磨。刘知几作为过来人，对此深有感受，

他说:

> 及今上即位,又敕撰《则天大圣皇后实录》。凡所著述,尝欲行其旧义,而当时同作诸士及监修贵臣,每与其凿枘相违,龃龉难入。故其所载削,皆与俗浮沉。虽自谓依违苟从,犹大为史官所嫉。(刘知几:《史通·自叙》)

今天我们读《史通》和《新唐书·刘子玄传》《旧唐书·刘子玄传》,不难体会到刘知几当年的无奈与苦闷。

北宋翰林学士、史馆修撰宋祁曾与欧阳修等人合修《新唐书》,这些人都是当世名家,且人品都算是不错的,但在一起进行"集体编著",自有切身的苦恼感受,宋祁在《癸酉六月奉诏修藉田记十一月诏罢赋诗》中写道:

> 三时受诏拥缇油,曲笔无功苦思抽。
> 不得成书同太史,须知非我异春秋。
> 空言自合因人废,残藁犹应盖瓿留。
> 归卧私庭深阁笔,饱尝鸡膳太悠悠。

受诏作史、曲笔无功的无奈,不得成书、残藁盖瓿的失望,在宋祁的诗中溢于言表。

欧阳修曾经写过一首《画眉鸟》:

> 百啭千声随意移,山花红紫树高低。
> 始知锁向金笼听,不及林间自在啼。

欧阳修既参与合著了《新唐书》,又独撰了《新五代史》,对于画眉鸟"锁向金笼听"与"林间自在啼"的区别应该体会深刻。

历史本是一个复杂的多面体,史家撰史是史事客观性与主观创造性的有机统一,不同的史家能够从不同的侧面看到不同的意义。史书的官方集体编纂抑止了史家的主观创造性，史家就像被锁在金笼中的画眉鸟，发出的声音总不如林间自由自在的啼鸣。细读中外史书，对于"金笼听"与"自在鸣"之间的优劣区别，还是不难体会的。

官修史书抑制了私家编纂，朱希祖《中国史学通论》说，"设官修史之局开，私家著述之风微。然国史虽为官修，而野史之业仍未绝也，南宋、南明，其风尤甚"，直到清代大兴史狱，"私家记述当代史事之风绝矣"。需要指出的是，由于官家只关心庙堂政治，不留意民间生活，唐代以后官修史书多忽略社会文化史事，相沿成习，甚至影响了私家著史。刘咸炘叹息道：

> 盖史以全文化为内实，不当限于政治，而唐以来私家传记多止留意官曹仪制、贤士大夫言行，而罕及文化风俗，盖史识日陋也。[刘咸炘：《刘咸炘学术论集》（史学编），广西师范大学出版社2007年版，第582页]

鲁迅曾将"正史"比作"为帝王将相作家谱"，梁启超也说"二十四史非史也，二十四姓之家谱而已"，其言似稍过当，然从史学客观反映社会风貌的本义而言，并非毫无道理。

史家与法官

从历史编纂学的角度看，"让事实说话"这句话，貌似理直气壮，其实并不严谨，甚至不乏哗众取宠之意。我们稍加思索即知，"事实"并不会张口说话，是人让"事实"说话，是人在借助"事实"说话，是人在让自己的话变成"事实"，是人在精心设置"事实"议程以实现传播目的。同样之理，历史也不会说话，是人在让历史说话，是人在书写与传播所有的历史"事实"。一言以蔽之，历史叙事是人书写的。

还有一句话，"历史是人民书写的"，或"历史是人民创造的"，这句话也需要分而析之：如果这里的"历史"是指历史往事，那么这句话就是真的，往昔所有发生的一切都是全体人民共同参与创造的；如果这里的"历史"是指历史叙事，那么这句话基本上是不真的，因为历史叙事和历史书籍都是由个人或少数人撰写的，绝大多数人并没有参与写作。当然，史家在书写历史的时候，会尽量尊重史实，而尊重史实能够体现人民的意志，从这个意义上说，"历史是人民书写的"，也未尝不可。

历史文本的作者是有血有肉的人，他们所处的社会环境、当时的文化传统、个人的思想情感、个人价值观都会对历史叙事产生微妙的影响。史家通常都会在史著中进行包含个人史观史识的历史叙事和历史评论，纯粹的历史客观性并不存在。正如日本学者石母田正在史学史论文集《日本历史讲座（第八卷）》"序论"中所说，"科学可以一步一步地、而且无止境地接近客观真理，但是，从事科学研究的每个科学家的思维，却受到历史条件的限制"。历史学要探索客观真相，但每一个历史学家却无法完全做到纯粹的客观，他们只能尽量避免过多的主观性，前赴后继地一步步接近历史的客观。这是历史学发展的努力方向，而非历史学达到的绝对状态。如果能够基于一定的历史记录资料，加上史家自觉保持必要的客观和严谨，历史叙事不失为一种显现历史真相的有效手段。

从历史上看，许多史家确实能够做到秉笔直书，尽管他们无法完全排除个人情感的掺入；也有一些史家内心不失严谨，尽管尚未摆脱史学与文学的相互交织，有时手中生花妙笔肆意驰骋，夹杂着一些渲染、夸张、失实；还有些史家受制于外在压力，被迫放弃客观立场，不得不委曲求全，牺牲历史的真相；更有甚者出于个人私心，或挟私报怨，或曲意迎奉，导致所谓的曲笔与回护。

史学史研究的题中应有之义，就是考察史家在撰史过程中的主观作用，分析干扰叙事客观性的个体因素、社会因素与文化因素，提出减少和克服史家主观性的方法。一方面，史学家要保持必要的客观态度，努力排除先入为主的偏见；另一方面，历史叙事中的纯粹客观性并不存在，历史学与其他社会科学一样，研究主体与研究客体之间存在着不可避免的张力，正如安托万·普罗斯特所说，"在历史学，以及在社会学或人类学中，这种严格意义上的客观性是不可能的。与其说客观，不如说保持距离和不偏不倚"。那么，有没有一种能判断是否做到"不偏不倚"的方法呢？回答是肯定的。英国史学家迈克尔·斯坦福在《历史研究导论》

中提出了一种方法，"所谓历史客观知识，不过是历史学家公认的若干描叙"。也就是说，大多数史学家公认的历史叙事往往主观性最少、最接近"不偏不倚"。我们在前文谈到了"先见"这个词，可以这样来看待历史的客观性：如果每个史学家都有主观先见，那么他们越主观，他们的先见就越不相同；反过来说，如果大多数历史学家持有某种共同的先见，那么这种先见的主观成分往往相对较少。所以，将大多数史学家共同的认识、共同的叙述、共同的评判放到一起，应该就是客观性较强的历史知识。当然，这个方法也不是绝对的，有时候大多数史学家的共识未必反映真实，因为个别史学家会以新史料、新史识提出新的历史阐释，推翻大多数过去史学家的结论。不过，这位史学家的新论能够持续成立，仍然需要大多数史学家的逐渐接受，所以说依然需要一个共识的达成。

史学家在历史研究中的"客观性"，在一定程度上与法官判案颇为相似。普罗斯特曾做过一个类比，将历史学家比作法官，他说：

> 法官无法做到完全客观，在评估一件情杀案的时候，他的个人感情不可避免地起着作用。但在诉讼过程中，控辩双方要面对面：控方和辩方的观点同样受到保护，法官在双方之间保持平衡，提问的时候没有偏心，以事实为准，这才称得上是公正的法官。历史学家也应该如此，他必须避免片面的视角。（［法］安托万·普罗斯特：《历史学十二讲》，北京大学出版社 2012 年版，第 257 页）

无独有偶，美国史学家彼得·诺维克在《那高贵的梦想》一书中，同样通过将历史学与司法类比，指出了史学客观性的特质，他说：

> 历史学家做出的结论应当体现出司法的典型特征，平衡和公正。像司法一样，这一特征要得到维护必须不屈服于社会压力或政治影响，每个历史学家都必须避免带有任何党私偏见或倾向，在得出结论的过程中不得考虑任何个人利益，而不是相反。（［美］彼得·诺维克：《那高贵的梦想》，生活·读书·新知三联书店 2009 年版，第 2 页）

历史学家要做到不偏不倚，面临着与法官同样的挑战：一是道德方面的挑战，二是理智方面的挑战。理智方面的挑战涉及知识、方法、技能等，相对比较容易克服；道德方面的挑战涉及情感、态度、倾向，常常会遇到来自内心与外部的强大压力。举例来说，一个不偏不倚的法官不能在谋杀案审判过程中过度掺入自己的爱憎心理，以避免引起误判乃至冤案；同样一个不偏不倚的史学家也应尽量在具体史实研究中控制个人好恶情感的羼入。一位清史研究者研究湘军与太平军的一次重要战役，无论这位研究者平时是曾国藩的粉丝，还是洪秀全的拥趸，都应该尽量排除自己的个人好恶。在这方面，陈寿算是一位相当出色的史学家，他作为曾经的蜀国人，对故国怀有深厚情感，但在《三国志》写作过程中，对魏、蜀、吴三国总体上做到了不偏不倚，所以裴松之在《上三国志注表》中称赞"寿书铨叙可观，事多审正，诚游览之苑囿，近世之嘉史"。这里所谓的"审正"，也就是不偏不倚的客观态度。

第三章

史　　用

> 怅望千秋一洒泪，萧条异代不同时。
> 　　　　——杜甫《咏怀古迹》（其二）

通古今而笃名教

东北亚的传统历史观都有较强的社会功利意识，也就是把历史著述看成一种具有实用价值的社会工具。古代的人们进行历史编纂，并没有"为学术而学术"或"为历史而历史"的想法，他们希望从历史叙事的集体记忆中实现教化与资鉴的社会功用，以应对国家治理与社会生活的现实问题。

在中国历史编纂中，一直把政治教化目的放在极其重要的位置。这种史学思想滥觞于西周时代，在春秋时期形成了比较稳定的传统，对后世产生了深远影响。据《国语·晋语》，晋国有一位著名大夫叔向，晋悼公要为太子彪选择一位太傅，有人向晋悼公推荐说，"羊舌肸习于春秋"。于是晋悼公就让叔向做了太傅，让他"日在君侧，以其善行，以其恶戒"。可见在时人眼里，熟读史书便是有德之人，因为史书中蕴含了伦理道德。又据《国语·楚语》，楚庄王请大夫士亹辅导太子箴，士亹向大夫申叔时请教，申叔时说"教之春秋，而为之耸善抑恶焉"。这两个例子说明，史学的名教功用在春秋各诸侯国已经相当普遍了。

日本史学从一开始就学习效仿中国史学的教化文化，称之为"大义名分"。川崎庸之在《纪记与镜》一文中说，"日本的历史叙述，从一开始就是作为一种实用性的历史而出现的",《古事记》是一部地地道道的实用主义史著,《日本书纪》用坂本太郎的话来说,"是作为支撑中央集权的文化国家的基本理念所要求而编撰的","被认为是国家统治所必不可少的工具",其他最早敕纂的五国史也是如此。如果要问日本早期史学史与中国有何不同,那便是中国史学史经历了汉魏六朝近八百年的私人撰史阶段,涌现了数以百计的优秀史学家和史学作品,然后进入到官修正史的时期。而日本史学则因为效法中国隋唐以降史学,直接起步于官修史书。诚如川崎庸之所说,日本史学体现了日本文化的早熟,"尚未产生一名有个性的历史家,而历史观念却单独地跑到前面了"。

这种状况在一定程度上导致早期日本史著缺乏生动的个性,甚至"有了日益贫乏的趋势",这种局限性在官撰历史中断后的 11 世纪产生一股强烈的反作用力,即出现了一个极为生活化、细节化的物语创作时代。在这类所谓"世继与镜"的史著中,历代的军记物语依然不乏"大义名分"的历史观,如南北朝时期的军记物语《太平记》,尽管内容颇有不符事实、不合情理之处,"缺乏作为历史记录的确实性",以至于被后世认为是小说而非史书,但该书宣扬"忠臣义士",倡导大义名分观,因此在后来水户藩修撰《大日本史》时得到高度评价。

要实现史著的现实功利目的,必须对历史编纂方式提出特殊的要求,也就是古人所说的"书法""笔法"和"史法"。这种所谓的"春秋笔法"据说源自孔子修《春秋》,其实是由汉儒的诠释倡导而形成了一套历史写作的基本凡例。《春秋》本来是春秋时期各国史书的通称。后来,据说孔子在《鲁春秋》的基础上修订了一部编年史《春秋》,内容以鲁国史事为主线、兼及春秋各国史事,时间从鲁隐公到鲁哀公连续十二位鲁君,前后历时 243 年。春秋笔法,简单地说,就是用一种特殊的文字表达方法进行历史编纂和著述,其主要特点就是所谓"微言大义"。"微言"是指文字简练而隐晦,"大义"是指文字中蕴涵了对历史人物、历史事件的褒贬意义。按照儒家的说法,孔子通过春秋笔法编撰史书《春秋》,依据周朝宗法等级社会的传统价值标准,借助特定意味的字句,把政治是非与善恶褒贬融入历史叙事之中,形成一种政治道德主义的历史编纂方法。比如,同样记述两国之间的战争,正义方进攻非正义方,叫"伐",非正义方进攻正义方叫"侵"。又如，同样是死，天子之死用"崩"，诸侯之死叫"薨"，大夫之死用"卒"。再如，同样是杀人，杀无罪之人，就叫"杀"；杀有罪之人，叫"诛"；身份低的人杀身份高的人，叫"弑"。这就是所谓的"属辞比事"。

我们不妨举例说明。公元前690年夏天，齐襄公侵伐纪国，国君纪侯不得不逃离纪国。这一事件在《春秋》中是这样记载的：

夏，纪侯大去其国。（《春秋·庄公四年》）

在《左传》中，这件事有了稍详的补充说明：

纪侯不能下齐，以与纪季。夏，纪侯大去其国，违齐难也。

意思是说，纪侯不愿屈服于齐国，就把国家交给弟弟，自己永久离开纪国，以躲避齐国之难。杜预《春秋左传集解》对"大去"的解释是"去而不返"，纪侯去国出奔，永远不再返回纪国。司马迁在《史记·十二诸侯年表》中也说："齐襄八年伐纪，去其都邑。"这就是事情的大致经过。

到了汉代，公羊学和穀梁学博士们认为，《春秋》的文字中隐藏着孔子深邃的思想意蕴，在"纪侯大去其国"这句话中，"大去"两个字意味深长，体现了孔子的春秋笔法。于是《公羊传》作了这样的注解：

大去者何？灭也。孰灭之？齐灭之。曷为不言齐灭之？为襄公讳也。《春秋》为贤者讳。何贤乎襄公？复仇也。何仇尔？远祖也。哀公烹乎周，纪侯谮之，以襄公之为于此焉者，事祖祢之心尽矣。……远祖者，几世乎？九世矣。九世犹可以复仇乎？虽百世可也。（《公羊传·庄公四年》）

《公羊传》注《春秋》，采用经师与弟子间的问答方式。这说明《公羊传》就是公羊学派流传下来的一份"授课记录"。上面这段注解的意思如下：

问：《春秋》中"大去"是什么意思？

答：就是灭国！

问：谁灭的？

答：齐国灭的。

问：为什么不直接说齐国灭纪国？

答：是为了替齐襄公避讳，因为《春秋》笔法之一就是"为贤者讳"。

问：那么齐襄公"贤"在什么地方？

答：齐襄公复仇，所以"贤"！

问：复什么仇呢？

答：为远祖复仇。事情是这样的：当年周夷王听信了纪国国君的谗言，将齐哀公烹死，所以现在齐襄公灭纪国是为祖宗复仇。

问：这件事距离现在多长时间了？

答：已经九代了。

问：这么长时间了，还应该复仇吗？

答：当然应该！哪怕一百代之后仍应复仇。

我们看到，《公羊传》在这里讲了一个遥远的故事，来解释"纪侯大去"这件事，目的是要表达一条重要的"春秋大义"：大复仇。这里的"大"作动词用，就是"肯定""褒扬""光大""张大"之意。"大复仇"就是赞扬肯定复仇。汉儒们通过离奇曲折的历史解说，表现汉代现实社会的政治伦理。在汉儒看来，《春秋》中的每一句话甚至每一个字都蕴涵了一定的"大义"，经学家就是一一揭示这些"大义"的人。所以"春秋笔法"，其实就是"汉代笔法"，这是一种借经论道、借史发挥的历史阐释学。

同样这件事，《穀梁传》是这样解释的：

　　大去者，不遗一人之辞也，言民之从者四年而后毕也。纪侯贤而齐灭之，不言灭而曰大去其国者，不使小人加乎君子。（《穀梁传·庄公四年》）

《穀梁传》的意思是说，纪侯放弃君位离开国家，四年之内民众都跟着他走了。纪侯是贤君，齐国却灭了纪国，所以不说"灭"，而说"大去"，这是不让小人凌驾于君子之上。这里的"小人"当然就是齐襄公了。

比较两者说法，我们可以看到：首先《公羊传》与《穀梁传》对具体史实的陈述并不相同，甚至完全相反，这说明历史事实对于经学家而言并不重要，只是他们借题发挥的工具而已。其次《公羊传》与《穀梁传》对具体人物的褒贬也不一致，《公羊传》认为齐襄公"贤"，《穀梁传》认为纪侯"贤"，评价完全相反。再次，《公羊传》与《穀梁传》尽管在许多地方史实陈述与人物评价不同，但就"春秋大义"而言是完全一致的，一是都认为《春秋》讲究"笔法"，这些"笔法"包括"为贤者讳"等；二是《春秋》蕴涵"大义"，这些"大义"的基本内容是相同的，无非就是汉代政治所需要的"大一统"之类的名教。

中国传统史学既注重求真——即史著的客观真实性，也注重求善——即史著的政治道德性。如果两者能够和谐统一，当然皆大欢喜。然而实际的情况是，史家经常会遇到直书与名教、求真与求善之间不能兼得的两难境况。学者周文玖在《论中国传统史学直书精神的形成和特点——兼谈直书与"名教"之关系》一文中说：

> 直书与"名教"，是中国传统史学的一个矛盾。在直书和曲笔的问题上，中国史学的态度是极其明确的。但遇到直书与儒家所倡导的名教发生矛盾时，直书就面临一种进退维谷的境地。在这种情况下，直书要服从名教。（周文玖：《因革之变：关于历史本体、史学、史家的探讨》，北京师范大学出版社2010年版，第162页）

我们在这里可以列举一下班固、荀悦、袁宏、刘知几等几位史家的名教史观。班固的名教史观可以从他对司马迁的批评中略见一斑，他说：

> 其是非颇缪于圣人：论大道则先黄老而后六经，序游侠则退处士而进奸雄，述货殖则崇势利而羞贱贫，此其所弊也。（《汉书·司

马迁传》)

班固这样评价司马迁并不奇怪,因为两人的历史观念与史学旨趣原本不尽相同。史学家白寿彝说:

> 司马迁研究的是社会发展历史变化,这是他的主题。班固要旁通五经,想要通过历史进行说教。他们答复的问题不同,所抱的目的不同。司马迁是要弄通历代变化,找出历史经验。班固是要通过历史说教,巩固皇朝统治。(陈其泰、张爱芳:《汉书研究》,中国大百科全书出版社2009年版,第436页)

东汉末年,荀悦奉汉献帝之命作《汉纪》三十篇,他在《序》中写道:"凡《汉纪》,有法式焉,有鉴戒焉……斯皆明主贤臣命世立业,群后之盛勋,髦俊之遗事……惩恶而劝善,奖成而惧败。"在《汉纪·高祖纪》中,荀悦提出了写史的五项原则:

> 夫立典有五志焉:一曰达道义,二曰彰法式,三曰通古今,四曰著功勋,五曰表贤能,于天人之际,事物之宜,粲然显著,罔不能备矣。(《汉纪·高祖纪》)

其中"达道义""彰法式""著功勋""表贤能"就是实用主义史学的要义。

东晋袁宏在遍观前朝史书之后,感觉左丘明、司马迁、班固、荀悦等史学家在"通古今而笃名教"方面都还做得远远不够,于是亲自撰写一部示范教材《后汉纪》。他在《后汉纪·序》中,系统阐述了自己的撰史观点:

> 夫史传之兴,所以通古今而笃名教也。丘明之作,广大悉备。史迁剖判六家,建立十书,非徒记事而已,信足扶明义教,网罗治体,然未尽之。班固源流周赡,近乎通人之作,然因借史迁,无所

甄明。荀悦才智经纶，足为嘉史。所述当世，大得治功已矣。然名教之本，帝王高义，韫而未叙。今因前代遗事，略举义教所归，庶以弘敷王道。(《后汉纪·序》)

在袁宏看来，史书只有两个用处：一是"扶明义教"，二是"网罗治体"，也就是道德教化与资治通鉴。袁宏擅长于借助"论赞"发表道德评论。他的《后汉纪》论赞多达55条，最长的达1034个字，最短也有41个字，一般都在300字左右，共计约17000字，占了全书篇幅的⅓，可谓空前绝后，叹为观止。

袁宏的史观体现了六朝史学的道德主义特色，干宝、孙盛、习凿齿等史学家的名教色彩同样相当浓烈。这些史学家大都有鉴于汉末两晋王纲解纽、名教衰微、天下板荡的深刻教训，希望通过弘扬史学的教化意义，来扭转当时三教并存、玄风盛畅的局面。

到了唐朝，唐太宗《修〈晋书〉诏》明确指出，自古以来修撰史书"莫不彰善瘅恶，陈一代之清芬；褒吉惩凶，备百王之令典"，要求史官发扬光大。刘知几既看重史家的直书，对史家曲笔痛恨不已，同时又非常注重史学的道德意义，因为在他看来直书与名教并不矛盾。他在《史通·直书》中说，"史之为务，申以劝诫，树之风声"。在《史通·曲笔》又说，"史之为用也，记功司过，彰善瘅恶，得失一朝，荣辱千载"。在直书与名教的选择中，绝大多数史家毫不犹豫地选择名教。正如学者周文玖指出：

> 中国传统史学中的"直书"范畴，一直未能摆脱"名分""名教"的束缚。从孔子称赞的"书法无隐"到章学诚的"史德"之论，都不例外。……也就是说在"直书"与"名教"之间，"名教"更为重要。封建史家为维护名教，在记载历史、评论史事上对历史的扭曲，并不是"曲笔"。(周文玖：《史学史导论》，学苑出版社2006年版，第67—68页)

这种大义名分的史观，可以说是中国与日本传统史学最主要的特点，也是最大共同之处。

孔子与《春秋》

汉代经学家都把历史道德主义法则归于孔子名下，理由是《春秋》为孔子所作。那么，《春秋》到底是不是孔子所作呢？在《左传》中有这样一段话：

> 君子曰：《春秋》之称，微而显，志而晦，婉而成章，尽而不污，惩恶而劝善。非圣人谁能修之。（《春秋左传·成公十四年》）

这段话透露了三个信息：第一，《春秋》具有"惩恶劝善"的道德教化意义；第二，这种教化意义具有"微而显，志而晦"，也就是隐晦不显的特点；第三，《春秋》是圣人修作，但这个"圣人"是不是孔子，《春秋》并没有说。

最早提出孔子作《春秋》的人是孟子，他说：

> 世衰道微，邪说暴行有作，臣弑其君者有之，子弑其父者有之。孔子惧，作《春秋》。（《孟子·滕文公下》）

周朝姬姓政权建立在同姓血亲和异姓姻亲分封制度基础之上，由此形成了"普天之下，莫非王土；率土之滨，莫非王臣"的政治局面，以及"天下一家"的宗法观念。随着平王东迁，周天子权威不断下降，各诸侯国"社稷无常奉，君臣无常位"，周天子天下一统的政治格局遭到破坏。尤其是时至春秋中晚期，由于社会经济的快速发展，生产力的提高导致新的阶级关系的产生，奴隶社会的领主经济逐渐演变成封建社会的地主经济，助长了诸侯国对周朝中央统治的离心倾向，导致周朝宗法制度的严重危机。具体表现为等级制度破坏的政治危机，礼乐制度文化的崩坏，僭礼越规的行为逐渐成为常态，各级权力重心逐渐下移乃至旁落，"弑君""逐君"时有发生。孟子说，孔子看到世衰道微、礼崩乐坏，就作了一部《春秋》，来警告公卿大夫，发挥警世作用。

我们注意到，孟子说孔子"作"《春秋》，但《论语》中孔子明明白白说过自己"述而不作"。孟子熟读《论语》，当然不会不知道。孟子的意思大概不是"创作"，而是依照旧史进行改编。孟子说：

> 其事则齐桓、晋文，其文则史。孔子曰："其义则丘窃取之矣。"（《孟子·离娄下》）

在孟子看来，孔子利用已有的史著，加入了自己的道德价值评判，也就是春秋大义。傅斯年在《史学方法导论》中说，"其义则丘窃取之矣"的意思，"翻作现代的话，就是说，虽然以历史为材料，而我用来当为伦理法则之施用场"。

那么孔子的目的达到了没有呢？孟子说：

> 孔子成《春秋》而乱臣贼子惧。（《孟子·滕文公下》）

看来孔子的目的是达到了。《春秋》通过历史叙事的方式，将乱臣贼子永远钉在历史的耻辱柱上，对于当代和后世都有重要的警诫意义。

问题是，我们翻开《春秋》一书，从头到尾看不到任何道德评论的片言只语，通篇只是简单的史事记叙。"乱臣贼子"们究竟看到了什么感到恐惧呢？按照经学家的说法，"春秋大义"从表面上确实看不出来，但如果明白了"春秋笔法"，就很容易看懂隐含在字里行间的春秋大义。

这种说法未免有点勉强，却并非空穴来风，在春秋时代各国史官的史记中，确实有一种书写规则。根据《国语·鲁语上》记载，在春秋早期，曹刿曾告诫鲁庄公说，"君举必书，书而不法，后嗣何观"。曹刿说，国君任何举动都要记录下来，记录要讲究规则，如果没有规则，后世之人怎么阅读史书呢？看来，经学家所说的"书法"确有其事。

问题又来了。如果鲁国的史书中已经包含了"书法""笔法"，那孔子又何必多此一举重新修改，并且说"其义则丘窃取之"呢？这个问题，历史上没有人回答过。我们大概可以这样理解：将史书作为道德说教的工具，孔子并非第一人，在孔子之前各国史官已有这样的传统。孔子对时下的礼崩乐坏深感忧虑，觉得鲁国旧史的道德批评分量不够，就利用旧史改作《春秋》，增加伦理新义，彰显礼乐文化，在历史编撰中嵌入大量政治道德的意义，达到震慑、警示和教化现实政治的目的，努力彰显西周宗法社会的政治伦理。

那么孔子赋予《春秋》的"大义"主要有哪些呢？按照后世经学家的说法，这些"春秋大义"主要包括：尊王、攘夷、大一统、大复仇、大居正、正统观、尊君抑臣、讥世卿、讨伐乱臣贼子等。这里"大"字都作动词用，表示肯定的意思。"大居正"就是以恪守正道为贵。《公羊传》《穀梁传》对这些"大义"都有细致入微的阐释。在这里，我们当然要问一句：这些"大义"究竟真是孔子的本意，还是经学家强加给孔子的？我们无法让孔子与经学家对质，不过可以把《论语》与所谓《春秋》"大义"做个比较。大致上说，尊王、讨伐乱臣贼子，《论语》中明显有这个意思；正统观、尊君抑臣、讥世卿、大一统、攘夷，《论语》中略有此意；大复仇则在《论语》中根本见不到影子。然而两千多年来儒家经学一口咬定孔子用特殊"笔法"写了一部充满"大义"的经学著作《春秋》。这种定论言之凿凿，长期以来影响了传统史著的道德主义写作特色。

孔子想要表达西周的政治伦理，他本可以直截了当地把这些"大义"说出来，直接写一本政治学著作，为什么非要借助于历史叙事呢？司马迁的解释是这样的：

> 孔子知言之不用，道之不行也，是非二百四十二年之中，以为天下仪表，贬天子，退诸侯，讨大夫，以达王事而已矣。子曰："我欲载之空言，不如见之于行事之深切著明也。"夫《春秋》，上明三王之道，下辨人事之纪，别嫌疑，明是非，定犹豫，善善恶恶，贤贤贱不肖，存亡国，继绝世，补弊起废，王道之大者也。（《史记·太史公自序》）

原来，孔子感觉到直接写一部政治教科书，似乎过于空洞，不如借助于史事更有深刻性、针对性和显示度。孔子为此煞费苦心，在一件件史事中注入春秋大义，使史实与伦理融为一体。司马迁说，孔子"为《春秋》，笔则笔，削则削，子夏之徒不能赞一辞"。子夏是孔门高徒，名列四科十哲之一，居然一点都帮不上老师的忙，说明孔子修撰《春秋》多么"微而显，志而晦"。孔子使用了一些特殊的字眼，在鲁国国史中掺入了春秋大义，这个过程被称为"笔"；孔子也删改了一些史料、史实，这个过程被称为"削"。经过一番字斟句酌的"笔削"，孔子完成了一部纵贯二百四十多年、仅有一万八千字的史书《春秋》，平均每年的大事记只有七十余字，所以叫做"微言"。

那么问题又来了：孔子本可以洋洋洒洒地长篇大论，为什么如此惜墨如金呢？这里主要有两个原因：

第一，春秋时期文字书写很不方便，书写材料主要是竹简或木牍，一条简牍上一般顶多写40来个字，一部《春秋》写下来，少说要用450多条简，成本相当之高。古人书写不容易，阅读传播也不容易。所以，作者不得不惜字如金，文章尽量简约，只能"属辞比事"，使用某个具有特殊含义、特定用法的字，代替一大段啰里啰唆的陈述，这是一种比较经济实用的撰述方式。

第二，春秋时期实行父子世袭的史官制度，修撰史书是官方的特权，孔子一介平民，当然不能随便涉足史学领域。但按照经学家的说法，孔子是有帝王之德而无帝王之位的"素王"，当然可以著史。事实上，随着春秋晚期"学在官府"的传统逐渐被打破，强烈的政治责任感驱使孔子私自闯入史学圣殿，成为中国古代第一个私撰历史的人，《春秋》也成为中国古代第一部私家著述的史书。为此，孔子有"知我者其惟《春秋》乎，罪我者其惟《春秋》乎"的感叹。孔子既然私撰史书，当然不敢下笔不休，只能用"微言"来画龙点睛。

许多现代学者认为《春秋》不过是一本鲁国国史，孔子只是拿来用作教育学生的教材，并没有作任何修改。钱玄同《论〈春秋〉性质书》明确说，"孔子不作《春秋》。一是《论语》中有没有记载，二是战国诸子除孟子外无人提到孔子作《春秋》，三是《春秋》里根本就没有所谓的微言大义"。不过，问题的关键不在于孔子到底有没有作《春秋》，也不在于《春秋》有没有所谓的"笔法",甚至不在于《春秋》中没有隐含"大义",而在于古人相信这一切的存在,并且不断按照这样的方式来书写历史。有关孔子作《春秋》以及春秋笔法、春秋大义的说法在中国古代流行了两千多年,已经成为深入人心的定论,并且长期影响了中国历史著述的基本特色。汉儒认为,孔子知道自己的春秋大义未必在当世行得通,所以"制《春秋》之义以俟后圣",等待后世出现一位圣王明君,来实行他的政治理想。董仲舒甚至挑明说孔子"春秋大义"就是"为汉制法"。于是《春秋》便成为中国历史著作的标准文本,其示范意义诚如刘勰《文心雕龙·史传》所说,"举得失以表黜陟,征存亡以标劝戒。褒见一字,贵逾轩冕;贬在片言,诛深斧钺",由此对中国传统史学的道德主义和实用主义倾向产生了深远影响。

中日正统史观

关于《春秋》这部史书的本质内涵,《庄子》中有一种说法。《庄子·天下》说过一段话,十分精准地界定了儒家"六艺"的精髓,其中就讲到了《春秋》:

> 《诗》以道志,《书》以道事,《礼》以道行,《乐》以道和,《易》以道阴阳,《春秋》以道名分。(《庄子·天下》)

"《春秋》以道名分"一句话,清代学者郭庆藩《庄子集释》引成唐代成玄英疏曰,"道,达也,通也。……春秋褒贬,定其名分"。意思是说,《春秋》通过褒贬确定名分。那么,什么是"名分"呢?简而言之,"名"是指各种道德伦理的"名目","分"是对各种社会等级关系的"区分"。比如,君臣关系就是"分",君臣伦理纲常就是"名",也就是《论语·八佾》中所说的,"君使臣以礼,臣事君以忠"。再如,父子之间同样存在"名分",那就是"父慈子孝"。在传统社会,君臣、父子、夫妇、兄弟这些是最重要的"名分",构成了所谓的"三纲五常"。在《庄子·天下》作者看来,《春秋》一书通过对具体史事人物的是非褒贬,来确定各种社会等级之间的政治伦理关系，达到劝诫警示和拯救世风的目的。孔子确实是重视"名分"的，将其视为国家治理的基本出发点。他曾说，"名不正则言不顺，言不顺则事不成，事不成则礼乐不兴，礼乐不兴则刑罚不中，刑罚不中则民无所措手足"。在清末民初，有一个遗老叫张尔田，写了一本中国史学史的专著叫《史微》，由于此人没有接受过近现代史学熏陶，其史观基本上延续旧说，他写道：

> 《春秋》者，则孔子端门受命，拨乱反正以教万世也……今观其书，尊王室，正陵僭，举三纲，提五常，彰善瘅恶，无不深明乎君臣上下之分而以礼为折衷，真《汉志》所云："儒家者流，助人君顺阴阳，明教化之大义也。"（张尔田：《史微》，上海书店出版社，2010年版，第87页）

这段话基本上说清楚了"《春秋》以道名分"的意思。

与"名分"密切相关的另一个词是"名教"。传统社会首先设立了各种社会关系的名分，并且确定其规范的道德伦理要求，然后利用这些道德名目进行社会教化和民众教育，这就叫做"名教"。传统史学高度重视在史著中体现名教的意义，在一个"名"字上做足文章。柳诒徵在《国史要义》中总结了"名"与"名教"的意义，他说：

> 义法之严，至一字必争出入。由此可知名者人治之大。古人运之于礼，礼失而赖史以助其治。而名教之用，以之为约束联系人群之柄者，亘数千年而未替。（柳诒徵：《国史要义》，岳麓书社2010年版，第20页）

古代社会最大的名教就是君王政治地位的正统性。古代君主制的合法性或曰正统性常常需要获得某种神秘力量的支撑，在中国古代便是所谓的"天命"，在日本古代则是"天神"。获得"天命"授权或"天神"血脉，就获得了政治上的合法权，任何人间政治力量都不能再向它挑战，这样的政治权力被称之为"正统"。只要贴上"正统"的标签，就拥有政治的正义性，除了依靠国家机器的力量来保护自身，还获得了社会道义的力量。历史著述自然要为这种正统性服务。

饶宗颐写过一本书，名为《中国史学上之正统论》，他认为正统思想滥觞于先秦，而与汉儒提出的"大一统"与"尊王攘夷"密切相关。汉朝一统天下之后，经过汉儒的继承、创新、弘扬，"大一统"成为一种适应新的时代要求的统治思想。正如董仲舒所说，"《春秋》大一统者，天地之常经，古今之通谊也"。秦汉以后，大一统与尊王攘夷的春秋大义具体落实在"正统观"上。

当史家撰写史书的时候，他们都不得不面对一个十分重要而又相当棘手的问题：如何在史书中体现当朝政权的正统性与合法性。这不是一个史学问题，而是一个现实问题。例如，史家撰写史书，必须选择以正统政权的年号来纪年，正如朱熹《通鉴纲目》所说，"表岁以首年，因年以著统"，这涉及正统与僭伪的原则性问题，来不得丝毫马虎。又如，史家撰写纪传，必须将正统的君王写入本纪，将非正统的政治首领写入"载记""僭伪传"或"岛夷传"。至于史书中的具体内容的遣词造句，更要事事留神、步步惊心，稍有疏忽，难逃人亡书毁的悲惨结局。在中国古代，时不时会出现几个政权同时存在的情况，也时不时出现少数族裔"乱华"甚至入主中原的情况。所以，史学家头脑中必须绷紧究竟谁是"正统"这根弦。

汉末天下大乱，刘汉政权大厦将倾，群雄割据，三国鼎立，谁是正统的，谁是非正统的，着实不太容易区分。所以，当陈寿开始撰写三国史的时候，如何处理正统问题，就显得十分为难，这是从前史家未曾遇到的棘手问题。陈寿选择了一个比较取巧的方法，三个政权分开来写，分别写了《魏书》《蜀书》《吴书》。不过，《三国志》纪年还是选择了曹魏政权，曹操、曹丕、曹叡都是帝纪，而刘备、刘禅以及孙权等都写成列传。在《魏书》中，对于刘备、孙权称帝，都没有记载；而在《蜀书》《吴书》中，凡是君主即位，必记魏之年号，以体现正统在魏。所以，《三国志》基本上是以魏为正统的。

从东晋史学家习凿齿开始，后人一直对陈寿以曹魏为正统提出疑义和指责，南宋朱熹等人的责难尤其严苛。其实，陈寿这样做也是出于无奈，《四库全书总目提要》道出了个中的缘由：

> 其书以魏为正统，至习凿齿作《汉晋春秋》，始立异议。自朱子以来，无不是凿齿而非寿。然以理而论，寿之谬万万无辞。以势而论，则凿齿帝汉顺而易，寿欲帝汉逆而难。盖凿齿时晋已南渡，其事有类乎蜀，为偏安者争正统，此乎于当代之论者也。寿则身为晋武之臣，而晋武承魏之统，伪魏是伪晋矣，其能行于当代哉？此犹宋太祖篡立近于魏，而北汉、南唐迹近于蜀，故北宋诸儒皆有所避而不伪魏。高宗以后偏安江左近于蜀，而中原魏地全入于金，故南宋诸儒乃纷纷起而帝蜀。此皆当论其世，未可以一格绳也。（《四库全书总目提要》"《三国志》条"）

清代赵翼《廿二史札记》也说，"正统在魏，则晋之承魏为正统，自不待言。此陈寿仕于晋，不得不尊晋也"。可见，史著中的正统不正统，并没有什么真的"天命"，只不过是服务于当代政治现实而已。

三国之后，整个魏晋南北朝都是分裂的局面，于是史书中的正统问题便随处可见了，史家为此忙得不亦乐乎。到了唐朝，总算一统天下了，但史家还会遇到诸如武则天这样的难题：武周王朝算不算一个朝代？历史应该怎么写？唐朝后期的藩镇割据，以及五代十国的政权更迭，正统问题再次成为史家大伤脑筋之事。

到了宋朝，史学正统论思想进一步具体化、系统化、精细化。梁启超在《新史学·论正统》中说，"正统之辨，昉于晋而盛于宋"。欧阳修编撰《五代史》，就以正统观为导向。他还专门写了《原正统论》等七篇系列文章，合称《正统七论》，将历代关于正统论的理论讨论推向高潮。另外，司马光、苏轼等人也纷纷参加讨论。

偏安一方的南宋，受到夷狄交侵，对正统问题尤其敏感。朱熹看到《资治通鉴》中诸葛亮"入寇"之类的词语，感觉非常不满，发愿要写另一部史书来矫正，于是就将300卷的《资治通鉴》改写为60卷的《通鉴纲目》，随着《通鉴纲目》流行天下，正统史观也更加深入人心。

元朝的王元和危素、明朝儒方孝孺等都对正统论发表过意见，方孝孺本人恰恰就是正统论的现实牺牲品。清代康熙年间发生了庄氏《明史》案，主要罪状就是不以清朝年号为正朔，书中自丙辰（1616年）至癸未（1643年）均不书清元命、元聪、崇德等年号，甚至在满洲人定都北京、君临中原之后，还把南明的隆武、永历年号奉为正朔。此案最后的结果是：署名作者庄廷鑨、其父庄允诚戮尸，弟庄廷钺、赞助人朱佑明、作序人李令晰及参订者凡十八人都凌迟处死，庄、朱两家子侄十五岁以上者尽行斩决，刻书、印书、订书、送版者、卖书者、买书者一应俱斩，妻妾儿孙及子侄十五岁以下者流徙为奴者数百人。庄氏史案发生之时，康熙年方九岁，惨祸与他个人无甚干系，而是体现了长期以来正统史观的文化威权。

中国古代的正统史观缘于一家一姓的改朝换代，而日本相信天皇万世一系，历史上并无朝代更替之事，那么日本人的观念中有没有正统观呢？回答是肯定的。日本传统史学接受了中国古代史学的影响，把"大义"与"名分"结合起来，在史著中融入"大义名分"思想，形成了日本史学道德主义的特色。在日本史著的"大义名分"中，有一种很重要的观念，就是"正统观"。

日本正统史观主要体现在天皇血脉的神性和神代上。按照日本古史的说法，日本皇室的祖先是神，这是天皇正统性的根本。相较而言，在中国古代，帝王也被称为天子，而且天子降生或多或少有点灵异，但从根本上说天子仍属于人类的范畴，所以天子的权力需要神的授予，这就是中国古代政治学中最基本的"君权神授"原则。对于日本来说，天皇本人就是神，天生就具备了统治人间的权力。史学家久米邦武在《早稻田大学日本史》第六卷《南北朝时代》中说，在古代，也就是"明治时代以前，日本臣民都是以宗教性的信念看待皇族"，"皇室是神一般的存在，是绝对不可冒犯的。人们坚信，如果不小心抬头看到了天皇的面容，肯定会因为炫目的神光而失明"，不仅百姓如此，"古代的阶级制度极其严格，诸国大名也几乎没有面见天皇的资格"。这样看来，日本天皇在百姓心目中真的就是神的象征，其"君权"不需要"神授"，而是君权即神权，君权与神权是合二为一的。由于这种君神权力的唯一性，百姓不可能产生取而代之的想法，在日本历史上没有一家一姓的王朝更迭，甚至天皇连姓都不需要。这是中日两国君权正统性的最大区别，也影响了中日传统史学正统观的微妙差异。

日本史学最早的正统意识，当然就是《古事记》和《日本书纪》中的神代史。我们不禁要问，这些神代故事究竟主要来自于民间传说，还是主要由统治者自己编造的？应该说，两方面的来源都有，但是就整体结构而言，是统治阶层出于自身政治目的编造出来的。家永三郎在《日本文化史》中对神代故事的来源是这样解释的：

> 时至今日，下面的这一解释可以说已经成为学术界的定论，即在大王开始统治全日本后的某个时期，也就是在上述的大约六世纪初期，为了大王君主地位的合法化，政府官员以现实状况以及民间传说故事为素材，创作了这些故事。（［日］家永三郎：《日本文化史》，译林出版社2018年版，第43页）

《古事记》和《日本书纪》的神代故事貌似日本先民的原始文化精神，但从整体构思上看，绝不同于一般的民族叙事诗之类的作品，而是体现了明显的氏族阶级的统治思想。正如家永三郎所言，"这种所谓的尊皇精神，仅属于氏族阶级的思想"，它"忠实采用了出自六世纪以来氏族阶级需求的构思，并最终经过大化革新以后律令社会中的豪族政治思想的加工润色而集大成"。

到了十四世纪三十年代，后醍醐天皇的公卿北畠亲房写了一本六卷本的《神皇正统记》，在史学史上首次明确提出了正统性的问题，开宗明义第一句话就说，"大日本，神国也。天祖始肇基，日神连绵传统。唯我国有此事，异朝无此类，故云神国"。这里所说的"异朝"，大概就是指中国。这段话言简意赅地点出了中日两国正统史观的不同神学基础。正如王家骅在《儒家的修史观与日本古代的史学》一文中所说，"正统的含义在中、日两国有所不同。在中国，是指'天命'之正统；在日本，则是指皇系之正统"。这句话可谓一言中的。

中国正统史观的神学基础除了"君权神授"论之外，还有一条重要原则，就是《尚书·蔡仲之命》中所说"皇天无亲，惟德是辅"，也可以说"天命靡常，惟德是辅"。这条原则意味着，任何君王只要无德，都可能会被皇天抛弃，被其他的有德之人取而代之。在中国正统观念下，"正统"是一种动态过程，而非静止状态，就像欧阳修《明正统论》所说，"正者，所以正天下之不正也；统者，所以合天下之不一也"。"正"与"统"二字从名词变成了动词。于是，从理论上说，任何最高权力都可能从正统变为不正统，反过来任何非正统也可以变成正统，其间并无血缘或神性的特殊性障碍。陈胜当年那句"王侯将相宁有种乎"之问，就是普通人用普通言语道出了这条君权正统性原则。中国历史上发生的许多次异姓改朝换代以及数不胜数的农民起义，在观念层面应该与此有关。

反观日本历史，虽有公武之争，且长期处于幕府实际主导政治的局面，但并未出现皇族之外的改朝换代，也鲜有发生农民起义，大概也与神代正统观有关。日本古代社会虽然广泛接纳中国文化，但对有关君权正统性问题却十分敏感，任何朝代"兴替""革命"的思想观念一概排斥。如对《尚书》中的夏桀、商纣故事，日本史书不予记载，尤其对《孟子》一书相当排斥，甚至出现"有携具书往者，舟辄覆溺"荒诞之说，原因就在于《孟子》与《尚书》一样，将统治者称为独夫民贼，赞同臣革君命的思想，触及了日本天皇"万世一系"的要害之处。

在日本历史上，也有过试图借用中国正统思想的时候，那就是在藤原仲麻吕时代，曾经引入中国"祥瑞"思想。祥瑞思想是中国古代天命正统观的一个重要组成部分，这种思想认为，当天子实施仁政之时，上天就会降下各种祥瑞，作为对天子仁政的赞许和肯定。笃信儒家政治的藤原仲麻吕曾经以蚕卵组成"祥瑞"二字以彰显仁政，这种做法在一定程度上削弱了天皇的神代正统性。吉田孝在《岩波日本史》（第二卷）中说，通过频繁出现罕见的祥瑞，"倾心儒家、标榜仁政的藤原仲麻吕，大大动摇了天皇的正统性。这种正统性是历代天皇从大和王权继承下来的神话与血缘系谱构成的。藤原仲麻吕想让天皇靠近中国皇帝"。藤原仲麻吕对天皇神权的抑制与其后来公开"叛逆"及最后悲剧结局或许不无关系。乔治忠在《论中日两国传统史学的比较研究》一文中说，"日本上层统治者却现成地引入了中国的历史正统论思想，并且依据国情作了扬弃，即一方面采取将天皇说成神的血统，把正统论的君主血缘承续因素予以绝对化，形成天皇地位不可取代的社会意识，这是维护日本天皇'万世一系'的重要因素；另一方面，则将大一统观念区域化为日本岛国范围的统一意识，超前地建立起认同政治统一的主流意识，遏制了不同思想的萌发，是日本形成同一国家的重要原因"。一个国家拥有什么样的历史文化思想，在很大程度上决定了这个国家拥有什么样的政治制度，以及什么样的国民性格，中日正统史观就是生动的例证。

南北朝的两统分立

日本天皇神代之说避免了来自外部的权力挑战，却无法避免来自皇室内部的正统性纷争。日本历史上时有争夺皇位继承权的明争暗斗，激化到公开对立的情况虽很少见，却也曾发生过，那就是十三世纪日本皇室出现两个正统的所谓两统分立，最后演变成日本历史上著名的南北朝。

十三世纪中期，皇室内部因争夺天皇继承权而形成相互对立的"两统"：以后深草天皇为首的持明院系统和以龟山天皇为首的大觉寺系统。为了立储之事，两派都积极争取幕府支持，根据《神皇正统记》《皇年代略记》等史书记载，镰仓幕府对两统纷争保持不偏不倚，决定"由两支皇统轮流继承皇位"。1318年，大觉寺系统的后醍醐天皇即位。后醍醐天皇后来制定倒幕计划，在河内国望族楠木正成大力支持下，灭亡了北条氏，颠覆了镰仓幕府，实行"建武中兴"，曾一度恢复天皇亲政，但后来公家与贵族足利尊氏之间的矛盾激化，足利尊氏遂与建武政权决裂，拥立持明院系统的丰仁亲王为天皇，是为光明天皇。于是形成了在京都的光明天皇的北朝，与在吉野山的后醍醐天皇的南朝两个政权，南北朝相互对峙局面持续了57年。直到1392年在室町幕府第3代将军足利义满的压力下，南朝的后龟山天皇同意将象征皇位的神器让给北朝的后小松天皇，南北朝对立才告终结。

于是，问题就摆在史家面前了，南朝与北朝孰为正统？相关的历史著述如何落笔？这让日本史学家聚讼不已，格外为难。

北畠亲房是南朝后醍醐天皇的重臣，他的长子北畠显家、北畠显信都是南朝重要将领，自然主张南朝正统说。1339年，即南朝延元四年，北朝历应二年，北畠亲房写了《神皇正统记》，时为南北朝开始对立的第四年，当时南北朝正在发生交战，南朝的势力逐渐下降。坂本太郎在《日本的修史与史学》中介绍了《神皇正统记》的写作背景，他说：

> 前一年的延元三年，其时从陆奥西上的北畠显家军在和泉的石津同高师直决战而死，新天义贞也战死在越前藤岛。同年又是北畠亲房、显信拥义良亲王从伊势出海以赴陆奥，但因风浪而遇难，亲王回伊势，亲房到常陆，据该国小田城与敌军对峙的时期。而四年8月后醍醐天皇驾崩，义良亲王践祚。跋文所说的童蒙是指新践祚而成南朝之主的义良亲王，即后来的后村上天皇。很明显，这是期望新帝政道端正，前途福星高照而一举写成的。（［日］坂本太郎：《日本的修史与史学》，北京大学出版社1991年版，第90—91页）

《神皇正统记》正如其书名所示，是借助于日本历史上的皇统承续叙事，来探讨和论证天皇传承继位的正统原则。北畠亲房提出了一个"正理"之说，认为皇统继承的原则是"因正理而传承"。那么什么是"正理"呢？北畠亲房提出了两种说法：一是德性，即有德者有位，具有德性的继承者才能成为正统。这显然受到了中国"惟德是辅"正统史观的影响。二是正嫡，即皇位应该首先传给嫡长子。这两种原则显然存在一定的矛盾，山田孝雄博士认为，"这是一个缺点，即作者的皇位继承论为中国那种有德君主观所苦恼，而没有贯彻正嫡主义"。

北畠亲房之所以提出矛盾的观点，主要是为了论证后醍醐天皇死后刚刚即位的后村上天皇是继承了天照大神以来的正统，与之对立的北朝天皇非正统。后村上天皇继位前称为义良亲王，他是后醍醐天皇与宠妃阿野廉子的第三子，在他之上还有两位同母兄长恒良亲王和成良亲王，以及几位庶兄。恒良亲王和成良亲王先后被立为皇太子，但两位太子却先后失陷于战乱。后醍醐天皇在吉野行宫驾崩之时，遗诏传位给义良亲王。义良亲王并非嫡长子，所以北畠亲房《神皇正统记》就提出了德性之说，作为后村上天皇继位的依据。

我们再来看北朝，也有朝臣写了一本《续神皇正统记》，其中写道，

"《神皇正统记》的作者北畠亲房是南朝的宠臣,他在书中这样写道:'当今天皇后村上天皇是第九十六代、第五十世天皇,名为义良。'而后村上天皇之时南朝的伪君,根本不能算在天皇之列",由此可见南北朝双方在正统观上的针锋相对。

日本南北朝的结局是日趋衰落的南朝将三神器,即镜、玉、剑,交给了北朝天皇,结束了"一天两帝南北京"的南北朝时代。然而,关于南北朝究竟谁是正统的争议并没有结束。德川幕府初期林罗山父子编纂的《本朝通鉴》,根据后醍醐天皇没有让位之意为理由,承认后醍醐天皇一代为正统,但认为后村上天皇以后应该有都鄙之别,更重要的是当今天皇传承自北朝皇统,所以确认北朝为正统。坂本太郎认为"这个判断缺乏逻辑一贯性"。水户藩编写的《大日本史》也论及了南北朝的正统问题,最后的结论是以南朝为正统,并且在史著中彻底贯彻了南朝正统论。这个问题一直到二十世纪初,最后由明治天皇做出结论:以南朝天皇为日本正统,北朝天皇保留名号,但不列入正统,这场史争才算画上句号。

从现代史学的角度上说,正统观对历史著述的消极影响就是强化了史著的道德主义倾向,削弱了史著的真实性和客观性。我们可以举《大日本史》的"三大特笔"为例。所谓"三大特笔"就是《大日本史》主编德川光圀出于名分论和正统论的考量,对三大历史事件进行的特殊化处理,留下了历史客观意义让位于历史道德意义的明显例证。这三件事分别是:神功皇后不立本纪而列于后妃传,立大有天皇本纪,以及以南朝作为正统。德川光圀修史之时,正值明朝灭亡后中国儒学者朱舜水流寓日本,德川光圀将其聘为顾问,朱舜水的儒家名教思想强化了日本史家的名分观。

有关神功皇后不立本纪而列于后妃传,事情是这样的:神功皇后摄政期长达69年,《日本书纪》基本上是把她视作准天皇,后来历代史书也是将其作为天皇看待,《本朝通鉴》称之为女主。这些史书显然是根据历史事实出发来处理神功皇后的地位。但《大日本史》却罔顾史实,把神功皇后摄政的时代作为应神天皇即位前纪处理,不称其为天皇,不为其立本纪,反映了《大日本史》史著者的正统史观。

这种问题在中国传统史著中也不少见。如蔡尚思在《中国历史新研究法》中举例说,"甚至如明王洙《宋史质》的欲以明继宋,不但辽金两朝都列于外国;就是元一代年号,也完全削去,竟以明太祖的祖先代替元诸帝;并且与瀛国公降元之以后,岁岁书帝在某地。这么一来,历史事实便被抹杀了"。历史道德主义与历史客观主义之间有时存在不能两全的难题,史学家常需要在两者之间作出艰难选择。

历史上,不少头脑清醒的史家对正统观进行了分析批评。王夫之就不赞同过分纠结于正统观,认为此乃无谓之争。他在《读通鉴论·叙论》中说,"统之为言,合而并之之谓也,因而续之之谓也。而天下之不合与不续也多矣"。内藤湖南在《中国史学史》中评论王夫之的观点"是很罕见的通达之论"。袁枚在《策秀才文五道》中也说,"夫人心不同,各如其面,或曰正,或曰不正,或曰统,或曰非统,果有定欤、无定欤……毋亦废正统之说而后作史之义明,废道统之说而后圣人之教大欤"。梁启超在《新史学·论正统》中甚至认为,"中国史家之谬,未有过于言正统者也"。

政治的正统性,不仅仅是古代权力者和史学家关心的问题,也是说书人、小说家颇为关心的问题,因为这涉及平话故事与演义小说的人物角色塑造。所以,专门面向普通百姓的历史传奇、小说、评话、演义等文艺作品,也传播正统历史观作为重要的内容。以民间传播的《三国志演义》为例,坚持明确的蜀汉正统论,整个故事围绕蜀汉正面人物展开。正如毛宗岗在《读三国志法》中所说,"《三国志》者,当知有正统、闰运、僭国之别。正统者何?蜀汉是也。僭国者何?吴、魏是也。闰运者何?晋是也"。民间小说审美需要有正面人物与反面人物,才能产生戏剧性的艺术效果,小说中的正统观有助于读者的审美情趣体验。

纤瑕不玷瑾瑜

前面讲到《大日本史》"三大特笔",其中第二条有关大友天皇纪,此事简言之是一桩有关公元七世纪下半叶叔父与侄儿争夺皇位的故事,以及由此带来的史学问题。

天智天皇的长子大友皇子文武双全,博学多才,深得父亲喜爱,被立为皇太子。671年，天智天皇去世，大友皇子登基继位，称弘文天皇。然而，天武天皇的弟弟大海人皇子却认为皇位应该是他的，对此耿耿于怀。于是，就在弘文天皇登基半年后，叔侄俩兵戎相见，史称"壬申之乱"，结果弘文天皇兵败自杀，大海人皇子继位，是为天武天皇。

这件皇统之争正好发生在《日本书纪》撰写之前十年，所以就写入了《日本书纪》。《日本书纪》的编纂者是天武天皇的儿子舍人亲王，他面临的一个难题是如何看待"壬申之乱"，如何处置弘文天皇，要不要承认他是日本天皇。舍人亲王最后决定在《日本书纪》中不立弘文天皇本纪，也就是不把他看作天皇，并且在史书中说大友皇子实际上并没有登基，只是在天智天皇驾崩后控制了近江京。舍人亲王这种修史做法，其实是为他的父亲天武天皇隐讳，与中国古代春秋笔法中的"为尊者讳"可谓如出一辙。

"为尊者讳"是春秋笔法的一条重要法则。关于隐讳的对象，在《公羊传·闵公元年》说得很清楚，"《春秋》为尊者讳，为亲者讳，为贤者讳"。这种春秋笔法叫做"隐讳"。它与古代回避尊亲名字的"避讳"有所不同。

史书为什么要隐讳？萧梁文学家刘勰《文心雕龙》中有一个标准回答：

> 尊贤隐讳，固尼父之圣旨，盖纤瑕不能玷瑾瑜也。（《文心雕龙·史传》）

我们都知道，周瑜字公瑾，瑾、瑜都是美玉。陶渊明《读山海经》诗云"白玉凝素液，瑾瑜发奇光"。刘勰认为，为历史上的尊者、贤者隐讳，这是圣人孔子确定的旨意，因为美玉不能被细小的瑕疵所玷污，高尚的人格不能受细微缺点的影响。"纤瑕不玷瑾瑜"，用一种生动形象的比喻，道出了传统史观的重要义例。"尊者""亲者""贤者"都是传统宗法社会的重要角色，确保其历史形象不受"白玉微瑕"的玷污，有利于维护宗法社会秩序。

先说"为尊者讳"，我们来看一个例子，《春秋·僖公二十八年》有这样一条记载：

> 冬，公会晋侯、齐侯、宋公、蔡侯、郑伯、陈子、莒子、邾人、秦人于温。天王狩于河阳。（《春秋·僖公二十八年》）

从字面上看，《春秋》记载了僖公二十八年，鲁僖公与各路诸侯相会于温这个地方，周天子出巡到了河阳。当时周天子离开京都到外地叫做"巡狩"。河阳在黄河北岸，今河南孟州西。这段文字记载了这次盟会，史称践土会盟。这段史记平常无奇，似乎看不出有什么深意。

实际情况并非如此，《左传》道出了玄机：

> 是会也，晋侯召王，以诸侯见，且使王狩。仲尼曰："以臣召君，不可以训。"故书曰："天王狩于河阳。"言非其地也，且明德也。（《左传·僖公二十八年》）

原来，周天子到河阳去，不是自己主动愿意去的，而是被晋文公召唤去的。晋文公刚刚在城濮之战中打败楚国，成为中原诸侯的新盟主，就请周襄王到河阳参加诸侯盟会，并且以普通诸侯的礼遇接待周天子。这种做法当然十分违礼，使周天子相当脸面无光。按照汉儒的说法，孔子不忍心将周天子蒙耻之事载入史册，就在《春秋》中纪录"天王狩于河阳"，这是为尊者讳。对此，《穀梁传》也作了差不多的解释，"全天王之行也。为若将狩而遇诸侯之朝也，为天王讳也"。

这种替尊者讳的历史书写的确有利于维护君王政治威信，有利于培养社会忠君思想，但毕竟隐瞒或歪曲了事实。杨鸿烈在《史学通论》中批评道，"在这二百四十年的春秋时代里头，鲁君被弑的有隐公、闵公、子般、子恶四人；被逐的有昭公一人，被戕于外的有桓公一人；但在《春秋》上没有记载着"，"于是真实的史事就横被牺牲，不啻说了一场假话，扯了一个大谎"。

杨鸿烈所说的鲁桓公"被戕于外"，其实是齐襄公主谋的一桩令人发指的谋杀案，但《春秋》中只是轻描淡写地说"夏四月丙子，公薨于齐"。按照汉儒的说法，这又是孔子为尊者讳。后来《左传》详细纪录了此事的来龙去脉：

> 公会齐侯于泺，遂及文姜如齐。齐侯通焉。公谪之，以告。夏四月丙子，享公。使公子彭生乘公，公薨于车。（《左传·桓公十八年》）

原来，鲁桓公夫人文姜是齐襄公的妹妹，出嫁前兄妹兄关系暧昧。这次跟着夫君鲁桓公返回齐国，大概旧情重萌，再次与齐襄公私通。鲁桓公知道后，严词责骂文姜，文姜向齐襄公哭诉，齐襄公就派大力士公子彭生将桓公杀死在车内。试想，如果没有《左传》揭秘，鲁桓公之死将成千古之谜，齐襄公的恶行也不为人知。这种为尊者讳的春秋笔法从现代史学角度与真实性要求背道而驰。

然而，这种隐讳的史法通过《春秋》经传的传播在后世得到了不断的肯定和发扬。司马迁在《史记·孔子世家》中谈到春秋笔法时说，"践土之会实召天子，而《春秋》讳之曰'天王狩于河阳'。推此类以绳当世"。司马迁的意思是说，这种隐讳史法为现世的历史著述确立了准绳。

写史为尊者讳，尚可理解；还要为贤者讳，这又是何故？近人陈剑谭在《中史宗旨之误》说，"尊君既甚，不得不尊官以助君威"。可谓一语道破。能够入史的贤者大都是文官武将，是君威的扶持者、实行者和象征者，既然为尊者讳是为了弘扬忠君思想，那么为贤臣讳也就顺理成章了。《春秋》隐晦的贤者包括晋文公、齐桓公、管仲等。明代刘基《郁离子·论史》说，"孔子作《春秋》为贤者讳，故齐恒、晋文皆录其功，非私之也，以其功足以使之慕。录其功而不扬其罪，虑人之疑之，立教之道也"。

再说为亲者讳。为尊者讳是君君臣臣的要求，为亲者讳则是父父子子的要求。孔子并不反对"直书"，但他理解的"直"，不是"直截了当"的意思，而是必须体现君臣父子的伦理规范。孔子说，"父为子隐，子为父隐，直在其中矣"。关于为亲者讳，我们可以举两个反面例子，一个是西汉司马相如，一个是东汉王充。刘知几在《史通》中指责这两个人不懂为亲者讳，自揭家丑，真可谓"名教罪人"！

> 然自叙之为义也，苟能隐己之短，称其所长，斯言不谬，即为实录。而相如《自序》，乃记其客游临邛，窃妻卓氏，以《春秋》所讳，持为美谈。虽事或非虚，而理无可取。载之于传，不其愧乎！又王充《论衡》之《自纪》也，述其父祖不肖，为州闾所鄙，而已答以瞽顽舜神，鲧恶禹圣。夫自叙而言家世，固当以扬名显亲为主，苟无其人，阙之可也。至若盛矜于己，而厚辱其先，此何异证父攘羊，学子名母？必责以名教，实三千之罪人也。（《史通·序传》）

刘知几说，司马相如在《自序》中讲述了自己客游临邛之时窃妻卓氏的故事，不以为耻，反以为荣，大违《春秋》为亲者讳的原则。刘知几又说，王充在《论衡·自纪》中述说了自己的父辈、祖辈行为不肖，受到乡里鄙视，王充居然以"瞽顽舜神，鲧恶禹圣"的例子，说明虽然自己的父亲顽恶，他作为儿子却可神圣，真可谓不以为耻，反以为荣。

在上面的文字中，最值得注意的是两句话：一句是"虽事或非虚，而理无可取"，意思是说，虽然是真实的史事，但如果有悖于名教，从道理上讲也不应记录。另一句是"苟能隐己之短，称其所长，斯言不谬，即为实录"，意思是说，如果达到了"隐讳"的目的，不但不违反"实录"，恰恰就是"实录"。总而言之，历史记述必须"责以名教"，将符合名教作为第一要义。即便像刘知几这样历史上最著名的史学思想家，对历史的真实性依然持这样的态度，不仅让人嗟叹不已。

事实上，对于史著隐讳的态度，可以作为衡量古代学者史识水平的一种标准。我们在这里选取两位重量级人物朱熹与王阳明来做一番比较。

先来看王阳明。《传习录》记录了王阳明与弟子徐爱之间的一段对话，恰好有关《春秋》隐讳问题。

> 爱曰："著述亦有不可缺者。如《春秋》一经，若无《左传》，恐亦难晓。"
> 先生曰："春秋必待传而后明，是歇后谜语矣。圣人何苦为此艰

深隐晦之词?《左传》多是鲁史旧文。若《春秋》须此而后明,孔子何必削之?"

爱曰:"伊川亦云:'传是案,经是断。'如书弑某君,伐某国。若不明其事,恐亦难断。"

先生曰:"伊川此言,恐亦是相沿世儒之说。未得圣人作经之意。如书弑君,即弑君便是罪。何必更问其弑君之详。征伐当自天子出。书伐国,即伐国便是罪。何必更问其伐国之详?圣人述六经,只是要正人心。只是要存天理,去人欲。"(《传习录》上)

王阳明的意思是,《春秋》上说什么就是什么,何必追究详情,只要接受结论即可。对于弟子徐爱"若不明其事,恐亦难断"之问,完全不予理睬。其实徐爱提出了一个关键性问题,就算王阳明作为经学家只关注经义伦理,不关心历史事实,如果不清楚史事,经义伦理又从何而来?又如何使人信服呢?

徐爱是王阳明的女婿,自然不敢反驳。清代袁枚替他作了反驳:

天王狩于河阳,周襄王无故而远狩于千里之外,隐、桓二公皆被弑,而经皆书"薨"。是圣人之直笔转不如晋之董狐、齐之南史氏矣!乱臣贼子,又何所鉴戒而惧焉?(《小仓山房尺牍》卷八《答叶书山庶子》)

如果嫌这段话说得不够有力,袁枚还有更加辛辣的反讽:

然则传所载桓公、隐公皆被弑,而经皆书"公薨"。隐弑者之冤,灭逆臣之迹,岂非作《春秋》而乱臣贼子喜欤?若曰为国讳,小恶书,大恶不书,毋乃戒人为小恶,而劝人为大恶欤?(《小仓山房诗文集·文集》卷二十四《策秀才文五道》)

袁枚的意思是说,既然《春秋》讲抑恶扬善,隐讳正是掩盖了恶行,甚至是大恶之行,这不是自相矛盾吗?

我们再来看朱熹的态度，他与弟子讨论《春秋》有这样一段话：

《春秋》传例多不可信。圣人记事，安有许多义例！……或论及春秋之凡例。先生曰："春秋之有例固矣，奈何非夫子之为也。昔尝有人言及命格，予曰：'命格，谁之所为乎？'曰：'善谈五行者为之也。'予曰：'然则何贵？设若自天而降，具言其为美为恶，则诚可信矣。今特出于人为，乌可信也？'知此，则知春秋之例矣。"（《朱子语类》卷八十三《春秋》）

朱熹虽然没有说到隐讳，但朱熹明确说"《春秋》传例多不可信。圣人记事，安有许多义例"，基本上否定了《春秋》存在所谓的"义例"，其实也就否定了隐讳说。朱熹十分幽默地将《春秋》义例与社会上流行的八字算命"命格"相类比，所谓的春秋义例不过是汉儒人为设定，而非《春秋》原本所有，就像当时宋人热衷于讨论所谓的"命格"，不过是那些"善谈五行者"自说自话，而非"自天而降"的确论。既然如此，又何必相信？何必遵行呢？

比较朱熹与王阳明的史观，可以说高下立判：王阳明只是一位思想家，而朱熹不仅是一位思想家，更是一位严谨的史学家。须知，正确的思想应该建立在可信的事实基础之上。离开基本的社会史实，思想很容易流于空疏。清代学风注重实证，反对空谈心性，原因也在于此。

比较了中国学者，我们再来比较一下两位日本史家：主编《日本书纪》的舍人亲王与主编《大日本史》的德川光圀。

舍人亲王在《日本书纪》中为其君亲天武天皇隐讳，德川光圀在修编《大日本史》时对此非常不满。事实上，平安时代的《西宫记》《扶桑略记》《年中行事密抄》《立坊次第》《大镜》《水镜》等文献都记载了大友皇子继位一事，所以光圀在一篇有关《日本书纪》的文章中说，"光圀熟读此书久矣。至天武纪时不能无疑，盖舍人为父而隐也"。在《大日本史》之前，已经有《卜幽记》等史书将大友亲王写为本纪，林罗山《本朝通鉴》也将大友皇子作为正统的储君。坂本太郎在《日本的修史与史书》中写道，"光圀则更进了一步，他认为天智天皇崩后近江朝廷不可无主,《水镜》和《立坊次第》中皆记有大友皇子即位,故不可不从之,于是立《大友本纪》"。德川光圀的这个做法,打破了"为尊者讳""为亲者讳"原则,应该说体现了对历史的尊重。

这桩史争的事实焦点是,大友亲王究竟有没有被天智天皇定为太子,到底有没有真正登基践祚。历史上确有不同的说法。久米邦武《早稻田大学日本史》第一卷《弥生古坟时代》对此有一番叙述,总的意思是,在天武天皇病重弥留之际,将大海人皇子招进皇宫,表示愿将后事托付给他,大海人皇子拜倒在地,表示自己不能胜任,并愿意削发为僧,为天皇陛下修功德。天智天皇表示同意,于是大海子皇子当场在皇宫削发,然后告假离开皇宫前往吉野。四十多天后,天智天皇驾崩,大海人皇子在朝廷贵族们的鼓动下举兵反抗。久米邦武与坂本太郎的观点基本一致,都认为大友皇子立为太子之说是子虚乌有的,平安时代文献受到了《扶桑略记》的影响,是不太可靠的。

如此说来,反而是德川光圀不尊重史实了。坂本太郎在分析德川光圀为大友皇子立本纪的原因时说,"这一事件应该说是拘泥于形式的名分论而导致了错误的史实考证"。这里所谓的"名分论",就是正统史观。德川光圀本是一位严谨的历史学家,但他在历史考证与历史著述过程中,虽然能够打破隐讳笔法的传统,却没有跳出正统史观的桎梏。江户时期,日本人读到明朝燕王朱棣与建文帝朱允炆叔侄之争这段历史,就联想到大友皇子与大海子皇子叔侄之争,类似于方孝孺的正统思想观念也随之在日本产生影响,德川光圀应该就是受到影响的史家。

郑樵与林家学

1902年,梁启超写了一篇文章《中国之旧史》,认为"细数二千年来史家,其稍有创作之才者,惟六人":司马迁、杜佑、郑樵、司马光、袁枢、黄宗羲,他们分别撰写了《史记》《通典》《通志》《资治通鉴》《通鉴纪事本末》《明儒学案》和《宋元学案》。对于郑樵的史学地位,一般都着眼于他创作的《通志·二十略》,这确实是中国史学史的里程碑之作。此外,郑樵还具有先进的史学观念,能够超越道德主义史学传统,将历史真实性和客观性要求置于历史著述的首要地位。他说：

> 凡秉史笔者，皆准《春秋》，专事褒贬。夫《春秋》以约文见义，若无传释，则善恶难明。史册以详文该事，善恶已彰，无待美刺。读萧、曹之行事，岂不知其忠良？见莽、卓之所为，岂不知其凶逆？夫史者，国之大典也。而当职之人不知留意于宪章，徒相尚于言语，正犹当家之女不事饔飧，专鼓唇舌，纵然得胜，岂能肥家？（《通志·总序》）

讲求春秋大义的传统史学把褒贬美刺作为历史著述的重要目的，甚至是唯一目的，结果就会有意无意地损害历史的真实性和客观性，其实质是没有划清史学与经学的边界，把史学当作经学来研究，使史学变成经学的奴仆。郑樵并不否定史学的道德名教意义，但如果不以历史真实为基础，何来褒贬美刺？就像《春秋》"若无传释，则善恶难明"。郑樵认为，史学的目的应该是详文该事，只要史实清晰，"善恶已彰，无待美刺"，自然而然就起到了道德评价的作用，不需要"专鼓唇舌"；相反，如果史实不清，就算喋喋不休，也起不到真正褒贬的作用。

林罗山与林春斋父子的林家学代表了幕府兴盛时期日本史学的重要特色。深受中国儒家思想影响的林罗山具有"大义名分论的、劝善惩恶式的史观"，不过他也认为"史之正者，录之实者，可谓良矣"。林春斋接续父亲编纂《本朝通鉴》，在凡例中明言，"据事直书义自见，而劝惩之意亦在其中"。坂本太郎对此予以高度评价，他说：

> 表明编者期望通过直书事实而自然到达道义评价的效果……这里所说"据事直书"的含意是，与《春秋》与《通鉴纲目》那样字字有褒贬之意，道德性评判明显地表露在字句上的方法不同，它不采取这种写法，但也不是抹杀道德批判的精神，在这种方法中包含着对自古不变的历史的思考方法和作为人生和政治借鉴的历史期待。（［日］坂本太郎：《日本的修史与史学》，北京大学出版社1991年版，第111—112页）

日本学者渡边广在《罗山史学》一文中说，林春斋的思想也就是林罗山的史观，"罗山作为幕藩体制兴盛时期的儒者，没有陷入极端的、大义名分论的、劝善惩恶式的史观的泥坑，而努力追求事实，这应该说是很卓越的"。

求真与求善毫无疑问都是历史研究的追求目标。但是，对于历史学来说，求真是求善的根基，求善是求真的结果。历史学之所以称为历史学而非伦理学，或者说史学之所以不同于经学，就在于它以追求真相为最高原则，以保持客观为基本准则，以还原历史为最终目标。历史学的研究成果可否用于伦理目的？当然可以！一方面，历史学为道德批判提供真实可信的史实，使道德批判的求善追求建立在坚实的历史真实之上，如中国古代的《说苑》《新序》《韩诗外传》以及其他各种子书，就是运用史实来进行政治评论、道德说教和人生启示；另一方面，人类社会生活本身就体现了道德价值意义，历史学如实地呈现人类历史生活样态，内在地包含了道德伦理的意蕴，即便史学家没有直接进行道德评点，读者也可以从真实的历史中发现人间正道的意义。

宋代以降，中国学术界对于历史学本质的认识越来越清晰，尽管宋明理学将学理性道德说教奉为圭臬，但像朱熹这样的理学大家还是明白史学与理学之间的差别，对长期流传下来的所谓春秋笔法深表怀疑，他说：

> 春秋大旨，其可见者：诛乱臣，讨贼子，内中国，外夷狄，贵王贱伯而已。未必如先儒所言，字字有义也。想孔子当时只是要备二三百年之事，故取史文写在这里，何尝云某事用某法？某事用某例邪？（《朱子语类》卷八十三《春秋》）

朱熹的这种观点与同时代的郑樵是基本一致的。这是一种比较成熟的历史眼光，体现了宋代知识精英对学术泛经学化的抵触和反动。更加令人可喜的是，朱熹还以这种史观去看待其他经学典籍，如对《诗经》的看法，朱熹也能用历史主义的目光去审视，写下了当时最具历史客观性的名著《诗集传》，他说：

《诗·小序》全不可信。如何定知是美刺那人?诗人亦有意思偶然而作者。又,其序与《诗》全不相合。《诗》词理甚顺,平易易看,不如《序》所云。且如《葛覃》一篇,只是见葛而思归宁,序得却如此!(《朱子语类》卷八十一《诗》一)

到了清代,在朴学之风吹拂之下,出现了一大批富有实证精神的学者,承续了郑樵、朱熹的史学思想。王鸣盛有关求实与求虚、考核与褒贬关系的论述,把史学的应然本质讲得更加清楚:

盖学问之道,求于虚不如求于实,议论褒贬,皆虚文耳。作史者之所记录,读史者之所考核,总期于能得其实焉而已矣,外此又何多求耶?(王鸣盛:《十七史商榷·序》)

王鸣盛对著史者与读史者都给予明确的忠告,实质上已经十分接近于近代实证主义史学思想,他说:

大抵作史者宜直叙其事,不必弄文字,寓予夺;读史者宜详考其实,不必凭意见,发议论。(王鸣盛:《十七史商榷》,"唐史论断"条)

钱大昕在《廿二史考异》中也认为,"史者,纪实之书也"。他在《十驾斋养新录》中又说:

史家纪事,唯在不虚美、不隐恶,据事直书,是非自见。(《十驾斋养新录》卷十三《唐书直笔新例》)

钱大昕"据事直书,是非自见"与林家学"据事直书义自见"是完全一致的。钱大昕又说:

但使纪事从其实,则万世之下,是非自不能掩,奚庸别为褒贬

之词。(《潜研堂文集》卷十八《续通志列传总叙》)

与钱大昕同时代的袁枚在《随园随笔》中也说:

> 作史者只须据事直书,而其人之善恶自见;以己意定为奸臣逆臣原可不必。(《随园随笔》卷四《作史》)

著史者如果以名教目的先入为主,很容易忽视历史的真实性,使道德评价建立在错误史事的基础之上,一旦史事被发现失实、失真,甚至自相矛盾,道德评价的权威性反而失去了基础,瞬间化为一缕青烟。所以,历史道德主义不仅伤害了历史学,而且从长远看也伤害了自身。袁枚在《随园随笔》中列举了《公羊传》大量自相矛盾的"书法":

> 如春王正月而以为黜周王鲁,宋穆让国而以为酿祸,叔术妻嫂而以为贤,许止弑父而有时赦,宋襄败泓而以为文王之战,祭仲废君而以为合圣之权。于外大恶书,于内大恶讳,然则内之乱臣贼子无忌惮矣。贼不讨不书葬,然则晋灵、齐庄皆暴露矣。子同生而以为病桓,则是直彰公纵夫人淫奔,而与大恶不书之说自相矛盾。(《随园随笔》卷一《公羊之非》)

袁枚认为,此类春秋笔法的道德说教不仅牵强附会,甚至匪夷所思,给后世政治伦理造成了适得其反的负面影响。他具体指出了《公羊传》的负面影响:

> 以昭六年书仲孙何忌为讥二名,启王莽禁二名之渐;以齐襄公复九世之仇为合礼,启汉武开边之祸;以天王出居于郑为不能乎母,启武后易唐之渐。实与而文不与,圣人不若是之舞文也。享国长故不为之讳本恶,享国短故为之讳本恶,圣人不若是之齷齪也。(《随园随笔》卷一《公羊之非》)

王鸣盛、钱大昕、袁枚等一批有眼光的前贤已经认识到，只要史册详尽、事实清楚，历史研究善恶自明、无待美刺。这种观点已经非常接近现代客观主义史学思想，实属难能可贵，标志着清代最优秀的传统史学家经过独立思考和大胆探索，初步找到了一条通往近现代史学的曲径，并且筚路蓝缕地奋力开拓前进。

现代史学并不排斥历史著述的道德意义，只不过这种道德意义必须从历史真相中引申出来，是历史求真的自然结果而不是前提条件。历史真相显现出来了，其中蕴含的道德意义也就不言自明地显现了，这是一个水到渠成的过程，而不是一个削足适履的过程。十九世纪末，随着西方史学理论和史学方法的引入，以及日本新史学的直接影响，以梁启超1902年发表《史界革命》为标志，中国史学界兴起了新的史学转型，历史实证主义和疑古辨伪从正面与反面两个方向推动了中国新史学的发展，梁启超《中国史叙论》与《中国历史研究法》、章太炎《訄书》、顾颉刚《古史辨》、熊十力《中国历史讲话》等一大批史家名著开启了中国现代客观史学、求真史学、实证史学的新路径。

新史学是中国传统学术走向现代学术的必由之路，也是新文化运动的有机组成部分。正如新文化运动一方面致力于"德先生""赛先生"等新文化元素的输入与传播，另一方面致力于对传统文化的反思与批判，新史学也同样在建设与批判两个维度同步进行。一批具有新史观的学者，有的饱读中国传统经典，有的深受现代西学影响，都站在历史主义的角度来讨论传统史学的弊端与出路。熊十力在《中国历史讲话》中讨论了中国古代史著的忠君伦理，他说，"自从汉四史以下，无论其书为短为长，而通有一个根本精神，即忠君是也。他的这种精神，无处不在"。他举例说：

> 随举一例，如范隆臣于刘曜。考刘曜行事，真是不成人类的东西。范隆而臣于刘曜，则已甘为兽类而不惜矣。然史家以范隆能守直于曜之廷，则称美之为经儒。史家不论曜是何许人也，只以曜既为君，范隆已为之臣，则能尽忠节者，即是好人。史家于此，就是依据他忠君根本精神来作裁断的。举此一例，可知其余。试思全部

二十四史，忠君精神所给予过去社会的影响，该有多么大。君主高于一切人，人人都愿为他而牺牲。（熊十力：《中国历史讲话》，上海书店出版社2008年版，第26—27页）

史学家杨鸿烈在《史学通论》中也说：

昔日史家根本不懂得历史的本身是"客观的事实"的记载，无论是谁都有他的一些"微言大义"，所以不惜把正确的史事牺牲来做达到某种"主观的目的"的"手段"或"工具"！（杨鸿烈：《史学通论》，岳麓书社2012年版，第67页）

褒贬史学习惯于将复杂的历史叙述、历史分析、历史解释，简单地约化为"非好即坏""非对即错""非黑即白"的史学评判，在一定程度上影响了历史思维的发育与发展。史学家李宗侗在《中国史学史》中写道，"以记载之历史为惩劝作用，此中国史学之特点，因此而影响于史迹之失真，亦中国史学之弊也"。说实话，历史道德主义并不是中国古代独有的现象。在西方也出现过类似的情况。美国史学家汤普森在《历史著作史》中说，"在古代，个人传记则是和国家、政府或文化密切联系起来的……所有传记的写作都倾向于道德说教——把撰写对象写成应当钦佩和模仿或谴责的目标"。普鲁塔克写作于公元一世纪中期的《名人传》，同样拥有明确的道德指向性，汤普森甚至认为应当把普鲁塔克视为一位"道德家"，而非"历史家"。另外，西方中世纪史学也可以说是一种"春秋笔法"，基督史学的"微言大义"就是基督教的教义，基督教史学家一切都以基督教的眼光看历史，杨鸿烈在《史学通论》中说，"从基督教的眼光看，历史的进程不过就是一个悠久无已的善恶相战，历史的'目的'也即是向着神的方面前进，依着神的预言进行"。西方经过文艺复兴、启蒙运动和理性主义的洗礼，在工业革命和科技革命的推动下，近现代史学华丽转身，直奔客观主义史学而去，将人类史学发展史推进到一个新的阶段。

在外部史学新风的吹拂下，借助于新文化运动反对封建与追求科学的双重推力，中国传统史学的生命新芽沛然勃发，并且迅速茁壮成长。

鉴与镜

以史为镜是日本传统史学的一个鲜明特色。川崎庸之在《纪记与镜》一文中指出，《古事记》与《日本书纪》的基本性质都是实用性历史，至于《续日本纪》等其他五国史，其实用性质"基本上达到完成的地步"。川崎庸之引叙了这五部国史的编者表文，可以清楚看出"以史为镜"的宗旨。在这里，我们不妨具体分析一下。

《续日本书纪》前20卷的编者藤原继绳等人在上表文中说，"表言旌事，播百王之通猷；昭德塞违，莫不垂千祀之炯光。史籍之用大矣"。这里"史籍之用大矣"一句，明显借用了唐太宗李世民《修〈晋书〉诏》中的话语，"大矣哉，盖史籍之为用也"。唐太宗是中国历史上第一位高度重视历史著述并且亲力亲为参与历史编纂的皇帝。经历了隋末天下大乱的切肤之痛，唐太宗深感以史为鉴的现实意义，希望"览前王之得失，为在身之龟鉴"。他与众臣们经常"商榷古今"，探讨历史得失，虚心接受下属的诤言劝诫，用历史经验教训指导现实政治，《贞观政要》一书对此颇有生动叙述。唐太宗《修〈晋书〉诏》中还说到"备百王之令典""神交千祀之外"，藤原继绳应该熟读过此文，故多有假借。《续日本书纪》后20卷的编者菅原真道等人上表文则说，"庶飞英腾茂，与二仪垂风；彰善瘅恶，传之万叶以为鉴"，明确表达了历史著述彰善瘅恶、万世垂鉴的史鉴意识。《日本后纪》序文曰，"无隐毫厘之瘢，咸载锱铢之善。炳戒于是森罗，微猷所以昭晰。史之为用，盖如斯与"，体现了抑恶扬善的史用观。《续日本后纪》序文说，"史官记事，帝王之迹攒兴。司典序言，得失之论对出。宪章稽古，设沮劝而备远图。贻鉴将来，存变通而垂不朽者也"；又说，"善虽小必书，恶虽微无隐，俾徽烈绚绁，垂百王之龟镜，炯戒照简，作千祀之指南"。这些话语都充分表达了史鉴观念。另外，《日本三代实录》《日本文德天皇实录》序文也有相近表述。从以上引文清晰可见，日本正史从一开始以镜鉴为目标，与中国"以史为鉴"的史观高度吻合。

中国古代以史为鉴的史学思想由来已久。《诗经》中有这样的诗句：

  文王曰咨，咨女殷商。人亦有言：颠沛之揭，枝叶未有害，本实先拨。殷鉴不远，在夏后之世。（《诗经·大雅·荡》）

  这就是"殷鉴不远"的出处。周王对殷商民众发表演讲，大致意思是：俗话说得好，把植物连根拔起，枝叶虽然暂时还活着，但根本却已失去了。你们殷商王朝的前车之鉴并不遥远，就在夏王朝末世的那个夏桀。言下之意，殷人没有接受夏桀灭亡的教训，现在自己也到了灭亡的下场。当然，"夏鉴""殷鉴"也是周人对本族的自我警告，《尚书·召诰》中说，"我不可不监（鉴）于有夏，亦不可不监（鉴）于有殷"。

  到了战国秦汉以降，史鉴意识成为普遍接受的史观。《礼记》中说"往古者，所以知今也"；《大戴礼记·保傅》说，"鄙语曰：……前车覆，后车诫"。这句话后来演绎成著名的"前车之覆，后车之鉴"，简称"前鉴"。在汉儒看来，孔子作《春秋》就是以史为鉴，司马迁用一串漂亮的排比句对《春秋》的史鉴功用进行了一番铺陈：

  故有国者不可以不知《春秋》，前有谗而弗见，后有贼而不知。为人臣者不可以不知《春秋》，守经事而不知其宜，遭变事而不知其权。为人君父而不通于《春秋》之义者，必蒙首恶之名。为人臣子而不通于《春秋》之义者，必陷篡弑之诛，死罪之名。（《史记·太史公书》）

  至于司马迁本人，自谓著《史记》是为了"述往事，思来者""罔罗天下放失旧闻，王迹所兴，原始察终，见盛观衰"。班固在《汉书·京房传》中也说，"后之视今，犹今之视昔"，表达了同样的意思。

  唐太宗高度重视人事的镜鉴作用，魏征去世后，唐太宗沉痛不已，说了一段"以史为鉴"的名言：

  夫以铜为镜，可以正衣冠；以古为镜，可以知兴替；以人为镜，

可以明得失。朕常保此三镜,以防己过。今魏徵殂逝,遂亡一镜矣!(《旧唐书·魏征传》)

这里"以古为镜"四字,《新唐书》作"以古为鉴","鉴""镜"本为同义词,意谓借鉴历史经验教训以指导现实和未来。对经验教训的借鉴,除了历史人物、事件之外,还包括社会制度沿革的历史启示。中国史学发展至唐代出现了一个新的动态,就是典章制度史的编纂得到了迅猛的发展。谢保成在《中国史学史》中说,唐代相对于之前的典制编纂,"由单项制度考察走向综合研究,由记一朝一代典章制度向系统探索沿革演变,两个方面的结合,便成为典制史产生的学术原因"。一个标志性的成果便是杜佑编修的《通典》。杜佑历仕六朝,位极人臣,却能手不释卷、孜孜不息地花费了三十六年,编纂完成二百卷巨著《通典》,成为中国史学史乃至世界史学史上第一部贯穿数千年的典章制度通史,也成为中国经世致用史学的第一个里程碑。在此之前的史家史著也重视史学的实用功能,但主要聚焦于君臣事迹、治乱兴衰等狭义的政治、人事的历史,而《通典》却熔铸群经诸史,涵纳政经百科,记录典章制度,明乎因革损益,以食货、选举、职官、礼、乐、兵、刑、州郡、边防九大门类,建立起一个包罗万象的社会治理知识体系,并从体制入手寻找社会变革原因,总结施政方略经验得失,助益于广泛意义上的社会管理。用杜佑《通典·自序》的话来说,"所纂《通典》,实采群言,征诸人事,将施有政"。杨鸿烈在《史学通论》中评论说,"在'浩如烟海'的中国史籍里最显著以'资治'为'历史目的'的例当莫属于杜佑的《通典》了","他这本书实在算得是中国史界里'资治派'最早的代表作"。这也就是杜佑在《进通典表》中所说,"至于往昔是非,可为来今龟镜"。宋代曾巩在《南齐书序》中认为,"史者,所以明夫治天下之道也",在《南齐书·进书表》又说,"古之所谓良史者,其明必足以周万事之理,其道必足以适天下之用,其智必足以通难知之意,其文必足以发难显之情,然后其任可得而称也"。不过,曾巩对历史功用的理解,讲了理、用、意、情四个方面,却没有涉及"真",这是颇值得注意的现象。

总的来说,从周人具体的"殷鉴",到唐太宗一般意义的"史鉴",

中国古代已经形成了相当成熟的以史为鉴思想，并且随着史学文化的东传，对日本史学产生了极为深远的影响。在日本官修正史六国史之后，十一世纪至十四世纪日本史著发展出一种模仿小说叙事方式的历史物语，被称为"世继与镜"。"世继"的含义是世代继承，"镜"的含义就是以史为镜。日本国史转变为"世继与镜"，一方面体现了对正史体裁的一种批判精神，另一方面也显示出日本史著从汉文向假名文变化的动态趋势。日本僧人慈圆在《愚管抄》中将《大镜》称为"世继镜卷"，显然看到了"世继"与"镜"的共同特点。

以"镜"命名的历史物语，包括《大镜》《今镜》《水镜》《增镜》，合称"四镜"。正如书名"镜"字所示，"四镜"继承了"六国史"的鉴戒史观。

《大镜》主要记述贵族藤原氏及其摄关政治的兴盛过程，在"四镜"中具有较高史学价值。川崎庸之认为，《大镜》这部书的题名来源于下面两首对话式诗作：

> 明镜明镜，相遇何幸，
> 照彻未来，犹鉴古今。（大宅世继作）
> 明镜明镜，虽古犹新，
> 帝王行迹，一事无隐。（夏山繁树作）

正如《大镜》中的一首和歌所吟，"一朝照在明镜里，过去未来均可识"，《大镜》就是一种"教训式历史叙述"。坂本太郎说，"把历史看作是一面镜子是中国传统的历史观，在六国史的序文等中也可以看到，这时已成为常识。《大镜》就是采用日本式的表达而题为书名的"。

《今镜》在部类划分和题目篇名方面模仿了《大镜》与《荣华物语》，记述天皇、后妃、皇子和藤原氏事迹以及远古时代逸话传闻。《今镜》序言说，"虽云鉴古鉴今，然言古则过分，或可谓之今镜"。这句话来源于白居易的《百炼镜》诗，诗中云"太宗常以人为镜，鉴古鉴今不鉴容。四海安危居掌内，百王治乱悬心中。乃知天子别有镜，不是扬州百炼铜"。这样说起来，《今镜》的名称也与唐太宗有关。

《水镜》是平安时代末期僧人皇圆《扶桑略记》夹杂假名的翻译本，讲述从神武天皇到堀河天皇的编年史。《增镜》反映的时代是从后鸟羽天皇即位到后醍醐天皇从隐歧返京后开始新政的元弘三年。在"四镜"中史学价值仅次于《大镜》，"增镜"的意思是明澈无瑕的镜子，序文中有两首歌，一首是"增镜不及古风采，然可显扬愚者心"，另一首是"古今历代迹重重，增镜照察古今同"，其以史为鉴的写作意图相当明显。另外，作为日本最初武家历史记录的《吾妻镜》，又名《东鉴》，也是以史为鉴的意思。德川家康刻印此书，其跋曰"以《东鉴》名之者，非无所由。殷以夏为鉴，周以殷为鉴。诗曰'殷鉴不远，在夏之后'"云云，明白无误地表达了史鉴之旨。

　　在历史上，"以史为鉴"对于史学家历史著述的动机具有难以抗拒的诱惑，可谓中外皆然。古代希腊希罗多德的《历史》、修昔底德的《伯罗奔尼撒战争史》，以及古罗马色诺芬的《远征记》、李维的《罗马史》、塔西佗的《编年史》等古典史学名著，都表现出明确的"史鉴""资治"和"垂训"目的。

　　现代历史学同样不排斥史学的鉴戒意义，只不过更加注重保持历史客观性与史鉴功用性之间的必要张力。关于维持这种张力的平衡，修昔底德在《伯罗奔尼撒战争史》中的一段话可供参鉴：

> 　　我这部历史著作很可能读起来不引人入胜，因为书中缺少虚构的故事。但是如果那些想要清楚地了解过去所发生的事件和将来也会发生的类似的事件（因为人性总是人性）的人，认为我的著作还有一点益处的话，我就心满意足了。我的著作不是只想迎合群众一时的嗜好，而是想垂诸永远的。（[古希腊]修昔底德：《伯罗奔尼撒战争史》，商务印书馆1960年版，第18页）

　　史鉴，是以史为鉴，而非以鉴为史。史是鉴的基础，鉴是史的引申，正如一面好的镜子必须能够反映真实的人像，否则只能是一面哈哈镜。

《资治通鉴》与《本朝通鉴》

宋代司马光所著《资治通鉴》原本叫做《历代君臣事迹》。关于这本书的史料选择标准，司马光在《刘道原十国纪年序》中说得很清楚，就是"凡关国家之兴衰，系众庶之休戚，善可为法，恶可为戒者"，可见司马光撰史的主要目的是以史为鉴。宋神宗认为这部书"鉴于往事，有资治道"，特地赐名为《资治通鉴》。《资治通鉴》可以说是中国传统史鉴著述的代表之作。元代胡三省模仿司马迁对于《春秋》的评论，对《资治通鉴》评论道：

> 为人君而不知《通鉴》，则欲治而不知自治之源，恶乱而不知防乱之术。为人臣而不知《通鉴》，则上无以事君，下无以治民。为人子而不知《通鉴》，则谋身必至于辱先，作事不足以垂后。（胡三省：《新注资治通鉴序》）

概言之，《资治通鉴》对于君臣父子、治国治家均有全方位的借鉴指导意义。王夫之在《读通鉴论·叙论四》中说，"得可资，失亦可资也；同得可资，异亦可资也；故治之所惟在一心，而史特其鉴也"。王鸣盛在《十七史商榷·缀言二》中盛赞《资治通鉴》"专取国家盛衰，系生民休戚，善可为法，恶可为戒者，洵不愧'资治'之称。此天地间必不可无之书，非学者必不可不读之书也"，溢美之词无以复加。

日本传统史家也将《资治通鉴》奉为史学圭臬，效仿其要旨与体例，编纂了多部通鉴类史著。渡边广在《罗山史学》一文中说，"近世儒者大都认为历史就是政治史。他们研究历史的目的是，对以往治乱兴衰的政治事迹，加以大义名分论的和劝善惩恶式的评价，为执政者提供参考"。林罗山便是典型代表，他深受儒家思想影响，认为历史著作的功能即在于记录人物言行与政治演变，并从中归纳出修身为政的鉴戒。罗山熟读包括《资治通鉴》在内的中国史籍，认为"读《史》《汉》，宜鉴君臣得失，治乱兴亡"，又说《资治通鉴》"古今之治乱，君臣之得失，昭如日星，可谓殷鉴不远，近似古人所谓遗书获麟，信哉"。1644年，德川幕府三代将军德川家光鉴于六国史之后修史官方事业中断，日本国史缺了后半部分，就命令林罗山编纂从神武天皇到宇多天皇的历史。罗山以维护武家政权为目标，彰显江户幕府作为武家政治继承者的合法性，秉承"宁拙勿误，宁俗勿鄙，宁繁勿脱，宁朴勿违"的修史原则，坚持史实与史鉴并重，以超越时流的史识完成了史著，汇编成40卷，题名为《本朝编年录》，献给家光将军。

林罗山于1657年去世后，编纂工作暂时停下，直到1662年四代将军德川家纲下令罗山之子春斋再次续编，春斋恪守乃父遗志，与两个儿子春信、春常接续努力，坚持"据实直书"的精神，注重历史事件叙述的完整性。编纂工作于1664年完成，根据家纲的命令，《本朝编年录》改名为《本朝通鉴》，旨在仿效中国《资治通鉴》与朝鲜《东国通鉴》。该书编成后并未公开发行，仅藏于江户城内，为幕府将军提供修身为政的鉴戒。

其后，史学家新井白石按照德川幕府的要求撰写《藩翰谱》，主要记载德川幕府初期万石以上的大名家谱，算是一种记录八十年间忠于德川幕府的各位大名的功劳簿。据说德川家宣深爱此书，常置座右，"国政之废举黜陟必参考之"，大名们也都收藏此书，广泛流传于世。因为出于明显的政治实用动机，《藩翰谱》的史学客观性当然会打折扣，坂本太郎写道：

> 本书是为家光将军之孙、被视为纲吉的继承人的纲丰而写的，目的是使纲丰了解德川政权的正当性和统御诸侯的必然性，自然有一定的倾向性。也很难否认，本书是在一定的倾向下列举史实和解释史实的。将家康其人与其行为视为神圣、以在关原战役和大阪战役时效忠德川氏为光荣，这是江户时代武家的一般观念，本书也没有摆脱这种倾向。其实证的态度也是以此为前提的。（［日］坂本太郎：《日本的修史与史学》，北京大学出版社1991年版，第148页）

古人记录往事、撰写史著、研究历史，存在各式各样的目的或动机，有的是褒贬历史、臧否人物，有点是宣扬正统、鞭挞僭伪，有的是见盛观衰、察往知来，不一而足。历史功用主义包括褒贬史学的历史道德主义和以史为鉴的历史经世主义，前者侧重于历史的道德功用，故可称为"教化派"；后者侧重于历史的借鉴作用，故可称作"史鉴派"或"资治派"。对过去往事的总结，能够给现实社会带来一定的启示，这是毫无疑问的。传统史学素来注重彰善瘅恶、考论得失，以史为鉴乃是题中应有之义，是"大哉史用"的重要体现，清代戴名世有一段话，可以作为古代"教化派"与"资治派"史学的总结之论：

> 夫史者，所以纪政治典章因革损益之故，与夫事之成败得失，人之邪正，用以彰善瘅恶，而为法戒于万世。是故圣人之经纶天下，而不患其或敝者，惟有史以维之也。（戴名世：《南山集》卷十四《史论》）

近现代以来，以史为鉴的文化传统在史学界依然影响广泛。梁启超认为人们读史的目的就是"察往以知来，鉴彼以诲我"，他在《中国历史研究法》中说："史者何？记述人类社会赓续活动之体相，校其总成绩，求得其因果关系，以为现代一般人活动之资鉴者也。"熊十力虽然对历史道德主义不以为然，但并不反对以史为鉴，他在《中国历史讲话》说，"历史之学，所以数往知来，其意义幽广，其责任极重大。凡一国之历史，其对于民族思想之指示与民族力量之启发，恒于不知不觉之间，隐操大柄"。钱穆也持同样观点，他说：

> 中国人称"史鉴"，既往之历史，乃如当前人生一面镜子。人不能自见其面貌，照镜可见。亦如人不能自知其当前之生，鉴于以往之历史，乃如揽镜自照。照镜见己，亦如读以往之史而知己当前之生。其间实无大相异处。（钱穆：《中国史学发微》，生活·读书·新知三联书店2009年版，第176页）

知古鉴今的观念始于人类对过往生活经历的回忆和总结，并以此调适当下的生活。人类面对过去、现在、未来三个维度，过去毕竟已经发生了，不可能逆转与改变，而现在和未来则充满不确定性。所以，人们需要从往事的回忆中探寻现在与未来的线索、依据和参照。这种史观是东西方史学的共识。哈拉尔德·韦尔策在《社会记忆》中说，回忆"是让人成其为人的东西。若是没有回忆能力，我们就不能构建自我，而且也无法作为个人与他人沟通"。过去的种种经历，无论是经验还是教训，都会使个体获得一种自我的认识，正是在这种自我认识的框架中，个体进行自我的确认，延展自我的发展。正如狄尔泰在《历史中的意义》中所说："人只有通过历史才能认识自己，而通过内省是永远也做不到这一点的。"这种经验扩大到一个群体、一个社会，就形成了以史为鉴的集体意识。与个体一样，社会也有自己的往事和历史。社会的历史是人们对于过去的人、事、物的一种追忆、记录、感怀、评论和解释。谈论过去是一种社会的偏好、文化的习惯，集体记忆既有利于形成群体的集体认同，也有助于确立应对未知生活的坐标。柯林伍德在名著《历史的观念》中说：

> 认识你自己就意味着认识你能做什么；而且既然没有谁在尝试之前就知道他能做什么，所以人能做什么的唯一线索就是人已经做过什么。因而历史学的价值就在于，他告诉我们人已经做过什么，因此就告诉我们人是什么。（[英]柯林伍德：《历史的观念》，北京大学出版社2010年版，第11页）

以史为鉴，就是在历史研究、历史叙事、历史阅读的过程中，获取能够针对现实政治社会的经验和教训，小到为人处世的经验、为官从政的得失，大到政治兴替、社会治乱、国家兴亡的龟鉴，甚至有可能发现、提炼和把握社会历史进程的某种学说或规律，资鉴于现实政治，应用于当下生活。直到今天，"以史为鉴"仍然是学术殿堂、民间市井以及网络空间有关历史学最常见的话语与话题。

对于历史学著述来说，以史为鉴是一把双刃剑，它既可以在人们前进的道路上披荆斩棘拓展出一条通往未来的道路，也可能将人们引入到历史误区和现实歧路的泥沼之中，还有可能对历史学求真求实的主旨造成伤害。培根说"读史使人智慧"。读史确实可以增长智慧，让人更加聪明。这种智慧和聪明更多的是一种认识事物的多维视角，一种分析问题的理性方法，一种反观过去的唯物史观，一种面对现实的人文精神，一种面向未来的积极态度。历史不是一面可以简单观照现实生活的魔镜，无法提供一种解决现实问题的具体答案。过去、现实、未来并不是处在同一个时空之中，人类社会的主客观条件都在发生不断的变化，如果以为人们能够从历史故事中直接得到当下生活的现成指南，恐怕是一个被误传千年的美丽神话。

在现代史学的视域下，传统史鉴派的学术思想和研究方法，就像所有传统史学一样，必须经受一定的学理反思和学术批评，这些理性审视并非否定以史为鉴的意义，而是纠正"史鉴派"的种种偏颇，从基于客观真实的历史学中发现能为人类社会提供更加有益生活的历史启示。从这个意义上说，对于传统"史鉴派"的现代学理观照，本身就是一种以史为鉴的学术理路，只不过这次史鉴的对象是"史鉴派"本身而已。

《愚管抄》的"道理"

如果要举出一部较有代表性的日本中世"资鉴派"史著，大概非《愚管抄》莫属。

乍看起来，《愚管抄》算不上一部"资鉴"史著，它更像是一部以宗教神秘主义目光探究历史意义的史论性著作。《愚管抄》看上去与同时代的"世继与镜"故事历史有着明显的不同，这就是它较为突显的史论特色，代表了日本较早的史论性史书。坂本太郎在《日本的修史与史学》中写道：

> 如果说故事历史表示了古代末期至中世的历史书的一大流派的话，那么宗教史论便表现出了中世历史界的另一个特色。故事历史也有史论的萌芽，然而，综观历史大势，站在佛教或者神道的立场上，大胆地赋予历史事实以某种意义的，是镰仓时代写的《愚管抄》

为代表的史论书。（［日］坂本太郎：《日本的修史与史学》，北京大学出版社1991年版，第62页）

日本在从古代向中世转变的过程中，武家政治开始兴起，公家政权日益没落，代表天皇的宫廷贵族与武士之间的公武关系处于紧张对立之中。这种状况有点类似于中国春秋时期周天子与诸侯国之间的失衡关系，也类似于春秋晚期诸侯国公室与世族巨卿势力的此消彼长。面对这种礼崩乐坏、上下颠倒的局面，具有历史意识的知识分子开始对比古今、思考人生，就恰如孔子作《春秋》、老子作《道德经》，日本僧人慈圆创作了《愚管抄》。这部书正如坂本太郎所说，"这决不是观念的游戏，而是为了生存而发出的真正内心深处的呐喊，是从现实生活中迸发出来的殊死的喊声"。

慈圆撰写《愚管抄》大约在承久二年，即1220年，次年便发生了承久之乱。作为摄政关白九条家的一员，慈圆虽然出家为僧，并长期担任天台宗座主，但"仍然为保持他所出身的九条家的名利而操心，因九条家的盛衰而忽喜忽忧"，他写作《愚管抄》的内心目的就是试图通过一种历史规律的阐释，来解释公武权力关系的变化历史，并且为当下和未来的政治发展走势提供一种学理性的文化认同。《愚管抄》的正文部分叙述了从神武天皇到永久元年（1219年）的日本历史，在"附录"卷概括地叙述了贯穿历史的规律，即慈圆所谓的"道理"，同时根据这种道理表述了慈圆对当时政治形势的见解。可见，《愚管抄》是一部以史说理、以史证理、以史鉴理的著作。

《愚管抄》本质上是一部史鉴之作。一方面，它不以历史叙事为目的，旨在揭示隐藏于历史演变根源中的"道理"，历史事实只不过是"道理"的显现；另一方面，它揭示历史"道理"的目的也不是纯粹为了探寻历史规律，而是要用历史"道理"揭示和应对现实政治。正如黑天俊雄在《〈愚管抄〉与〈神皇正统记〉》一文中所说，"慈圆是因为目睹乱世特别是承久之乱前夕紧迫的政治形势，作为警告，才尽力说明历史的'道理'，而不是要探讨历史的形而上学。从概念上去研究这种'道理'"。所以，与其说《愚管抄》是一部史述之作或史论之作，还不如说是一部史鉴之作。

具体来讲，《愚管抄》的"道理"大致是这样的：历史的演进趋势是从正法朝着末法一路衰落下去，表现为日本国"王法"的衰退，历史的分期与具体的时势只不过是这种衰退"道理"的实际体现。从王法的角度看，每一个重要的历史节点都是王法"一期一段的转折点"。这种观点貌似先秦儒家的尧舜理想与社会退步论思想，其实差别至少有二：第一，《愚管抄》的"道理"将这种社会衰退视为正常与必然，不但没有努力挽回之念，甚至还有说服人们顺从衰退大势之意；古代儒家也以上古三代为理想社会，而将后世的礼崩乐坏视为衰世，但儒家志在复兴三代理想，将上古"大同""小康"作为现实社会努力追求的方向。第二，《愚管抄》的"道理"也包含了保卫王法的意思，而保卫王法的两个重大历史事件就是佛教传入日本和臣家地位的确立，具体来说就是出现了崇信佛教的圣德太子和辅佐中大皇子消灭苏我氏的藤原镰足。慈圆在《愚管抄》中写道：

> 只靠国王的威势，我们日本国是不可能存在的，而只会动乱绵延；只有把臣下的尽忠和佛法的力量结合起来，才能完全体现（伊势大神宫的）当初的精神，而且这种精神一直流传到今天。（［日］历史学研究会、日本史研究会编《日本历史讲座》第八卷，商务印书馆1964年版，第38页）

由此我们可以看出，面对公武关系日趋紧张、动乱一触即发的局面，慈圆是要调和天皇与臣家的关系，是要展现佛教的法力，故此把臣家与佛法说成是国家多难大势下的保护王法的积极力量，把一部日本历史写成是"王法多难和神佛拥护王法的历史"。《愚管抄》结论就是，王法必然走向衰退，日本国的末法不可避免到来，武士的时代终将到临，武士与王法之间存在调和的余地，这种调和就是摄政家与武士家"成为一体，文武双全，以保卫国家，辅佐君王"。这种摄政家驾驭武士使之襄赞王法的做法，正是慈圆之兄九条兼实摄政关白的所作所为。

通过上述分析，我们已经看出慈圆《愚管抄》针对现实和未来政治的史鉴意义。另外，我们还可以提供一条证明《愚管抄》为史鉴之作的论据：《愚管抄》具有日本中世史学"未来记"的特色，而未来记恰恰就是一种史鉴史学。《愚管抄》的衰退史观并非偶然，中世史学的一个共同特点就是试图在激烈的社会政治转型过程中把握未来走势，《平家物语》同样也是衰退史观，只不过没有《愚管抄》强烈的宗教色彩。正如黑天俊雄所说，"中世的人们，就很想知道使过去、现在和将来发生变化的决定因素。未来记就是从中世社会的这种本质里产生出来的"。《愚管抄》产生于这样的历史文化背景之中，因此也具有未来记的明显色彩，"应该说《愚管抄》是承久之乱前夕的'未来记'式的历史观念的产物"。相较于《愚管抄》，之前的各种"未来记的说明却没有任何逻辑的思索的因素，而只有庸俗的内容；反之，《愚管抄》是通过'道理'这个观念来进行说明，这就获得了质的飞跃"。《愚管抄》的未来记属性明显反映出它的史鉴意义，因为"以史为鉴"观念的基本特征就是将历史与现实及未来有机结合起来，发挥借鉴与启示的作用。

仔细分析下去，《愚管抄》的史鉴具有一个明显的特点，它不是从具体的历史叙事中总结一般的历史经验、原则和道理，而是从一般的原则出发，按照事先设定的宗教史观，去叙述各种历史事件，来展示和论证"道理"的存在；然后再用这种"道理"来提供面对现实与未来的借鉴意义。事实上，这不是"以史为鉴"，而是"以鉴为史"。按照黑天俊雄的说法，在《愚管抄》中，历史"成为神学的奴婢"。不仅如此，历史也成了史鉴功用性的奴婢。

史鉴作用是历史学的重要功能，是历史学现实意义的基本体现。问题是要避免将"以史为鉴"变成"以鉴为史"。从本质上说，以史为鉴与以鉴为史的区别在于，以史为鉴的落脚点是历史求真，史鉴作用是历史真实的后续延伸；以鉴为史的出发点是事先设置的历史借鉴原理，历史叙述只是服务于阐释具体资治作用的工具而已；或者说，历史叙述是将事先设置的历史借鉴原理通过具体史事加以呈现和说明。

以史为鉴必须先有史实、后有资鉴，资鉴的可行性建立在历史的真实性之上，这就是历史学区别于政治学、伦理学、社会学以及哲学的根本所在。战国诸子之书《庄子》、《孟子》《荀子》《韩非子》中都有大量史事、史实，后世有些不甚严谨的史家将其用作史料，然而这些著作都不能算作史书，因为作者本意是写作哲理之书、政论之书、权谋之书，而非历史之书。先秦诸子都有强烈的现实关怀，只是借用历史故事来阐述自己的世界观、人生观和价值观，如果说诸子书中尚有史学的成分，那也只是借古说今、以古喻今而已。

试举两个"以鉴为史"的例子：一是王安石"借鉴"《周礼》推行新法变革，二是康有为借鉴孔子托古改制为维新变法张目。王安石在北宋神宗熙宁年间推行变法，为了替自己大刀阔斧的变法张本，王安石刻意制造了变法的历史依据，这就是他亲撰的《周官新义》二十二卷。王安石通过借鉴上古周礼制度的理想政治模式，来推行自己的新法。钱大昕说，王安石"所以尊《周礼》者，将以便其新法也"，如王安石"独取《泉府》一官，以证其青苗、市易之法"。当然，王安石这么做也是出于无奈，因为当时反对变法的势力很大。王安石虽然公开声称"天变不足畏，祖宗不足法，人言不足恤"，但他还是希望借助"祖宗成法"来争取政治话语权，论证熙宁变法的合理性。从史学角度看，王安石的《周官新义》就是一种以鉴为史，所以钱大昕认为"其托于用《周礼》者，安石之伪也"。

在晚清康有为维新变法中，基本上也是如法炮制，而其以鉴为史的形迹更加明显。康有为先后写了《新学伪经考》和《孔子改制考》，打着公羊派的旗号，宣扬托古改制思想，实质是用近代西方社会政治思想，借助托古改制的"素王"孔子，以史为鉴地论证变法维新的理论依据和历史根据，以对抗保守派对维新变法的阻碍。这种做法当然瞒不过熟读经史的保守派，他们责骂康有为"明似推崇孔教，实则自申其改制之义"，实乃"无父无君"，应该说并没有冤枉他。与王安石一样，康有为的托古改制违反了历史学的基本学理逻辑，颠倒了历史学的客观真实性与实际应用性之间的本末关系，为史鉴而史鉴，为现实而现实，把"我注六经"变成了"六经注我"，把历史叙事变成了政治论纲，把实证历史学变成了实用政治学。

需要说明的是，王安石、康有为等大都具有强烈的现实社会政治关怀，他们的托古改制无疑具有积极的社会意义，这也正是社会学有别于历史学的关捩之处。

事实与评论

历史评论是以史为鉴的一种重要方式。历史评论主要包括人物评价与事件评论，通过人物臧否和事件分析评议，表达史家的历史态度和价值取向，从而给后人一定的历史借鉴启示。

中国古代史著的历史评论主要体现在各类史书中的"仲尼曰""君子曰""太史公曰""史臣曰""袁宏曰""臣光曰"以及众多的"赞""论"。宋代以降出现了专门史论之著，有些是师生之间讨论的记录，如《朱子语类》中朱熹有关宋代及历朝的史论；有些是专门为诸生应付科举考试的申论之著，如吕祖谦的《东莱左氏博议》畅论春秋历史；明清时期在经世济用的史风下出现了一些史识、史论俱佳的历史评论专著，如王夫之的《读通鉴论》《宋论》等。可以说，历史评论是中国传统史学的一个重要学术特色。

有趣的是，日本正史从最早的六国史开始就不立论赞。坂本太郎说：

> 六国史原则上不立论赞。《日本后记》有个别地方记载了类似于论赞的东西，但贯穿六国史的原则是不设论赞项目，这大概是把六国史看作比中国史书更加乏味的历史的原因之一。六国史为什么不写论赞呢？也许是因为不好评头论足的国民性吧。或许在日本不像中国那样，感到有批判君主得失的自由和必要。或者因为模仿编年史体史书的典范《春秋》，重秉笔直书事实，而不设论赞的缘故。确切的理由不明，但归根结底可以把六国史无论赞看作是区别于中国史书的一个显著特点。（[日]坂本太郎：《日本的修史与史学》，北京大学出版社1991年版，第22页）

坂本太郎这段话写得很有意思，首先点出了中日两国史书论赞有无的区别，这的确是值得关注和思考的一个现象。接着坂本太郎分析了个中原因，用三个"或者"提出了三种可能的解释，但最后还是无法确切回答。我们分析坂本太郎所说的三条原因，第一条归之于"不好评头论足的国民性"，这是文化的差异，中国古代相较而言确实存在士大夫之间相互品藻、臧否人物的风气；第二条认为日本缺乏批判君主得失的自由和必要，这里的"自由"和"必要"是从两个角度来讲：就天皇权威而言，史家不敢评头论足，没有批判天皇的"自由"；就天皇神性而言，"神"是没有缺点的，也不会犯错的，所以史家没有"必要"批评，或者说批评了也没有意义。第三条理由是说日本正史模仿《春秋》秉笔直书，所以没有评论。这就有点牵强了，《春秋》不是没有评论，而是注重评论，只不过评论的方式不是直截了当，而是"微而显，婉而成章"的春秋笔法，这种笔法在日本史书中并不存在。总的来看，坂本太郎的目光还是相当犀利的，他对日本正史有没有论赞的原因分析聚焦在人们对于史著政治功用性的期望上，中国历史传统相当重视史著的史鉴作用和戒鉴意义，正如坂本太郎所说，"在中国，历史被作为君主的戒鉴而寄于强烈的期望"，而论赞的历史评价正是实现这种戒鉴作用的重要手段。日本史学传统同样注重史鉴意义，但相对而言在程度上没有这么强烈，在实践中也没有形成一套规整的程序。对于中国史学传统而言，历史著述是国家政治治理必不可少的辅助手段，能够"稽其成败兴坏之理"，应当"正天下之位，一天下之心"，实现"通古今而笃名教"。虽然日本正史亦步亦趋地学习效仿中国史学传统，但对中国史学长期以来形成的强烈史鉴意识未必全然深刻认识，所以在具体实践中没有照搬照抄。在六国史之后日本开始流行物语类史著，更多关注的是人生世事的心理感受，政治性评论更加减弱了。

  历史评论作为一种概括性、观念性、总结性的意见，可以归入历史解释的范畴。历史评论并非信口开河，需要拥有相当扎实的史实基础，否则就缺乏立论的依据。史实既是评论的基础，也是对评论作出解释的史料支撑。

  历史评价包括人物与事件两个方面。历史人物评价必须基于历史事实，不能被先入为主之见所左右。有的史家事先确定了人物评价的整体基调，往往难以得出客观公允之论。以正史中的帝王本纪为例，开国皇帝往往"英明睿智"，因为史家动笔之前就已定了基调；末代君主由于断送江山，其无德无能的历史评价也早成定调。用这种"主观印象"评判历史人物，其客观性和真实性就很有疑问了。正如翦伯赞在《史料与史学》中所说，史家常常"变乱并湮没许多史实"，在"史书上替那些开国皇帝都制造一些神话"。翦伯赞列举了汉高祖的好色贪财、汉成帝的胡作非为、齐高帝的弑君、隋炀帝的弑父、唐太宗和宋太宗的弑兄、明成祖的驱逐亲侄，诸如此类，不胜枚举，但史书一律隐讳，可见"政治的限制，忌讳多端，即因如此，对于皇帝的记录，特别是开国皇帝的记录，最不可信"。在评价历史人物的过程中，有时需要去除笼罩在头顶的神圣光环，有时也需要还原被长期污损的真实形象，如曹操的人物形象在从古到今就发生了颠覆式的变化。1954年，毛泽东《浪淘沙·北戴河》以"往事越千年，魏武挥鞭，东临碣石有遗篇"寥寥数语，刻画了一位雄才大略的英雄人物。1958年，毛泽东提出"要给曹操翻案"，很快得到了郭沫若的响应，第二年便有了郭沫若的《谈蔡文姬的〈胡笳十八拍〉》，给曹操以很高评价。同年，郭沫若的历史剧《蔡文姬》使得曹操几百年来的舞台形象得到根本改变。学术界随后对曹操的历史评价基本上以正面为主。白寿彝主编的《中国通史》说，"曹操不但是中国历史上一位杰出的政治家、军事家，还是一位杰出的文学家"。到了"文化大革命"时期，曹操被当作是三国时期最著名的法家人物代表而得到大肆宣传，其历史地位达到了空前绝后的高度。改革开放之后，史学界和文艺界对曹操的评价逐渐趋于平和公允。

历史人物评价需要经受时间的考验。古人说"盖棺定论"，其实历史人物常常"盖棺"无法"定论"，只能"千古功过，后人自有评说"，甚至"古今多少事，都付笑谈中"，所以北宋杨亿在《读史学白体》中感慨道，"史笔是非空自许，世情真伪复谁知"。然而刘少奇一句意味深长的话道出了历史人物评价的真谛，"历史是由人民书写的"。也就是说，随着时间的推移，任何历史人物都会得到恰如其分的评价，前提是这个社会的历史书写是向人民开放的，经过人民和时间的筛选，终会得出公允的结论。

再来看历史事件的评价。一般来说，中国古代历史著述注重历史人物的纪传，对历史事件的叙述分析明显不足。中国二十四史以纪传体为主，使得许多重要历史事件散落各处。编年体以年代顺序叙事，比纪传体更容易显现事件过程，但也存在隔年断续的问题。从史学意义上看，纪传体的一个好处就是客观上起到了保存史料的效果。翦伯赞说，"因为在当时，所有的古史资料，都是一盘散沙，正像一些破砖乱瓦混在一起，需要有一个分类的归纳，而纪传体就是一个最好的方法"。另外，在古代的人物传记中，保存了大量诏、令、表、书、笺、启、檄、诗、文等原始文献，这些资料不太可能出现在事件叙述中。这些都是纪传体的好处。不过，纪传体毕竟相对零碎，对于历史事件常有割裂之感。这一点，古代史家早有认知，刘勰在《文心雕龙·史传》中称，纪传体、编年体的缺点是"斯固总会之为难也"。刘知几《史通·六家》也说，纪传体"每论国家一政，而胡、越相悬；叙君臣一时，而参、商是隔。此其为体之失者也"。总之，纪传体的毛病就是"只见树木，不见森林"。

宋代袁枢写了《通鉴纪事本末》，创立了纪事本末体的史学体裁，以事件为中心展开叙述。但是，纪事本末体只不过是将正史中的史料围绕某一事件专题进行重新编排而已，其目的只是为了便于观览，其中未见有多少新的史料和阐释。高士奇《通鉴纪事本末》算是广罗各色史料，且有不乏卓见的"臣士奇曰"评论，也不过以国为序、从类列事而已。后来章学诚在《文史通义》中极力推崇纪事本末体述的史学意义，希望赋予纪事本末体新的史学内涵，从而"化腐朽为神奇"，但在实践中并没有什么成果和影响。所以，王树民《中国史学史纲要》认为，纪事本末体"不过为增加了一种便于初学的史书体裁而已"。由此联想到中国传统诗歌缺乏长篇叙事诗的特点，有名的长篇叙事诗只有《焦仲卿妻》《木兰辞》《悲愤诗》《长恨歌》《琵琶行》《秦妇吟》等，此抑或为中国传统文化的共性特点。

西方历史著述的叙事传统起源于古希腊，汤普森在《历史著作史》中说，"在希腊这个历史著作最早的故乡中，历史是从叙事史的最早形式民歌与歌谣发展起来的"。古希腊的散文说书家在神话向历史的过渡中发挥了重要的作用，"他们的作品一部分在节目里当众朗诵，其目的是给听众以艺术享受"。在古罗马时期，史学和文学作品同样经常在一群听众面前大声朗诵。在西方古代社会，一般百姓对于事件的兴趣肯定远远大于对人物的兴趣，人们更想知道过去发生了什么，而不是过去的某个人究竟是什么人。西方史著注重叙事史，有利于相对完整的叙事，也有利于对历史现象、历史事件的具体分析和宏观解释，西方史学中最具特色的宏大历史叙事即由此而来。

东西方两种不同的史著方式，在一定程度上体现出两种不同的历史观念。纪传体是对传主的政治作为和道德品行的全面总结和评价。儒家强调"君子疾没世而名不称焉"，希望在生前身后留下良好名声，文天祥的"人生自古谁无死，留取丹心照汗青"成为一种生命境界，陆游《金错刀行》"千年史册耻无名，一片丹心报天子"也是一种人生追求。通过纪传体史书青史留名，传主能够"书名竹帛，画象丹青，前史以为美谈，后来仰其徽烈者也"，光宗耀祖、福荫子孙。反之，"不入彤管之书，不沾青史之笔，将草木以俱落，与麋鹿而同死者"，这是有悖于家族荣耀的。梁启超说：

　　史官之初起，实由古代人主欲纪其盛德大业以昭示子孙；故纪事以宫廷为中心，而主旨在隐恶扬善。……后世奖励虚荣之涂术益多，墓志家传之类，汗牛充栋；其目的不外为子孙者欲表扬其已死之祖父；而最后荣辱，一系于史。驯至帝者以此为驾驭臣僚之一利器。试观明清以来饰终之典，以"宣付史馆立传"为莫大恩荣，至今犹然。（梁启超：《中国历史研究法》，中国人民大学出版社2012年版，第34页）

对历史事件的评论较历史人物评价更难，因为不同时代的人们根据不同的现实角度和价值取向，就会得出不尽相同的历史评价。"汤武革命"就是一个例子。《史记·儒林列传》记录了汉代一桩有趣的廷争：

　　清河王太傅辕固生者，齐人也。以治诗，孝景时为博士。与黄生争论景帝前。黄生曰："汤武非受命，乃弑也。"辕固生曰："不然。夫桀纣虐乱，天下之心皆归汤武，汤武与天下之心而诛桀纣，桀纣之民不为之使而归汤武，汤武不得已而立，非受命为何？"黄生曰:"冠虽敝,必加于首;履虽新,必关于足。何者,上下之分也。今桀纣虽失道,然君上也;汤武虽圣,臣下也。夫主有失行,臣下不能正言匡过以尊天子,反因过而诛之,代立践南面,非弑而何也?"辕固生曰:"必若所云,是高帝代秦即天子之位,非邪?"于是景帝曰:"食肉不食马肝,不为不知味;言学者无言汤武受命,不为愚。"遂罢。是后学者莫敢明受命放杀者。(《史记·儒林列传》)

就汉景帝而言,对于汤武革命的看法,既是一种历史评价,又是一个政治命题,直接关系到刚刚夺取秦朝政权的刘汉政权合法性。其实,儒家对汤武革命的性质早有定论,《周易·革卦·彖传》说,"天地革而四时成,汤武革命,顺乎天而应乎人"。孟子也说,"闻诛一夫纣矣,未闻弑君也"。但是,这些评价都出自先秦君权专制尚未建立的时代。到了秦汉以降,这个话题就变得十分敏感,故中国与日本的统治阶层皆不乐闻此,史家也尽量回避。

第四章

史　话

> 渔樵见了无别话，三国鼎分牛继马。
> ——陈草庵《山坡羊·叹世》

文学与历史

　　远在文字出现之前，人类的历史叙述就已存在。在口头传播时代，早期先民除了需要与神祇对话之外，还需要对族群自身的历史进行追寻，这种人神历史是整个部族成员的集体记忆，并且通过口口相传形成神话与传奇。事实上，以口语化的诗歌与韵语为载体的神话史诗在维系人类早期部族的文化认同中发挥过至关重要的作用。

　　马克思在《路易斯·亨·摩尔根〈古代社会〉一书摘要》中说，在野蛮时期的低级阶段，"这时候已经创造出了还不是用文字来记载的神话、传奇和传说的文学，并且给予了人类以强大的影响"。我们注意到，马克思在这里使用了"文学"而非"历史"一词来指称早期人类传说，非常准确地道出了口语化传说的特点：即真实性与故事性的相互交织、糅杂难分，历史与文学尚处在混沌朦胧的状态。

　　到了文字传播时代，随着统治阶层史权意识的强化以及文字史籍在国家治理中作用的凸显，编修正史逐渐成为官方的特权，形成了一整套完整的撰史制度。与此同时，对过去往事的口头传播并未停止，民间口传历史仍然具有十分重要的意义，那些被排除在正史之外的逸史在民间大众继续流传，逐渐变成了不登大雅之堂的"小说"。正史往往更强调真实性和社会性，而小说则更注重趣味性和情感性。正如鲁迅在《中国小说史略》中所说，人们对"这些口传，今日谓之'传说'。由此在演进，则正事归于史，逸史即变为小说了"。这意味着历史与文学开始分途，并且缓慢地渐行渐远。在这一点上，中国与日本基本上走了一条相似的道路，只不过日本文字历史出现的时间比中国更晚，文史之间的分途当然也比中国更晚，且日本文史分途呈现出自身"和风文化"的特色。

在文字使用之后，书面历史的阅读对象主要是识文断字的士大夫。在庙堂历史不断演进的同时，民间口传历史一直没有终止过，老百姓对于历史传说兴趣不减，但他们无能也无暇阅读文字历史，唯一的办法就是听讲历史，这就是口头历史得以继续传播的"群众基础"。民间的历史神话、历史传说、历史故事与精英们的正史流传于不同的空间，老百姓一如既往地用他们掌握的唯一传播工具——口语——来谈天论地、说古道今。当史家小心翼翼地整理、撰写史书的同时，民间的说书讲史也在大大咧咧地进行着。当然，民间历史传播需要知识分子的介入和助推，许多小官小吏和在野的士人本身也是百姓的一部分，他们在历史典籍与民间讲史之间搭建起沟通桥梁，使民间讲史得以从经典叙事中获得戏说历史的丰富源泉。从先秦稗官小说、汉魏六朝志怪，到唐代咏史诗、传奇文和敦煌讲史变文，再到宋元讲史平话、明清演义小说，直到后来的戏曲、评书乃至今日的动画、影视、网络历史小说等，民间历史传播为普通民众提供了生活娱乐的重要方式，当然也顺便承担了历史道德主义的教化功能，以及以史为鉴的生活启迪作用。更重要的是，民间史话持续培养着普通百姓的历史意识、历史思维和历史图景，对于一个民族历史观念和历史知识的影响并不亚于庙堂历史。

历史与文学宛如一对孪生兄弟，人们在早期并未明确辨认两者的区别。历史与文学之间泾渭分明的学科分殊，只是西方近代学术体系传入中国之后的事情，时间不会超过一个半世纪。在汉魏六朝之前，在古人的思维意识中，并没有严格意义上的历史与文学之别。事实上，早期民间流传的文学故事是由政府官员负责采集的，这种采风制度，包括西周的国风采诗和汉代"观采风谣"的乐府诗，应该都是周朝史官制度的一种延伸。《汉书·艺文志》将先秦的小说家流归于民间的街谈巷语和道听途说，体现了民间文学的萌芽。

> 小说家者流，盖出于稗官。街谈巷语，道听途说者之所造也。孔子曰："虽小道，必有可观者焉。致远恐泥，是以君子弗为也。"然亦弗灭也。闾巷小知者之所及，亦使缀而不忘；如或一言可采，此亦刍荛狂夫之议也。（《汉书·艺文志》）

所谓稗官，就是政府小官员。按照《艺文志》的这种说法，政府稗官小史在街头巷尾收集"刍荛狂夫"老百姓的传说故事，目的在于观察民风。这些旧史轶闻和民间故事，经过加工后就成为《艺文志》所谓的"小说"。

到了汉魏六朝，社会上流行佛教与道教，大多数士人趋之若鹜，在释道及玄风熏染之下，民间盛传神仙鬼怪故事，当时有的文人墨客就把一些神仙故事汇编成册，在士林里传播，当然也流传到民间，这便是六朝鬼神志怪小说。需要说明的是，由于尚无严格的文史之分，这些在现代人看来荒诞不经的鬼神志怪，当时的人们却深信不疑，这反映了古人对于历史真实与文学虚构之间的区别并没有明确意识。正如鲁迅所说：

> 文人之作，虽非如释道二家，意在自神其教，然亦非有意为小说，盖当时以为幽明虽殊途，而人鬼乃皆实有，故其叙述其事，与记载人间常事，自视固无诚妄之别矣。（鲁迅：《中国小说史略》，中华书局2010年版，第22页）

古代史学家与文学家之间的界线本来就不像现代这样分明，士人们经常在两者之间变换自己的身份。当文学家涉足历史领域的时候，他们会以自己独特的思维习惯、表现方式、话语体系，来抒发对于历史往事的情怀。当然，与史学家相比，文学家更注重抒情，更擅长细节和心理描写，然而其中也不乏包含历史的真实性。六朝时期的《语林》《世说新语》之类的小说故事集，其真实性并不受时人怀疑，故唐人编纂《晋书》大量采用《世说新语》轶事，直到今天《世说新语》依然被文史学者作为信史史料。

刘宋文帝时，官方国子学开始文、史独立设科，儒、玄、文、史"四学并建"：

> 元嘉十五年，征次宗至京师，开馆于鸡笼山，聚徒教授，置生百余人。会稽朱膺之、颖川庾蔚之并以儒学，监总诸生。时国子学未立，上留心艺术，使丹阳尹何尚之立玄学，太子率更令何承天立史学，司徒参军谢元立文学，凡四学并建。（《宋书·隐逸·雷次宗传》）

到了宋明帝的泰始六年，在"四学"基础上设立总明观，征学士以充之，置祭酒以总之。

> 戊寅，立总明观，置祭酒一人，儒、玄、文、史学士各十人。（《资治通鉴·宋明帝》）

在国子学总明观中独立设置文学学士，标志着魏晋南北朝文学自觉得到了官方的承认和肯定。经过魏晋六朝"人的自觉"和"文的自觉"的演进，到了唐朝迎来了一个空前的文学发展环境，文学借助于丰富的历史故事展现自身的魅力。历史叙事的文学化传播成为文人骚客的偏爱，也是民间大众饭后茶余的谈资。

日本早期口传历史一直与神话传说缠绵不分，后来在中国史学的影响下终于出现了文字历史。日本八世纪初的古史《古事记》和《日本书纪》都是用当时日本唯一通行的书面文字汉字写成的，而且在史著体例上也是模仿中国正史的编年体和纪传体而略有创新。这两本书均为献给天皇的作品，所以具有国家正史的地位。不过，也有人认为《古事记》和《日本书纪》算不上史书，因为里面包含了大量非史实的神代内容。家永三郎在《日本文化史》中说：

> 《古事记》与《日本书纪》采用的是史书体裁，即按照时间顺序

记录历代天皇的系谱以及历史事件，其中包括被视为天皇祖先的众神。两部著作中确有堪称史实记录的部分。与此同时，它们中既有大量完全出自意识形态的创作，也有不少是对史实加工和变形后的产物，总而言之，无法将两部著作视为历史书。（［日］家永三郎：《日本文化史》，译林出版社2018年版，第40—41页）

从历史与文学关系的角度看，这两本书还是略有不同的。《古事记》的内容是有关神话传说，这表明它是先民传说付诸官方正史的最初尝试，体现了日本历史与文学尚未分途之前的朦胧状态。所以清水义范在日本文学史中说，《古事记》"不只是日本最早的历史书，也是日本文学的始祖"。相对而言，同时代的《日本书纪》虽有神话色彩，但国家正史的色彩更加明显，这从它将日本国名作为书名可见一斑。我们仔细查看《古事记》和《日本书纪》就会发现，《古事记》追求口语体，《日本书纪》追求文言体，用坂本太郎的话来说，"《古事记》用日本语记载朴素的故事、传说。《日本书纪》则效仿中国史书的体裁，用堂堂的汉文记载类似于历史记录那样的东西"。另外，《古事记》只记录日本国内之事，《日本书纪》详细记载了同朝鲜半岛、中国的外交事务。应该说，《日本书纪》比《古事记》更能体现出日本历史与文学的分途趋势，随后出现六国史是这种国家正史意识的延续和发展。

然而到了九世纪末，日本不再编写官方国史，而是连续出现了一大批"物语"与"镜"类的历史文学。我们可以把日本历史文学的出现理解为日本长期民间口传历史传统的延续及其文字化创作，这种情况有点类似于中国魏晋六朝"人的自觉"与"文的自觉"过程中小说、志怪文学的勃兴，不同的是中国六朝的历史著述并没有停止，而日本则在长达两三个世纪内以"世继与镜"历史文学取代了庙堂正史，这是中日史学史极为不同的地方。古桥信孝在《日本文学史》中说：

日本国家是模仿中国的律令国家制度而建立起来的，却于9世纪末期在外交上废止了遣唐使，并停止了国史的编撰，精简了国家机构。似乎与此相对应，日本和风文化大放异彩。在和风文化中，使用"平假名体"创作了《大镜》《荣华物语》等历史文学作品，但这些都不是正史，而是具有私家性格的作品。（[日]古桥信孝：《日本文学史》，南京大学出版社2015年版，第266—267页）

这种历史著述现象可能与日本国家意识的强化有关，表现为日本和风文化的勃兴，其主要特征有二：一是历史著述在内容上呈现出小说文学化，二是历史著述在语体上使用"平假名体"，于是日本史著开始走出一条不同于中国史学传统的自身特色之路。

从内容上看，按照古桥信孝的说法，"所谓历史，以政治历史为主，但从人类行为及内心角度去叙述某个历史性事件的作品就是文学"，从这个意义上说，平安时期的日本历史著述又重新返归到史观混沌时期文史不分的方向上去了。或者换一种说法：日本历史的文学化特色从早期文史不分的口传史，发展到文史混沌的《古事记》，又回归到文史结合的"世继与镜"历史文学，循着螺旋式上升的路径中发展出了和风文化的固有特色。

从语体上看，平假名体的产生本身就是和风文化的重要部分，它既源于口传文史传播，又反过来强化了口传文史传播，并且有利于说唱文史艺术在民间的广泛发展。平假名体作为口语体能够更加容易表达人的内心情感世界，扩大了作者群与读者群的范围，女性更加方便成为历史文学的创作者，而普通平民也更加容易成为文字史书的阅读者。

传奇与说话文学

到了唐代以后，中国历史的通俗化传播迎来了新的高峰，呈现出唐人传奇、文人咏史、僧人俗讲、艺人讲史等丰富多彩的形式。

我们先说唐人传奇。唐朝文人创作的传奇文学是士人接近民间、走近世俗的产物。尽管现在我们都理所当然地将其视为"文学作品"，并且不会将其真实性与正史相提并论，但在当时无论是作者与读者却都是将这类传奇当作真实故事来读的。唐朝传奇文学以"恋爱"与"剑侠"为主要题材，反映了市民阶层的审美趣味。早期唐人传奇如《离魂记》《柳毅传》等受到六朝志怪小说的影响，多少带有超现实的离奇色彩，但唐人对于此类传奇小说依然视为真实故事。稍后从《莺莺传》开始主要反映现实世界中婚恋人情，陆续出现了《李娃传》《霍小玉传》等现实主义题材作品，世人并不怀疑其真实性。在《莺莺传》篇末，作者元稹特意写道，"贞元岁九月，执事李公垂宿于予靖安里第，语及于是。公垂卓然称异，遂为《莺莺歌》以传之。崔氏小名莺莺，公垂以命篇"。元稹的友人李绅住在元稹家中，听到元稹谈到这件事，李绅颇为奇异，便写了《莺莺歌》以传播这件事，元稹则写了这篇传奇。鲁迅在《中国小说史略》中说，"元稹以张生自寓，述其亲历之境"。这件事是元稹自己的亲身经历，只不过碍于士人风教不敢明言，其基本的真实性确实是没有问题的。唐朝最优秀的传奇小说《李娃传》文末也有一段作者白行简的写作说明：

予伯祖尝牧晋州，转户部，为水陆运使，三任皆与生为代，故谙详其事。贞元中，予与陇西公佐，话妇人操烈之品格，因遂述汧国之事。公佐拊掌竦听，命予为传。乃握管濡翰，疏而存之。时乙亥岁秋八月，太原白行简云。（《李娃传》）

从这段文字中，作者传递给读者的重要信息就是，这是一篇基于作者一手资料的真实事迹，使人感觉与正规的史述并无二致。另外，唐人蒋防的传奇小说《霍小玉传》记载了李益负心薄幸的故事。蒋防是唐宪宗时期的人，当时李益还活在世上，历来这件事被认为是真实故事，作为正史的《旧唐书》也有李益"防闲妻妾，过为苛酷"之说，可为其人格缺陷的佐证。

我们注意到，唐代官宦文人除了传奇文体之外，还经常运用他们更加得心应手的诗歌形式来叙述历史与传闻，或许是因为传奇与诗歌都具有通俗细腻的抒情特点。以崔莺莺故事为例，除了李绅撰写了诗歌《莺莺歌》外，在《莺莺传》中还有张生（即元稹）将莺莺的书信拿给好友杨巨源看，杨巨源为此写了题为《崔娘》的一首诗歌。我们从唐代大量咏史诗中可以感受到，经过魏晋六朝骈文和音韵的涵育影响，唐代诗歌不可遏止地成为文人表达历史情怀和现实情感的趁手工具，几乎所有唐诗名家都曾涉足其间，包括王维、崔颢、李白、杜甫、韩愈、柳宗元、刘禹锡、白居易、杜牧、李商隐、温庭筠、罗隐这些如雷贯耳的名字，留下了大量咏史诗篇。

唐代文人的咏史诗为历史传播开创了一条新的路子，为历史故事从狭窄书本走向宽广民间开辟了道路。虽然，这些诗歌仍然主要是流行于文人群体中的文字游戏，要抵达真正的民间大众还有一定的距离，但已为经典历史叙事在内容与形式上开启了一扇文学化、通俗化、娱乐化传播的小扉。

以三国历史为例。《全唐诗》中涉及三国题材的诗有136首，仅歌咏诸葛亮就有40首，表现出十分明显的历史文学化色彩，甚至出现了"戏说历史"的特点。如杜甫《八阵图》：

功盖三分国，名成八阵图。
江流石不转，遗恨失吞吴。

又如杜牧《赤壁》：

折戟沉沙铁未销，自将磨洗认前朝。
东风不与周郎便，铜雀春深锁二乔。

这首诗叙述了一个"香艳"的传说，将赤壁之战与曹操争夺"二乔"联系在一起；至于"东风不与周郎便"一句，表明"借东风"之说在唐朝就已出现。

时至晚唐，出现了一个写咏史诗的高潮，涌现出一批写作咏史诗的作家，包括周昙、胡曾、汪遵、褚载、罗隐、孙玄晏，以及冀访、杜荀、阎承琬、童汝为、崔道融、李雄等。这样一种现象不能不引起我们的思考，其中是否隐含着某种民间历史传播的新动向？

张政烺经过深入考据，提出了一种见解，可谓发覆之论。他认为，晚唐的咏史诗乃是"讲史之祖"，推动了当时逐渐兴起的讲史之风，是民间讲史的起源。他说：

> 咏史诗为讲史之祖先……平话即由咏史诗演变而来，平者诗评，话者讲话也。故必是讲史人之话本始有此称。（张政烺：《讲史与咏史诗》，载《文史丛考》，中华书局2012年版，第281页）

这些咏史诗既有叙事，又有感发，语言比较通俗易懂，适合于民间的传播。如胡曾《泸水》：

五月驱兵入不毛，
月明泸水瘴烟高。
誓将雄略酬三顾，
岂惮征蛮七纵劳。

又如周昙《蜀先主》：

豫州军败信途穷，
徐庶推能荐卧龙。
不是卑词三访谒，
谁令玄德主巴邛。

这种近于口语的七绝诗的确很适合讲史话本的口味。事实上，在平话讲史的过程中，时常会冒出一首咏史诗。张政烺在仔细研究了《全相平话》、新编《五代史平话》、新编《宣和遗事》三种平话之后说：

> 讲史以说话为本，非娱乐戏剧之比，而话本常有诗甚多，事至可异。此三书每一卷之开端结尾殆无不有诗。凡叙述中遇有论断及形容之处亦多以诗为证。"诗曰"二字刻作黑底白字，非常醒目。可见诗在讲史中占极重要之地位。（张政烺：《讲史与咏史诗》，载《文史丛考》，中华书局2012年版，第234页）

历史叙事要从书斋走向社会，必须首先依靠一批文人将其文学化、口语化和通俗化，而唐代文人采用诗歌形式来完成这一过程，这是由诗歌文体的传播特点决定的。民间讲史不一定全然从咏史诗中衍生出来，但咏史诗在形式上肯定是其中一个重要的环节，而且在内容上也成为后来讲史的一个重要组成部分。在这里我们看到，就像《诗经》在西周和东周时期曾经承担过民间历史传播的媒介作用，唐代咏史诗同样成为民间史话的开路先锋。

中国唐代这些历史叙事的文学化手段及其成果，或多或少对日本奈良、平安时期的"说话文学"，以及其后的"说唱文艺"产生一定的影响，助推了日本历史文学的民间传播。以"说话文学"为例，这种民间短篇故事集起源于平安时期，鼎盛于镰仓、室町时代，包括神话说话、佛教说话、宫廷和民间的世俗说话，如《日本国现报善恶灵异记》《今昔物语集》《宇治拾遗物语》等。在8世纪末到9世纪初，日本僧人景戒编著了《日本国现报善恶灵异记》，景戒在序文中说，他读到了中国唐代唐临《冥报记》和孟献忠《般若验记》之后，便收集了日本的怪异之事并汇编成书，以宣扬因果报应等佛教教理。古桥信孝在《日本文学史》中说，"这位僧侣编著的作品让我们看到了说话文学的特点，即书写了以前不曾成为文学表达对象的民间故事世界"。到平安中后期，知识阶层除继续关注佛教说话外，又发展出民间轶闻、传说、街头巷语等世俗说话。及至镰仓时期，说话文学得到长足发展，历史物语、军记物语、随笔、伽草子等文学样式中也夹叙多种说话，体现了中世文学的"说话性"，包括中世"说唱文艺"的出现和发展，都与其不无关系。

日本民间历史文学的发展有着不同于中国的自身动力与特色，但就历史文学与民间说话、说唱艺术互为载体且同步发展而言，就历史与文学既相互关联又分道扬镳的总体态势而言，中日两国历史叙事的文学化走势确有异曲同工之妙。

讲史与说唱文艺

中国人喜欢写史、读史、评史，喜欢以史为鉴、知古论今，喜欢对历史人物评头论足。但是，书斋中的二十四史毕竟只是知识分子的案头读物，普通百姓浓厚的历史兴趣如何满足呢？这需要有人将那些佶屈聱牙的文字变成通俗易懂的白话，让百姓用耳朵"听历史"而不是用眼睛"读历史"。

起源于唐朝的民间讲史正好为老百姓的历史爱好提供了生动有趣的素材，将庙堂之上的史籍变成普通人街头巷尾、饭后茶余的谈资。我们所说的"讲史"，是指一种由"专门的"或者说"专业的"的人士，在相对固定的场所，面向大群受众进行的历史故事讲述活动。

前文讲到，咏史诗为讲史提供了重要的素材与载体，但讲史的具体实践可能与唐代佛教寺院的"讲经"有关。我们读敦煌本《坛经》，就知道唐朝寺庙的高僧住持会经常面向僧众讲经，如禅宗六祖慧能在韶州城中说法：

> 惠能大师于大梵寺讲堂中，升高座，说摩诃般若波罗蜜法，授无相戒。其时座下僧尼、道俗一万余人，韶州刺史韦璩及诸官僚三十余人，儒士三十余人，同请大师说摩诃般若波罗蜜法。（《坛经·序品》）

这里的"一万余人"应该是夸大之词，后来的通行本都改为"一千余人"，其数亦不可谓少。我们看到，慧能的听众不只是僧尼，还有大量官员、儒士、俗人，说明当时佛教说法已经面向世俗大众，所以被称为"俗讲"，从事俗讲的僧人被称为"俗讲僧"。俗讲最早由学问渊博的住持、高僧来讲，后来大概也逐渐趋于专业化，出现了专门擅长于公共演讲的僧人，成为固定的俗讲僧。

我们从《坛经》中知道，慧能的公共演讲，内容主要还是讲经说法，虽然也讲了一些与他自己相关的历史往事。那么，佛教讲经中有没有专门讲历史故事的呢？答案是肯定的。从20世纪初敦煌莫高窟藏经洞发现的四万多件文献，即所谓"敦煌遗书"中，有一批被称之为"变文"的通俗文学资料，它们是那些俗讲僧用来进行俗讲的底本，也就是"备课笔记"或者说"讲课稿"，其中就有佛经故事、历史故事、民间传说等。

历史故事包括《伍子胥变文》《王昭君变文》《韩擒虎变文》等，它们被通称为"敦煌讲史变文"。

寺庙说法讲经，理应讲一些与佛教有关的东西，怎么会去讲历史故事呢？其实不难理解，原因不外乎有二：第一，讲史比较有趣，能够吸引更多听众，在讲经的时候穿插讲史，可以让文化程度不高、又对佛学高论感到困顿的百姓听众有一个片刻放松的机会。第二，更重要的是，这些历史故事本身大都是"善恶报应""行善积德"之类的主旨，算是佛经讲解的一种辅助教材。当然，这种寺庙讲史也有赚足人气、吸引布施的用意。

僧人俗讲，有时候场面很大，而且还与歌曲结合，有说有唱，有声有色，在百姓中吸引力很强。下面是取自唐代笔记小说《因话录》中一段描述：

> 有文淑僧者，公为聚众谈说，假托经论，所言无非淫秽鄙亵之事。不逞之徒转相鼓扇扶树，愚夫冶妇乐闻其说，听者填咽寺舍，瞻礼崇拜，呼为和尚。教坊效其声调，以为歌曲。其盱庶易诱，释徒苟知真理及文义稍精，亦甚嗤鄙之。（赵璘：《因话录·角部》）

这个叫"文淑"的和尚，聚众谈说，风头十足，当时的热闹场面颇有点类似于歌星音乐会。甚至连皇帝也去"跟风"。据《资治通鉴》卷二百四十三，唐穆宗曾亲自到兴福寺，"观沙门文淑俗讲"。

与此同时，道徒也在"讲说"，而且声势似乎不亚于僧人。韩愈不喜欢佛教，却喜欢道教，他在《华山女》诗中斥责了佛教讲经，却赞赏华山女的道教讲坛，声称"观中人满坐观外，后至无地无由听"，整一个爆棚的架势。

我们知道，唐诗是可以演唱的，薛用弱传奇小说集《古异记》中讲到，有一天诗人王昌龄、高适、王之涣在旗亭酒楼饮酒，遇到一批梨园伶官登楼会宴，于是三人打赌，"密观诸伶所讴，若诗人歌词之多者，则为优矣"，最后诸妓之中最佳者开口一唱，竟是"黄河远上白云间"，王之涣顿时颜面十足。在唐代讲史中，有两种不同的方式，一种是纯粹的讲，一种是讲唱结合。我们看到，在敦煌讲史变文中，出现了大量的七言韵文，其实就是诗句，这显然是讲史者用来边讲边唱的，如《李陵变文》讲到李陵与单于交战一节，就边说边唱道：

> 狂胡北上振天涯，
> 大汉南行路上赊。
> 交兵欲得风头便，
> 对敌生憎日影斜。

又如《伍子胥变文》讲到浣纱女投河一节时，也是讲着讲着就唱起了一段七言诗句，一口气唱了十七句。楼含松在《从"讲史"到"演义"》一书中说，"这种讲唱方式，直接开启了宋元说话中的'诗话'、'词话'等说唱样式"。

到了宋代，讲史更加普及，不断深入民间，已到妇孺皆知的程度。苏轼《东坡志林》记载：

> 王彭尝云：涂巷中小儿薄劣，其家所厌苦，辄与钱，令聚坐听说古话。至说三国事，闻刘玄德败，频蹙眉，有出涕者；闻曹操败，即喜唱快。（《东坡志林·涂巷小儿听说三国语》）

这里的"聚坐听说古话"便是民间讲史的例证。在《水浒传》第一百一十回"燕青秋林渡射雁，宋江东京城献俘"中，有一段讲到了燕青与李逵在瓦子里听三国说书的情节：

> 来到瓦子前，听的勾栏内锣响。李逵定要入去。燕青只得和他挨在人丛里，听的上面说评话。正说《三国志》。说到关云长刮骨疗毒……正说到这里，李逵在人丛中高叫道："这个正是好男子！"众人失惊，都看李逵。（《水浒传》第一百一十回）

南宋初年孟元老在《东京梦华录》中讲到了北宋时期东京汴梁"说

三分""五代史"的瓦肆讲史伎艺：

> 霍四究，说三分；尹常卖，五代史；文八娘，叫果子。其余不可胜数，不以风雨寒暑，诸棚看人，日日如是，教坊钧容直，每遇旬休按乐，亦请人观看，每遇内宴前一日，教坊内勾集弟子小儿，习队舞，作乐杂剧节次。（孟元老：《东京梦华录》卷五）

类似的资料还有来自南宋灌圃耐得翁的《都城纪胜》、西湖老人的《西湖老人繁胜录》、吴自牧的《梦粱录》以及宋末元初周密的《武林旧事》、罗烨的《醉翁谈录》等的记录。陆游的一首小诗《小舟游近村舍舟步归》，形象地再现了乡村说书的场面：

> 斜阳古柳赵家庄，
> 负鼓盲翁正作场。
> 死后是非谁管得，
> 满村听说蔡中郎。

明代民间讲史依然十分红火。明末清初有一位传奇色彩的说书人柳敬亭，在江南一带说书，擅长《隋唐》《水浒》，名扬一时。清军南下时，柳敬亭曾到明将左良玉幕中供事，深受赏识，在黄宗羲《柳敬亭传》中，讲到了宁南侯左良玉本是大老粗，军中所有文书都是由幕僚起草，这群幕僚引经据典、绞尽脑汁写出来的东西都不见好，"而敬亭耳剽口熟，从委巷活套中来者，无不与宁南意合"，柳敬亭随口把说书那套通俗的东西讲出来，却让左良玉称心合意。

左良玉死后，柳敬亭重操旧业，这段军旅生活，使他说书技艺更加成熟，年逾八十仍在各地说书。据说，柳敬亭形象不太好，脸上有麻子，所以又叫柳麻子。张岱在《陶庵梦忆》中有一篇《柳敬亭说书》，说当时"南京一时有两行情人，王月生、柳麻子是也"，柳敬亭"一日说书一回，定价一两，十日前先送书帕下定，常不得空"。孔尚任在《桃花扇》中，将柳敬亭塑造成一位豪爽、侠义、机智、诙谐的人物，说明柳敬亭在明末清初文人心目中的地位，除黄宗羲之外，当时著名文人吴伟业、周容等也都给他写过传记。清代学者毛奇龄写过一首诗《赠柳生》：

> 流落人间柳敬亭，
> 消除豪气鬓星星。
> 江南多少前朝事，
> 说与人间不忍听。

日本中世出现的说唱文艺是继平安时期说话文学之后的又一种民间历史文学样式，其作品包括《保元物语》《平治物语》《平家物语》《曾我物语》等物语历史文学和《太平记》《信长记》等军记历史文学作品。这些作品都是在说唱艺术的基础上产生的，虽然作者几乎都是贵族、僧侣、神官和武士，却带有明显的口语体和口诵性的特点，是一种流行于民间的口头历史文学，体现了民众对历史往事、人生感怀和精神慰藉的文化传播需求。

我们在这里略谈最具代表性的《平家物语》。《平家物语》以十二世纪中后叶平清盛为首的平家兴亡故事为轴心，叙述了当时社会上发生的各种事件，包括战争、爱情、功名、生活等，既是一部反映平家及其时代的历史著作，也是一本诉说悲伤故事的文学作品。平家的灭亡是在1185年的坛之浦战役，后来这段历史被整理成《平家物语》，最初只有三卷，大约过了十年到三十年之后扩充到十二卷，而且出现了多个版本，现在流行本为一方本。

据说，《平家物语》是由一位盲眼僧人讲述出来，由信浓前司行长记录下来的故事。《徒然草》有这样一则记载，"行长入道，创作《平家物语》，让一位名叫生佛的盲眼僧人手持琵琶讲述给自己听……如今，琵琶法师们的声音，已经完全模仿了生佛本人的声音"。按照这个说法，先是一位名叫生佛的盲眼僧人，手持琵琶把故事讲述给行长听，然后行长依此创作了《平家物语》，再由许多琵琶法师模仿生佛的声音到全国各地去传唱，后来这些琵琶法师的说唱声音模仿生佛本人达到了惟妙惟肖的程度。可见，《平家物语》一开始并不是作为文本供人阅读的，而是由琵琶法师到处传唱的。这种说唱文艺以语言表达为主，琵琶法师在说唱时，手中的琵琶只是在语言中断时才发出声音，并非伴奏旋律。从内容上看，《平家物语》可以看作是一部安抚平家一族的灵魂来实现对战乱死者安魂的作品。日本中世的源平之乱将全国带入战乱之中，民众需要这种说唱来安抚灵魂。《平家物语》的说唱形式是当时日本流行说唱艺术的一个表征，其他如《太平记》也是由琵琶法师进行说唱表演的，人称"诵读《太平记》"。据池田晃渊说，还有一些浪人以讲解《太平记》谋生，原因是岛原之乱后，大名与武士又开始注重战事战法的军事技能，"浪人浪迹于民间，在神社、寺院等人流密集的地方讲解《太平记》糊口"。

比较中国讲史平话与日本说唱文艺，至少在以下方面具有相近的特点：

第一，两者都源于民间历史传播，主要以语言表达为主，有意思的是中日两国这种口头历史文学的最初传播者都与僧人有关，中国最早的说书雏形是寺庙和道观里讲经的俗讲，而日本的琵琶法师也是寺院中的盲人和尚、道士，体现了东亚社会的寺庙讲经在最初面向广大听众的历史传播中的特殊作用。饱读经书的知识分子一开始肯定不会介入这种不登大雅之堂的民间历史传播，等到社会影响渐广之后，一些社会底层的文人也涉足其间，将这些口头素材加工成文字，实现了民间历史文学从口头文学向案头文学的转化过程。

第二，两者在形式上都体现了与正史不同的口语化特征，成为普通民众喜闻乐见的史述方式，包括其间夹杂着点评性质的诗歌，如《平家物语》开篇诗"祇园精舍钟声响，诉说世事本无常"云云，以及中国话本与演义小说中的大量诗词等。

第三，两者多为军事题材的历史文学，有些内容风格不乏相近之处，日本甚至将《太平记》与《三国演义》相类比。相关内容后文再述。

第四，这种以口传历史为基础的历史文学往往会出现多个版本，据日本学者研究发现，《平家物语》的各种本子多达5门22类44种，之所以有这么多异本，就是因为在其说唱过程中经过了艺人们无数次有意或无意的改动。这一点，恰恰与三国平话、《三国演义》出现多个版本如出一辙。

第五，这种历史文学形式都被世人作为真实历史而接受，这一点中国与日本皆然。

当然，中日讲史与说唱也存在一定的差异，如从主题内容上看中国讲史更多体现休闲娱乐性，而日本说唱更多包含了人间世事的哀伤与感怀；中国讲史话本最后发展成为小说演义经过了一个漫长的过程，还吸收了正史、传说、戏剧等多方面素材，而日本说唱文艺如《平家物语》经过几十年加工后便基本定型，《太平记演义》也是将《太平记》一至九卷按中国小说的演义手法直接创作成汉文演义小说。

到了日本江户时代，在町人大众中流行一种新的说唱文艺，主要形式包括评书、军谈、政谈、故事、相声等，说唱过程中伴随着相关的情景表演。这种市民文艺满足了新兴町人阶层的文化消遣需求。如果从广义将平安时期的说话文学也纳入说唱文艺的范畴，那么日本说唱文艺就经历了平安说话、中世说唱和江户说唱三个阶段，其实质都是历史与文学分途过程中的民间历史传播。

史学家在研究、讨论和撰写所谓的史学史、史学思想史之时，通常重视局限在"精英书写正史"的狭小范围内，我们打开任何一本史学史书籍，大概很少遇到例外。事实上，人类的历史书写既包括学者精英们的经典文字史书，也包括民间大众在口口相传中对过往历史的塑造和传播。正如前文所述，没有民间历史传播，就不可能有精英历史书写。当社会精英们编著官方正史之时，民间文人与百姓也在用自己的街谈巷语之说创造和传播着另外一种历史，这种情况在过去、现在、将来都是如此。作为民间历史传播主体的人民大众，往往根据自身的需要，来塑造和传播历史及历史人物。他们可以不受专业史学条条框框的限制，充分运用丰富的想象力，在历史传播的广阔天地里，留下属于自己的文化符号，并且实实在在地产生巨大而深远的社会影响。正如坂本太郎谈到《平家物语》时所说，"它不像普通书籍那样是以原作者写的原貌流传于世，而是经许多后世人加过工的，是所谓与时代共成长、在国民中抚育而成的书。当然原作者的思想是核心，但那个时代国民一般的思想或支撑之，或掩盖之，可以说是名副其实的国民文学"。事实上，这类"国民文学"是被普通大众视为信史的，就像《三国演义》和《平家物语》在中日传统社会被认为是真实历史一样，所以我们也可以说它们是名副其实的"国民历史"。就此而言，"人民是历史的创造者"这句话就可以理解为：人民既是过往生活的实践者，也是历史记录的书写者，是"历史往事"与"历史叙事"的双重创造者。这也是本书专辟一章谈论民间史话的道理所在。

民间的信史

庙堂历史向民间历史的流变，是一个文字传播与口头传播相互影响、往返作用的过程。民间讲史经过一代又一代讲史人的"舌耕文艺"，积累了丰富的口传历史素材，这些素材几经流传演化，经过文人之手，又转变成文字，重新返流到识字群体之中，这便是小说演义的出现。正如楼含松所言：

> "小说"之兴，是在民间讲史不屈从于官方史学的话语权力，以顽强的生命力延续着、发展着、传递着老百姓自己对于历史的是非判断和爱憎情感，并不断创造出老百姓喜闻乐见的表现形式。（楼含松：《从"讲史"到"演义"》，中华书局2008年版，第77页）

从宋代开始，直到元明之际，这种从口传历史向文本历史反流的社会条件相对成熟。

一是城市经济与市民阶层的发展提供了现实的社会需求。正如欧阳建在《古代小说与历史》中所说，"历史由统治者垄断的官方文化局部地变为大众文化这一重大转换，不是偶然发生的，它是宋代城市经济的发展和市民阶层形成的必然结果"。随着市民社会的发展，识字断文的人群不断增大，小说演义的读者群远远大于正史读者群，这种民间历史读本拥有大量的潜在读者，让书肆坊间看到了诱人的商机。

二是随着越来越多的文化人参与到话本讲史、戏剧编撰等活动之中，一些有志于民间历史创作的文化人开始系统整理通俗历史故事，他们大都无缘参与正史编撰，落拓地徘徊在官家历史殿堂的大门之外，便尝试着面向大众读者一展身手。

三是经过唐宋讲史,民间积累了一些"话本",也就是说书人的文字大纲,这些讲稿尽管不乏粗陋,却也结构完整,有模有样,更重要的是已经过历代说书人无数次生动的演绎。

四是尽管小说演义不被功名之士当作"正经书",难登大雅之堂,但在一些民间知识分子看来,它们也不乏"正书"的道德教化功能,撰写演义历史同样体现了读书人的社会责任和文化价值。

元末明初,罗贯中创作了《三国志演义》,这是经典历史经过民间口头讲史的演绎之后,以历史演义小说的形式再次呈现为通俗的文本。从唐宋到元明的讲史素材相当丰富,为什么罗贯中偏偏选择了三国这段历史来"演义"呢?鲁迅在《中国的小说的历史变迁》中讲过这样一段话:

> 讲三国底事情的,也并不自罗贯中起始,宋时里巷中说古话者,有"说三分",就讲的是三国故事。……可见在罗贯中以前,就有《三国演义》这一类的书了。因为三国底事情,不像五代那样纷乱;又不像楚汉那样简单;恰是不简不繁,适于作小说。而且三国时底英雄,智术武勇,非常动人,所以人都喜欢取来做小说底材料。再有裴松之注《三国志》,甚为详细,也足以引起人之注意三国的事情。(鲁迅:《中国小说史略》,中华书局2010年版,第207—208页)

鲁迅关于三国故事"适于作小说"的说法很有见地,概括起来大概包括三层意思:第一,三国故事在罗贯中之前已有很丰富的文本基础和口传素材,罗贯中要做的事情就是综合、演绎和再创作。第二,三国史料除了陈寿的正史之外,还有裴松之的注,裴注提供的大量额外史料出自产生志怪小说的魏晋六朝时期,内容生动有趣,许多素材简直拿来照抄即可——罗贯中在后来的创作过程中的确经常这样做。第三,最重要的是,三国历史不长不短、不简不繁,故事精彩动人。

另外,我们还可以补充说,三国故事之所以精彩,奥秘在于三国历史特殊的三角关系。在中国历史上,曾经出现过多次割据的局面,有战国七雄，由南北朝，有十六国，有东西魏，但是，出现三家势力相互纷争，唯有三国时期。

在现实世界里，三角形是一种最为简单且又相对稳定的结构；在几何学中，三角形又是变化最为丰富且又充满妙趣的图形；在人际关系中，三角形则是最为常见且又最具变数的关系。毛宗岗《读三国志法》说：

> 三国之相持也，吴为蜀之邻，魏为蜀之仇，蜀与吴有和有战，而蜀与魏则有战无和，吴与蜀则和多于战，吴与魏则战多于和。（毛宗岗：《读三国志法》）

如果把魏、蜀、吴比作一个三角形，那么，魏国、蜀国这两条边基本不变，吴国这条边则经常变化，由此扯来扯去，使得这个三角形变幻无穷，妙趣横生。

《三国演义》问世后很快成为畅销书，按照李贽《三国志序》的说法，"书成，士君子之好事者，争相誊录，以便观览"。各地书坊都尽量避免与其他书坊版本雷同，同时也为了迎合读者不断变化审美趣味，在内容、版式、文字、配图等方面进行了各自的创新，出现了数以百计的不同版本。在目前存世的版本中，仅明刊本就有二三十多种。鲁迅较早注意到这个问题，他在《中国小说史略》中说，"现在的《三国演义》却已多经后人改易，不是本来面目了"。后来郑振铎、孙楷第等学者对此进行了专门的研究，在中外学者的共同参与下，俨然形成了一门《三国志演义》版本学。我们现在知道，《三国志演义》的主要版本按照年代先后分别有嘉靖壬午本、叶逢春本、周曰校本、余象斗本、李卓吾评本、毛氏父子评本等。其中，嘉靖壬午本被认为是早期刊本，应该与作者罗贯中发原本最为接近。叶逢春本比嘉靖壬午本稍晚出，也是早期刊本。在这个过程中，一批具有叛逆精神的民间文化传播者，如李卓吾、金圣叹、李笠翁、钟伯敬、毛纶与毛宗岗父子等人，都对《三国志演义》进行了批改与评点，尤其是毛氏父子为了求善求美，对《三国志演义》进行了大量增删、修订，在提高该书的文学性和艺术性的同时，强化尊刘抑曹的正统名教伦理思想。

我们分析较早的版本，可以发现罗贯中当初写作《三国志演义》，既有继承也有原创。他的"继承"主要来自于两个方面：

一是罗贯中将《三国志》《三国志注》等原始史籍作为最主要内容的历史资料，也吸纳了诸如《世说新语》《搜神记》之类的野史。这就是所谓"七实三虚"中的"实"。现存最早的《三国志演义》刻本题署两行字："晋平阳侯陈寿史传，后学罗本贯中编次"。这说明罗贯中的"演义"是要"演"正史《三国志》之"义"，读者因此把它看作是一种正史的通俗改写本，与正史同样真实可信，只是情节更加生动而已。

二是罗贯中继承了唐宋以来有关题材的"说话""讲史""话本"、杂剧、戏曲以及民间"添油加醋"口头传说。正是这些已经过长期平民化锤炼的内容情节和语言对话，为三国叙事从史学走向文学铺平了道路，并且确保了《三国志演义》能够成为大众喜闻乐见、老少咸宜的平民读物。

另外，罗贯中的原创至少体现在三个方面：

首先，罗贯中的《三国演义》用心营建了一种相当完整的三国叙事结构与话语体系。事实上，在《三国志通俗演义》问世前，曾有一个元刊本《新编三国志平话》，文字十分粗糙，内容杂乱无章，情节荒诞不经，编排前后矛盾，有些表述用词夸张、逻辑混乱，简直了不成语。尤为可笑的是，《三国志平话》一开始编造了一个汉初功臣冤屈报应的故事，明显留有佛教俗讲中因果报应的痕迹。罗贯中在谋篇布局中暗合传播受众理论，他深知平话说书是讲给勾栏瓦舍中的草根百姓听得，讲究的是通俗、易懂和离奇，而《三国志通俗演义》是写给识字人看的，必须注重结构、内容和文字的雅俗共赏，罗贯中为此下足了一番改造完善的功夫。

其次，罗贯中的《三国演义》用心构建了前后一致的人物形象塑造和价值评价标准。一方面，已有的三国史籍对于各种人物史实都有明确的叙述和评论；另一方面，民间的传说和话本则对人物个性与角色表演有着不同的刻画版本，这两个方面不尽相同，有些甚至相互矛盾。要对这些素材进行统一化处理，罗贯中必须事先确立自己的人物形象造型和历史评价标准，并且在具体写作过程中将所有的人物性格、表现和对白巧妙地融贯于设定的情节主线和故事结构之中。我们看到,《三国演义》中的许多人物事实上都与史书的记载不尽相同,有些人甚至反差很大,如曹操、刘备、诸葛亮、关羽、张飞、黄忠、马超、周瑜、鲁肃、蒋干、华歆、王朗、司马懿等。这种人物塑造上历史与文学的反差,未必就是民间流传故事的结果,其中必然包含了罗贯中个人缜密的艺术处理和文学再造。

第三,罗贯中的《三国演义》创作了许多形象生动、脍炙人口的历史细节描写。这些内容固然取材于史籍和话本,但罗贯中显然作了大量精致化的加工,为三国叙事增添了无穷的精彩。例如,关羽刮骨疗毒是三国叙事中最为脍炙人口的一节,我们拿《三国演义》与《三国志·关羽传》《三国志平话》《水浒传》第一百一十回燕青与李逵在瓦子听三国说书的情节,进行一个全面的比较,不难发现这个故事正是经过罗贯中的妙笔改造,才臻于完善。罗贯中是元末明初的一位杰出的古典小说家,他把章回体小说这一文学式样推向成熟的阶段,也把中国古代民间历史叙事推向了最高的境界。

历史一旦走出史家的书斋,便插上了文学的翅膀,传说、想象、夸张、创造成为小说演义的文学膨化剂。然而,必须指出的是,当时的作者和读者都是把小说演义当作真实历史来写作、来阅读的,正如王树民在《中国史学史纲要》中所说:

> (通俗演义)保存流传的历史知识,人物、时代、地点多错乱,而情节则细致具体。因多出于虚构,自然不符合真实的历史事实,故向来史家不承认其为历史,可是在一般人民的心目中实为唯一的历史知识。(王树民:《中国史学史纲要》,中华书局1997年版,第245页)

美国作家特里尔在20世纪80年代写过一本《毛泽东传》,在中国大陆畅销一百二十万册,其中讲述了少年毛泽东喜读《三国演义》的故事:毛泽东对《三国演义》爱不释手,简直到了入迷的程度。十七岁那年,他离开山村去县城学堂读书,随身带着《三国演义》。在学堂里,他有了更多的时间阅读《三国演义》，对书中的人物和故事了然于胸。不过，这个年轻人一直以为，《三国演义》讲的就是真实的三国历史，所以当有一次历史老师跟他说，《三国演义》与三国历史不是一回事的时候，他与老师发生了激烈的争论；争论中，有些同学站出来支持老师的观点，这个年轻人对支持老师观点的同学大加指责，说到性急时，居然随手抄起一把椅子打了同学。直到他考上省城的中学，才明白原来是自己搞错了。盛巽昌在《毛泽东与三国》一书中印证了毛泽东喜爱《三国演义》：

> 毛泽东终其一生都喜欢读《三国演义》。他对别人说，《三国演义》和《水浒传》这样的好书至少要看三篇。他甚至不无夸张地说，谁不看《三国演义》《水浒传》《红楼梦》这三部小说，就不算中国人。（盛巽昌：《毛泽东与三国》，文汇出版社1995年版，第27页）

长期以来，庙堂历史与民间说史常常相互混杂、界限不清。鲁迅在《中国的小说的历史变迁》中说，《三国演义》"容易招人误会。因为中间所叙的事情，有七分是实的，三分是虚的；惟其实多虚少，所以人们或不免并信虚者为真。如王渔洋是有名的诗人，也是学者，而他有一个诗的题目叫'落凤坡吊庞士元'，这'落凤坡'只有《三国演义》上有，别无根据，王渔洋却被它闹昏了"。这也难怪，因为在古代社会，历史与文学之间的区分本来就比较模糊，更何况《三国演义》问世之后就被认为是一部"庶几乎史"的作品，许多颇有学识的文人也纷纷落入"套中"。如清人黄叔瑛评论《三国演义》说：

> 《演义》一书，其人其事，章章史传，经文纬武，竟幅锦机；熟其掌故，则益智之粽也，寻其组织，亦指南之车也。（黄叔瑛《三国演义序》）

毛宗岗也说：

> 读《三国》胜读《西游记》。《西游》捏造妖魔之事。诞而不

经，不若《三国》实叙帝王之事，真而可考也。（毛宗岗：《读三国志法》）

李渔居然将《三国志》与演义的关系比作《春秋》与《左传》的关系，他说：

陈寿一志扩而为传，仿佛左氏之传麟经。（李笠翁：《三国志演义序》）

李贽更是提出了"庶几乎史"的说法：

若东原罗贯中，以平阳陈寿传，考诸国史，自汉灵帝中平元年，终于晋太康元年之事，留心损益，目之曰《三国志通俗演义》，文不甚深，言不甚俗，事纪其实，亦庶几乎史。（李卓吾：《三国志序》）

李卓吾"庶几乎史"这句名言，点出了古人对于《三国演义》文本性质的基本看法。于是我们看到，在殿堂正史之外，民间还有一套属于百姓的历史叙事，他们没有机会阅读正史，也没有能力考证史实，在国民历史教育普及之前，民间说史就是老百姓学习历史并且在头脑中依此形成真实历史意识的唯一途径。

这种"假作真时真亦假，真作假时假亦真"的现象恰恰符合历史传播学的"接受理论"：从历史传播的结果看，历史的"真实性"实际上就是被社会大众所接受的"真实"。当然，这种"真实性"与史学家眼中的真实性并不是同一回事，史学家对此常感不满，却也无可奈何。

《太平记》与三国故事

前面说到了《平家物语》，就不能不说说《太平记》，这两部著作都是日本中世的军记物语，有所谓"双璧"之称。

两者相较，《平家物语》叙事丰满、情感细腻，更接近小说的风格；

《太平记》史事充分、刚劲有力，更体现史著的特点。坂本太郎说，"《太平记》作为文学作品，在情趣上、在结构上都无法同《平家物语》相匹敌。但由于内容充满丰富的事实以及有与此相适应的刚健的笔力，可以说《太平记》更多地具有历史书的性质"。中国学者邱岭认为，《太平记》的内容"极大地丰富于《平家物语》"，大概也是从这个角度看的。清水义范说：

> 在文学上比较《平家物语》与《太平记》，大部分的作家或文学研究者，都认为《平家物语》才是名作。因为《平家物语》将平家灭亡的悲剧，写出世间无常的美感，看过的人大部分都会同情平家的遭遇……《太平记》的书写手法就显得比较逊色。然而我觉得，这是因为《太平记》本来就不打算描写凄美的故事，一开始就以政治为题书写，才会有这样的结果。（[日]清水义范：《你一定想知道的日本文学简史》，四川文艺出版社2020年版，第90页）

其实，正因为《平家物语》更像是文学书，所以《太平记》就更像历史书。关于两者的差异性，从两书一开始作者的主题辞中就可看出：《平家物语》的开首诗歌表达的是盛者必衰，人世无常的感慨，《太平记》序文则说，"探古今之变化，察安危之由来""明君体之保国家""良臣则之守社稷"，表达了明君良臣、治国安邦的传统史学理念，体现了作者对史家社会政治责任的自觉认同，也决定了《太平记》的基本写作目的和行文风格。有人说，《平家物语》体现了佛教思想，《太平记》体现了儒家思想，这是有一定道理的。

平家灭亡之后，日本就进入镰仓幕府时代，镰仓幕府之后的武家政权是室町幕府。然而在镰仓幕府与室町幕府之间还有一段南北朝时代，记录这段动荡历史的唯一军记物语就是《太平记》。此书从后醍醐天皇即位的1318年写起，到后村上天皇在位中的1367年结束，历时大约半个世纪，描写了后醍醐天皇的倒幕、镰仓幕府的灭亡、建武新政、室町幕府的建立、南北朝的对峙、观应之乱、室町幕府内部大名之间的争斗等一系列重大的历史事件。该书写作完成时间是1371到1372年之间。二十年后，南北朝统一，也算是给《太平记》书名"太平"二字的一种交代。《太平记》至少也有九个不同版本，这是由它民间史著的特点决定的。

《太平记》是最早出现中国三国故事的日本史著，全书一共有十五处三国故事的引用，其中卷二十《孔明仲达故事》篇幅最长，内容也最重要。有关《太平记》中的三国故事，中日学者都有大量研究成果，中国学者邱岭《〈太平记〉中的三国故事》、张哲俊《〈太平记〉中三国故事的文献来源考察》、张静宇《〈太平记〉中三国故事的来源和意图》等论文，以及张真翻译内藤湖南《诸葛武侯》中的《译者的话》、邵艳萍专著《日本军记物语中的中国历史故事》等均有较为详细的介绍。概括起来，《太平记》中的三国故事大致有以下四个方面值得注意：

第一，《太平记》引用三国故事的背景原因是日本社会在中国文化长期熏染下，对中国文化元素的尊崇与乐见。《太平记》属于日本中期军记物语，诞生之时中日已有长期文化交流的基础，中国经典文化在日本民间特别是知识阶层中有着相当广泛的传播和普及，在日本物语中加入中国元素，不但受到读者的普遍欢迎，而且能够提高作者和作品的文化层次，因而成为中世日本军记物语的一个普遍特点。

第二，《太平记》引用三国故事主要是想表达作者对南北朝之间战事争斗的一种倾向性态度：就是将南朝视为注重仁义的蜀汉，将北朝视为智而不仁的魏国；具体到双方的主要人物，就是将南朝名将楠木正成、新田义贞、新田义助等视为集仁、贤、智于一身的诸葛亮式人物，将北朝足利氏的重臣细川赖之、细川赖春等视为有谋虑却无仁义的司马懿式人物。作者这种通过三国故事的隐喻性叙述，不但很容易被熟知三国故事的读者所理解，省却了许多笔墨，而且也避免了作者过于直白地评价南北朝政权，免得不必要的麻烦。这是《太平记》引用三国故事的直接原因。我们来看看《太平记》卷二十《孔明仲达故事》中有关魏蜀吴三国故事的一段插话：

> 以前在宋国，蜀国的刘备、吴国的孙权、魏国的曹操三人三分天下而各据其一，彼此皆想灭其他两国而一统天下。然而曹操才智举世无双，运筹帷幄之中，御敌于国土之外。孙权张弛有时，广施

恩惠，爱抚民众，因此窃国掠郡之人争先恐后聚集而来，残忍地侵犯别国都城。刘备原为皇室，降为人臣不久，重义轻利，故忠臣孝子从四方而来，振兴文教，实施武德。此三人各以智仁勇三德而三分天下，吴、蜀、魏三国因而得以鼎足而立。

再来看刘备三顾茅庐邀请诸葛亮的一段插话：

> 刘备以重币厚礼召之，孔明竟辞不就，只喜涧饮岩栖，闲度日月。刘备三顾草庵，曰："朕以不肖之身，求天下太平。皆非一人之安身恣欲，只为拯道于途炭，救民于沟壑。若公出良佐之才，辅朕心之所愿，天下安定，何必空待百年。夫枕石漱泉，乐于幽栖，乃为一人之身也。治国利民以致大化，乃万人之为也。"此言心诚理明，孔明无言辞拒，遂为蜀之丞相。刘备敬重孔明，喜曰："朕有孔明，如鱼有水。"刘备授公侯之位，其名曰武侯。天下之人惧卧龙之威，感其德皆来朝贡。

《太平记》在这些插话文字中表现出对三国人物的明显倾向性，正好用来表达作者对日本南北朝的政治态度。

第三，《太平记》三国故事的引文应该不是直接来源于《三国志通俗演义》，而是之前传入日本的其他汉籍中的三国轶事。原因有三：一是我们从上面的文字及内容中大致能够感受到，《太平记》引用三国故事远较《三国志通俗演义》粗俗，根据文本传播"后出转精"的规律，《太平记》不可能参考《三国演义》。二是《三国志通俗演义》与《太平记》的成书时间相近，成书后传到日本的时间应该更晚，《太平记》作者不可能看到《三国演义》。元代钟嗣成写过一部《录鬼簿》，汇编了金代末年到元朝中期的八十多位杂剧、散曲作家艺人的传记。后来又有人编了一部《录鬼簿续编》，收录了元末明初剧作家及作品名，其中提到罗贯中这个人，并说作者与他是"忘年交"，后来"别来又六十余年，竟不知其所终"。按照一般的说法，《三国志通俗演义》的作者就是罗贯中。据《录鬼簿续编》，罗贯中的生活年代大约是元末明初，一般界定为约1330

年—约 1400 年，所以《三国志通俗演义》的最后成稿时间应在十四世纪下半叶，时间上与《太平记》差不多，因此《太平记》不可能取材于《三国志通俗演义》。另据日本学者中村幸彦之说，目前发现日本最早出现《三国志通俗演义》的文献是江户初期林罗山的一篇阅读书目中的记载，大概林罗山曾经读过这本书，具体时间是庆长九年，即 1604 年，距离《三国志通俗演义》问世已有两百年时间。当然，这并不意味着《三国志通俗演义》不可能在此之前传入日本，但至少直到《太平记》之前并没有太多相关的记载。三是经日本学者竹内真彦等人的考证，《太平记》中三国故事的内容应该取材于唐代《四分律钞批》等佛教典籍。当然，《太平记》参考《三国志》《三国志平话》、三国戏剧故事以及《乐府诗集》《太平御览》《艺文类聚》等，也都是有可能的。总之《太平记》中的三国故事未必来自于小说《三国志通俗演义》本身。

第四，《太平记》为《三国志通俗演义》日译本在日本的传播起到了铺垫与推动作用。1689—1692 年，日本京都僧人义辙与月堂兄弟以湖南文山的笔名译出《三国志通俗演义》第一个日文完整版《通俗三国志》，译文中有不少内容借用《太平记》文辞来意译《三国演义》原文，这种译法可能是为了适应日本说书人口头表现之便，因为听众对《太平记》相对比较熟悉，《通俗三国志》借用《太平记》的常用套语，显然能让听众看到亲切，有的日本读者将《通俗三国志》视为中国的《太平记》，或者将《太平记》视为日本的《通俗三国志》。另外，从两书内容上看，《太平记》是正统史观的重要传播文本，《太平记》的流行也助推了同样彰显正统史观的《通俗三国志》在日本的传播。从六朝史学开始，中国史学家们就确立了以蜀汉为正朔的正统史观，三国史事在民间的长期流传过程中也不断强化这种倾向。南宋偏安南方，更是极力推崇蜀汉政权的正统性。到元明之际《三国志通俗演义》基本成型之后，便成为官方和民间传播正统史观的一个重要文本载体。正是三国故事的这种正统史观被《太平记》作者所看重，在叙述日本历史上最具正统争议性的南北朝史事中加以借用发挥。正如韩国学者金文京所说：

这样看来，日本的尊王论或南朝正统思想可以说是中国同一思想的翻版,曲异而调同。而这自然与基于朱子学蜀汉正统论的《演义》的主导思想一脉相通。再者,对《通俗三国志》产生影响的《太平记》表现了南朝忠臣楠木正成,其流行也大大推进了南朝正统思想的普及。后来有人提出把楠木正成和诸葛亮作为和汉重臣双璧的看法,从中也可看出《演义》和《太平记》的关系,以及《演义》对南朝正统思想的影响。以介绍和翻译中国白话小说出名的冈岛冠山(1674—1728)曾用《演义》式语言把《太平记》翻译成中文,题为《太平记演义》(1719)可见冈岛也认为这两部书的性质有相同之处。([韩]金文京:《三国演义的世界》,商务印书馆2010年版,第250页)

就像《三国演义》在中国明代以降影响巨大一样,《太平记》在江户时代同样也流传甚广,世人争相传阅,并且对其中的故事耳熟能详。日本军记物语大多描述武家之间或武家与皇族之间的争斗,而《太平记》叙述两位天皇、两个政权之间的战争故事,这是绝无仅有的。《三国演义》也是中国唯一描述三个政权之间鼎足三分的故事,再也没有比这样的故事情节更能展示中日两国传统史学文化中的正统史观了。在今天的日本东京皇居广场前,仍矗立着一座《太平记》中被誉为日本关羽的楠木正成骑马铜像,由住友财团于明治年间捐造,造型颇有点类似于弗吉尼亚州夏洛茨维尔市的罗伯特·李将军雕像,只不过楠木正成塑像的动感更强一些,不同的是前者最终以投降结束军旅生涯,而后者则战死沙场,这也反映出东西方文化及史观的差异之处。

《太平记》的史书特质

把《太平记》与《三国演义》相提并论,给人感觉好像《太平记》是一部文学小说。日本文学研究者一般确实是这么看的。清水义范就说,"《平家物语》与《太平记》都不是史书。这两本作品都是以历史为题材写成的文学作品","《平家物语》及《太平记》是日本两大战争文学"。而史学家则认为《太平记》就是史著,如坂本太郎就持这样的态度。更多的学者笼统地说《平家物语》《太平记》等是军记物语，至于军记物语究竟算不算史著则没有细说。

在这里，我们有必要讨论一下《太平记》这样的日本物语类历史文学的定性问题：即像《太平记》这样的著作究竟属于文学著作还是史学著作？

其实，我们在前面已经说过，严格意义上的"文学"与"史学"这种概念划分，纯粹是近现代学科体系建立之后提出的一种学科分类说法。用这样一个现代学术概念，套用到古代社会的文本著作上去，当然并无不可。但是，必须清醒地意识到：这只不过是现代人用现代学术标准划分出来的两个现代学科，在古人头脑里并没有这样严格的界线。

我们可以做一个类比：古人与现代人都有"婚姻"一词，但两者的意义是不尽相同的。现代人所说的"婚姻"，当然是指法律意义上纯粹的"一夫一妻制"；但是在古人头脑里，并没有把"婚姻"与这种纯粹的"一夫一妻制"画等号，他们也有"一夫一妻制"，但不是纯粹的"一夫一妻"，而是"一夫一妻"之外还可以纳妾，是"一夫一妻一（多）妾"，这种制度的合法性直到民国时期都是得到社会认同的，日本在明治维新之前也一直允许正室之外可有多名侧室。中国确立真正意义上"一夫一妻制"的现代"婚姻"概念还是在新中国成立之后。现在我们要问：如果有位学者要做一个课题《宋代社会的婚姻观念》研究，他应该使用现代人的"婚姻"概念，还是应该使用宋代人的"婚姻"概念？回答是，两种方式都可以，但意义是不尽相同的：前者的研究题目应该是《基于现代法律婚姻范畴的宋代社会婚姻观念研究》，就是用现代婚姻概念去考察宋代婚姻关系；而后者的主题则是《宋代社会婚姻观念研究》，研究的就是宋代人自己的婚姻观念。如果这位学者不区分两种"婚姻"概念的实质性差异，套用现代的"婚姻"概念去研究分析宋代人的婚姻观念，那他得出的结论必然是：宋代没有一个人具有"正确的"婚姻观念。

同理，如果我们套用现代"历史""文学"概念去分析《平家物语》《太平记》之类的著作，那很容易就得出它们都不是历史著作的结论。甚至按照西方实证主义、客观主义历史学的标准来衡量，可能会得出东方古代没有一本真正的历史著作的结论，就如同黑格尔说中国古代除了老子之外没有一个真正的哲学家一样。可见，许多社会性范畴在不同历史时期有着不同的内涵，"以今论古"就会犯形而上学的错误。问题不在于现代人怎么看"婚姻""历史"这些概念的意义，而在于古代人自己怎么看"婚姻""历史"的意义。古代作者与读者都相信这就是真实的历史叙事，就应该承认这就是他们时代的历史叙事。如果后人来看我们现在的历史学研究成果，也用"后之视今，犹今之视昔"的方式，那么我们现在的许多历史著作，可能在他们眼里也算不上真正的史著。这种情况不是没有出现过，二十世纪中叶相对主义史学家看待兰克实证主义史学，就认为"兰克们"言之凿凿的历史"客观性"并不存在；在二十世纪后期海登·怀特之类的后现代史学家看来，之前人类视为"信史"的历史叙事不过就是文学叙事！所以，"历史"的范畴本身就具有历史性。当某个时代的大多数人认为这就是历史，那它就是这个时代的历史。这才是符合历史唯物主义的基本观点。

用这种观点去看待日本物语历史文学，就应该承认它们就是那个时代历史书写方式的产物，就是该时代的历史叙事。当然，今天的人们，特别是今天的文学研究者坚持说它们是文学，这也没有问题，与史学家说它们是历史并不矛盾，因为在古代社会"历史"与"文学"的范畴均不同于现代意义，古人对于历史与文学的划分原本就不是泾渭分明的，甚至常常就没有划分。有人看到一本书的史学特质，说它是"历史"，这当然可以；又有人看到了这本书的文学特质，说它是"文学"，这也无妨。这就是为什么我们将司马迁既看成是史学家，也看作是文学家，大学文学系开设文学欣赏课程要讲《史记》，而历史系开设经典史著课程也要讲《史记》，两者并存，毫不违和。正如坂本太郎所说，对于日本物语历史著作，"文学家把这些书称为历史小说，据说这个名称是从芳贺矢一郎博士开始叫起来的。但从史学家方面说，我想取名为故事历史更能反映这些书的本质"。在明治维新之前，大家都把《太平记》看作史书。明治维新之后，聚集在修史局提倡新史学的学者们指出《太平记》记事不见于确实的文字记载，而且本身包含许多不合理的地方，所以是小说而不是史书。这种观点当然不无道理，但过于绝对，所以遭到了一些史学家的批评。

那么，是不是现代人就不能用现代概念和标准来衡量古代著作呢？当然不是，现代学者可以用现代"历史"范畴来检阅古代的史著，分析其中的历史真实性与客观性，判断其中的真、假、虚、实，并且指出具体存在哪些有违现代史学意义的内容。但是，这些都是在现代"历史"视域下对于古代史著的真实、客观、合理程度的检校，而不是从根本上彻底否认文本的史学性质。事实上，人类历史叙事的真实性是一个不断接近真实的过程，没有一个史家敢说自己当下的史著就是历史真实，或者已经抵达了历史真实的彼岸。既然如此，对于古人的史著，即便达不到今天史学意义上的真实性、客观性高度，也属十分正常的事情，又焉能苛刻地将其逐出史学殿堂之外呢？正如坂本太郎所说：

> 冷静想想，军记物语缺乏作为历史记录的确实性，是无需特别讨论的，因而不应该仅仅指责《太平记》。不但如此，许多人似乎也愿意承认《太平记》在反映时代形势和思想的意义上是一部重要的史书。特别是由于这个时代除此之外没有一贯的记录，只能根据仅有的片断文书构成历史，所以为了知道事件的变化和来龙去脉，本书是有用的。因此，继承修史局的事业的史料编纂挂出版的大日本史料第6篇，作为重要史料也引用了《太平记》……近来，可以说这部书的价值越来越得到承认。（[日]坂本太郎：《日本的修史与史学》，北京大学出版社1991年版，85—86页）

我们秉持这样的史学态度，是不是意味着古代的所有关于过去往事的叙事文本全都是历史著述呢？那倒也不是。那些明显属于神话性质且古人自己也不当作历史著述的书籍如《山海经》《列仙传》等，那些明显具有小说创作意图且纯属虚构的志怪类小说如《西游记》《聊斋志异》等，可以不纳入古代史著之列。那些被历代史学家排斥在史著之外的社会现实类小说如《水浒传》《红楼梦》等，也可以不纳入古代史著之列，但并不妨碍对其进行考据索隐式的历史学研究，且不拒斥将其作为认识古代社会状况的文本资料。

关羽的三种形象

说到《三国演义》，不妨说一说关羽。当然，《三国演义》主要体现了关羽的民间形象，关羽还有另外两种形象，一种是正史中的关羽形象，一种是被神化的关羽形象。这就是关羽的正史、民间与神坛三种形象。严格地说，关羽还有一种原始形象，那就是他在历史上本真的形象，这是我们永远无法了解的，所以只能撇开不论。

在《三国志》中，关羽与张飞、赵云、马超、黄忠合传，篇幅只有九百余字，远不如吕布、周瑜、陆逊、陆抗、张辽等人，这或许与陈寿手中掌握的史料数量有关。《三国志·关张马黄赵传》中，看不出陈寿对关羽有什么特别与众不同的刻画与评价，说关羽"刚而自矜"，认为这种性格缺陷导致最后失败，也是情理之中的事。不过，除了《关羽传》之外，《三国志》其他人的纪传及裴注中还有不少关羽的相关史料，大到关羽镇守荆州的前后过程，细到关羽向曹操请求以秦宜禄前妻杜氏为妻的情节等。综合这些史料，关羽在《三国志》及裴注中的形象刻画总体上还是比较丰满的，大致上交代了关羽的基本生平，也显现出他的人物个性特征。总之，如果没有正史《三国志》及裴注这些史料基础，关羽也不可能在日后被民间奉为"古今来名将中第一奇人"。所以说，民间说史常常离不开正史的史实基础。

东晋南北朝时期，关羽作为勇将的名声在社会上已经相当响亮。《晋书·刘遐传》曰，"晋刘遐每击贼，陷坚摧锋，冀方比之关羽、张飞"。《宋书·檀道济传》曰，"宋檀道济有勇力，时以比关羽、张飞"。《南史·薛安都传》曰，"鲁爽反，沈庆之使薛安都攻之。安都望见爽，即跃马大呼直刺之，应手而倒。时人谓关羽之斩颜良，不是过也"。《齐书·文惠太子传》曰，"齐垣历生拳勇独出，时人以比关羽、张飞"。《魏书·杨大眼传》曰，"魏杨大眼骁果，世以为关、张弗之过也"。《陈书·萧摩诃传》曰，"吴明彻北伐高齐尉，破胡等十万众，来拒有西域人，矢无虚发，明彻谓萧摩诃曰：'若殪此胡，则彼军夺气，君有关、张之名，可斩颜良矣！'摩诃即出阵，掷铣杀之"。从这些史料可知，当时士人都将关羽与张飞并称，这显然本自陈寿《三国志》中"关羽、张飞皆称万人之敌"之说，证明当时士人对关羽的认知主要基于正史。

与此同时，关羽的民间形象也开始流传。南朝陈废帝时，天台宗高僧智钦来到当阳玉泉山，借助民间关羽显灵之说兴建了玉泉寺。唐代北禅神秀来到玉泉山重建玉泉寺，并奉关羽为玉泉寺护法伽蓝。唐代民间已出现关羽庙，唐人郎君胄写过一首诗《壮缪侯庙别友人》，就是在关羽祠庙外送别友人时所作。唐德宗时关羽第一次进入武庙，配祀当时的武成王姜太公。

到了宋代以后，吟诵关羽的诗词多了起来，讲史平话及戏剧中也有了更加生动具体的关羽故事。明代三国戏如《斩貂蝉》《秉烛达旦》《单刀会》等都以关羽为主人公。民间百姓讲述历史，会把社会集体心理投射到自身偶像的塑造中，不断凝聚起大众心目中期盼的理想人格。在这个过程中，正史中的历史真实性只是人物塑造的基本内核，在内核之外累积起一层层传说的光环，直至形成完满的高大形象。民间三国故事中的多数关羽故事都是虚构的，如桃园三结义、温酒斩华雄、三英战吕布、关公约三事、秉烛达旦、熟读《春秋》、斩文丑、五关斩六将、义释曹操、义释黄汉升、单刀赴会、玉泉山显圣等，这些故事充分满足了世俗大众的精神需要。

到了清代，民间史述的关羽人格塑造基本完成，毛宗岗在《读三国志法》中对关羽民间形象作了这样一段总结：

> 历稽载籍，名将如云，而绝伦超群者莫若云长。青史对青灯，则极其儒雅；赤心如赤面，则极其英灵。秉烛达旦，人传其大节；单刀赴会，世服其神威。独行千里，报主之志坚；义释华容，酬恩之义重。做事如青天白日，待人如霁月风光。心则赵抃焚香告帝之心而磊落过之，意则阮籍白眼傲物之意而严正过之。是古今来名将中第一奇人。（毛宗岗：《读三国志法》）

这段文字写得很精彩，几乎就是一副工整的长联，刻画了一位儒雅、忠烈、守节、神勇、重义、磊落、傲气的关羽的历史形象，成为《三国演义》中人物刻画最为成功的形象。鲁迅就持这样的看法，他在《中国小说史略》中说，《三国演义》"欲显刘备之长厚而似伪，状诸葛亮之多智而近妖，惟于关羽，特多好语，义勇之概，时时如见矣"，认为关羽的形象甚至超过了刘备与诸葛亮。

我们看到，关羽在正史与民间的历史形象存在很大的反差：第一，他的军政生涯以惨败告终，却仍被尊为武将的代表乃至守护神；第二，他曾投降敌手，却仍被尊为天下忠勇第一人；第三，他生性傲慢，连陈寿也明确讲他"刚而自矜"，却被认为"待人如霁月风光"；第四，他曾有觊觎杜氏之念，却被视为凛然大节、不近女色的典型；第五，他是三国人物中唯一真正走上神坛的人，因而也是与历史上真实人物距离最远的人。对于民间说史而言，历史的真假虚实并不重要，重要的是人们愿意接受怎样的"真实"。不过，史学家终究看到了问题的所在，章学诚就十分不满地抱怨《三国演义》"七分实事，三分虚构，以致观者，往往为所惑乱"，其中当然也包括关羽的形象塑造。

民间的诉求也影响到上层社会，统治者利用关羽树立社会伦常和民族精神的榜样，历代帝王对关羽先是配祀武庙，继而单独建庙，封赠、追谥不断，尤其是南宋偏安江南，为了在精神上对抗北方异族，乞灵于关羽的神圣光环，加封其为"壮缪义勇王""英济王"，清代咸丰开始，将祭祀关羽列入国家祭典，与祭孔同等。

关公作为被神化的形象，成为中国历史上的武圣，几乎与文圣孔子齐名。关羽不但被尊为关圣、关帝，在全国各地几乎每个县城都曾经建过关帝庙，而且被奉为财神，直到今天依然被供奉在大大小小的楼堂馆所内。据说在关羽崇拜最鼎盛的清代，全国关帝庙多达几万座，各地的关帝庙数量曾经远远多于祭孔的文庙数量，有些小地方只有关帝庙而没有文庙。

关公的成圣之路体现了民间历史创作的巨大影响力。在中国古代专制统治下，下层社会的民众非常需要获得心理上和道义上的神佑，来与官府及其他压迫势力抗争，于是神武和忠义的关羽便成为下层社会极力推崇的对象，逐渐地将关羽尊奉为保护神，成为关公、关帝、关圣，甚至佛教、道教、帮会、梨园等社会组织也将关羽奉为神圣。

从《三国志》中的关羽到民间的关公，再到神界的关圣、关帝，我们充分领略到历史叙事的多样性、复杂性和流变性，也深刻感悟到要在历史与文学之间划出一条泾渭分明的边界实在是相当困难的，尤其是对于普通民众而言，构筑历史图景的素材并不全是知识精英们提供的正史史料，也包括民间大众自身的历史创造。无论是正史的关羽、民间的关羽还是成圣的关羽，普通大众都信以为真。在元明清三代，一些文人甚至还煞有介事地编造出一些宣称出自关羽之手的书信，包括所谓的《与张桓侯书》《官渡与曹书》《与张辽书》《与陆逊书》等十数篇，主要目的是要生动刻画每一个重要历史节点上关羽大义忠勇的凛然气节，抹去关羽身上的疑点、污点。这些书信均未见于《三国志》及裴注和《文选》《全上古三代秦汉三国六朝文》，显然是伪托之作，然而不少文人却深信不疑。这也从一个侧面表明，现实中的历史叙事不仅反映历史的真实性，也反映特定时代的社会心理需求。伪作不能反映真实的历史状况，却能真实地反映现实状况。

关羽在东亚同样也有正史、民间与神坛三种形象。不过，正史中的关羽不为普通人熟知。另外，与中国和韩国不同的是，关帝的形象在日本并没有特别的神圣性，充其量只是一位异国之神而已。倒是关羽的民间形象在日本颇有人气，但也经过了日式的改造。在第一个日文完整版《通俗三国志》问世之后，又过了二百多年，直到1912年才出版了《三国演义》的第一个逐字逐句日译本。1939—1943年，吉川英治以报刊连载的形式改编创作了《三国志》，一时间风靡全国。在吉川的《三国志》中，关羽被塑造成村塾的一位教书夫子形象，平添了学识与儒雅的风度，提升了关羽的社会地位，赋予了一种高贵的气质。这种高贵气质与日本贵族武士精神颇有几分接近，这或许是吉川故意为之，以使关羽形象更能被日本民众接受。吉川赋予关羽的高雅气质，倒是比较贴近史著中关羽的原本形象，比《三国演义》中的一介亡命武夫更加符合关羽个性与人生的发展走向，毕竟《江表传》称"羽好《左氏传》，讽诵略皆上口"。另外，吉川对关羽的这种人格精神拔高，也使关羽后来荆州战败身死的结局产生一种悲剧性的审美效果，这种贵人落难、英雄末路的悲哀，恰如《平家物语》中贵族平氏的凄婉灭亡，与日本传统的悲美文学情趣相一致。这似乎又应验了历史叙事反映现实社会心态的说法。

忠与义

《三国演义》是一部包含较多史实依据的历史文学作品：一是历史背景是真实的；二是绝大多数重要人物在正史中是有名有姓的；三是主要事件的时间脉络和基本概况是符合正史的。另外还有一点，与传统史著一样，作者在文本中也嵌入了相当分量的道德教化内涵。

历史的文学化和娱乐化有时更有利于道德说教。一旦摆脱历史真实性的束缚，求善与求美的努力反而可以在更宽广的时空里展开。从这个意义上说，《三国演义》与正史相比最大的再创作内容不是具体情节，而是蕴涵其中的道德教化思想，即作者——罗贯中以及长期共同参与创作的民间讲史者——确立了一种符合正统史观和传统伦理的大义名分主题，并且以寓教于乐的方式，丝丝入扣地融进文学虚构的细节描写中，体现了传统历史文学真善美的有机统一。

陈寿写《三国志》，对于汉末乘势而起的各路群雄采取了不尽相同的褒贬态度，如对袁绍、袁术、吕布等地方割据政权不乏贬抑之词。然而，陈寿对曹、刘、孙三家主要政治集团总体上持平允的态度。《三国演义》则不然，罗贯中表现出明显的尊刘抑曹的态度，对曹、刘、孙三家领袖及所属各色人物进行了明显的道德倾向性描叙：正统与篡逆、正义与残暴、仁慈与奸诈、忠诚与屈节、信任与猜忌、人心所向与人心离散、钩心斗角与内部团结等，描绘了一幅黑白分明的三国正邪图。

这当然是文学创作过程中角色对立、剧情矛盾、故事冲突的需要，但更重要的是作者在历史叙事中有意注入了社会教化的现实意义。罗贯中善于通过塑造反面角色来凸显正面人物的正义感，将曹操丑化以彰显刘备，将诸葛亮美化以反衬司马懿，在刘备集团中凸显"忠信""真诚""情义""宽厚""勇气""节制""坚毅""献身"等价值观念，其中不少品格具有超越时代的普遍价值与道德魅力，这是《三国演义》至今依能得到普通大众内心共鸣的道德审美原因。

当然，任何道德教化都难免带有时代烙印。罗贯中在《三国演义》

中留下了一些传统伦理中的"糟粕",如在妇女观方面,作者借刘备之口声称"兄弟如手足,妻子如衣服",甚至安排了刘安杀妻为食的故事,在现代人看来实在是毫无意义的败笔。这个情节在"嘉靖壬午本"中就已出现,写在第四卷"吕布败走下邳城"一节中,应该是直接出自罗贯中笔下的。"叶逢春本"同样出现在"吕布败走下邳城"一节中,除了细微的差异,也有基本相同的情节。毛宗岗改本第十九回依然照录不误。后来的评点者不但未加指责,居然还不忘戏谑几句。

如果要问《三国演义》渲染的道德价值观中何者最为重要?回答应该是"忠义"。

"忠"作为一种社会伦理,在春秋时期就已出现,但春秋时期的"忠"主要体现为相互平等的人与人之间的一种诚信关系,《论语》中出现了十八处"忠",其中六处为"忠信";《左传》中出现了 70 处"忠",也有十二处为"忠信"。"忠"后来演变成一种上下之间的垂直人际关系,主要就是君臣关系,但也不是绝对无条件的"忠",而是君臣之间的有条件的对应关系,所以孔子说"君使臣以礼,臣事君以忠"。用孟子的话来说,就是"君之视臣如手足,则臣视君如腹心;君之视臣如犬马,则臣视君如国人;君之视臣如土芥,则臣视君如寇仇"。秦汉以降,"忠"越来越演变为一种单向的、绝对的忠诚,成为臣民对待君主的无条件忠诚,上升为传统伦理中最为重要的原则,也是各类正史着力彰显的首要名教纲常。

汉末大乱,王纲解纽,群雄并起,天下英雄择主而事,传统意义的上下垂直社会关系"忠"不再是绝对的伦常,需要增加新的条件,这就是"义"。"义"就是"宜",简单地说就是合乎正义的原则和行为,《论语》中出现了二十四处"义",如"君子喻于义""见利思义"等。问题是,"忠"与"义"之间的关系并非时时统一,有时会出现紧张甚至冲突。三国时期,士人常常需要在忠诚与正义之间作出选择,罗贯中通过确立刘备集团和曹操集团的正面与反面形象,将正义原则置于忠诚原则之上,成功地解决了士人忠诚度的问题。用《三国演义》中常见的话来说,"良禽择木而栖,贤臣择主而事。遇可事之主,而交臂失之,非丈夫也"。因为有了前置的正义条件,"不忠"就成了弃暗投明,"愚忠"变得甚为无谓。

赵云作为公孙瓒部将，与刘备私下订交，其实是相当不忠的行为。但是，作者却以极其欣赏的文笔描写这段弃暗投明的故事，读者也深深被他们的相见恨晚所打动。个中原因就在于作者巧妙地将道德正义性融入其中，事先将公孙瓒描写成一个德才欠缺之人——这与史书中的公孙瓒形象不符——于是读者对赵云的"不忠"不但没有反感，而且充满同情。再如黄忠、魏延都是降将，由于作者铺陈得当，也没有引起读者情绪上的不良反应。刘备入川之后，虽然作者出于尊重历史而刻画了赵累这样的忠臣，但对于绝大多数刘璋政权中的降者，并没有让人感到忠诚上的问题，乃是大势已去，顺应潮流而已。当然，像张松这样主动卖主求荣的人，作者还是在字里行间有所贬抑的，毕竟这种行为已经超越了"不忠"的底线。三国后期很重要的人物姜维也是降将，作者一方面早已确立了诸葛亮正义之师的形象，另一方面巧妙安排了姜维迫不得已的窘境，轻松消除了姜维在忠诚方面的尴尬。至于庞德，其主人马超与曹操有不共戴天之仇，并且已经归顺刘备，按照忠诚原则与正义原则，庞德不应死心塌地归顺曹操，更不应义无反顾进攻刘备集团，但罗贯中还是将庞德描写成一个勇往直前、气贯长虹的正面人物，这么做除了作者尊重历史，还有一个目的就是为了加倍表现关羽水淹七军、力擒庞德的神勇，同时也与于禁的投降贪生形成强烈的反差。正是通过这种"忠""义"复合道德标准，罗贯中成功解决了传统士人"择主而事"的伦理困境，体现上下垂直社会关系之间的道德互动性。须知，这在一定程度上突破了传统正史极力宣扬的"忠臣不事二主""有死无贰"的绝对主义君臣之道。

在传统正史中，特别是在唐代以降的官修正史中，以孔孟为代表的先秦儒家"忠义"原则已被后世专制社会的"忠君"思想所取代。罗贯中《三国演义》当然也大力宣扬忠君观念，如以刘备为正统，正是忠于汉室思想的集中体现。但是，《三国演义》通过对历史人物和事件的情景化艺术加工，将单纯的忠君变成恪守道德正义原则的"忠义"，不仅使人物形象更加正直丰满而富有美感，也使传统封建伦理获得了一种符合正义原则的价值提升，反映出民间社会文化力量对绝对忠君思想的适度矫正，体现了明清时期市民阶层的道德进步，也证明了文学艺术创作在社会道德建构中具有超越官方正史的积极作用，展示出历史文学的道德教化之门甚至比正史更加宽敞，"戏说历史"可以比"真实历史"更好地发挥"寓教于乐"的意义。

再深入一步看，《三国演义》不但以"忠义"修正"忠君"，还用"情义"充实"忠义"。如果说，"忠义"主要体现了一种上下级之间的忠诚关系，"情义"则更多反映相对平等的人与人之间的情谊。金文京在《三国演义的世界》中说，"'义'有两种，一种强调君臣等纵向的人与人之间的关系，另一种强调横向的非血缘者之间连带关系。后者在《三国演义》中也起着重要的作用"。《三国演义》中刘、关、张三人的关系，以及刘备与诸葛亮之间的关系是最典型的"忠义"关系，同时也是最典型的"情义"关系。刘、关、张三人之间的关系具有双重特征：一方面是上下君臣的政治关系，适用于"忠义"原则；另一方面是结义兄弟的私人关系，适用于"情义"原则。这两种人际相处原则自始至终密密缝缝地交织在一起，从第一回"宴桃园豪杰三结义"一直延续到第八十一回"雪弟恨先主兴兵"，可谓贯彻始终。

细较起来，"忠义"与"情义"还是存在微妙差别的，前者是一种基于道义原则的政治关系，后者是一种基于恩义情感的私人关系。《三国志·关羽传》说关羽"与先主寝则同床，恩若兄弟。而稠人广坐，侍立终日，随先主周旋，不避艰险"。《三国志·张飞传》说张飞"少与关羽俱事先主，羽年长数岁，飞兄事之"。史书中虽有三人情同兄弟之意，并无小说中结义兄弟之说。小说作者有意强化三人结义兄弟的深厚恩义，以迎合中国古代民间社会对非血缘性兄弟情谊的特殊心理嗜好。这是《三国演义》对"忠君"观念的再次改造，反映了更加底层的社会民众的审美情趣。我们应该注意到，这种来自民间的"情义"意识将君臣政治关系转化为兄弟私人关系，体现了对上下垂直社会关系的平等追求，是继"忠义"意识之后对"忠君"观念的再次消解，甚至隐含着一种革命性的思想：在特定情况的特殊时刻，借以兄弟"情义"的理由，就可以超越"忠义"乃至"忠君"原则，获得个人行为的正义性。

当然，在刘、关、张主臣关系中，绝大多数情况下"忠义"与"情义"完全一致，相得益彰，凸显出三人"同志加兄弟"的战斗情谊。但有时候当私人情感与政治原则发生冲突时，"特定情况的特殊时刻"就出现了：在刘、关、张三人关系的最后时刻，刘备为了替关、张报仇，不顾政治利害和众人劝阻，决意兴兵伐吴。《三国志·先主传》说，"车骑将军张飞为其左右所害。初，先主忿孙权之袭关羽，将东征，秋七月，遂帅诸军伐吴。孙权遣书请和，先主盛怒不许"。看起来，刘备征吴确与"孙权之袭关羽"有关，但这应该是刘备征吴的一个表面借口而已，真实的目的是试图重新夺取荆州战略要地。《三国演义》作者敏锐地抓住了正史中的这点线索，极力加以渲染，上演了一出结拜兄弟"情义无价"的大戏码。作者给人留下的观感是，刘备面对兄弟情谊的考验，毅然置汉室复兴大业于不顾，作出了出兵亲征的抉择，落得个最后兵败身死的凄婉结局。正如金文京所说，"这不顾一切为'义'献身的精神之美与其结局的悲剧性正是文学作品《演义》的最大魅力"，这种魅力体现了民间说史的道德情感特色。

《水浒传》的历史考据

《水浒传》是一部小说，但就像《三国演义》一样，它也与真实历史密切相关，也是一部反映传统史识史观的作品，也被史学家当作一种历史研究的素材，也为我们探究历史与文学的关系提供了一个十分有趣的样本。

《水浒传》被称为中国古代四大小说之一，但是金圣叹评点《水浒传》却将它与《战国策》《史记》并列，说"《水浒传》方法，都从《史记》出来，却有许多胜似《史记》处"。这句话看起来似乎在说《水浒传》与《史记》的写作手段和文学方法，但金圣叹评点《水浒传》，不仅在谈文学，其实也在谈史学。也就是说，《水浒传》在金圣叹眼里宛如一部史著。

一是从写作体例看，《水浒传》颇类似于一种正史纪传体。金圣叹说，《水浒传》写人"一个人出来，分明便是一篇列传"。我们读七十回本《水浒传》的前半部分，确实是这样的感觉，从《王进传》写到《史进传》,再写《鲁智深传》,然后写《林冲传》,一篇衔接一篇,一直到《杨志传》《石碣村七人合传》《宋江前传》《武松传》等,形式上与正史纪传体相当合拍,只不过通过某种"邂逅"或"巧遇"将这些人前后串联起来,保持小说叙事的连贯性。

二是从写作动机看,《水浒传》颇类似于司马迁的"发愤而作"。金圣叹在《水浒传》第一回评点中说,"为此书者之胸中,吾不知其有何等冤苦,而必设言一百八人,而又远托之于水涯"。尽管金圣叹也说施耐庵"饱暖无事,又值心闲"来写《水浒传》,但从金圣叹评点内容总体来看,他是认为作者有怨恨要发的。这种怨恨就是对社会坏人当道的愤懑,对好人落难的不满与同情。金圣叹自己说得很清楚,《水浒传》开书"不写一百八人,先写高俅,则是乱自上作也";又说"王进去后,更有史进。史者,史也。寓言稗史亦史也……从来庶人之议皆史也。庶人则何敢议也? 庶人不敢议也。庶人不敢议而又议,何也? 天下有道,然后庶人不议也。今则庶人议矣。何用知其天下无道? 曰:王进去,而高俅来矣"。金圣叹这些话点出了《水浒传》的创作立意和文本主题:《水浒传》是在"天下无道""乱自上作"的社会背景下,由心中"怨苦"的"庶人之议"写成的一部"寓言稗史"。

三是从写作笔法看,《水浒传》颇类似于传统史学的春秋笔法。在金圣叹看来,虽然《水浒传》是描写群盗山贼的稗史,却少不了传统史学的春秋笔法,书中处处都是"作史笔法","普天下读书人慎勿谓《水浒》无皮里阳秋也"。要读懂其中的春秋大义,就要看金圣叹的总评和夹评,那是解读《水浒传》最权威的"公羊榖梁"。金圣叹认为,《水浒传》最有深意的春秋笔法,就是揭露了宋江的虚伪奸诈。于是问题就来了:金圣叹为什么死活要与宋江作对,把看上去明明是一位相当受人欢迎的"及时雨"宋江说成是一个"假道学真强盗"的"下下人物"? 原因说穿了很简单,金圣叹旨在否定《水浒传》是一部表现官逼民反、歌颂造反有理的作品,他坚决反对用招安的方法处置造反者,所以腰斩后半部《水浒传》。事实上,《水浒传》横看竖看都是一部歌颂官逼民反的小说,金圣叹居然要煞费苦心地否定这一点,究竟用意何在?

1927 年,胡适作了一部著名的《水浒传考证》,他在充分肯定金圣叹

《水浒传》评点不可多得的"文学眼光"的同时,也批评了金圣叹"不但有八股选家气,还有理学先生气",尤其是反对金圣叹用史学目光来看待《水浒传》,存在许多附会穿凿,说"金圣叹《水浒》评的大毛病也正在这个'史'字上"。

不过,胡适一方面批评金圣叹"大毛病",另一方面他自己写《水浒传考证》,用的也是"史"的方法。胡适说,"我最恨中国史家说的什么'作史笔法',但我却有点'历史癖'",自己这篇考证文章就是"历史癖与考据癖"老毛病发作的结果。当然,胡适与金圣叹是有区别的:金圣叹用的是传统史学方法,而胡适用的是传统考据学和新史学相结合的方法。虽然两种方法不尽相同,这两位新旧知识分子的代表都对《水浒传》发生了欲罢不能的历史学兴趣,说明小说《水浒传》的确具有一种历史学的特殊魅力。胡适"历史的考据"的结论是:"《水浒传》乃是从南宋初年(西历十二世纪初年)到明朝中叶(十五世纪末年)这四百年的'梁山泊故事'的结晶"。胡适把这句掷地有声的话"丢在这里",近百年来引发了无数中外学者沿着历史考据之路,写下了汗牛充栋的学术论文和专著,来补充、发挥、阐释胡适的《水浒传》研究方法和研究成果。

今天,我们已经很清楚地知道,第一,《水浒传》的原始素材、人物原型和基本框架来自于包括正史《宋史》在内的严谨史料,具备了基本的史实依据;第二,《水浒传》的作者和评点者都以传统史识史观的态度对待《水浒传》,希冀读者能够通过阅读《水浒传》——甚至为此不惜改编改写该书——形成特定的历史图景和历史观念;第三,《水浒传》的现代研究者和传播者也少不了运用历史分析的方法来探讨和解读该书,并且将其作为认识古代社会历史的重要文本——20世纪70年代中期波及全社会的"重评《水浒》"运动便是一个例证。

胡适认为,水浒故事是"四百年来老百姓和文人发挥一肚皮宿怨的地方",《水浒传》是"一部纯粹反抗政府的书"。他用历史的眼光分析金圣叹评点《水浒传》"根本大错"的原因:

> 这部七十回的《水浒传》处处"褒"强盗,处处"贬"官府。这是看《水浒》的人,人人都能得着的感想。圣叹何以不能得着这

个普遍的感觉呢？这又是历史上的关系了。圣叹生在流贼遍天下的时代，眼见张献忠、李自成一班强盗流毒全国，故他觉得强盗是不能提倡的，是应该"口诛笔伐"的。圣叹是一个绝顶聪明的人，故能赏识《水浒传》。但文学家金圣叹究竟被《春秋》笔法家金圣叹误了。他赏识《水浒传》的文学，但他误解了《水浒传》的用意。他不知道七十回本删去招安以后事正是格外反抗政府，他看错了，以为七十回本既不赞成招安，便是深恶宋江等一班人。所以他处处探求《水浒传》的"皮里阳秋"，处处把施耐庵恭维宋江之处都解作痛骂宋江。这是他的根本大错。（胡适：《水浒传考证》，北京出版社2020年版，第69页）

胡适还分析了金圣叹特别反对招安的原因，他说：

圣叹又亲见明末的流贼伪降官兵，后复叛去，遂不可收拾。所以他对于《宋史》侯蒙请赦宋江使讨方腊的事，大为不满，故极力驳他，说他"一语有八失"。所以他又极力表章那没有招安以后事的七十回本。其实这都是时代的影响。（胡适：《水浒传考证》，北京出版社2020年版，第70页）

仔细研读《水浒传》文本，按照胡适的思路分析下去，我们就可以发现，《水浒传》不但是从北宋末年到元末民间大众共同写成的一部民间反抗官府的现实批判主义小说，也是民间大众共同构建的一个没有压迫、充满正义的乌托邦社会理想。在《水浒传》中，水泊梁山与宋朝现实社会形成了强烈的反差：一个是贪腐遍地、污浊不堪的罪恶之世，一个是平等相待、充满情谊的独立王国。更为重要的是，当正直善良的人们在罪恶之世被逼无奈、走投无路之时，他们还有最后一个八百里水洼之地可以栖身，这使他们能够不像大多数受压迫者那样逆来顺受和转死沟壑，而是选择一条公开与现实社会决裂的反抗道路。在封建专制政治下，对于那些屡遭欺压、生不如死的民众来说，这是一种多么具有吸引力的社会图景！从这个意义上说，《水浒传》不仅是一种具体的"海淫海盗"的教唆之书，也是一种乌托邦社会思想的政治之书。《水浒传》的这种深刻蕴涵，明清两朝官家以"教诱犯法"为由予以查禁之时，也未必想得到，当然也不是一般《水浒传》读者所能领会的。

在传统社会，普通民众对于历史知识的了解很少直接通过正史，而史学家也很少直接将正史转化为百姓通俗易懂的读本。所以，历史文学就成了民众了解历史的最主要方式。这种状况在明智初开的清末民初尤为如此。20世纪初，寅半生在《小说闲评叙》中说，"十年前之世界为八股世界，近则忽变小说世界"；康有为也在诗中写道，"经史不如八股盛，八股无如小说何"。不仅如此，同样一部小说，在每一个不同的时代，读者都能够读出自己不同的理解。如燕南尚生为光绪三十四年保定直隶官书局排印本《水浒传》作序，认为《水浒传》体现了西方民主精神，反对专制政治，是"社会主义小说"。从金圣叹到燕南尚生，正应了胡适提出的"一个根本的观念"，即"这种种不同时代发生种种不同的文学见解，也发生种种不同的文学作物"。胡适又说：

> 《水浒传》上下七八百年的历史便是这个观念的具体的例证。不懂得南宋时代，便不懂得宋江等三十六人的故事何以发生。不懂得宋元之际的时代，便不懂得水浒故事何以变化。不懂得元朝一代发生的那么多的水浒故事，便不懂得明初何以产生《水浒传》……这叫做历史进化的文学观念。（胡适：《水浒传考证》，北京出版社2020年版，第71页）

《水浒传》的这种"历史进化的文学观念"甚至极为明显地体现在它流传于日本的过程中。《水浒传》传入日本的时间应该在1594—1636年。日本天海僧正（1536—1643年）的"天海藏"书目中就有《水浒传》，是明朝万历二十二年即1594年的刊本。又德川家"红叶山文库"记载宽永六年即1636年有《水浒传》入库。《水浒传》随船载入日本，最初是作为学习白话汉语的范本。接着《水浒传》在江户时代流传中，竟然出现了大量所谓的"翻案小说"，这里的"翻案"二字并非"翻转"之意，而是基于《水浒传》蓝本的重新改变作品，包括题目翻案、开头楔子翻案、局部翻案和整体翻案，对于日本江户文学创作起到了助推作用。自从冈岛冠山在十八世纪初翻译《水浒传》之后，至今已有几十种各类译本。《水浒传》与《三国演义》一起成为中国传统历史在日本传播的最重要文化载体。

综上所述，回到文学与史学的关系问题上，我们是不是可以说，文学叙事离不开历史叙事，一部文学史离不开一部史学史；反过来也可以说，一部史学史也不能无视对特定历史文学作品的研究分析，尤其是在文学与历史的分途尚未明确的年代。

历史的同心圆

娱乐，说得高雅一点，即陶冶情操，乃是民间历史叙事的一种基本存在属性。民间讲史与演义小说之所以流行于市井书坊，就是因为能给百姓提供消遣娱乐。

罗贯中创作《三国演义》，不仅高效集成了长期以来官方正史与民间流传的众多三国历史叙事的精华内容，在文学艺术层面达到了难以逾越的高峰；更重要的是通过《三国演义》的文本形式，将三国叙事的人物角色、故事情节、文化主题等基本内容固定下来了，为后人的进一步演绎和发挥提供了最成熟的版本。此后，有关三国文学叙事的文本传播、戏曲传播、说唱传播、影视动画传播、电子游戏传播、网络传播等，不断呈现出万紫千红、竞相开放的繁茂样态，然而万变不离罗贯中构建的基本叙事框架。

在大众传播时代的今天，我们能够看到三种历史叙事的样态：第一种是专业史学的历史叙事，第二种是文本文学的历史叙事，第三种是文艺传播的历史叙事。专业史学就如同一颗石子，将其投入水中，便形成层层波纹，由内向外，一波一波扩展开去，这便是历史叙事传播样态。如果把历史叙事画成三个同心圆，那么专业史学的历史叙事就是中间的那个最小的圆圈，包围在它外面的那个较大圆圈是文本文学的历史叙事，最外面的那个大得多的圆圈则是文艺传播的历史叙事。换句话说，从专业历史叙事到文学历史叙事，再到娱乐历史叙事，形成了三个不断外推的同心圆。今天，这个外层同心圆仍在不断扩大：一是三国戏剧的广大爱好者，包括业余水平的广大票友；二是三国评书的广大听众，包括苏州评弹、北京评书、扬州评话、东北评词等；三是三国影视动画作品的广大观众，他们通过影院、电视、电脑、光盘分享三国故事的精彩情节；四是三国电子游戏或其他游戏的玩客，主要以年轻人为主，他们中大部分人根本没有读过《三国志》或《三国演义》，更遑论三国正史，但并不妨碍他们成为《三国风云》《三国杀》的狂热爱好者。在大众传播时代，历史就这样被戏说、被娱乐。

此时，历史仿佛变成了任由文化娱乐市场摆布的"小姑娘"，历史娱乐的"生产者"和"消费者"不再关注历史的真实性与客观性，更无视历史叙事的教化意义，呈现出元代陈草庵《山坡羊·叹世》吟唱的境况，"渔樵见了无别话，三国鼎分牛继马。兴，也任他；亡，也任他"，达到了明代杨慎《临江仙》的心态，"一壶浊酒喜相逢。古今多少事，都付笑谈中"。在许多电视网络受众的头脑中，已经习惯于历史的"去真实化""去正史化""去道德化"，只剩下一个"娱乐化"。

美国学者尼尔·波兹曼在《娱乐至死》一书中，批评电视节目的"过度娱乐"，导致了受众特别是青少年长时间沉迷于娱乐节目，电视节目的低俗化和色情、暴力偏好也对受众产生消极的影响，减弱了公众对严肃话题的兴趣和关注，增长了青少年对社会事务与公共生活的漠视与冷淡。因此，波兹曼指责电视娱乐是现代社会的"大众迷药"，并发出了"娱乐至死"的警告。由此联想到，大众历史娱乐对历史真实性的消解作用正随着网络传媒的迅猛发展而日趋明显，对于伴随着各式各样的神剧、电游成长起来的青少年来说，历史的真实与戏说的边界已经相当含混。历史就像一滴墨汁，一旦滴入大众娱乐的池塘，很快便漫散开来，无法回复它的原汁。如此久而久之，会不会导致真实历史的死亡？

这个问题看上去忧患深重，答案却很可能是乐观的。这是因为，历史的真实性依靠史学家对史实的发现与论证，它的生死存亡寄托在史学家身上，也唯有史学家才能决定它究竟是死是活。只要历史学家坚持求实求真，历史娱乐并不能摧毁历史学的根基。历史学原本不要求民间大众的众星拱月，只需要少数追求真相的历史学家的执着意志与非凡能力。

以追求真实为旨归的基础历史学,其生存空间只需要一方很小的天地,那就是以真实性和客观性为最高原则和目标的历史学术圣殿。专业历史学作为建立在充分史料、史证基础之上的实证学科,构成了所有历史传播的硬性内核。

在基础历史学外围的是以追求社会实用为目的的应用历史学,其应查用范围十分宽泛,教育家可据以开展历史道德教育,美术家可据以创作历史题材画作,建筑家可据以设计历史风格建筑,经营家可据以开发历史旅游项目,政治家可据以确定内政外交政策,文学家可以据以创作历史文学。应用历史学可以在众多领域里伸展茂密的枝叶,收获纷繁的成果,然而这些枝叶与成果都必须从基础历史学的深根之中获取不可或缺的养分。可以说,在应用历史学的花繁叶茂之中深藏着历史真实的生命之源。

在应用历史学的外围则弥散着形形色色的娱乐历史传播,它不必承担历史真实的重负,可以在大众"口味"的引导下自由驰骋。当然,也有人认为,历史娱乐需要有所节制,应当对历史真实性抱有必要的尊重,正如马振方在《在历史与虚构之间》中所说,"传奇也好,寓言也好,夸诞、戏说也好,借古讽今也好,既然用了真人的名字,就要对他和他的历史不仅有所了解,还要有最低限度的尊重,莫为某种艺术的需要和追求将黑的和白的颠倒了"。还有人认为,在所谓的历史文学领域内,也需要遵守文学的"真实性",这种真实性主要不是基于历史的真实,而是基于历史的可能。也就是说,娱乐历史与历史文学的故事情节、场景设置、时序逻辑等,应当符合历史的可能性,如不应出现穿越时空的历史人物、超越时代的物理存在等。然而实际的情况是,超历史现实主义的神话、魔幻、科幻娱乐传播依然大行其道,在抛弃历史真实性的方向上走得很远,或许唯一能够对这类作品加以规约的是受众接受心理的限度。

历史学的三个同心圆,分别对应于广义历史的三个场域:基础历史场域、社会历史场域、民间历史场域。就历史学的客观真实而言,应当遵循一种自内向外推衍的基本走向,即基础历史场域决定着历史叙事的客观性与真实性,它的存在不需要依靠大众的追捧,也不需要依赖社会的尊崇,只需要史学专业人员的专业追求。历史学的生命力不会因大众娱乐而至死，只会因专业学者的放弃而凋零。

社会历史场域是一个无限宽广的应用胜场，专业史学家尽可以敞开基础历史学研究成果的库门，任人选取各种素材，加工提炼出种种应用成果，在各自的用武之地大展身手。社会是不断变化的，所有历史学的社会应用价值也在不断变化。因此，社会历史场域必然遵循与时俱进的功利性原则，它的基本目光聚焦在现实领域，对各种历史应用进行适时应势的筛选，一切以是否符合现实功用为准则。相比之下，基础历史场域需要恪守自身固有的求真原则，尽量排除影响历史客观真实的外在因素，它的基本目光聚焦在寻求过往历史的本原面貌。社会历史场域的应用工具不应逆向返置于基础历史场域的成果仓库中，保持两者之间的边界阈限是维护专业历史研究客观真实性的必要条件。

民间历史场域的丰富历史想象会消解历史的真实性、神秘性、权威性、教化性，并导致民众对历史的误解误读。好在专业历史学者掌握着历史真实性的"生杀大权"，无论文艺娱乐界如何成心冒犯或无意触犯历史真实性的"天条"，专业学者只需一篇学术文章即可判定真伪，并且借助于大众传播尽量清除不良影响。总的来说，历史学的三个同心圆场域是并行不悖的，它们共同构成了人类对待历史的三种态度：严谨的态度、实用的态度、娱乐的态度。史实是史实，教化是教化，娱乐是娱乐，丁是丁，卯是卯，彼此相互尊重，避免混淆，各擅胜场，乐见其成，而贯穿其中的生命力仍然是专业史学家的求真精神与客观态度。

第 五 章

史　　学

> 欲从太史窥春秋，勿向有字句处求。
> ——龚自珍《乙亥杂诗》其三〇五

史风的转变

进入到 17 世纪以后，伴随着社会文化的自觉与进步，人类史学呈现出一种普遍的求真意识。

从古希腊和春秋时代算起，西方史学与中国史学都已经历了两千多年的发展，史学观念、史学方法、史学成果逐渐趋于成熟，特别是对历史和历史学的本质有了更加深刻的认识，前所未有地重视史学的真实性与客观性意义。

从 17 世纪到 18 世纪，西方史学界相继出现了孟德斯鸠、伏尔泰、狄德罗、休谟、罗伯逊、吉本、维柯、孔多塞、赫尔德等近代著名的史学家。到了 19 世纪，更是先后出现了以德国兰克为代表的客观主义史学，以及以英国巴尔克、法国泰纳等为代表的实证主义史学，整个 19 世纪被称为"历史学的世纪"。

与此同时，中国史学也进入到以实证考据为基本特点的清代朴学阶段。梁启超在《清代学术概论》中说，"清代学术果何物耶？简单言之：则对于宋明理学之一大反动，而以'复古'为其职志也"。清初学者有鉴于明末空疏之弊而提倡实学，以顾炎武为代表的清初汉学之兴、黄宗羲的学术史研究、王船山自成系统的史论史观，开启了清代实学的风气。

中国史学与西方史学遥隔万里,各自发展,尽管风格各异,主旨不同,却意外地灵犀相通,差不多同时隐约悟出了历史学的实证主义真谛。事实上,在日本、朝鲜、越南,也出现了相似的现象。这或许体现了历史学发展的自身规律,它已经逐渐成熟并步入到近现代的形态。当然,我们必须承认,中国传统史学的新发展相较于同时代的西方史学进步,在史学理论、史学方法和学术自由等方面仍然存在一定差距。正因为如此,西方史学不仅成为其后世界史学史发展的主流学说,也是影响包括日本、中国在内的世界史学史近现代转型的主要动力。

明清的改朝换代不仅体现为皇权统治的巨变,也表现在学术风气的剧变,在强烈反省、反思、反对宋明理学弊端的基础上,实证主义史学蔚然成风。美国学者伍祖安说:

> 从17世纪的明亡清兴之际,到18世纪清代全盛时期,许多学者都敏锐地认识到不同历史时代的差异性,形成了改朝换代的意识。……学术风气的一个特点,是反对或者至少是不重视思辨哲学和精神内省。这种反对空疏理论的学风所带来的积极作用是它促进了思想界对实用、经世具体学问的偏爱。([美]伍祖安、王晴佳:《世鉴:中国传统史学》,中国人民大学出版社2014年版,第222页)

表面上看,清初学风是从理学到朴学的转变,实质上是学者们求真意识的勃兴。正如伊格尔斯所说:

> 他们的复古主义不仅是出于好古的动机,而且是出于求真的兴趣。的确,汉代的一句格言"实事求是"成了考证学派的座右铭。([美]格奥尔格·伊格尔斯、王晴佳:《全球史学史》,北京大学出版社2011年版,第54页)

清代学术是对宋明理学(包括陆王心学)的一种反动和矫正,也就是要反其道而行之。宋明理学注重义理,尤其是陆王心学强调性命,其极端者更是流为晚明狂禅。在明末清初的士人看来，王氏心学的流弊在于"游谈无根，束书不观"，在晚明乱世之中最好的表现不过就是"无事袖手谈心性，临危一死报君王"，"明季流贼之祸，皆阳明所酿也"，应为明朝的覆灭负责。为了汲取教训，扭转学风，应矫正宋学的空疏和虚妄，回归到注重训诂、考据的求实学风。尤其是有鉴于明亡的惨痛教训，更应该注重经世实学，切忌空谈性理。

为此，清代学者把注重考证、考据的学术方法上溯到汉代学风，并且发明了"汉学"一词，以对应"宋学"，他们倡导用汉儒的训诂之学来说经，用汉儒的注书条例来治群书，这就是梁启超所谓"复古"的意思。清代汉学又因其治学特点被称为朴学或考据学。吴怀祺《中国史学思想史》说：

>　　这种学术风气影响到史学领域，自然就产生了一种注重历史客观性和史料真实性的治史学风，"人们运用治经的方法董理史籍，纠谬补阙，注重史料之真与历史之真，实事求是，主张以史实说话，反对驰骋议论，史学研究中的'博古'倾向明显。"［吴怀祺主编：《中国史学思想史》（清代卷），黄山书社2002年版，第8页］

中国历史著述的史风转变，可以从修撰《明史》的过程中体现出来。它是中国传统史学开始朝着近现代方向发展的一个标志性事件，是清代史学家试图走向更加求实、求真路子的一个重要里程碑。

1645年，即顺治二年五月，清朝政府设立明史馆，当时"钦奉圣谕，总裁《明史》"的有洪承畴、李建泰等人。但由于当时史料不全，参与人员也不多，加上天下未定，主要进行了《明史》修撰的准备工作，各地衙门按照中央要求，纷纷将相关档案文献移交礼部，汇送到内院，以备纂修。直到康熙十八年即1679年修史才正式开始，到雍正十三年即1735年《明史》完成定稿，乾隆四年即1739年正式刊行。就这样，一部332卷的《明史》编撰历时三朝，一共用了91年。先后担任总裁的有徐元文、张玉书、王鸿绪、张廷玉等。

我们说《明史》编撰具有一种标志性意义，并不是指它的编撰质量，尽管它确实是一部官修良史。《明史》的意义在于，在它的编撰过程中，众多的朝野相关人员就其指导思想、编纂体例、史料辨析等问题，进行了深入的研讨和议论。他们提出的许多观念与意见，总体上是要体现"证实求真"的要求，开始有意识地克服传统史学存在的诸多问题。这样一种史学风气的变化，标志着中国史学正在逐步开启一条朝向近现代史学方向迈进的道路

《明史》的编撰自始至终是清朝政府的一项政治事业和文化工程，并且基本上是由朝廷牢牢把握大方向，受到了康熙皇帝的直接干预。清廷力推这项工作，主要有两个目的，一是要通过修编《明史》在文化上进一步确立清朝的正统地位，美化清朝统治，掌控话语权力，巩固自身政权；二是要借修史压制兴盛一时的私修明史之风，拉拢、牵制汉族文化人士，特别是那些对新朝心存芥蒂的士人，在官方控制的文化领域之内为我所用。对于清廷的这种用心，大多数汉族士人也是心知肚明的。他们知道，旧朝已成往事，新朝不可撼动，反清复明根本无望，唯有借修史保存故国文献，"以史存史"。眼看私撰之风受到压制，只有隐忍史局一条出路，再说史职也不算正式的官职，对于不愿再仕的明朝遗臣来说，不失为一种委曲求全、忍辱负重的选择。于是一大批汉族士人参与到《明史》编撰中来，有的以布衣身份协助工作，其中万斯同编撰《明史》历时十多年，可谓居功至伟。

难能可贵的是，围绕着《明史》编撰工作，一批入馆参编者与社会人士积极参与到相关的学术讨论中去，包括黄宗羲、顾炎武、万斯同、朱彝尊、毛奇龄、汤斌、潘耒、徐乾学、吕留良、全祖望等。其中，徐乾学定下《修史条例》六十一条，王鸿绪提出《史例议》，汤斌上《明史凡例议》，潘耒上《修明史议》，施闰章与沈珩均上《修史议》，朱彝七次上书明史馆总裁提出意见书，全祖望的意见书也很有分量。万斯同虽然没有修撰官的名头，其实"隐操总裁之柄"，发挥着确定凡例、拟定传目、审稿统稿的重要作用，他的很多想法直接体现在书稿之中。

这些饱学之士集中讨论的问题恰恰就是传统史学中存在的诸多弊端。

一是关于编撰笔法的问题。中国史学历来重视所谓的春秋笔法，以笔削为赏罚，寓褒贬于文字。自从朱熹编写《通鉴纲目》之后，这种做

法不仅在史家、更在读者中形成了历史著述与传播的惯例。当时虽然不少人仍坚持著史要"昭是非,助赏罚",但更多的学者强调正史撰写不应像《纲目》那样以正统为本,要坚持"秉笔欲直,持论欲平"的原则,尤其要避免以"好恶之心"影响历史叙事与历史评价。为此,有的史家提出撰史者应该注意自己的"心术",尽量做到"虚心"斟酌,"平心"写史。这一点,其实已经涉及史家客观性的关键问题。

二是史料采择的问题。如果说,编撰笔法属于原则问题,那么史料采择属于方法问题。编纂者一方面注重史料的收集,一方面注重史料的考证。万斯同在《寄范笔山书》中说,"以国史为主,辅以诸家之书,删其繁而正其谬,补其略而缺其疑"。在编撰过程中,以明代诸朝实录为主,适当参考其他史料,对于"家乘野史"应当慎用。各种资料有异同的,以实录为本;实录有疏漏纰缪的,参考其他资料。内藤湖南在《中国史学史》中写道,"《明史》有着主张史料以实录为本位的倾向,这在历史的主张上与以往有着显著的变化"。这是颇具识地的看法。

三是修史义例问题。义例问题涉及撰史的体例。编纂者强调应"本乎时宜""因时而变",同时也要注重内部个体之间的一致性与统惯性,反映时代与社会的历史特征,如设立《阉党传》《流贼传》《土司传》等。吴怀祺在《中国史学思想史》(清代卷)中说,"这些认识是从总结《宋史》《元史》等官修史书在体例上顾此失彼,未能一贯,从而造成史事漏落、重出、矛盾的经验教训中得出的"。由于集思广益,并且原则清晰,《明史》虽然成于众手,但质量仍属上乘。李宗侗《中国史学史》认为,"在唐以后所修诸史中,以体例及谨严论,《明史》当居首位"。

《明史》既然作为清廷官修的史书,必然存在传统官修史书所不可克服的毛病,这就是史为政用,历史服从于政治,将史著作为统治的工具。另外,所谓的直书传信也屈从于政治需要,时值易代之际,又加上满族入主中原,《明史》对于前朝辽东史事、满族政权的兴起、南明事迹等忌讳较多,甚至歪曲捏造。这些限于时代的因素也是难以避免的。

不过,《明史》编修过程中所透出的种种新史风,显示了一种正在兴起的中国学术发展的新动向。这种新动向成为席卷整个时代的学术风气,史学只是其中的重要方面,而《明史》编撰不过是一个标志和信号而已。

我们发现，清代史学的路子，作为数千年传统史学的一种重大转折，正在变得越来越注重历史资料的真实性、历史叙事的客观性，以及历史评论和历史分析的务实性。清代史学家讲究求真求实，注重经史之辨，强调"六经皆史"，精于史料考据，抬升史学相对于经学的地位，这些都体现出一种相对成熟的历史意识和史学观念。有学者论道：

> 清朝《明史》纂修过程中，纂修官孜孜不倦地在史馆中修史，不仅人数多，而且均属于清代学识较高的人才群体，他们修史时充分展现了各自的才华，对《明史》修纂作出了积极贡献。（段润秀：《官修〈明史〉的幕后功臣》，人民出版社2011年版，第251页）

在政治高压、文化专制与"文字狱"的现实威胁之下，清代很难出现类似西方近代的历史主义和客观主义的历史哲学与历史著述成果。然而，清代史家的求真精神与客观意识并不输于西方的同行，尤其是考据学派在史料考证方面的丰硕成果，为即将到来的近现代新史学提供了弥足珍贵的思想渊源、学术传统和技术方法。恰如元好问《论诗三十首》所说，"一语天然万古新，豪华落尽见真淳"，经过清代史学特别是乾嘉史学的充分准备，当西方吹来史学新风之时，深受清代史学求实精神浸润的中国史学家，便能够相当自如地跨越旧史学与新史学之间的沟坎。

考据历史学

清代史学包括历史叙事、历史评论和史料整理三个方面，其中成果最丰的是史料的考据和整理。

在历史叙事方面，清初受到明末余风的影响，出现了一批民间史著，在康熙年间也还有野史问世，但到乾隆以后就灭绝了。直到嘉庆以后，文网渐疏，学术研究的氛围相对宽松一些，才有人敢再出来研究明史，相继写出了《明纪》《明通鉴》《小腆纪年》《南疆轶史》《南明书》等史著。但总的来说，清代历史叙事未见显著成果。

在史事析论方面，清初以王船山《读通鉴论》《宋论》为代表的史论名著，立意高远、胸襟开阔、识见深刻。梁启超《清代学术概论》评黄宗羲"所著《明儒学案》，中国之有'学术史'，自此始也"。他又论王船山"其《读通鉴论》《宋论》往往有新解，为近代学子所喜诵习"。如果说，被称为"清初三大家"的黄宗羲、顾炎武、王夫之等第一代学者尚未全然割断与宋明理学的关联，依然重视史学的经世致用价值，体现出"汉宋兼采"的特色；那么，从阎若璩开始，清代朴学经世致用的色彩明显减弱，开始把自己的研究严格限制在历史资料的整理考据研究上，从学术路径上更加靠近汉学，凸显出辨伪考证的史学特点。

清代实行严厉的文化管制，大兴文字狱，使得私家史著不敢涉及它的"近代史"明史，更遑论清朝的"现当代史"了。正如李宗侗《中国史学史》所说："清代以厉行文字狱之故，学者遂不敢研究明史及当代史，固清代史学家只最初有数人，季世有数人，中间只有历史考证家，而无纯粹史学家"。时至清代中叶，以乾嘉学派为代表的清代考据学达到了全盛期，出现了一大批掌握实证史学方法、学养深厚的考据大家，为中国史学走向实证主义导夫先路。阎若璩《尚书古文疏证》一书的问世，是体现这一学风变化的标志性成果，他用精湛的考证方法，令人信服地将一千多年来被奉为儒家圣经的《古文尚书》丢入伪书的废纸箱，在学界和社会上所引起的震撼不啻一场强烈地震。一方面，这是对官方经典权威的巨大冲击，正如梁启超所说，"自兹以往，而一切经文，皆可以成为研究之问题矣。再进一步，而一切经义，皆可以成为研究之问题矣"；另一方面，这是考据学的一场斩将夺旗式的胜利，揭橥了考据学"证实求真"的强大学术威力。阎若璩因此成为随之到来的朴学主力军乾嘉学派的开路先锋。

此时，清朝政权已经充分巩固，朝廷的文化高压和文化钳制政策更加大胆无忌，史学对历史与现实的批判精神失去了生存的土壤。同时，官修史书在引导文化和统一思想方面的功用日渐发挥，史家的学术旨趣已被顺利地纳入到官方的路径上去。另外，随着明末清初一代士人的相继离世，过去那种前朝遗民的愤世心理渐行渐远，史学的经世致用意识逐渐淡化。与此同时，考据学的方法技艺则日臻完善，训诂、注疏、校勘、辑佚、辨伪、考订等学术成果不断涌现。乾隆嘉庆时期，终于迎来了清代史学的主流乾嘉学派,考据学进入全盛期,成为史家的群体风格,占领了整个学界,正如梁启超所说,"治全盛期史学者,考据学以外,殆不必置论"。也就是说,乾嘉史学所关注的仅仅是文献与史料的考据,历史叙事、历史分析和历史解释已然"出局"。

乾嘉时期史家王盛鸣《十七史商榷》、钱大昕《廿二史考异》等考据著作中虽间有评论,但其史论却未超越考据的范围;赵翼《廿二史札记》考据色彩稍淡一些,这与他的文人出身有关,但赵翼的评论也严格限制在就事论事范围之内。总之,乾嘉史家蜷缩在考据学的狭小空间一角,一方面借以避祸,一方面聊以自慰。尽管如此,考据学派确乎表现出一种历史学意义上的求真意识,这种求真意识甚至可以公开怀疑和挑战传统正史的权威。伊格尔斯说:

> 王鸣盛的《十七史商榷》、钱大昕的《二十二史考异》、赵翼的《二十二史札记》都是清代考证学的光辉典范,表现出了批判精神和娴熟的技巧。正如这些书名所显示的,它们批判研究的对象是备受推崇的王朝史,过去都被视为"正史"。([美]格奥尔格·伊格尔斯等:《全球史学史》,北京大学出版社2011年版,第55页)

如果我们不去考虑乾嘉学派的研究内容,也撇开他们迫于压力的史风转变,仅关注他们的研究方法,就会发现乾嘉史学的求实精神与考证技术在一定程度上颇为接近稍晚出现的西方客观主义史学的精髓。

王鸣盛认为,史家面对历史文献,包括典章制度和人物事迹,不必要"横生意见",发表"议论褒贬",这些只不过是"虚文"而已。史家的任务就是考证其实,把握制度沿革,考证异同,条析离合。至于褒贬议论这些主观性的东西,自待天下公论,史家完全不必多言。他在《十七史商榷》中明确表达了这样的意见:

> 大抵史家所记典制,有得有失,读史者不必横生意见,驰骋议论,以明法戒也。但当考其典制之实,俾数千百年建置沿革,了如指掌,而或宜法,或宜戒,待人之自择焉可矣。其事迹则有美有恶,

> 读史者亦不必强立文法，擅加予夺，以为褒贬也。但当考其事迹之实，俾年经事纬，部居州次，纪载之异同，见闻之离合，一一条析无疑。而若者可褒，若者可贬，听之天下之公论焉可矣。……盖学问之道，求于虚不如求于实，议论褒贬，皆虚文耳。作史者之所记录，读史者之所考核，总期于能得其实焉而已矣，外此又何多求邪！（王鸣盛：《十七史商榷》，自序）

从这段文字中，我们看出了王鸣盛对于历史研究的基本认识，只要能够"得其实"就足够了，别的不必多求，既不要掺入史家自己的观点，也不要介意他人读史之后的感受。这与兰克的"如实直书"颇有异曲同工之处。

钱大昕是一位顾炎武式的通儒，"考据紧密，度越诸家"，在考据学方法论方面别有匠心。他从文字音韵学、金石学、避讳学、版本学、年代学以及史著义例等多种渠道入手考史，多有发覆之见，可谓乾嘉史学家中的中国"兰克"。

在历史资料、历史叙事、历史评论、历史解释等基本史学领域，乾嘉史学的主要兴奋点集中在历史资料方面。尽管三大考据家的考据著作中也时有议论，颇具识见，但他们基本上局限在对古代历史资料的评述，因为他们的总体史学观还是注重考据，以此作为史学的"学问之道"。另外值得注意的是，虽然他们中也有人参与过编志等，且钱大昕还对历史编纂学颇有见解，但他们都没有进行过真正的历史叙事性著述，所谓的编撰史例的"高见"，只不过是纸上谈兵而已。同样，与他们同时代的另一位大学问家章学诚写了名著《文史通义》，提出了诸多史学新论，却也没有撰写任何史著，只不过纂修了几部地方志。对此，梁启超在《中国近三百年学术史》中不无遗憾地说：

> 史学以记述现代为最重，故清人关于清史方面之著作，为吾侪所乐闻，而不幸兹事乃大令吾侪失望。治明史者常厌野史之多，治清史者常感野史之少。（梁启超：《中国近三百年学术史》，人民出版社2008年版，第302页）

从正面理解，这是学风敦实的态度。不过，从反面来讲，我们从中也看出，乾嘉学者的历史眼界已经退缩到了相当狭窄的地步，经过一百多年文化高压政策的"洗礼"，他们早已忘记明末清初前辈们的历史意识，心安理得地沉溺于"史料实证学"的小天地，并且为这"一亩三分地"上的收成沾沾自喜。整个有清一代的史学，基本上就是历史资料的整理与考据。对于乾嘉史学大家，我们固然不应搬用龚自珍的诗句"避席畏闻文字狱，著书都为稻粱谋"来批评他们，也不能对赵翼自嘲的诗句"只应纸上空谈在，留享他时酱瓿香"信以为真。事实上，以"乾隆三大家"为代表的一大批清代史学家的史学追求、实证态度、客观精神、考据方法以及学术睿智和勤勉毅力等，皆不逊色于同时期甚至更晚一百年之后的西方史学家，只是由于清代学术传统、文化环境和政治气候等因素决定了他们的史学用力方向不同于西方学者，而产生的史学成果——就其对于近现代史学的发展方向而言——自然就不可同日而语了。他们将大量的心血消耗在远离现实的故纸堆里，却在人类新史学黎明到来之际留下了历史叙事的空白。这是中国考据史学和实证史学的喜剧，却是叙事史学和解释史学的悲剧。

崔述与《考信录》

在清代众多考据学者中，有一位生前身后皆默默无闻的学者，宛如群星璀璨的长空中一颗暗淡无光的孤星，在长达百年的时间里无人关注。然而在新史学的黎明破晓之际，这颗孤星却发出了异常明亮的光芒，照耀着中日两国新史学拓荒者前进的步履。这位独特而伟大的学者就是崔述。

崔述（1740—1816），字东壁，生于乾隆五年，卒于嘉庆二十一年。河北大名府人。崔述的父亲崔元森也是一位读书人，五次参加乡试皆未中，终身讲学授徒为生。崔述从小受到严格的家庭教育，熟读经书，兼通文史，学识益进，十五岁应大名府童子试，名列榜首，遂被知府召入府内衙读书，历时八年，二十三岁应顺天府乡试得中举人。崔述后来连续五次参加会试均落第。其后，崔述曾设馆教书，也曾参与纂修方志，主要精力皆倾注于经史研究，沉醉于古史考信工作，从三十四岁开始，考证辨伪的学术成果不断涌现，先后写成《洙泗考信录》《洙泗考信余录》等，对孔子及其弟子生平史事进行深入细致的考信证伪，兼及《论语》内容及编纂的考辨释疑。

乾隆五十七年，五十三岁的崔述得到了候补官员的资格，遂离乡赴京。在北京的旅店中，崔述意外结识了一位时年三十一岁的云南年轻人陈履和，两人声气相通，朝夕琢磨，结为师友，遂成为终身学友。嘉庆元年，五十七岁的崔述被任命为罗源知县。三年后调任上杭，后又回任罗源，前后六年在福建任职，政事清明，治理有方，颇得民心。崔述这些年从未停止自己的古史考信事业，孜孜不倦撰写一部又一部考信论著。对于官宦仕途则志不在此。嘉庆六年，六十一岁的崔述辞去罗源知县职务，回到家乡设馆授徒，专心著述，写成了《竹书纪年辨伪》《三代考信录》《考信录提要》等，在七十六岁去世前亲自纂订全集，共计三十四种，八十八卷，其中《考信录》三十六卷。

就在这一年，陈履和从云南石屏赶到大名，前来看望已经阔别二十四年的师友崔述，未料到崔述刚刚去世，陈履和悲痛之余，含泪奉读崔述留下的遗嘱，其中写道，"吾生平著书三十四种，八十八卷，俟滇南陈履和来亲授之"。陈履和再拜于崔述的灵柩前，暗下决心要将这位师友留下的心血之作付梓印行。

道光三年，崔述卒后七年，陈履和赴任东阳知县。第二年，陈履和倾其所有，在东阳署中刻印崔述遗书。又次年，陈履和死于东阳任所。陈履和幼子年方五岁，遗属家贫如洗，竟然无力返回云南，幸亏金华知府萧元桂为之筹措途资，将崔述遗书刻板二十箱留存金华府学署，做官物交兑，并商请金华各县知县捐款六百金，算作刻资，以为家属归滇之资。

崔述的遗著虽然得以出版印行，但在当时学术界并没有引起反应，可以说声名不显，甚至长期默默无闻。受到清代求实治学风气的影响，崔述对宋明理学的空疏虚妄弊端进行了质疑和纠正，因此很难得到官方主流文化的认同。同时，崔述的考信思想和考信方法在乾嘉学派的同道看来，似乎过于激进，也受到了明显的排斥。阮元编纂《皇清经解》，收录了清代众多学者的经学研究成果；王先谦编纂《皇清经解续编》，汇集了《皇清经解》出版之后的经学著作，也收录了《皇清经解》未收录的前人著作，这两部皇皇巨著都无视崔述的存在。邵东方《崔述学术考论》认为，"这一现象表明，在汉学家看来，崔述的学术不符合正统经学的要求"。吴量恺《崔述评传》也说，"崔述深受理学影响，却招致理学家的反对；他重考据，是无征不信的，却又遭到朴学家的反对"。这一切都表明，崔述是他那个时代一位富有求真思想、怀疑精神和批判意识的学术独行者。

崔述考信史学究竟有什么独特之处？他对中国新史学产生了什么影响？

崔述坚持"考信于六艺"与"无征不信"的考辨原则，认为治学不能盲从陈言，若有可疑之处，应引据赅博，寻根究底。他撰写《洙泗考信录》与《余录》，目的就是要做一部真实的孔子传，解决伪学"乱经"、邪说"诬圣"的问题，具体指出《史记》《国语》《礼记》《吕览》《说苑》《新序》《韩诗外传》《孔子家语》《孔丛子》《论语集注》等传注之文的误谬，还原孔子及其弟子的真实面目。梁启超称"此书为最谨严之孔子传"。我们不妨举两个例子。

崔述在《洙泗考信录》中对《孔子家语》进行了犀利的辨伪和有力的否定，判该书伪作成为定谳：

> 《家语》一书本后人所伪撰，其文皆采之于他书而增损改易以饰之：如《相鲁篇》采之于《春秋传》、《史记》，《辨物篇》采之于《春秋传》、《国语》，《哀公问政》、《儒行》两篇采之于《戴记曲礼》，《子贡》、《子夏》、《公西赤问》等篇采之于《戴记》、《春秋传》；以至《庄》、《列》、《说苑》、谶纬之书无不采，未有一篇无所本者。然取所采之书与《家语》比而观之，则其所增损改易者文必冗弱，辞必浅陋，远不如其本书，甚或失其本来之旨，其为剽袭显而可按。而世不察，以为孔氏遗书，亦已惑矣！《汉书艺文志》云："《孔子家语》二十七卷。"师古曰："非今所有《家语》。"则是孔氏先世之书已亡，而此书出于后人所撰，显然可见。且《家语》在汉

已显于世，列于《七略》，以康成之博学，岂容不见，而待肃之据之以驳己耶！此必毁郑氏之学者伪撰此书以为己证。其序文浅语夸，亦未必果出于肃，就令果出于肃，肃之学识亦不足为定论也。故今不见于经传而但见于《家语》者概不敢录，宁过而阙，不敢过而诬也。（崔述：《崔东壁遗书》，上海古籍出版社2013年版，第264—265页）

崔述考证了三条理由：一是《孔子家语》中的文章"未有一篇无所本者"，就连所采之书都一一罗列，可以说将《孔子家语》的画皮全部剥开；二是《孔子家语》早已亡佚，就连郑玄都未看到，王肃怎么可能突然得到？三是《孔子家语》的王肃序"文浅语夸"，说明王肃学识短浅，不足为信。事实上，今人已经明确考证，《孔子家语》就是王肃本人作伪，证明了崔述高超的辨伪能力。

崔述不盲从经学成说，对十三经之一的《论语》也敢于怀疑。崔述对《论语》篇章辨疑的看法主要有三点：首先，他认为《论语》前十篇是有子、曾子等孔门弟子对孔子言论的真实记录；其次，他认为《论语》后十篇是"后人所续记"，"原不出于一人之，而传近者辑而合之者，是以文体参差互异同"；第三，尽管前十五篇总体上还算可信，但"前十五篇之末亦间有一二不类者。盖缘今本非汉初齐、鲁之古本，乃张禹汇合更定之本，是以如此"；第四，《论语》后五篇，除了《子张》一篇"所记皆门弟子之言，无可疑者"，其他四篇"可疑者甚多"，"盖皆后人采之他书者"，"不得与前十五篇等类而齐观也"。这虽是大胆之论，却并非没有根据。在《论语余说》中，崔述以《论语·季氏》为例，这样写道：

《论语》前十篇中，称孔子皆曰"子"，惟对君问始曰"孔子"，尊君也。《先进》以下五篇，对大夫问亦曰"孔子"，固已失之矣，然尚未有徒称"孔子"者。独《季氏》篇始终皆称"孔子"，其为采之他书甚明；而末三章文尤不类。（崔述：《崔东壁遗书》，上海古籍出版社2013年版，第616—617页）

崔述对《论语》具体内容进行了深入辨析，提出了独特的观点。如《论语·先进》有"子路、曾皙、冉有、公西华侍坐"章，崔述怀疑它是"伪托"：

> 此章孔子问以何事答知己，故子路等三人所言皆从政之事，"风、浴、咏归"，于知我不知我何涉焉？且先生问更端则起而对，礼也。孔子方与诸弟子言，而皙鼓瑟自如，不亦远于礼乎？至在孔子之前而称夫子，乃春秋时所无，《论语》中惟《阳货篇》有之，乃战国时人所撰，不足据。然则此章乃学老、庄者之所伪托，而后儒误采之者。朱子谓"曾点所言有万物得所之意，故孔子与之"。论虽巧而恐其未必实也，故今不载此文。（崔述：《崔东壁遗书》，上海古籍出版社2013年版，第369页）

崔述罗列了三个理由：第一，崔述认为，此章开首孔子对弟子说"居则曰：不吾知也。如或知尔，则何以哉？"，孔子其实是在问弟子们的政治志向，"故子路等三人所言，皆从政之事"，而曾皙却以"风浴、咏归"回答，可以说答非所问。第二，崔述认为，老师对学生提问，学生应该站起来好好回答，这是基本的礼仪，但孔子正在与诸弟子对话，而曾皙鼓瑟自如，这明显不符合礼仪。第三，本章记录曾皙问孔子"夫子何哂由也"，在孔子面前称其夫子，不符合春秋时期的称谓，这种情况《论语》只有《阳货》篇中有一例，乃是战国时人所撰，不足为据。崔述认为此章是学老、庄者的伪托，后儒误采入《论语》之中。应该说，崔述的考证是颇有依据的。

另外，崔述《上古考信录》也对有关中国上古三代历史记述中的传说内容提出了怀疑与考辨，体现了崔述实事求是的精神、挑战经典的勇气和辨伪考信的能力，这些正是新史学发轫发展必不可少的动力。

明治维新与文明史学

日本江户时期，德川幕府实行闭关锁国政策。幕府出于对天主教扩张的恐惧，于1613年下达第一次"吉利支丹"禁教令，对室町幕府末期传入日本的耶稣会天主教实施禁令；1635年又下令禁止日本船只出航海外，严格限制海外贸易和学习西洋学问。但是，幕府对于两个国家的商业和文化往来还是允许的，一个就是与基督教毫无关系的中国，另一个是与天主教对立的新教国家荷兰。两国的交流活动严格限制在长崎这个口岸。日本在与荷兰的交流中，也接受了一些西方近代文化，日本人一开始称之为"兰学"。清水正之《日本思想全史》说，"所谓兰学，指的是经由长崎出岛而传入的欧洲学问"。后来日本人发现荷兰不过是传入学问的一个途径，兰学中包含了许多其他欧洲国家的学问，就把兰学改称"洋学"。总的来说，兰学对日本传统文化起到了一定的启蒙作用，其意义类似于中国明清之际西方传教士对中国传统文化的影响。

在兰学中也包含了史学，有人将新井白石视为日本兰学的鼻祖，因为新井白石曾经写了一部三卷本的《西洋见闻》，这是日本在锁国体制下介绍西洋状况的优秀之作。1709年，新井白石作为德川家宣将军的最高政治顾问，奉命审讯偷渡日本的荷兰传教士约翰·西多契，在与西多契面对面的交谈中，新井白石不仅了解到大量世界地理概况、国际形势和近代学术发展状况，而且对西洋人忠实于真理的精神颇生敬意，甚至对西多契本人产生了人道主义的共鸣，于是就写作了这部类似于审讯记录的《西洋见闻》。在当时严厉的高压政治下，新井白石充分显现自己对幕府封建权威的拥护，但他在书中还是表现出对洋学的开放态度，以及对传教士的同情之心，所以这本书一直没有公开刊印，直到明治年间才由白石社出版了铅印本。新井白石根据审讯记录还撰写了一部介绍各国地理的《采览异言》，因为不涉及政治与文化，1713年脱稿后就刊行了。坂本太郎认为，新井白石是"近世史学史的顶峰，甚至可以说严格意义上的历史学是从他开始的"。所以，日本兰学与史学从一开始就具有一定的关联度。江户时期还出现了青木昆阳、本多利明等一批兰学学者，当时的日本私塾也开始进行兰学教育，这些都为明治维新时期西学在日本的传播奠定了文化基础。

中国自1840年鸦片战争之后，以龚自珍、魏源为代表的一批有识之士已经开始对传统文化进行深刻反思，并将目光投向域外世界，他们先于日本明治维新人士认识到封建传统的弊端和了解世界大势的意义。魏源1842编撰了《海国图志》，这是当时中国学者撰写的第一部世界史著作，对世人产生了重大影响。《海国图志》传到日本后，也为当时日本了解世界提供了重要的信息。日本学者冈本监辅（1839—1904）撰写的同类著作《万国史记》迟至明治十二年即1879年才出版。应该说，从明末清初西方传教士引入域外新知识，直到在鸦片战争后"师夷长技以制夷"的西学新潮，中国有识之士在历史学领域的新观念新知识并不低于同时期日本兰学的水平，只可惜当时清政府缺乏明治维新的改革勇气和决心，使得许多有识之士的文化睿智未能成为持续推动变革的动力。

从文化层面看，明治维新是日本全面割断长期以来与中国传统文化的联系，系统接受西方文化、思想与学术的过程。用日本学者的话来说，就是接受西方"文明"和"开化"。体现在史学领域，就是用西方史学方法和体系取代东方传统史学，即用所谓的"文明史""开化史"取代儒家传统史学。正如沈仁安、宋成有等学者在《近代日本的史学与史观》中所说，当时的"人们力图从历史上探求西方文明的渊源，并与日本历史相比较，以人物为中心，采用编年、纪传体的封建史学不能满足需要，探索日本文明史的文明史学应运而生"。这是一个循序渐进的过程，大致上包括两个阶段：先是在欧洲文明史学影响下发展出日本启蒙史学，其导夫先路的作用主要是力图改变传统历史学的研究对象、研究目的，为日本文化"脱亚入欧"寻找学理依据和实践路径。随后是在德国实证主义史学影响下发展出日本学院派史学，其主要特点是引入了西方科学主义和实证主义方法论，全面推动日本新史学的学科化和体系化。在整个过程中，中国传统史学中的考据学并没有缺位，而是与西方实证史学交织在一起，通过新旧史学的更新迭代，助推日本新史学的发展，并在日本中国学研究领域产生新的硕果。

明治六年，即1873年，刚刚从美国回来的森有礼受到西方社会学术团体的启发，发起创建日本学术团体的建议，福泽谕吉、中村正直等一批先锋学者积极响应，组织了从事思想风俗改良工作的社会团体，称为"明六社"。这个日本最早的学术团体主要通过公开演讲、创办《明六杂志》等方式扩张知识启蒙和思想论战，协助明治政府推行自上而下的开明政策。明六社的思想讨论涉及政治、言论、道德、婚姻、宗教、社会等诸多领域，其中也包括历史和历史学。

从明治维新开始的四十年内，超过五十种外文历史著作在日本翻译出版。1874年，永峰秀树翻译出版了法国史学家弗朗索瓦·基佐的《欧洲文明史》；次年大岛贞益翻译出版了英国史学家托马斯·巴尔克的《英国文明史》，另外英国斯宾塞社会理论也被译介到日本，这些著作不仅为日本启蒙史学提供了新思想和新方法，更为重要的是激发了国民和学者们对西方文明史的强烈兴趣和对日本效仿西方文明的学理思考。永原庆二在《20世纪日本历史学》中说：

> 欧美文明是如何创造出来的？日本是否可以通过学习欧美文明而成为先进国？这样的问题意识作为启蒙思想具有的普遍主义、进步主义历史观，成为明治前半期史学史的特征。（［日］永原庆二：《20世纪日本历史学》，北京大学出版社2014年版，第17页）

这些启蒙学者未必具备扎实的史学功底，也未必掌握充分的史学素材，却具有相当高涨的学术热情和学识自信，并且都将史学研究和述论作为推动日本社会文明开化的实践途径。从这个意义上，与其说他们是治学严谨的史学家，不如说是充满激情的政论家。

福泽谕吉（1834—1901）作为幕末时期德川幕府使节，曾经三次出访欧美，他先后出版了《西洋事情》《劝学篇》《文明论概论》《福翁自传》等，成为启蒙主义文明史学的最重要旗手。另一位重要的文明史学家是福泽谕吉的追随者田口卯吉（1877—1882），他在明治十年到十五年出版了《日本开化小史》，这本书与《文明论概论》一起被认为是日本文明史学派的代表之作。其他相关的学者与著作还有北川藤吉《日本文明史》、渡边修次郎《明治开化史》、室田充美《大日本文明史》、藤田吉茂《文明东渐史》、物集高见《日本文明史略》等。

概括起来看，日本文明史学派的基本观点大致有以下四个方面：第一，对历史学的内涵予以重新认识，主张将历史学的关注重点从君主转向人民，从英雄豪杰的行为转向人类社会的文明发展，研究社会大众的精神发展。福泽谕吉说，"直到目前为止，日本史大都不外乎说明王室的世系，讨论君臣有司的得失"，他批评日本传统史学"没有日本国家的历史，只有日本政府的历史"。第二，对历史学的功用予以重新定位，反对传统史学的封建道德大义名分史观，主张史学启蒙民众和推动文明进步的现实意义，力求探究历史发展的普遍性规律。家永三郎在《启蒙史学》一文中说，"要求达到合乎规律的、有系统的认识的倾向，最典型地表现在以文明史学家著称的田口卯吉身上"，田口卯吉认为，在特定的社会中都有"一定之理"，"在某种制度之下，必有某种之作用"，他极力主张人类社会的开化受到"一定之理"的支配，并且试图通过历史研究分析这种"一定之理"。家永三郎认为田口卯吉的这种史观是一种类似历史唯物主义的历史哲学。第三，在历史编纂方法上反对编年体、纪传体的传统史法，认为编年体是年表而不是历史，称之为无理论的历史，主张采用议论式的史论体。第四，通过日本文明与西方文明发展历史的比较，指出日本文明的缺陷，揭露专制政治是阻碍日本文明进步的根源。福泽谕吉说，"日本文明与西方文明相比，一个突出的区别就是权力偏重这一点"。渡边修次郎也说，"日本国孤立于亚洲东隅，人民亦长期卑屈于专制之下，不知权利自由为何物，国家之文明进步及幸福之追求，几乎置之度外而不顾"。第四，日本启蒙史学家都具有明显的历史实用主义导向，在研究历史、分析问题、总结规律的基础上纷纷提出促进日本文明发展的具体策略。

  文明史学是日本明治维新社会变革在史学领域的学理反响，从积极的意义上讲具有反封建、反传统的社会进步作用，在历史观和方法论上揭开了日本近代新史学的发展序幕，开创了日本史学的"新机轴"。特别值得一提的是，文明史学带有一定的唯物主义史学的元素，直接影响了其后以三宅米吉为代表的社会历史学和以山路爱山为代表的民间史学，永原庆二认为"其潮流一直影响到战前昭和时期马克思主义历史学（历史唯物观史学）甚至是'战后历史学'"。文明启蒙史学与唯物史观的相近之处在于，两者都努力探寻推动历史进步的根本动力，并试图把握历史发展的内在规律，家永三郎认为"这一事实表明，它在某种意义上是比较后起的学院派史学大大地接近于历史学的根本精神"。

同时应该看到，日本文明史学也存在明显的缺陷。就历史学而言，文明史学家大都是业余史学家，既缺乏传统史学的考据功底，也对西方史学未有深入系统的理解把握，所以他们一方面对传统史学的否定过于主观和绝对，另一方面利用西方史学分析批判日本文明发展的史论常常带有感性和直觉的色彩，虽然其间不乏"发前人所未发的独到见解"，总归缺乏史实论证的厚重基础。当然，这些学术短板大概是日本传统史学转型之初不可避免的阶段性问题，也是文明史学服务于明治维新现实变革的历史功利主义倾向所致。再就社会层面而言，与其历史学缺陷相一致，文明史学家过度否定了传统文明的价值，诚如松田宏一郎在《福泽谕吉的影响》一文中所说，"福泽明确否定了'亚细亚'型精神以及'汉学者'型道学，并且认为其中没有'文明'的未来"，同时"他也没有构思出与西洋中心主义抗衡的亚洲型价值"，体现了历史观的片面性。另外，众所周知的是，福泽谕吉具有明显的民族主义和国家主义倾向，究其原因是由文明史学的本质所决定的，正如王晴佳等学者在《外国史学史》中所指出，"'文明史学'其实就是民族史学，其特点是从整个民族的发展着眼，考察其进步或衰败，并解释其中的原因"，福泽谕吉主张"官民调和"和"国权论"，对自由民权运动持反对态度，所以永原庆二说，"我们不得不承认启蒙主义文明史家的历史认识缺乏对'明治国家'的批判精神，对其后本国近代史认识也产生了很大影响"。门胁祯二《官学学派的成立》一文更加直白地批评福泽谕吉说，"以十九世纪八十年代的朝鲜问题为转机国际关系恶化以后，他的国权论就开始和日本帝国主义的侵略大陆采取了一致步调"。福泽谕吉之所以被认为是具有军国主义色彩的思想家，原因就在于此。

在日本文明史学家中，也有精于考据、功底扎实的实证学者，后期的学者那珂通世（1851—1908）就是最重要的代表人物。如果说福泽谕吉等前辈文明史家擅长以史论为矛，向传统史学的庞大躯壳发起攻击，那么那珂通世则擅长以史实为依据，深入到传统史学内部，通过严谨的考据研究来动摇长期笼罩在传统史学上的"纪记神话"。这是日本史学从文明史学向实证史学过渡的一个重要环节。

那珂通世与《崔东壁遗书》

日本文明史学从问世之始就将矛头对准本国传统史学，其中一个重要的问题就是国家的起源。这既是一个史学问题，也是一个现实问题。一方面自《古事记》和《日本书纪》长期建立起来的"记纪建国神话"在西方新史学观照下已经相当尴尬，另一方面保守的"国学—神道派"出于现实政治的目的仍然坚持"记纪神话"为史实。面对这个日本上古历史"破与立"的关节点，那珂通世毅然站了出来，于1878年发表汉文体论文《上古年代考》，明确指出《日本书纪》的纪年与史实不符。此文一出，立即引起强烈反响，可以说第一次撬动了日本传统神道史观的基石。

那珂通世之所以成为最早质疑和考证日本传统上古史的学者，被誉为日本"疑古史学"的领军人物，固然得益于他的西方史学新知，同时也与熟谙清代考据学有关。那珂通世是当时最知名的中国史学者，在1890年写作出版了《中国通史》，这是最早以新史学形式撰写的大部头中国通史，对后来中国新史学写作范式产生了重大影响。事实上，日本新史学的建立一方面得益于西方史学的传入，另一方面也或多或少受益于中国考据学特别是清代考据学派的影响，所以当时日本史学家特别是汉学专家都对清代乾嘉考据学者相当熟悉。那珂通世特别关注清代学者中的上古史考据学者，面对众多星光熠熠的清代考据大家，那珂通世可谓慧眼独具，将目光聚焦于朴学主流派之外的学者崔述身上，认为"东壁之学涉经史，识通古今，考据辨析高出汉、宋诸儒之上"，并说崔东壁"处于群迷之中，独能建树己说"。那珂通世非常推崇《崔东壁遗书》，认为该书"皆一般学者所不敢设想，无怪乎此书不行于中国也"。

说起那珂通世为何特别关注崔述，颇有一段来龙去脉的故事。同治三年，即1864年，李元度写了一部清朝人物传记《国朝先正事略》，曾国藩为之作序，此书入传的五百人中就有崔述，较为详细地记载了崔述的生平，也摘要叙述了他的学说。《国朝先正事略》传到日本后，引起了学者们的广泛注意，据说内藤湖南也是读了这本书而了解崔述与《考信录》的。

当时日本新史学正处在发轫阶段，在实证史观的影响下，开始对中国上古史和日本"记纪神话"持有怀疑态度。崔述作为一名传统经学家，能够拥有大胆质疑传统经典的考信精神，肯定让那珂通世等日本学者感叹不已。于是崔述著作的抄本也在日本流传起来。1900年前后，日本汉学家狩野直喜作为文部省的留学人员来到中国，与文廷式、俞樾等人交往，可能就从他们那里得到了《崔东壁遗书》。狩野直喜将此书带回日本后，又送给了那珂通世。那珂通世得书大喜过望，立即对崔述《考信录》进行深入研究，于1902年在日本《史学杂志》发表《考信录题解》，赞誉崔述费时四十余年"精密调查上古、唐虞、三代、孔孟的事实"，"凡经史百家，鉴定其新古，甄别其真伪，我国人望竟其业，幸可赖此书，而省其劳"。很显然，崔述考信思想对于当时日本史学界的疑古思潮而言，既是一种适时应势的精神鼓舞力量，又有一种考信方法的指导示范作用。

那珂通世后来又从内藤湖南那里得到了陈履和道光四年刻的全本《崔东壁遗书》，于1903年4月校点排印出版。于是，一代实证史学大师崔述的遗著在默默无闻地湮没百年之后终于被人奉若至宝，在日本史学界产生了重大影响。后来刘师培、胡适、顾颉刚、钱玄同等学者通过阅读崔述遗著而了解到崔述其人其书，大为惊叹清代学者中居然还有"这样一个伟大的学者，这样一部伟大的著作"。随后，顾颉刚进一步收集、整理崔述著作，甚至亲自到河北大名县崔述家乡实地走访，历时十年之久，于1936年出版点校本《崔东壁遗书》，并写了一篇长序，附录胡适撰写的《科学的古史家崔述》，崔述及其著作终于获誉天下。

在乾嘉考据学家中，崔述可以说是一位独学无友、不入主流的学者。关于崔述著述，胡适在1923年写了《科学的古史家崔述》一文，其中有这样一段评价：

> 这样一个伟大的学者，这样一部伟大的著作，竟被时代埋没了一百年，究竟不能不算是中国学术界的奇耻！明年到了《东壁遗书》刻成的百年纪念，若还没有一篇郑重的介绍出来，我们就未免太对

不住这位新史学的老先锋了。况且我深信中国新史学应该从崔述做起,用他的《考信录》做我们的出发点;然后逐渐谋更向上的进步。(崔述:《崔东壁遗书》,上海古籍出版社2013年版,第60页)

崔述对于推动二十世纪中国新史学的发展起到了重要作用,尤其是他的实证思想与考信方法对于疑古学派产生了直接的影响,顾颉刚明确说,"我们今日讲疑古辨伪,大部分只是承受和改进他的研究"。胡适也说:

> 我们读他的书,自然能渐渐相信他所疑的都是该疑,他认为伪书的都是不可深信的史料,这是中国新史学的最低限度的出发点。从这里进一步,我们就可问:他所信的是否可信?(崔述:《崔东壁遗书》,上海古籍出版社2013年版,第953页)

我们可以确凿无疑地说,当外部实证主义史学吹拂中国史学界之时,正是因为有了崔述《考信录》这样的本土实证史学土壤,才能够结出中国新史学的硕果。以今天的目光来看,崔述的考信史学当然存在不少技术性问题,这一点毋庸置疑,也毫不奇怪。崔述的史学意义主要不在于他具体的考信观点和辨伪结论,而在于他求真求实的史学精神、无征不信的考据原则和古史考辨的学术方法,这才是最为难能可贵的。正如胡适所说,"崔述的永久价值全在它的'考信'的态度,那是永永不会磨灭的"。顾颉刚也说:

> 东壁无论有什么不对的地方,都是由于时代的关系。至于在辨伪史上,他总已导我们的先路了,他已经用了四十年的力量,筚路蓝缕以开道路,使我们易为功了。(崔述:《崔东壁遗书》,上海古籍出版社2013年版,第64页)

蔡元培同样说道:

当吾国史学考古学尚未革新之时，而有崔东壁氏，举秦以前之史实，参互比较作《考信录》，因其可疑者而疑之，因其可信者而信之。虽间有证据不周之点，然其实事求是之精神，则至今犹新。（崔述：《崔东壁遗书》，上海古籍出版社2013年版，第1042页）

追根溯源，崔述的这种严谨求实态度，来源于他从一开始就没有将学术作为邀取名利的资本，也没有将学术作为迎合时势的工具，而只是一种独立思考和踏实研究的自然结果。崔述在《全集》的跋中写道：

世之论者皆谓经济所以显名于当时，著述所以传名于后世。余之意窃以为不然。人惟胸有所见，茹之而不能茹，故不得已假纸笔以抒之；犹蚕食叶，既老，丝在腹中，欲不吐之而不能耳。名不名，非所计也。（崔述：《崔东壁遗书》，上海古籍出版社2013年版，第914页）

崔述的这种态度已经相当接近于"为学术而学术"的现代科学求真态度了。他在《书考信录后》中又写道：

君子当尽其在己。天地生我，父母教我，使天地间有我，而我又幸有此牖隙之明，如之何其可以自安于怠惰而不一言，以负天地而负父母乎？传与不传，听之时命，非我所能预计者矣。（崔述：《崔东壁遗书》，上海古籍出版社2013年版，第487—488页）

像崔述这样既有严谨的求实精神，又有扎实的考信方法，更重要的是一生怀持非功利的学术动机，真知灼见，成果斐然，而不能见待于当世，湮灭百年，复见于他邦，再传入本国，终于奉若至宝，昭白于天下，这在古代史学家中可谓独一无二。今天重读百年前陈履和《崔东壁先生行略》中的一段话，不禁令人唏嘘：

（崔述）老未登第，官又不达，且其此论实不利于场屋科举，以故人鲜信之；甚有摘其考证最确，论辩最明之事，而反用为诋諆者。四海之大，百年之久，必有真知，天亦必默相此书，传之无穷。（崔述：《崔东壁遗书》，上海古籍出版社2013年版，第944—945页）

陈履和所言的"百年之久，必有真知"，不幸的是一语成谶，幸运的是终于应验。事实上，这既非偶然，亦非幸运，而是人类历史学发展的必然结果。

兰克与日本实证史学

严格地说，历史学作为一种严谨的、实证的、纯粹的学术研究，只是近现代社会的文化产物。十九世纪的欧洲，自由竞争的资本主义经济正如日中天，科学技术迅猛发展，工业革命成效显著，海外市场前景广阔，市民生活蒸蒸日上，进步主义和理性主义放射出绚丽的光芒。用英国史学家E. H. 卡尔在《历史是什么》中的话来说，这是一个"散发着自信与乐观的、令人轻松自在的世纪"，学院派知识分子对于自己的学科研究充满信心，相信科学与理性将带领人类不断迈向进步。

史学家同样沉浸在这种喜气洋洋的氛围里，他们为社会的"有序"进步而倍感鼓舞，在自己的学科领域里丝毫不甘落后。史学家们深信，在严谨学术态度的引领下，通过全面的史料收集、规范的考证方法、精湛的分析技术，历史学完全有能力排除主观的偏见，做到"让事实说话"，揭示历史的真相，还原往事。法国历史学家古郎士极为自信地宣布：他的历史著作中没有他个人的东西，他只是"让历史自己在与读者讲话"。另一位历史学家有一次面对许多听众发表演讲时，甚至大言不惭地宣称，"在这里演讲的不是我本人，而是历史事实本身"。

对于历史学领域的这种乐观精神，卡尔有一段简练明确的概括：

> 19世纪的历史观是自由主义的历史观，这与自由竞争的经济政策有着密切的关系——这也是一种沉着的、自信的世界观的产物。每人恪守其职，那只看不见的神秘之手就会管理着整个世界的和谐。

历史事实本身就是至高无上事实的明证，这就是亲切地、仁慈地朝着更高境界永无止境地迈进。这是天真的时代，历史学家行走于伊甸园之中，没有哲学家这块布来遮身，赤裸且大方地站在历史这座神祇面前。（［英］E. H. 卡尔：《历史是什么》导言，商务印书馆2007年版，第104页）

整个十九世纪是历史学的风光无限的"黄金时代"，被称为"历史学的世纪"。德国史学家利奥波德·冯·兰克就是这个时代实证史学的领军人物，他的名字在当时几乎成为"历史科学"的代名词。汪荣祖写道：

> 兰克成为一位划时代的史家，原有其充沛的条件，可谓兼得天时、地理、人和三者。他生于1795年的年底，正当"浪漫主义"与"历史主义"风起云涌之时，学界并有融合德国博学风气、英国实验精神，以及法国理性主义之势，为建立所谓科学的历史铺了路。（汪荣祖：《史学九章》，生活·读书·新知三联书店2006年版，第21页）

兰克毕其一生倡导史学的客观性，强调史学家应当极力避免个人先入之见。兰克认为，历史是对以往现实的一种写照，历史学家应该忘却自我、走出自我，不加任何其他补充地描述历史的客体。他经常被人引用的名言就是"如实直书"，这句耳熟能详的名言其实出自他的名著《拉丁与条顿民族史》的序言。"如实直书"这几个字，在中国古代文献中颇为熟悉，似乎并不起眼，台湾学者杜维运就说：

> 1824年兰克所倡出的"呈现往事真相"（to show what actually happened）一语，震撼了西方史学界，但是在中国此语却是治史者人人所尽知。"据事直书"，"书法不隐"，"实录直书"，"有是事而如是事"，都是"呈现往事真相"。数千年中国史学家倡言之，而未起波浪。（杜维运：《中国史学与世界史学》，商务印书馆2010年版，第201页）

其实，兰克的"如实直书"，或如杜氏翻译"呈现往事真相"，与中国古代类似的文字相比，实质内容是有本质差异的。把兰克的史学思想概括为"如实直书"，只是一种简约的说法，我们只要去读它的原文出处，即可知晓"如实直书"的真实意蕴。兰克的原话是这样的：

> 人们一向认为历史学的职能在于借鉴往史，用于教育当代，佳惠未来。本书并不企求达到如此崇高的目的，它只不过是要弄清历史事实发生的真相，按照历史的本来面目来写历史罢了。（郭圣铭：《西方史学史概要》，上海人民出版社1983年版，第156页）

乔伊斯·阿普比尔等学者在《历史的真相》一书中的阐释相对比较清楚：

> 兰克在1824年发表的第一本著作中指出，历史学者应当舍弃仍居支配地位的历史观，即是：历史是一堆教训后人的道德实例……兰克说："历史一向赋予批判过去、教导现在如何善用未来之责……本书并不奢求这么大的功能，仅是要呈现事情实际的情况。""如其实然"也就是找一面反映历史的科学明镜，这种说法很快就成为科学而客观的历史学的铭言。（[美]乔伊斯·阿普比尔、林恩·亨特、玛格丽特·雅各布：《历史的真相》，上海人民出版社2011年版，第65页）

对于兰克史学思想，王晴佳、李隆国在《外国史学史》中进行了如下概况：

> 兰克提出这一崭新的治史目标，有多种原因。首先，兰克是一个虔诚的路德教徒，崇信泛神论，也即上帝的无处不在。因此他认为历史的进程和走向并不是由人决定的，而是取决于上帝。……其次，兰克认为历史学的根基就在于描述一个个的历史事件，也即历史的特殊性，而不是普遍性。……第三，兰克的古典学训练，特别

是他的历史文献学造诣让他看到了考核史料的重要性和可能性。（王晴佳、李隆国：《外国史学史》，北京大学出版社2017年版，第223—224页）

兰克提倡为历史而写历史，客观的历史事实是历史著述的唯一目的。兰克认为史学家应该"忘却自我"，充分体现"客观性"，努力摆脱政治的干扰，努力克服时代的影响，努力远离道德的偏见，努力避免个人的好恶，把历史事实建立在对第一手史料的批判性研究上。兰克重视第一手史料，尤其强调史料的考证，并且提出了"外证"与"内证"的具体方法。兰克一生勤勉，写作了大量史著，以其亲身实践展示了客观主义史学的实质与方法，兰克对于历史学研究工作本身的阐述对于历史学成为一门独立的学科起了很大作用，他也因此成为西方近现代客观主义史学的奠基者，被誉为"科学史学之父"。

兰克对欧美和日本现代历史学的影响可用"巨大"二字来形容。兰克在德国的学生与同事韦茨、吉泽布雷希特、聚贝尔等人，以及兰克传薪者巴塞尔大学的瑞士人布克哈特、英国的阿克顿勋爵、美国的班克罗夫特等，还有执教于日本的兰克再传弟子里斯，纷纷将薪火传向了欧美和日本，极大地改变了传统史学的观念与方法。

1879年，即明治十二年，日本修史馆为了更多了解西方历史学的发展，在日本驻英国使馆帮助下，邀请到当时正在伦敦大学任教的匈牙利流亡外交家、业余史学家乔治·策尔菲，为日本史家写作一部西方史学史著作。策尔菲用了几个月时间就写出了《历史科学》一书，日本译文《史学》。该书有四个明显特点：一是勾勒了西方史学的发展历程，所以该书被认为是欧洲历史学家最早写成的史学史著作之一。二是全面讨论了史学的性质、方法和目的，强调历史学的客观态度和公平评论，所以该书也可以说是欧洲最早的史学理论著作之一。三是正如其书名所示，该书突出历史学的科学与实证特质，介绍并高度评价了兰克史学，所以该书对后来兰克史学在日本的传播影响具有导夫先路的作用。第四，作为一本接受日本人委托而写作的史著，策尔菲事先涉猎了东亚儒家史学，并在写作中体现了东西方史学比较的意图，所以该书对日本读者起到了一定的借鉴和反思意义。

1883年，日本第一高等学校的前身"大学豫备门"将史学列为必修课程。1886年，日本颁布《帝国大学令》，将东京大学改为东京帝国大学，下设各分科大学。1887年2月，通过德国驻日本使馆推荐，兰克的年轻助手路德维希·里斯（1861—1928）被邀请到东京帝国大学任教，成为第一位历史学教授，讲授欧洲近代史学方法。同年东京帝国大学设立"史学科"。1888年，内阁修史馆移交帝国大学接管，设立临时编年史编撰科。1889年，东京帝国大学设立"国史科"，与侧重西洋史学的"史学科"并列，重野安绎、久米邦武、星野恒担任教授，重野安绎等教授与里斯一同创建了日本史学会，重野安绎任会长，编辑出版历史研究专业刊物《史学会杂志》，后改为《史学杂志》。至此，日本历史学的专业化建设基本完成。按照伊格尔斯的说法，日本史学学科开始"与德国、法国、英国和美国的历史学发展并驾齐驱"。

在这个过程中，日本实证史学是继文明史学之后影响最大的史学学派，对于日本近现代史学的学科化、专业化转型起到了重大的推动作用，也使日本史学在专职化研究方面领先于亚洲各国。概而言之，日本实证史学表现出以下三个主要特点：

第一，强调兰克史学的客观性和实证性，以此对传统史学的道德主义和实用主义进行深刻批判。这个特点尤其体现在重野安绎、久米邦武、星野恒等原属修史馆的学者。坂本太郎写道：

> 以重野安绎、久米邦武为代表的修史馆派，虽然沿用旧史体编纂《大日本史》，但他们详细考证史实，发现封建史书史实上的错误，从而强烈反对封建史学的劝善惩恶主义和为政治目的而歪曲史实的恶劣作风。重野安绎主张"研究历史的人必须具有大公无私的精神"。久米邦武大声疾呼："应革除劝善惩恶的陋习"，"忠实地记录当代发生的事实的才是良史"。上田万年更尖锐地抨击道："有人想把它变成道德性的，有人想把它变成政治性的，又有人想把它变成忠实于王室的历史。这都是不晓得历史的本质及其应用的人"。（［日］坂本太郎：《日本的修史与史学》，北京大学出版社1991年

版，第196—197页）

修史馆派学者还对日本古代史籍史料进行质疑与辨伪，触及长期以来日本国史的史学根基和神学根基。永原庆二指出，"重野对《太平记》进行了尤为严厉的史料批判。重野反对以前被作为正史的水户《大日本史》简单地视为史实，或者批判《太平记》（尤其是前半部分）同情南朝的观点"。久米邦武于1891年在《史学会杂志》发表了《神道乃祭天古俗》，率先将神道作为史学客观考察的对象，打破了神道的宗教神圣光环，把神话还原为人的历史。实证史学修史馆派的这些言论遭到了当时神道—国学派的猛烈攻击，他们给重野安绎扣上"抹杀博士"的帽子，指责久米邦武"损毁国体、违背教育敕语"，公然声称"即令为事实，苟于君国有害无益，不行研究乃学者之本分，况其出自虚构"。重野安绎则因高龄离开大学。久米邦武被东京帝国大学停职，后来转到早稻田大学的前身东京专门学校任教。此年即1893年，东京帝国大学国史编纂科被废除，直到两年后才重新恢复。

第二，颇为吊诡的是，以兰克史学为圭臬的明治实证史学一方面强调客观性和实证性，另一方面明显表现出服务于国家利益的倾向，颇有一种在史学观念与史学实践之间自相矛盾的感觉。沈仁安、宋成有在《近代日本的史学与史观》一文中写道：

实证史学虽在表面上埋头于考证旧史，对现实政治问题漠不关心，但在其客观主义的背后，却隐藏着最大的政治目的：宣扬天皇史观，从根本上为天皇制政权服务。在这一方面，即使是那些强调修史独立性的、较为激进的人也不例外。例如重野安绎和久米邦武合著的《稿本国史眼》，宣扬神武开国，说"五章誓约与天祖宝训同为不可磨灭"的圣物……又如星野恒在谈及历史应用时，强调"经常用十二分的心力报效国家，以辅翼万世永存之皇运"。他们都把考证史实作为宣扬天皇史观的一种手段。（［日］坂本太郎：《日本的修史与史学》，北京大学出版社1991年版，第199—200页）

这种看法并不限于中国学者，门胁祯二《官学学院派的成立》一文谈到星野恒在1890年日本教育部颁布"教育敕语"后撰写的《历史的应用》时也说：

（星野恒）在这里讲了一些非常奇特的理论。他一方面主张历史学应该服从国家的目的，另一方面却又不仅强调历史学应该脱离政治，而且强调历史学家应该负起警世的责任。他认为政治和国家是两个东西，从而认为历史学脱离政治和历史学为国家目的服务并不矛盾。（［日］历史学研究会、日本史研究会编《日本历史讲座》第八卷，商务印书馆1964年版，第126—127页）

这种矛盾性大概可以从两个方面寻找原因：一是明治维新时期日本国家主义的社会文化氛围浓烈，加上日本政府的政治高压，使得实证史学家的学术态度不得不弱化，这是日本实证史学外部环境的不利因素。二是兰克史学本身就不是一种纯粹的客观史学，兰克本人作为普鲁士国王的顾问，他的巨量史著中清晰可见服务于普鲁士王室统一德国的现实要求。里斯在日本传播兰克史学，也试图证明兰克史学适用于日本民族国家的建设使命，甚至适用于帝国建设的计划，这些都是日本实证史学内在的问题根源。永原庆二强调指出，"在整个近现代，学院派实证主义历史学的本质受到限制，这是不能忘却的问题"。

第三，兰克实证史学在日本的传播既有破、又有立，从表面上看起来破的是传统史学，立的是西方史学，然而事实上在破与立的过程中传统史学的合理内核，即作为中国传统史学最精华的考据学方法不但没有被破除，而且在新史学的确立过程中起到了重要的新旧黏合剂作用。正如伊格尔斯所言，"日本历史写作的转变是把经验主义的考证学与兰克的批判史学交织在一起"。实证史学的修史馆派学者都有扎实的清朝考据学功底，如重野安绎早年曾在著名儒家学堂、东京大学前身之一的昌平黉学习，其他学者也都有修史馆任职的经历，他们在接受兰克史观和史法的同时，不但没有废弃传统考据方法，而且充分利用这种方法对日本旧史进行实证主义的考据，如重野安绎《儿岛高德抹杀论》和久米邦武

《太平记对历史学无益论》等论文就运用了传统考证学的方法。所以门胁祯二明确说，"久米邦武的立场基本上还是清朝的考证主义"。在实证史学的发展中，修史馆派将西方史学与传统考据学相结合，为日本传统史学的新生奠定了基础，同时也为中国传统考据学找到了一条继续发展的新路，这对随后中国传统史学的转型具有导夫先路的积极意义。修史馆派史家在实证主义史观主导下大胆质疑日本古代史特别是神道史观的做法对二十世纪初中国新史学疑古学派具有直接的启发意义。正如伊格尔斯在《全球史学史》中所说，"日本的历史研究传统通过跨文化的交流而得到了改造，考证学在这个过程中不仅为日本学者适应兰克模式的西方史学铺平了道路，而且本身也经历了一次复兴"。

总之，日本实证史学的上述三个特点实质上就是十九世纪末西方、中国、日本历史学三条流脉交汇、交锋和交流的结果。门胁祯二说过一句话，虽然看上去略显尖刻，用来概括日本实证史学的这三个特点，还是不无兴味的，他在评价重野安绎和久米邦武被迫离开东大、脱离官学学派时说，"于是，他们只好在不涉及现实的政治势力的范围内，把清朝的考据学和阉割了历史认识方法的德国历史学派的处理史料手法不明确地结合起来作为依据，以从属于国家权力和国家主义。日本官学学派从成立一开始就失掉了政治史的分析观点的情况大致就是这样"。世纪之交的日本实证史学大致就是如此。

中国传统史学的转型

中国传统史学转型源于三种催化和助推的力量：一是传统史学内部产生的异己力量，此可谓内生动力；二是西方史学传入的激荡，此可谓外部助力；三是日本史学转型提供的样板效应，此可谓直接推力。当然，除此之外还有两个重要的因素：一是清末社会政治变革与文化思想新潮的大势，二是一大批受过传统史学训练并热情学习吸纳国外史学新识的史学家。试述如下：

首先我们来看清末传统史学的内生动力，它主要包括两个方面：一是传统史学遇到了困境与挑战，暴露出自身难以克服的弊端；二是在国内外各种因素作用下，清政府已经开始着手对传统史学进行改造。1890年，王韬在《重订法国志略·凡例》中批评传统史学"专叙历代治乱沿革，天地变异，而于国势民情则略焉不讲"，反观"西史则间及民间琐事，如发明一事，创造一器，必追原其始，以觇人材之进步，制作之源流焉，此亦纪载之所不可废也"。清政府自1902年和1903年先后颁布了《钦定学堂章程》和《奏定学堂章程》，确定新的学制。《奏定学堂章程》规定初等小学、高等小学、中学堂、高等学堂以及分科大学堂皆设立历史课程，文科大学堂设立中国史门和万国史门。另外还须看到，清代史学注重实证和考据的特点，本身已经为西方新史学的传播和影响提供了有利的条件，做好了接轨的准备。没有这种条件和准备，很难想象西方新史学能够如此顺利地进入中国，并且迅速影响了中国史学的走向，使传统史学在历史观念、史料利用、史学方法、叙事形态、史学理论等方面发生了根本性的变化，在相当短的时间内产生了一批颇具水准的史学理论和历史研究的新成果，从而迎来了中国史学发展的崭新阶段。

其次来看西方史学的传入。中国传统史学的近现代转型，得益于外来文化的影响。早在明末清初，就有西方传教士零星翻译介绍西方历史，据统计，从嘉庆十五年（1818）至同治六年（1867），传教士编译的著作有二十多种，其中包括麦斯都的《东西史记和合》、裨治文的《美理哥合省志略》、慕维廉的《大英国志》等。洋务运动期间，在华传教士设立的教会学校通过翻译、编译国外书籍作为教材，到1890年至少已经编写出版了四部历史教科书，成为中国近现代教育史上最早的新式教科书。另外，教会印书馆、江南制造局翻译馆、京师同文馆等也相继翻译了一些书籍。但是外国史书的数量尚不算多，梁启超在1896年开出的《西学书目表》中只有25种所谓的外国"史志"。直到十九世纪末、二十世纪初，西方史学在中国的传播达到了第一次高潮，孟德斯鸠、伏尔泰、基佐、巴克尔的文明史学输入到中国，西方科学史观、人种史观、英雄史观等也纷至沓来，为渴求新知的中国学者们开启了一条通往西方近代史学殿堂的路径。如果没有近现代国外史学——包括马克思主义史学——的传播和影响，中国传统史学可能还要在原来的路子上继续走不短的时间。晚清许多有识之士如章学诚、龚自珍、魏源、王韬、郑观应、黄遵宪、康有为、严复等都认识到传统史学的种种弊端，并已产生了变革的想法，但单靠传统史学的内生动力很难破茧化蝶，传统史学无法在史观、史料、史法、史用等全方位发生新史学的突变，更遑论取得如此快速且重大的学术进步。

再来看日本新史学的影响。就像中国近现代化过程中诸多文化学术领域深受日本影响一样，中国新史学最直接、最强劲的动力也来自日本，或者取道日本而来。这是因为，日本传统史学与中国传统史学既同根同源，又同病相怜，而日本明治维新后在史学转型方面比中国启动早、动作大、进步快，事实上已经树立了一个现成可学的榜样，也为中国学习西方史学架起了一座方便的桥梁。甲午战争之后，大批中国青年东渡日本留学，他们翻译或编译包括历史书籍在内的大量日文书籍。这些东瀛史书主要有两类，一类是日人编写的历史教科书，另一类是日人翻译的西方史学著作。需要特别指出的是，日本史学教科书比较适合于中国留学生使用，因为西方著作中一些较为隐晦烦琐的东西已经日本学界事先咀嚼、消化、删节、改写了。张之洞在《劝学篇》里曾经专门谈到了这一点：

> 西书甚繁，凡史学不切要者，东人已删节而酌改之，中、东情势风俗相近，易仿行，事半功倍，无过于此。（张之洞：《劝学篇》，上海书店出版社2002年版，第39页）

事实上，汉文"历史""教科书"等词就是从日语直接借用过来的。这些教科书都采用新的编写体例，即"新式章节体通史"，这对于推动中国传统史学叙事体裁的转型，以及史学新思维的传播，起到了不小的促进作用。

晚清各类学堂的外国历史教科书除少量直接译自欧美，大部分取自日本，有的是日本编写的教材，有的则是转译自日文的欧美教材。当时较有影响的日本教科书有那珂通世《中国通史》（又名《支那通史》）、市村瓒次郎《支那史》、桑原骘藏《东洋史要》（王国维作序）、田中萃一郎《东邦近世史》，还有以日著《东洋历史》为蓝本编撰的《普通新历史》等，在学校学堂里乃至社会上广为流传。这些教材并无多少深度，但相对于传统史学，较为突出的特点就是体现了历史编纂的系统性和史料运用的连贯性。诸如王国维、梁启超、王舟瑶、陈庆年等人读了这样的史著之后，再来看原来正史的体例套路，不免产生强烈的反差，于是便说出了一些振聋发聩的话语，说历代正史"不过是一堆史料的堆切""只为帝王将相状事实作谱系""二十四史者二十四姓之家谱而已""重君而轻民，陈古而略今""我国无古之可言也"等，虽然言之过重，却亦不无道理。

清末西洋史、万国史教科书的引入中国，日本也起了很大的作用。如果说译介日本的中国史起到了一种自我反省的作用，那么引入西洋史则更多地发挥了开阔眼界的意义。当时较为流行的日译西洋史教科书主要有箕作元八、峰岸米造的《欧罗巴通史》（原名《西洋史纲》）、小川银次郎《西洋史要》、松平康国《世界近代史》以及编译的《万国历史》和《西洋历史教科书》等。除了引入日译教材之外，一些大学还聘请了日籍教习担任历史课程的教师。另外，当时直接翻译自欧美的世界史教科书则有美国威廉斯因顿《万国史要》、德国布列《世界通史》、美国迈尔《世界通史》、美国彼德巴利《万国史略》等，这些教科书对于青少年新史学的启蒙起到了重要的作用，像吕思勉、顾颉刚、蒙文通、蒋廷黻等一大批后来新史学的积极推动者，都是读了这些新教材之后才获得了人生最初的世界史知识。正如学者李孝迁所言：

> 汉译历史教科书在"通论"、"绪论"部分往往集中阐述西方史学理论和方法问题。西方进步的史学观念和编纂方法便通过支那史、东洋史教本输入本国，对改造国史提供了范例。晚清士人的世界史观念的形成，很大程度上又依赖于西洋史、万国史课本。（李孝迁：《西方史学在中国的传播》，华东师范大学出版社2007年版，第40页）

如果说外国教科书的主要作用是普及，那么外国史学专著的引入则真正起到了从学术层面改造传统史学的作用，对专业史学产生了重大影响。进入二十世纪,许多专业史著,如日人撰写的《西洋文明史之沿革》《支那文明史论》《世界文明史》以及英人撰写的《西学述略》《英国文明史》《英民史记》(《英国人民历史》)陆续译成中文出版,国外的一些史学理论及与之相关的著述,如浮田和民《西史通释》和《史学原论》、斯宾塞《肄业要言》和《群学肄言》、编译自坪井九马三《史学研究法》的《史学概论》等,让不满于传统史学的学者们及时得到了开阔视野与更新知识的良机。

中国传统史学的近现代转型,就直接推力而言,可以说是日本史学对中国史学的"反哺"。过去一千五百年来,曾经对"老师"深厚史学文化佩服得五体投地的"学生",而今因为更早系统地学习吸收了西方史学,反而变成了"老师"。令人欣慰的是,昔日的"老师"此时却能全然放下曾经的"尊严",以求知若渴的态度向"学生"取法请益,并且勇于直面和反省自身传统史学文化中存在的问题,从而义无反顾地开创出近现代新史学的开阔天地。

南北朝正统论事件

日本明治维新一方面对外开放,积极学习西方先进文化技术;另一方面不断强化皇室神权正统意识,通过文化教育等方式持续营造国家主义和帝国主义的政治氛围。反映在历史学上,一方面接受西方史学的客观主义和批判主义,表现出新史学朝着科学化和专业化方向发展的趋向;另一方面又受到来自皇室、政府和国粹保守派的有形压制和无形压力,在总体上表现出一种顺从国家政治利益的倾向,即使是以实证史学自我标榜的史学家也很少例外。因此,在学术客观性与政治正确性之间日益加剧的张力下,日本新史学的各派史学家时不时会陷入困境,有的在历史研究中自觉不自觉地顺从国家主义、殖民主义和扩张主义,有的甚至大肆鼓吹皇国史观以迎合军国主义需要。随着历史研究与现实政治之间的矛盾不断激化,先是在十九世纪末发生了前文所述的久米邦武被迫害事件,随后在二十世纪初又发生了所谓的"南北朝正统论事件",极具代表性地显现出当时日本官方政治对史学研究的强制干涉,也在一定程度上呈现出近代日本皇国主义社会政治氛围下新史学发展的尴尬与困境。

"南北朝正统论事件"作为一个国家政治直接介入和干预历史学问题的社会事件,其起因与当时日本社会政治情势密切相关。二十世纪初,日本无产阶级队伍不断壮大,工人运动高涨,社会主义运动兴起。1906年2月,刚刚成立的日本社会党与日本平民党合并组成了日本社会党,党章规定"本党在国法允许的范围内主张社会主义",其基本倾向为改良主义,主张议会道路与合法斗争。不久后,幸德秋水从美国返回日本,受到美国和俄国无政府主义者的影响,幸德秋水提出了"直接行动"策略,主张通过罢工乃至暴动的方式开展斗争。于是日本社会党分裂为两派,即无政府工团主义的直接行动派和改良主义的议会政策派,这两派的斗争,其实是第二国际内部矛盾在日本社会主义运动中的反映。1910年,日本政府以"阴谋刺杀天皇"为借口,对国内社会主义运动进行打压,逮捕了包括日本社会主义先驱幸德秋水在内的进步人士,并于1911年1月宣判幸德秋水等24人死刑,其中12人后改判无期徒刑,幸德秋水等12人被执行绞刑。这就是所谓的"大逆事件"。周作人当时正在东京,他在半个世纪后的《大逆事件》一文中回忆道:

> 这是明治四十四年一月廿四日的事,那时正在大学赤门前行走,忽然听见新闻的号外呼声,我就买了一张,拿来一看,不觉愕然立定了。这乃是"大逆事件"的裁判与执行。这是五十年前的事情,那时候日本有没有共产党虽然未能确说,但是日本官宪心目中所谓"社会主义者",事实上只是那些无政府主义思想的人和急进的主张社会改革家罢了。(周作人:《周作人散文全集》第13卷,广西师范大学出版社2009年版,第414页)

"大逆事件"可谓日本近代史上的一个转折点,标志着日本皇国主义开始成为主导性政治势力,并不断朝着帝国主义和军国主义的道路滑行。"大逆事件"的高压政治很快蔓延到文化教育领域,历史学也受到牵连。1911年2月,众议员藤泽元造对国定教科书《普通小学日本历史》1909年修订版中有关南北朝历史的内容提出非难,遂引发"南北朝正统论事件"。据说当初在审判幸德秋水的过程中，审判官指责幸德秋水的行为"是天人概莫能许的大逆行为"，幸德秋水反问道："当今的天皇难道不是从南朝的天皇手中抢夺三种神器的篡夺者的子孙吗？"所以，"南北朝正统论事件"也有清算幸德秋水思想的意味。

我们知道，在十四世纪镰仓幕府与室町幕府时代之间，日本曾有一段历时半个多世纪的南北朝时代，双方分别是后醍醐天皇的南朝和光明天皇的北朝，形成"一天二帝南北京"的局面，最后南朝势衰，被迫将三神器交给北朝天皇，南北两朝并峙的局面结束，日本随后进入室町幕府时代。在随后的历史记述中，除水户学派、国学派之外，基本上都采用南北两朝并立的写法，《普通小学日本历史》教科书也不例外。藤泽元造对南北两朝并立说提出指责后，在野的立宪国民党随即将弹劾政府的决议案提交议会，国内保守势力乘机兴风作浪，指责教科书编修官"汝等与幸德之辈实乃一丘之貉"。当时的桂太郎内阁立即采取政治措施，决定以南朝为正统，将北朝天皇从历代天皇表中删去，同时修订教科书，将南北朝时代改称为"吉野朝廷"时代。永原庆二称"南北朝正统论事件"是继"久米邦武事件"之后史学史上的第二大不幸事件，他写道：

> 两朝并立问题本来是涉及史实的学术性问题，按照顺序应该首先经过学者充分讨论，再将结论反映在历史教育上。历来学者之间对该问题也持不同意见，黑板胜美主张南朝正统论，历史地理学家吉田东伍则主张北朝正统说，久米邦武、三上参次、田中义成、喜田贞吉均主张两朝并立说……这起事件对日本史学界而言是奇耻大辱，开辟了前所未有的学问被权力支配的道路。（[日] 永原庆二：《20世纪日本历史学》，北京大学出版社2014年版，第46页）

明治维新后日本史学在接二连三的西方史学流派影响下，呈现出脱胎换骨的变化状况。但保守的国学派始终不绝如缕，其基本特点除了坚持国粹主义和传统史观之外，还适时应势地积极服务于国家主义和民族主义文化，进入二十世纪后甚至为军国主义和侵略主义提供重要思想支持。明治维新政府一直以来强调日本史教育作为国民教育的重要内容，借此培养民众的国家主义思想。国粹派史学在此过程中起到了推波助澜的作用。随着日本对外扩展野心的不断膨胀，国内政治对史学的干涉变本加厉。因此，对于追求历史真实的史学家而言，在历史研究与历史应用、历史教育之间一直承受着越来越大的压力，这种情况直到二战结束之后才改变。正如坂本太郎所说，"从九一八事变前后，强行要求把神话解释成为历史事实，结果是历史完全成了超现实的东西。学者的自由研究即使是学术问题也必须小心谨慎。许多讲坛学者高喊神秘的皇国史观应是日本唯一的历史观"。至此，严谨正直的史学家噤若寒蝉，明治维新以来许多史学家苦心营造起来的实证史学精神坠落于地，鼓吹"万世一系"天皇统治和"日本至上"的神国史观成为唯一正确的历史"真理"，日本军国主义正是在这种举国甚嚣尘上的思想文化氛围中将国家带入战争的巨大灾难之中。这也从一个角度证明了一旦失去以追求真实为导向的理性、科学、客观的历史学，会给一个国家造成多大的社会危害。

好在战后日本史学能够拨乱反正，逐渐回归到正途。这除了战后政治局势变化的原因之外，还得益于近代以来日本新史学几十年转型发展所积累的良好传统，这些史学遗产包括实证主义史学、马克思主义史学以及文化社会史学等，它们以各自新的形态在战后日本史学界继续得到发展。坂本太郎写道：

> 由于在第二次世界大战中战败，上述形势完全翻转过来了。皇国史观匿影藏形，古代史从神话中解放出来，人们无视神武纪元。这些改革是作为联合国的占领政策实施的，对一般人震动很大，但对专门的史学者来说并不意味着那么强烈的冲击。因为从学术上说这些都是早已被公认的东西，不过是更正所谓明治的应用史学，战前的皇国史观而已。（［日］坂本太郎：《日本的修史与史学》，北京大学出版社1991年版，第186页）

日本史学界在学理层面对神代史学的实证主义清理总体上是成功的，但在日本社会与大众文化层面上的"国家神道"思想依然存在，其中最引起非议的就是靖国神社的祭祀。尽管无法单靠史学家就能解决这个问题，但史学家确实应该在这方面作出自身的努力，毕竟这是传统史学文化现代化的应有之义和未竟任务。

中国新史学的发展

在中国传统史学转型过程中，梁启超发挥了至关重要的作用。1901年，身在日本的梁启超发表了《中国史叙论》，次年又发表了著名的《新史学》一文。此后，作为新史学的首倡者和主要奠基者，梁启超一直不断以著述的形式深入研究和广泛传播新史学的理念和方法，到1921年撰写《中国历史研究法》已经初步形成了自己的体系，1925—1927年以清华国学院讲课稿形成的《中国历史研究法补编》则是他的新史学思想的进一步丰富。毫无疑问，梁启超的新史学从发轫到成熟都受到了日本及西方近现代史学的深刻影响。

有一种通行的说法：梁启超在1902年发表《新史学》一文，标志着新史学的开端，也有人称为新史学"诞生"。以梁启超《新史学》作为新史学"开端"未尝不可，但须补充说明两点：

第一，在梁启超《新史学》发表之前，已有中国学人通过与日本学者的交流了解到日本新史学的发展以及有关西方史学的知识，他们与梁启超一样都是史学转型的先知先觉者，中国新史学并非发轫于一个点，而是发轫于一个相当广泛的面。例如，日人箕作元八、峰岸米造曾经合著过一部《西洋通史》，东亚译书会将此书翻译为《欧罗巴通史》（四卷本）铅印出版。1900年王国维为此书作序，文中已经提到了兰克及其史学思想。王国维说，"日本理学士箕作元八、峰岸米造两君所著《西洋史纲》，盖模德人兰克Rank氏之作，以供中学教材之用"，兰克"以炯炯史眼，与深刻研究，利用史籍，达观世界历史之趋势"。我们在前面说过，王国维曾师从寓居上海的日本史家藤田丰八，藤田丰八之前为《西洋史纲》的另一个中译本《泰西通史》写过序言，王国维对兰克的认识或许来自于藤田丰八。另外，在《西洋史纲》扉页附有兰克的画像，应该给王国维留下了深刻印象，所以认为该书乃有意模仿兰克之作。李孝迁在《西方史学在中国的传播》一书中胪列了1901—1906年多种日本史著中译本中都出现了兰克的介绍，这些书籍包括 1091 年金粟斋译刊《西洋史要》、1902 年杭州史学斋发行《西洋历史》、1902 年作新社编译《万国历史》、1903 年开明书店译刊《世界史要》、1903 年上海通社译刊《世界通史》、1905 年湖北政法编辑社编译《西洋史》、1906 年梁焕均编刊《西洋历史》、1906 年湖北兴学社译刊《西洋历史参考书》等。李孝迁写道：

> 透过这些汉译历史教本，我们可以很明显地发现从最初对兰克的片言只语的描述，到后来相对较为全面的介绍，反映了相关兰克的知识量在中文世界中的不断增长过程……中文世界中的兰克描述都从日本翻译而来，而日本史学界中的兰克形象，多少又体现在这些历史课本里。（李孝迁：《西方史学在中国的传播》，范大学出版社 2007 年版，第 297 页）

兰克的客观主义史学在二十世纪初直接或间接地传向正处在"史学饥饿"状态的中国，带给中国史学界有关历史研究的方法论，特别是史料批评方法，推动了中国史学的专业化和学科化。我们说，清末新史学的发轫是一场波及面甚广的学术与教育变革，由此可见一斑。

第二，中国新史学的真正确立时间应该要到 20 世纪二三十年代，此时新史学在史学观念、史学人才、史学方法、史学研究、史学教育、史学成果等诸方面都取得了决定性进展，新史学初步完成了对旧史学的更新迭代。正如王家范所说：

> 新史学最初是以近代科学的姿态出现的，决定性的时间要到 20 世纪 30 年代后期。用科学主义的态度重新审视中国历史，还原客观的中国历史（那时称"重建中国历史"）这是当时新史家最崇尚的潮流，也是与旧史学赖以区别的标志。（王家范：《史家与史学》，广西师范大学出版社 2007 年版，第 127 页）

在整个过程中，推动中国传统史学近现代转型的中坚力量主要有三部分人：一是曾有留日学习或赴日访学经历的史学家，他们的史观未必相同，所作贡献不尽相同，却都是史学转型过程中筚路蓝缕的开拓者，包括梁启超、章太炎、刘师培、罗振玉、王国维、钱玄同、陈寅恪、康宝忠、朱希祖、李大钊、郭沫若等。二是留欧或留美学者，他们接受了系统新史学训练，在时间上稍晚于最早的开拓者，是史学转型的重要接续者，包括何炳松、胡适、傅斯年、陈瀚笙、张荫麟、翦伯赞等。三是未曾出国的本土学者，他们具有相当扎实的传统学术功底，能够在风起云涌的时代变局中勇于引领风尚，成为史学转型的有力推动者，包括夏曾佑、陈汉章、吕思勉、柳诒徵、顾颉刚、钱穆、陈垣、范文澜等。我们从这份名单中就可以看出，中国传统史学转型受到来自日本的影响确实是最早的，也是最重要的。

正是在这样一种前后相继、愈演愈烈的史学新风鼓舞下，国内一批又一批新史学的开拓者和奋进者精神抖擞地投入到对三千年史学传统的整理、创新、融汇和更新中。他们精通传统史学，深谙个中优劣长短，再加上刚刚获得的新知识、新理论和新方法，在"破旧立新"的努力中很快大有斩获。从20世纪初到40年代，一大批受到新史学影响的史学史研究者和历史学者纷纷在新史学的视野下撰写了大量史学史和史学理论的重要著作，其中包括邓实《史学通论》（1902年）、吕瑞庭、赵征璧《新体中国历史·叙论》（1907年）、曹佐熙《史学通论》（1909年）、张尔田《史微》（1912年）、李泰棻《史学研究法大纲》（1920年）、李大钊《史学要论》（1924年）、徐敬修《史学常识》（1925年）、刘咸炘《史学述林》（1928年）、何炳松《历史研究法》（1927年）和《通史新义》（1930年）、卢绍稷《史学概要》（1929年）、吴贯因《史之梯》（又名《史学概论》，1930年）、罗元鲲《史学概要》（1931年）、周容《史学通论》（1933年）、姚名达《中国史学史》（1934年的油印本）、胡哲敷《史学概论》（1935年）、李则纲《史学通论》（1935年）、熊十力《中国历史讲话》（1938）、吕思勉《史籍与史学》（讲稿，写于抗战之前）和《历史研究法》（1945年）、杨鸿烈《史学通论》（1939年）、朱希祖《中国史学通论》（1943年）、金毓黻《中国史学史》（1944年）、蒋祖怡《史学纂要》（1944年）、傅振伦《中国史学通论》（1944年）、陆懋德《史学方法大纲》（1945年）、顾颉刚《中国当代史学》（1945

年)、柳诒徵《国史要义》(1948年)、蒙文通《中国史学史》(陆续发表于三四十年代)等。其中最重要的当然要数李大钊的《史学要论》。在不到半个世纪的时间里，有如此之多的史学家纷纷撰写此类著作，绝不是一种偶然现象，事实上反映了当时中国史学思想与史学理论的深刻变革，史学家都想在这个传统史学变革创新的过程中发表自己的史学理论创见，表明自己在这场新史学运动中的学术态度、立场和方法。

需要指出的是，从二十年代以后，随着大批留学美国的学者返国，中国新史学的"老师"由原先的东瀛逐渐转向美国，中国史家更多地从美国获取最新的史学思想和成果。其中一个重要标志就是1921年何炳松翻译美国学者鲁滨孙的《新史学》。一本薄薄的鲁滨孙《新史学》在当时风靡一时，带给了国人新的历史思维和眼界。朱希祖在为《新史学》撰写的序文中说，"何先生译了这部书，为我国史学界的首倡者"。这里所谓的"首倡者"，是指从美国直接译介最新的史学书籍，在当时确实尚属首次。所以，也有人认为何炳松是与梁启超并称的"中国新史学派的领袖"，两人分别代表了中国新史学发轫与发展的前后两个阶段。这两个阶段的主要区别，表现在"师从"方面就是从间接取道日本逐渐转向直接面对世界，表现在内容方面就是从实证主义史学发展到更加广泛的史学流派，包括社会史学、唯物史学等。

当然，实证主义史学仍然是新史学考证学派的基本圭臬。胡适、李泰棻、傅斯年、姚从吾、陆懋德、李璜、李思纯等一大批史学家极力推崇兰克史学。深受兰克学派影响的法国史学家朗格诺瓦与瑟诺博司合著《史学原论》、伯伦汉《史学方法论》等著作先后出版了中译本，在许多学者中广为流传。在不少史家看来，兰克注重史料考证的史风与中国传统史学颇有暗合之处，这也是客观主义史学之所以在20世纪上半叶中国新史学中最具影响的原因之一。

吕思勉的新史观

中国新史学的开拓者对传统史学的诸多弊端进行了深刻的分析批判，在这里我们介绍一位重要本土学者吕思勉的史学思想。

吕思勉虽然未曾出国，也不精通外文，但他对史学新风的感悟却异常敏锐。吕思勉早年深受梁启超史学思想的影响，自称"影响实最深，虽父师不逮也"。20世纪20年代，吕思勉在沈阳高等师范任教时就接触到马克思的学说，撰写了《士之阶级》《沈游通信》《南归杂记》等文章，肯定了唯物史观的经济分析方法，赞同"非意识决定生活，实生活决定意识"，并且明确反驳一些人对唯物史观的非难。吕思勉曾经回忆说，"马列主义初入中国，予即略有接触，但未深究。年四十七，偶与在苏州之旧同学马精武君会晤，马君劝予读马列主义之书，尔乃读之稍多。于此主义，深为服膺"。他写过《再示荣女》一诗，其中说道"圣哉马克思，观变识终始"，体现了他对唯物史观的服膺态度。

吕思勉具有十分扎实的传统学术功底，同时能够运用唯物史观的基本观点和方法论审视传统史学，是三四十年代历史观念较为先进的本土史学家，不仅在历史著述方面成绩斐然，而且在史学思想和史学方法方面也有重要论著，其中颇有影响的是对传统史鉴派的批评。吕思勉充分肯定历史学的社会功用意义，明确提出了史学的功用。他在《吕著中国通史》中认为，史学的功用在于通过史事研究认识社会历史发展规律，从而帮助人们认识现在和未来，具体来说就是"（一）搜求既往的事实，（二）加以解释，（三）用以说明现社会（四）因以推测未来，而指示我们以进行的途径"。吕思勉认为，"历史者，所以说明社会进化之过程者"，历史是"研究人类社会之沿革，而认识其变迁进化之因果关系"，历史研究"将深观往事而知今日情势之所由成。知今日情势之所由成，则可以臆测将来，略定步趋之准则"。史学家要"求以往时代的再现"，"从人类社会的本身，钩求出来的进化的原理原则"。在他看来，历史学是探究人类社会演进原理的学科，史学家的职责在于借人类历史已然之"事"，说明社会演进所以然之"理"。也就是说，史学家要做到"以史明理"，需要对历史事件进行因果分析，提炼出社会发展的规律，用以指导现实生活。

与此同时，吕思勉反对传统史学以静止的眼光看待社会历史发展，以机械的方式对待古今之变，以简单的类比混同以史为鉴。他说：

什么叫做前车之鉴呢？那就是：从前的人所做的事情，成功的，大家认为好的，我们可奉以为法，照着他做；失败的，大家认为坏的，我们当引以为戒，不照着他做。（吕思勉：《中国史籍读法》，《史学与史籍七种》，上海古籍出版社2009年版，第3页）

吕思勉对机械地看待所谓的"前车之鉴"提出批评，他说：

岂尝有两事真相同者。世之以为相同，皆察之不精，误以不同者为同耳。世事既实不相同，安可执古方以药今病。欧人东来后，中国交涉之所以败坏，正坐此耳。此真不远之鉴也。不宁惟是，世运愈进，则变迁愈速，一切事物！转瞬即非其故，执古方以药今病，在往昔犹可勉强敷衍者，今则不旋踵而败矣。故以史事为前车，实最危险之道也。（吕思勉：《中国史籍读法》，《史学与史籍七种》，上海古籍出版社2009年版，第3页）

吕思勉举例说，咸丰十年即1860年，僧格林沁被英法联军打败之前，薛福成在一篇文章中说，如果僧格林沁这次能够打败洋人的话，他们远隔重洋数千里，不会再来打仗了，时局就有望了。当时薛福成算是对西洋情况有所了解之人，还是把问题简单化了。究其原因就是忽视了社会历史发展的复杂性和多变性，把西方洋人视为过去周边的蛮夷，根据千百年前的历史经验，来推断工业革命之后的近代世界风云变幻，这种简单化的"史鉴"难免出错。吕思勉总结道：

世事亦安有真相同的？执着相同的方法，去应付不同的事情，哪有不失败之理？在社会变迁较缓慢之世，前后的事情，相类似的成份较多，执陈方以医新病，贻误尚浅，到社会情形变化剧烈时，就更难说了。（吕思勉：《中国史籍读法》，《史学与史籍七种》，上海古籍出版社2009年版，第3页）

事实上，历史事件的因果关系远比人们的想象复杂得多。埃尔顿说：

把因果关系当作历史学的主要内容是一种错误，因为它们只不过是普遍原则（即历史学处理 a 状态向 b 状态的运动）的一个特例。（［英］G. R. 埃尔顿：《历史学的实践》，北京大学出版社 2008 年版，第 10 页）

历史事件的所谓的因果关系，有时是一因一果，更多的情况是多因一果或多因多果。更要紧的是，有时候 a 与 b 的关系只是事件发生前后的顺序关系，两者之间并无因果关系。关于构成历史事件和社会现象的各种要素与前因后果，恩格斯在 1890 年 9 月致约·布洛赫的信中这样写道：

历史是这样创造的：最终的结果总是从许多单个的意志的相互冲突中产生出来的，而其中每一个意志，又是由于许多特殊的生活条件，才成为它所成为的那样。这样就有无数互相交错的力量，有无数个力的平行四边形，而由此就产生出一个总的结果，即历史事变，这个结果又可以看作一个作为整体的、不自觉地和不自主地起着作用的力量的产物。（《马克思恩格斯选集》第 4 卷，人民出版社 1972 年版，第 478—479 页）

在恩格斯看来，历史的发展是由许多单个人的意志和力量相互作用的结果，如同无数力的平行四边形形成的一种总的合力。对社会发展各种因素进行条分缕析是一项十分复杂的工作，史学家需要排除次要因素，确定若干关键因素进行分析和阐释，也就是所谓的主因分析法。需要指出的是，这些主因之间不仅相互交织，而且互为因果，正如托什在《史学导论》中所说：

原因通常是多样的和多层面的，这是由于人类经历的不同方面彼此作用的方式不同造成的。至少需要在背景原因和直接原因间做出某种区分：前者是在长时期内发挥作用，以致可以说将所涉及的事件置于历史过程中；而后者致使结果出现，通常是以一种人们所未预料到的独特形式出现的。（［英］约翰·托什：《史学导论》，北

京大学出版社2007年版,第129—130页)

面对复杂多变的社会历史,吕思勉能够运用唯物史观的经济分析法来把握事物发展的主因。1928年,吕思勉在郭斌佳译著《历史哲学概论》一书做眉批,以中国史事佐证马克思学说,认为"生计究为原因之最大者"。吕思勉能够运用唯物史观经济学说解释中国历史现象,推荐读者参考戴季陶所译《马克思资本论解说》,强调"族制的变迁,实以生活为其背景;而生活的变迁,则以经济为其最重要的原因"。他还说,"非难唯物史观者,谓其但取经济的原因,而置他原因于不顾,非也。社会现象,本唯一而不可分,曰某某现象云者,特为研究之方便,强划其一部分而为之名云耳。其本体既唯一而不可分,则任取其一部分,但能研究深切,皆足以见其全体。所谓'一多相容'也"。他又说,"以物质为基础,以经济现象为社会最重要的条件,而把他种现象,看作依附于其上的上层建筑,对于史事的了解,实在是有很大的帮助"。这些观点都体现了唯物史观对吕思勉的影响。

传统史鉴派的一个毛病是缺乏历史唯物主义的分析方法,而只是对史事进行简化处理,将古今历史现象进行机械的类比,伍安祖等学者在《史鉴:中国传统史学》中称此为"历史类比主义"。举例来说,赵宋统治者"有鉴于"五代十国武人篡权、黄袍加身之弊,在建国后处心积虑夺取武将兵权,实行文人政治,枢密使有制令之权而无握兵之权,大将有握兵之重而无制令之权,结果导致了宋朝军事能力的弱化。正如朱熹所说:

> 本朝鉴五代藩镇之弊,遂尽夺藩镇之权,兵也收了,财也收了,赏罚行政一切收了。州郡遂日就困弱。靖康之祸,虏骑所过,莫不溃散。(《朱子语类》卷一二八《本朝法则》)

传统史鉴派的另一个毛病是,将自己对当下社会现实的观点意见包装在"历史借鉴"的史事中,事先让历史往事成为佐证当下政见的依据。鲁滨孙在《新史学》一书中说:

虽然自古以来，就有人主张可以从过去的事实里面得一种教训，如政治家、军事家的先例，道德的指导，同安慰普通人的那种天道好坏的例……根据这个假定，以为自古至今，人类的状况始终一致，没有变化，所以各种事业，都有一种为永久先例的价值。就事实说起来，人类的状况——至少我们现代——变化如此的快，所以要想利用过去的经验，去解决现在的问题，是一件危险的事情。而且我们对于假定相同过去的状况，难得有十分可靠的材料，能够使我们利用起来，去应付现在的需要。（［美］鲁滨孙：《新史学》，中国人民大学出版社 2011 年版，第 9—10 页）

王树民在谈到司马光《资治通鉴》的史鉴观时，就批评了这种"以鉴为史"的方法论，他说：

宋神宗与王安石主张变法图强，为司马光所反对，在写到智伯灭亡之事时乘机发表一篇《才德论》，暗示宋代主张变法者都是有才无德的人。又如神宗时对西夏用兵，原有收复失地，巩固边防的作用，不是宋统治者的无故生事，司马光持反对态度，在写唐朝和吐蕃争夺唯州之事时，便批评了当时主战的李德裕等，以暗斥宋朝的主战派。（王树民：《中国史学史纲要》，中华书局 1997 年版，第 122 页）

吕思勉所具有的唯物史观使他能够认识到传统史鉴派的机械主义方法论。王应宪在《吕思勉先生的史学观》一文中说：

吕思勉屡屡言说历史永远在改作之中，这一论断在历史认识论上极富深意。它提示我们：一切观念皆植根于特定的社会环境，历史认识的主体意识，即史家思维，因时代的变换而不断转化，必然对既往史事进行再认识，赋予其新的价值与意义，历史叙述因时代社会、人心观念的变化而改写或重写，历史认识得到更新和发展，这是历史认识发展的动力所在。这一见解，与马克思主义先驱者李大钊所言"史观与知识不断的进步,人们对于历史事实的解喻自然要不断的变动"同符合契。(王应宪:《吕思勉先生的史学观》,《史学理论研究》2018年第3期)

从历史实践上看,传统史鉴派还有一种危险是易于导致思想上的保守主义、态度上的消极主义、行动上的懒惰主义。商鞅变法之时,甘龙与杜挚便以"法古无过,循礼无邪"为由反对变法。商鞅对此的反驳是"治世不一道,便国不法古","前世不同教,何古之法?帝王不相复,何礼之循"。王安石变法之时,司马光等人也极力反对,王安石则坚持"天变不足畏,人言不足恤,祖宗不足法"。当西方列强叩响中国大门之时,清政府还以为这不过是历史上那些蛮夷之邦、蕞尔小国,厚着脸皮来耍无赖、讨利市而已,于是自信满满地"以史为鉴",搬出一套"尊王攘夷"和"华夷之防"的"祖宗成法"来对付。正如吕思勉所说,"当近代西方国家东侵时,我们所以应付之者,何尝不取鉴于前代驭夷之策,结果怎样呢"?等到甲午战争战败,国内"变法""改制""革命"的呼声此起彼伏,社会矛盾越演越烈,清政府才突然发现,眼下面临的态势是中国历史上从来没有遇到过的大变局,根本找不到历史上的先例可鉴,于是便纷纷沦落为极端的保守派。因此,吕思勉颇有针对性地说,"读了历史,才会有革命思想","才知道人类社会有进化的道理。从前的人,误以为读了历史,才知道既往,才可为将来办事的准则,于是把历史来作为守旧的护符,这是误用了历史的……所以历史是维新的证佐,不是守旧的护符。惟知道历史,才知道应走的路;才知道自己所处的地位;所当尽的责任"。

吕思勉还称不上是一位纯粹的唯物主义史学家,但他的史观中具有朴素的唯物主义特征,那是毫无疑问的。王家范评论吕思勉的史著"平民气息较为强烈",也有这层意思。总之,吕思勉是新史学的"特立独行者",尽管他还达不到郭沫若、吕振羽、范文澜、翦伯赞、侯外庐等马克思主义史学家的程度,却也为唯物史观在中国的确立作出了自己的贡献。

史以致用

新史学经常争议的一个话题是历史学的应用意义。这其实也是日本新史学一直在争论的问题。历史既要求真，又要实用，如果鱼与熊掌能够得兼，当然两全其美；如果鱼与熊掌不可得兼，又该怎么办？

历史学要讲究"客观"与"平允"，应该清晰地划出"学"与"术"、"有用"与"无用"、"求真"与"求善"、"主观"与"客观"之间界线，避免将"学问"与"应用"混为一谈。正如吕思勉在《中国史籍读法》中说：

> 应付事情，最紧要的，是要注意于学与术之别。学是所以求知道事物的真相的，术则是应付事物的方法。浅薄的人往往说：我只要应付就得了，事物的真相，管它干么？殊不知你知道了事物的真相，应付的方法自然会生出来，只有浅薄的应付方法，则终必穷于应付而后已。（吕思勉：《史学与史籍七种》，上海古籍出版社2009年版，第5页）

一些学者想出了一个两全的办法：将历史学分为两个部分：基础历史学与应用历史学。前者以求真为唯一旨归，后者可以在前者提供的史料、事实基础上进行具体的应用，包括历史道德主义和历史经世主义等方面的应用。王学典主编《史学引论》说：

> 将历史学区分为基础历史学和应用历史学两个层次，目前看来是调解求真与致用关系的一种可行的方法。当我们有了这种区别之后，求真与致用就分别被安放在两个不同的层次上，不再处于对立的地位，其冲突、紧张就会得到很大程度的缓解，统一共存的空间大大扩展。（王学典主编：《史学引论》，北京大学出版社2008年版，第139页）

这种区分其实是基于学术的目的性价值与工具性价值之间的差异。学术的目的性价值是学术研究的原本意义，忽视或放弃这种意义，学术本身的根基就不复存在。学术有了坚实的根基，在上面栽培出各式各样的应用性成果，乃是自然而然的结果。反之，如果根基动摇，即使勉强结出果子，也只能是歪果。正如顾颉刚所说：

> 学问固然可以应用，但应用只是学问的自然的结果，而不是着手做学问时的目的。（顾颉刚：《〈古史辨〉第一册自序》，《中国当代史学》，辽宁教育出版社1998年版，第153页）

任何学术的客观性与实用性之间，总是存在一定的张力。实用性是客观性的基础，过于强调实用性和功利性，就有可能忽视客观性和真实性，造成本末倒置、喧宾夺主的后果，而结局则是实用性和功利性也成为无本之木、空中楼阁，徒为某些人手里随心所欲的"魔法棒"。文学固然要讲究"文以载道"，但将文以载道作为"文"的根本目的，结果很容易"文""道"俱亡。史学诚然要有现实关怀，但将经世致用作为主要的目标指向，很可能丧失史学的求真意义。梁启超对传统史学批评道：

> 从不肯为历史而治历史，而必侈悬一更高更美之目的——如"明道""经世"等；一切史迹，则以供吾目的之刍狗而已。其结果必至强史就我，而史家之信用乃坠地。此恶习起自孔子，而二千年之史，无不播其毒。（梁启超：《中国历史研究法》，中国人民大学出版社2012年版，第37页）

梁启超所说"此恶习起自孔子"，这是他的不察之词，因为《春秋》未必就是孔子所作，即便是孔子所作也未必有那么多微言大义。在这里，梁启超本身也不自觉地犯了"强史就我"的毛病。可见，历史学还是要先求真，而且求真的时候不能抱有"供吾目的"的动机，否则入手便错。

事物之用本来就是复杂的、多相的、不可预知的，学术研究原本如此，历史研究尤其这样。我们不能奢望历史学的所有成果都是"有用的",而且是马上就"有用的"。历史学的意义,既有"有用"的一面,也有"无用"的一面,这种"无用"其实是一种"无用之用",要比一般意义上的"有用"层次更高、意义更大。法国史学家布洛克说:

> 经验告诉我们,表面看来最无应用价值的思辨活动,也许有一天能为实践提供出人意料的帮助,因为我们无法事先判定这类活动的价值。如果以不牵涉任何实际利益、纯粹是一种精神满足为由拒绝此类研究,那将给人类造成一种离奇的戕害。([法]马克·布洛克:《历史学家的技艺》,中国人民大学出版社2011年版,第34页)

历史学与社会学相比,社会学所研究的是社会现象和社会规律,它的对象是现实的,结论也是现实的,对它提出现实应用的要求是合情合理的。历史学与社会学及其他社会科学不尽相同的地方在于,它本来就以过去为研究对象,对于过去的知识,一定要运用在现实中,这本身就不太符合逻辑。这一点,颇类似于古生物学。古生物学当然具有应用性,可将其研究成果应用到生物学、气象学、地理学等,帮助生物学家加深对生命物种进化的了解和认识,帮助气象学家和地理学家了解从古至今气象与地理的演变。但是,如果要古生物学从一开始就瞄准应用,就要预先知道研究成果有什么用,或者直接听命于生物学家、气象学家、地理学家的实用性指令,那就显得十分可笑了。

基础历史学只管历史的真相,只管把真实的史实拿出来交给社会。至于应用历史学拿去之后有没有用、怎么用、什么时候用、用得怎么样,那是应用历史学的事情。只有这样,才能保证基础历史学不受任何外来的干扰,心无旁骛地揭示历史的真相。说实话,即使这样专心致志,也未必就能揭示历史的真相,更何况一开始就让它背上"春秋大义""以史为鉴"等沉重的包袱。

在王学典之前,蒋大椿、杜蒸民、李桂海、刘文瑞、向志学、袁庭栋等学者也对基础历史学与应用历史学的问题提出了卓见。王学典在吸收了他们成果的基础上写道:

基础历史学是指那些不带有科学之外的任何目的,不考虑现实社会的一时需要,纯以记述和认识历史本身为宗旨的史学研究活动。从事基础历史学探索的人往往怀抱一种"学术就是学术,其余什么都不是"的信念,全身心投入到学术研究之中。基础历史学是一种纯正的历史学。从事基础历史学研究的人,更接近于持客观中立态度的物理学家、生物学家,不计现实利害,不掺杂个人情感,只关心研究对象本身。这种"纯史学"对学者具有很强的诱惑力。能够得到普遍认可的史学大师往往赖"纯史学"以自立,像王国维、陈寅恪、陈垣等皆是如此。(王学典主编:《史学引论》,北京大学出版社2008年版,第140页)

应该说,这种观点对于历史学的求真与应用都是有利的。对此王学典继续阐述说:

将历史学划分为基础和应用两个层次,为缓解求真与致用之间的张力提供了一条可能的途径。在作出这种区分之后,两个层次的工作都取得了自己相对独立的存在空间,它们不再相互排斥、彼此冲突。无论求真还是致用,都是历史学中的一项工作,都不能偏废。这样,既保护了求真,又鼓励了致用。求真不再因远离现实、远离社会而受到指责,致用以不再因贴近现实、服务社会而遭受轻蔑。(王学典主编《史学引论》,北京大学出版社2008年版,第147—148页。)

事实上,基础历史学并非与应用历史学的基本宗旨格格不入,以史为鉴也是史学的重要意义所在。正如鲁滨孙《新史学》所说,"我们要懂得我们自己某时的状况,几乎全靠我们记得我们过去的思想和经验"。但是,基础历史学不是简单的类比或直接的运用,更不是提供应对当下问题的现实答案,而是增加我们真实地了解过去、理解现在、憧憬未来的生活智慧。我们需要了解过去,"这并不是因为过去可以供给我们行动的先例,这是因为我们完全知道了过去,便可以完全明白现在的情形,我们就可以用来做行动的根据了"。基础历史学帮助我们了解过去的事，了解人类曾经有过的生活，了解历史上形形色色的事件，能够使我们深刻地了解当下的境遇，全面地认识自己的现在，更多地掌握判断事物和作出决定的有益知识。只有客观真实地了解了过去的记忆、思想和经历，让我们明白现实的种种状况是如何从过去发展而来的，那些现在被奉为"金科玉律"的礼仪、习俗、制度，等等，当初曾经是何种模样，后来又是如何变化的。基础历史学的社会功用主要是在过去与现在之间建立起连续的桥梁，使我们现在的思维不但不至于断裂，而且可以延续到未来。正如乔伊斯·阿普比尔等人所说，"历史学者最有能力做的是，使人们建立起与过去的各种联系，借以阐释现在的疑难，启发未来的潜能"。了解人类曾经实践、思考和探索过的一些重大的生活命题，能够给我们提供一种思考人生和社会的机会，从而在历史与现实的坐标轴中确定自己未来的人生发展。顾颉刚曾经说过：

> 我们应该知道，所谓"历史观念"，在现在看来虽是很平常的一种心理，但其发展的艰难却远过于我们的想象。"致用观念"，在石器时代已有了，否则人类就不会制造出这些器具。这个观念从此发达下去，成就了今日的精致和奇伟的物质文明。但是历史观念超出现实，它的利益不是一般人所能了解，所以非文化开展到相当程度，决不会存在于人们的头脑里。（顾颉刚：《崔东壁遗书序》，载《崔东壁遗书》，上海古籍出版社2013年版，第2页）

顾颉刚认为，要使超越"致用"的历史观念被越来越多的人接受，需要大家对于"不如己意的议论和著作肯宽容，不要党同伐异"，这样这种"无用之用"的历史观念才能传播开来，并且收获实实在在的社会成果。

日本疑古史学

对传统上古历史的质疑与考辨同为中日新史学发展过程中的必经之

路。究其原因，除了上古历史本身存在虚实真伪，还有三个外部原因：一是传统史学特别是清代考据学派的辨伪考信思想在近现代的延续与影响，二是西方实证史学的客观主义、怀疑主义、批判主义在上古史研究中的实践与运用，三是中日新史学面对保守文化势力挑战的回应与反击。

日本疑古思潮大致分为三个阶段：前文所述的重野安绎、久米邦武对神代历史的质疑是日本疑古史学的发轫阶段；那珂通世、白鸟库吉对尧舜禹及神代史的质疑是日本疑古史学的发力阶段；接下来还有津田左右吉和内藤湖南的上古史研究，这是日本疑古史学的发展阶段。概而言之，日本疑古史学的发轫阶段是日本启蒙思想与批判主义在史学界的反映；疑古史学的发力、发展阶段则体现了实证史学，即所谓"大正民本时代"的"第二启蒙"思潮的影响。重野安绎、久米邦武、那珂通世前文已论，这里再说说白鸟库吉、津田左右吉和内藤湖南。

白鸟库吉（1865—1942）是那珂通世的弟子，史学思想深受乃师影响。1887年，白鸟库吉进入东京帝国大学新设的史学科学习，成为里斯的第一届学生，系统接受兰克史学教育。白鸟库吉获得博士学位后又到德国、匈牙利访学，服膺实证史学，并能熟练运用实证方法研究东亚各民族古史，涉及范围包括汉学、朝鲜学、西域学等。1909年，白鸟库吉提出"尧舜禹非实在论"，在日本史学界"掀起轩然大波"，成为日本疑古史学的标志性的事件。具体情况如下：

> 1909年，白鸟库吉在东洋协会评议委员会上讲演，指出厘清中国哲学就要研讨中国古代传说。传说的思想背景为儒学，其中人物多与儒学相关。传说常衍变为真实，少有人怀疑与考实，其中可置疑而当否定的是有关"尧舜禹"的传说。他大胆议论：《尚书》中的《尧典》《舜典》《大禹谟》以"曰若稽古"起句，皆非当时所记。尧、舜、禹为古代圣王，孔子推崇，然而着实研讨，却有很多值得怀疑的理由，倘能舍弃成见，当不以"吾人之论断"为不当。这就是轰动史学界的"尧舜禹抹杀论"。（盛邦和：《认识亚洲：中国与日本近现代思想史学研究》，上海人民出版社2019年版，第116页）

白鸟库吉此论一出，立即引起日本学界的强烈反响，林泰辅将其称为"尧舜禹抹杀论"，并随即撰文反驳，两人在此后两、三年内反复驳难，其他学者也加入讨论，余波延续近十年。

白鸟库吉在对中国上古史提出疑义的同时，也对日本古代史特别是"神代史"提出质疑，认为日本并不是所谓的"神国"，"神代史"只不过是世俗历史在神秘天空的投影，是古代御用史家维护天皇神权统治的杜撰。白鸟库吉一方面驳斥"神道史观"，否认"记纪史学"所谓天照大神的存在；另一方面根据中国《三国志·魏志》中有关卑弥呼的记载，考证了这位日本"先祖"人物的存在。在白鸟库吉看来，日本古代文化在很大程度上是中国古代文化的模仿、翻版与再造，日本上古神代史的形成与中国"尧舜禹"上古史具有一定的渊源关系。所以，白鸟库吉的"尧舜禹非实在论"可以看作他对日本神代史批判的前奏、铺垫和准备，其根本目的是用实证史学的史观、史法去除神话之说，还原日本古代历史的可信史实。

紧接着白鸟库吉而起的是日本著名史学家津田左右吉（1873—1963）。津田早年曾经受学于白鸟库吉，后来又在白鸟掌管的株式会社工作，是深受白鸟库吉思想影响的史学家。大正二年，即1913年，津田的处女作《神代史的新研究》问世。永原庆二说，"津田的处女作《神代史的新研究》的出发点也在于将白鸟观点应用于日本的'记纪神话'，白鸟否定中国古代圣帝尧舜禹的存在，却认为存在创造这些传说的中国人思想。津田对于神代史的理解是，神代不是叙述史实，而是叙述古代人的思想。这一观点的确与白鸟相同"。

在随后的学术生涯中，津田又发表了《〈古事记〉及〈日本书纪〉的研究》（1924）、《日本上古代史研究》（1930）、《上代日本的社会及思想》（1933）等著述，提出了所谓的"日本神代、上古史抹杀论"，惊世骇俗之论远胜于乃师，可谓震动朝野。桑原武夫形容津田左右吉揭露日本上古史的种种矛盾就像侦探发现罪案一样，不仅把一个个所谓的神代历史的虚构和编造过程揭发出来，而且把造假者的"犯罪动机"一并揭露。就此而言，津田又较白鸟更进一步。

上田正昭在《津田史学的本质及其遗留的课题》一文中说：

由津田博士建立起来的历史学即所谓的津田史学，以其极为独特的观点给日本历史学带来了很多成果。就中，它对日本古典（特别是《古事记》、《日本书纪》两书）和儒教、道教的经典（特别是《论语》及《老子》）的严格的文献批判工作，及其以文学作品为主要题材，从历史上对日本国民思想和中国古代思想所做的精辟分析，都是别人望尘莫及的。这些成就，的确代表了战前日本历史学的最高水平。即使在今天，如果撇开津田史学的方法和结论而要对日本古代史和神话问题进行科学研究，也是寸步难行的。（［日］历史学研究会、日本史研究会编《日本历史讲座》第八卷，商务印书馆1964年版，第178页）

津田史学遭到了当时天皇主义、国体史学派的打压，他们将神话当作史实，认为这是极力维护"国体"神圣性、正统性和永久性的史学依据，无法容忍持不同观点学者的学术研究成果。二战期间，日本军国主义甚嚣尘上，津田史学遭到右翼分子的攻击和压制。1940年1月，津田左右吉被迫辞去历时二十年的早稻田大学教职。同年2月，上述津田所撰四种著述被当局以违反出版法为名禁止发行。1942年5月，津田左右吉被控写作和出版"冒渎皇室尊严的文书"，与出版商岩波书店总经理岩波茂雄一同被提起公诉。在东京刑事地方裁判所第五庭上被判有罪，津田左右吉监禁三个月，岩波茂雄监禁二个月，两人均缓期两年执行。

内藤湖南（1866—1934）比津田左右吉年长7岁，但他早先从事了十几年新闻工作，获得史学家的身份反而比津田更晚，直到1907年才在狩野直喜推荐下成为京都帝国大学新设立的东洋史讲座第一任教师。内藤湖南与白鸟库吉没有直接的学缘关系，但两人在治学思想与方法上确有共同之处，故有所谓"东大的白鸟，京大的内藤"之说。当然，两人虽然同属实证史学，但在治学方法上各有偏重，故又有"文献学派的白鸟库吉，实证学派的内藤湖南"之说。1921年，内藤湖南发表了《尚书稽疑》一文，对《尚书》的成书、流传及《尚书》学史进行了讨论。内藤湖南提出了一个所谓古史的"加上原则"，来论证尧舜禹的传说是后人加上去的。

什么叫"加上原则"？顾名思义就是后来加上去的东西，"加上原则"原出于江户时期学者富永仲基（1715—1746）的佛学史研究著作《出定后语》一书，用以解释婆罗门教的多重"天国"的由来。富永仲基认为，原本婆罗门教的"天国"只有一重，由于后起新宗派为了胜过先前的宗派，就把自己的"天国"置于其上，这样随着年代不断积累，"天国"的重数也持续增加，到最后就达到了二三十重之多。富永仲基把这种现象称为"加上原则"。

内藤湖南在 1924 年读到富永仲基的著作，对富永仲基相当服膺。1925 年，内藤湖南在一次演讲中称赞"加上原则"是"非常伟大的学说"，认为这是"一种从思想的积累上来思考问题、根据思想的发展来发现历史的前后的方法，这种方法对于研究没有历史记录的时代的历史，是再好不过的方法"。内藤湖南立即活学活用，把"加上原则"运用到中国历史研究中，推断周公、夏禹王、尧舜、黄帝、神农、伏羲都是这样逐个"加上"而形成的。例如，内藤湖南论证道，当初儒家为了与墨家争胜，墨家推崇"禹"为理想人物，儒家就"祖述尧舜"，提出比"禹"更早的"尧舜"。内藤湖南的结论是，时间愈后的学派，创造的历史人物愈古老，战国时期甚至还出现了更加久远的黄帝、神农的学派。这种古来历史人物是后人"其后附加上去的"论调就是上古历史的"加上原则"理论。内藤湖南通过此说，不但为白鸟库吉的"尧舜禹非实在论"提供了一种更加精致的论证，而且也确立了一种古代史特别是上古史研究的方法论。

中国新史学的发展中，一些或多或少接受了西方实证史学影响的学者，也围绕中国上古史开展了一系列讨论，发表了各自的学术成果。尽管他们的史观史识史法不尽相同，但由于共同参与了上古史课题的辩论，且将"古史辨"论文结集形成了学术巨帙《古史辨》，在近现代史学史上留下浓墨重彩的一笔，所以被赋予一个标志性名字"疑古学派"。《大英百科全书》称《古史辨》的意义是企图发现中国上古史的正确观念的总集"，其后的任何中国上古史研究，无论赞同与批评，都无法绕开《古史辨》所讨论的课题。于是问题就来了：中国疑古学派有没有或者说多大程度上受到了日本疑古史学的影响？下面我们就来讨论这个问题。

"层累地造成说"的由来

从总体上看，中国疑古学派确实受到了日本疑古史学的影响。主要理由有三：第一，从时间上看，中国疑古学派的正式兴起晚于日本疑古史学大约十到二十年左右，通过人员交流与文本传播，日本史学界的研究动态无疑会给中国史学界带来影响。第二，两者的研究主题都为上古史，且日本学者的研究直接为中国上古历史传说，包括"尧舜禹"是否实在等具体课题，双方在研究内容及思想方法上的相近相通便是确凿的佐证。第三，参与中国上古史研讨的学者中有不少人与日本学界保持着密切联系，在他们的研究成果中可以清晰看到日本疑古史学的影响痕迹。至于日本疑古史学对中国疑古学派的影响究竟达到什么程度，下面以顾颉刚为例稍作讨论。

顾颉刚是疑古学派的发动者与领军者之一，他的疑古思想的最重要内容之一就是所谓的上古历史"层累地造成说"。有日本学者认为，顾颉刚的这一思想受到了日本学者的影响。如果此说成立，那么日本疑古史学对中国疑古学派的影响程度就无须多言了。故我们有必要就此展开考论。

首先要指出的是，顾颉刚的疑古思想肯定受到了崔述《考信录》的影响，这是没有疑义的。顾颉刚开始阅读《崔东壁遗书》是在1921年。按照顾颉刚在《古史辨·自序》中的说法，他在1922年接受商务印书馆《现代中学本国教科书》编撰任务时，"我就建立了一个假设：古史是层累地造成的，发生的次序和排列的系统恰是一个反背"。次年即1923年5月，顾颉刚在《努力周刊》增刊《读书杂志》上发表了《与钱玄同先生论古史书》一文，后被称为"古史辨宣扬"，标志着"古史辨运动"的开始，也是中国新史学疑古学派的发轫。顾颉刚在文中一开始就写道：

> 我二年以来，蓄意要辨论中国的古史，比崔述更进一步。崔述的《考信录》确是一部极伟大又极细密的著作，我是望尘莫及的。我自知要好好的读十几年书，才可追得上他。（顾颉刚：《与钱玄同

先生论古史书》)

接着顾颉刚指出了崔述著作的缺陷，也就是作为经学家的崔述虽然极具怀疑精神，却没有跳出经学的圈子来谈辨伪考信，仍把经学作为辨伪的依据，把考信作为维护经学的手段，这当然令顾颉刚感到不满意。顾颉刚接着首次和盘托出了他的"层累地造成说"：

> 我很想做一篇《层累地造成的中国古史》，把传说中的古史的经历详细一说。这有三个意思。第一，可以说明"时代愈后，传说的古史期愈长"。如这封信里说的，周代人心目中最古的人是禹，到孔子时有尧舜，到战国时有黄帝神农，到秦有三皇，到汉以后有盘古等。第二，可以说明"时代愈后，传说中的中心人物愈放愈大"。如舜，在孔子时只是一个"无为而治"的圣君，到《尧典》就成了一个"家齐而后国治"的圣人，到孟子时就成了一个孝子的模范了。第三，我们在这上，即不能知道某一件事的真确的状况，但可以知道某一件事在传说中的最早的状况。我们即不能知道东周时的东周史，也至少能知道战国时的东周史；我们即不能知道夏商时的夏商史，也至少能知道东周时的夏商史。（顾颉刚：《与钱玄同先生论古史书》)

这篇文章作于4月27日，在此文后面，顾颉刚全文抄录了两个月前即2月25日写给钱玄同的一封信，钱玄同是顾颉刚在北大读书时的老师，其中第一段讲到了这封信的缘起：

> 先生嘱我为《国学季刊》作文，我也久有这个意思。我想做的文是《层累地造成的中国古史》。现在先对先生说一个大意，——我这些意思从来没有写出，这信恐怕写得凌乱没有条理。（顾颉刚：《与钱玄同先生论古史书》)

顾颉刚从1921年阅读《崔东壁遗书》，到1922年提出"古史是层累地造成的"假设，再到1923年提出"层累地造成说"三点要义，说明他头脑中盘桓着"层累地造成的中国古史"这个问题，已经有一段时间了。我们不妨来分析一下这个过程：

顾颉刚"层累地造成说"这个学术创新一开始大概受到了崔述思想的启发。我们前文谈到过崔述的考信思想，这里再引两段崔述有关上古考信的文字。崔述在《补上古考信录》中说：

《周官》："外史掌三皇五帝之书。"伪孔安国《尚书序》云："伏羲、神农、黄帝之书，谓之《三坟》，言大道也。少昊、颛顼、高辛、唐、虞之书，谓之《五典》，言常道也。孔子睹史籍之烦文，惧览者之不一，讨论《坟》《典》，断自唐、虞以下。"后之儒者皆尊其说；余独以为不然。夫古帝王之书果传于后，孔子得之，当如何而表章之，其肯无故而删之乎！《论语》屡称尧、舜，无一言及于黄、炎者，《孟子》溯道统，亦始于尧、舜，然则尧、舜以前之无书也明矣。（崔述：《崔东壁遗书·补上古考信录序》，上海古籍出版社2013年版，第25页）

儒家有一种公认的说法，认为上古时期记述三皇五帝的书籍原本是有的，后来孔子担心这些书籍过于烦琐，引起读者众说纷纭，索性就把它们删除了，所以后世看到有文字记述的历史始于唐尧虞舜之后。崔述对此"独以为不然"，他认为如果历史上真有这样的书籍传到孔子手里，孔子一定会把它们整理传承下来，怎么可能无缘无故删除掉呢？所以崔述的看法是，三皇五帝之说在历史上根本就没有记载，只不过是传说而已。崔述接着又论证道，《论语》中屡次提到尧、舜，但从未提及黄帝、炎帝；《孟子》中追溯儒家道统，也只是上溯到尧、舜而已，可见尧、舜以前的历史并没有史书记载，这是显而易见的。就这样，崔述首先把历史上所谓的"三皇五帝"从史书中排除了。

接着，崔述继续讨论三皇五帝及燧人氏、包羲氏、天皇氏、盘古氏之类的上古人物究竟是如何从传说变为历史的。他写道：

自《易》、《春秋》传始颇言羲、农、黄帝时事,盖皆得之传闻,或后人所追记。然但因事及之,未尝盛有所铺张也。及《国语》、《大戴记》,遂以铺张上古为事,因缘附会,舛驳不可胜纪。加以杨、墨之徒欲绌唐、虞、三代之治,借其荒远无征,乃妄造名号,伪撰事迹,以申其邪说;而阴阳神仙之徒亦因以托之。由是司马氏作《史记》,遂托始于黄帝。然犹颇删其不雅驯者,亦未敢上溯于羲、农也。逮谯周《古史考》,皇甫谧《帝王世纪》,所采益杂,又推而上之,及于燧人、包羲。至《河图》、《三五历》、《外纪》、《皇王大纪》以降,且有始于天皇氏、盘古氏者矣。于是邪说诐词杂陈混列,世代族系紊乱庞杂,不可复问,而唐、虞、三代之事亦遂为其所淆。(崔述:《崔东壁遗书·补上古考信录序》,上海古籍出版社 2013 年版,第 25 页)

从《周易》《春秋》开始,伏羲、神农、黄帝这些人物才见诸文字,这些都是从传闻得来,或者是"后人所追记"。即便如此,《周易》《春秋》中出现的这些人名,不过是在谈到史事的时候顺便提及,并没有十分铺陈张扬。到了《国语》《大戴礼记》这些书,就开始极力渲染铺陈上古之事,因缘附会,错误百出。战国时期杨朱、墨翟之徒为了反对儒家学说,就故意贬低唐、虞、三代之治,将古代理想社会上溯到更加遥远的时期,胡乱造出名号,虚假编撰事迹,以服务于他们的邪说;而阴阳家、神仙家之徒也同样如法炮制,虚造上古历史。这样到了司马迁写《史记》的时候,就把这些虚假的东西写入了书中,于是就将历史一直追溯到黄帝。不过司马迁毕竟是史学家,还算比较掌握分寸,对于那些虚妄不雅驯的传说一概删去不用,所以《史记》并没有上溯于伏羲、神农。到了三国时期的谯周撰写《古史考》,西晋皇甫谧撰写《帝王世纪》,所采用的史料更加驳杂,将历史再次往前推,一直推到燧人氏、包羲氏。至于后来的《河图》《三五历》《外纪》《皇王大纪》,甚至把历史上推到天皇氏、盘古氏了。于是邪说歪词杂陈混列,上古的世代族系越发紊乱庞杂,真可谓"剪不断,理还乱",就连唐、虞、三代之事也被搞得混淆不清了。

我们把崔述这些言论与前面顾颉刚的"层累地造成说"的三要义进行仔细对比,顾颉刚第一条"时代愈后,传说的古史期愈长"可谓与崔述完全相符,第二条"时代愈后,传说中的中心人物愈放愈大"也完全相符,至于第三条只不过是第一、二条的直接推论而已。当然,顾颉刚作为接受新史学熏陶且经历新文化运动的史学家,他的学术方法与思想解放程度非崔述所能比拟,但两者之间确实存在着学理思路上的契合之处,顾颉刚是站在崔述的肩膀上将传统考信史学推向了新时代的疑古史学。正如胡适在《介绍几部新出的史学书》中所言:

> 崔述在十八世纪的晚年,用了"考而后信"的一把大斧头,一劈就削掉去了几百年的上古史。(他的《补上古考信录》是很可佩服的。)但崔述还留下了不少的古帝王;凡是"经"里有的,他都不敢推翻。顾颉刚现在拿了一把更大的斧头胆子更大了,一劈直劈到禹,把禹以前的古帝王(连尧带舜)都送上了封神台上去!连禹与后稷都不免发生问题了。故中国古史学上,崔述是第一次革命,顾颉刚是第二次革命,这是不须辩护的事实。(顾颉刚:《古史辨》第二册,上海古籍出版社1982年版,第338页)

总之,我们说顾颉刚的"层累地造成说"与崔述上古史考信思想是基本一致的,这肯定没毛病。鉴于顾颉刚在认真阅读了《崔东壁遗书》之后就提出了他的新观点,我们说顾颉刚"层累地造成说"受到崔述思想直接影响,应该也没有毛病。当然,我们并不能因此说,顾颉刚在提出"层累地造成说"之际,就没有受到崔述之外其他人的启发。

事实上,确实一直有人认为,顾颉刚的"层累地造成说"直接受到了日本疑古史学的影响。持此说者义愤填膺地指责顾颉刚抄袭日人,反对此说者愤愤不平地为顾颉刚澄清辩护。情况究竟如何呢?

内藤湖南的弟子宫崎市定在1965年撰文说,"中国著名的古代史研究家顾颉刚,在其名著《古史辨》(1926年)的自序中,叙述了与'加上原则'完全一样的他的自己的思想。这是否受了内藤博士的影响,并不明确,但可以认为有这样的可能性"。其后,胡秋原在台湾出版的《一百三十年来中国思想史纲》中用极尽揶揄的口吻写道：

> 北大教授钱玄同和北大学生顾颉刚逐渐找到一个新工作，这便是《古史辨》———即专门否定中国尧舜禹之古史，说这都是神话而不是历史。这工作的发起人是钱玄同……他知道日本有一个幸德秋水，写过"基督抹杀论"，说基督无其人，十字架代表生殖器崇拜。接着又有一个白鸟库吉，写了"尧舜禹抹杀论"，说古书所传尧舜禹之事皆为神话……（钱玄同）改名疑古玄同，再学幸德与白鸟之舌，说《易经》代表生殖器崇拜，尧舜禹皆为神话。尧舜既不足信，那言必称尧舜的儒家和依据《易经》的道家便不打自倒了。在他的启发下，顾颉刚"大胆假设"古史皆"层累地造成"，再来"小心求证"。他们求证的方法很简单。一、过去许多疑古、考证的文字很多，如崔述考信录，再抄抄白鸟等人之说。二、因为没有发现夏代铜器，所以大禹治水不可能。三、抄一点外国神话的书，例如洪水是神话等。四、再加上他们的想象和附会，例如，说文说"禹，虫也"，便说禹为动物，出于九鼎。这是民国十二年的事。这既好玩，又"科学"，可以吓唬青年，可以使外国人觉得有趣。参加的人多起来，顾颉刚将这些文字、通信收起来，名曰《古史辨》，由朴社出版。这由民国十一年出到二十年九一八前夕才停止。因为这时已有土肥原进行、白鸟库吉参加计划的满洲国运动，灭亡中国运动，无须他们来灭古史了。（胡秋原：《一百三十年来中国思想史纲》，台北学术出版社1973年版，第83—84页）

胡秋原最后一句话已经超出学术讨论的范围，纯属"毒舌"的人身攻击，折射其学术人格之不堪，当然也体现了疑古学派在二三十年代中日关系背景下的现实尴尬。伊格尔斯在《全球史学史》一书中比较中日两国疑古史学时说，"与日本不同的是，日本的辩论始终围绕着史料是否可信而展开，而且面临着来自政治家和宗教团体的压力，而在中国，'古史大讨论'基本上是一场学术讨论"。从胡秋原这种言辞所反映的当时的情况来看，伊格尔斯的看法可能过于乐观了。

胡秋原认为顾颉刚抄了白鸟库吉的"尧舜禹抹杀论",宫崎市定则指出了顾颉刚具体受到了"加上原则"的影响。然而顾颉刚本人却从来没有说过自己的疑古思想受到来自日本的影响。顾颉刚谈到疑古思想时,只承认受到中国学者的影响,具体包括郑玄、刘知几、姚际恒、崔述、康有为、胡适、钱玄同等,在这个名单里包含了考据学家、今文学家和新文化运动领军者。另外,顾颉刚还承认自己受到了"故事传说、民间歌谣的暗示"。他的弟子刘起釪、私淑吴锐也坚决否认乃师受到日本学者影响。廖名春则不无尖刻地说,顾颉刚之所以不愿承认疑古思想与日本学者有关,是有所谓"难言之隐",因为"无意间做了日本侵略者和灭亡中国的帮凶"。廖名春虽然用了"无意间"一词,但"帮凶"之语也已越出学术范围,乃与胡秋原在五十步之间。日本帝国主义、军国主义侵略中国不但早就蓄谋已久,而且与整个国际、东亚、国内政治经济形势均密切相关,与一群中国书生的史学研究有何干涉?将疑古学派与日本侵略中国硬拉扯在一起,于学术可谓不智,于同侪可谓不义,于人心可谓不仁。

相关的研究与争议仍在继续,其中钱婉约的研究比较深入细致,她认为顾颉刚"层累地造成说"与内藤湖南"加上原则"之间"有趣的雷同是历史性的巧合"。她在《内藤湖南的中国学》一书中,对"层累地造成说"受到"加上原则"影响的说法予以断然否定,理由主要有二:一是从内容上看前者比后者更加丰富,后者只包含前者三要义中的第一层意思;二是从时间上讲,"成书于1922年、发表于1923年的'层累地造成说'不可能受到1925年才在日本中国上古史研究领域正式出台的'加上原则'的影响"。

在新史料出现之前,大概很难给出一种肯定的答案。不过,考虑到二十世纪前三十年中日邻邦之间极为频繁的学术交流,如果认为顾颉刚对在日本流传多时且举国震撼的"尧舜禹非实在论"等疑古史学研究一无所知,或者有所知晓而未予深入关注的话,恐怕在现实逻辑上很难说得通。顾颉刚确实不懂日语,也没有到过日本,但他在北大本科的老师钱玄同却是一个留学早稻田大学、地地道道的"日本通"。作为著名文史学家,钱玄同从1913年起在北京各大学任教二十多年,并且一直活跃在新文化运动的最前沿，他对同样作为维新文化的日本新史学相当关注，不仅提出了疑古思想，而且与顾颉刚多次谈论疑古话题。顾颉刚在《古史辨自序》中回忆了1920年间钱玄同对他的启发，他写道，"在九年冬间，我初作辨伪工作的时候，原是专注于伪史和伪书上，玄同先生却屡次说起经书的本身和注解中有许多应辨的地方，使我感到经部方面也可以扩充的境界"。在钱玄同对顾颉刚的"屡次"点拨中，很难说从不谈及邻国学术界相关的疑古话题。至于顾颉刚自己从不提起受到日本学者的影响，倒也不必归因于顾颉刚有什么顾虑或"难言之隐"，更大的可能性是顾颉刚认为日本学者对自己的启发和影响并不是很大，毋庸提及。其实崔述也好，白鸟也好，内藤也好，他们对上古史的基本观点无非就是顾颉刚引用汲黯所言"譬如积薪，后来居上"八个字，大概顾颉刚通过研读崔述《考信录》已经基本形成了这样的想法，至于日本学者的研究成果和方法，对于顾颉刚来说更多的意义是佐证了自己的观点，坚定了他对"层累地造成说"的信念。

学术方法论的相互交流、相互借鉴、相互印证本属平常之事。就算顾颉刚从日本学者那里得到启发，在自己原本研究的基础上提出"层累地造成说"，抄袭之说纯属无稽，澄清之论亦嫌多余。至于像胡秋原那样扯到灭史、灭国，则已逸出学术范围，在此不值一驳了。对于中国新史学疑古学派的评价，应该遵循历史唯物主义存在决定意识的原则：基于清末民初中国文化思想全方位剧变的社会背景，以及当时新文化运动的科学主义和理性主义时代风气，疑古学派是这个时代新史学的必然产物。正如顾颉刚在《古史辨自序》中所说，"这个讨论何尝是我的力量呢，原是在现在的时势中应有的产物"。

京都学派与中国学

我们前面所谈的重野安绎、久米邦武、那珂通世和白鸟库吉都属东京帝国大学，世称东京学派。与之相对应的还有京都帝国大学的一批知名学者，世称京都学派。京都学派在研究中国学方面成果卓著，而且与中国学者过从甚密。所以这里就来谈一谈京都学派及其中国学，从中也可窥见近现代中日新史学深入交流、相互促进的状况。

京都帝国大学建于1897年。1906年京都帝国大学成立文科大学，相当于文学院。第一任文科大学学长是著名汉学家狩野直喜。1907年文科大学设立史学科，同时设立东洋史第一讲座，首任讲座教师是内藤湖南；次年增设东洋史第二讲座，桑原骘藏任讲座教授。1919年，京都帝国大学的文科大学改名文学部。此三人，被认为是东洋史学京都学派的创始人。

狩野直喜（1868—1947）毕业于东京帝国大学文学部汉学科，就读期间在岛田重礼指导下，受过系统的清朝考据学的训练。狩野直喜大学毕业后曾到北京学习，回国后不久便受聘于京都大学。1910年，狩野直喜与内藤湖南等人再次来到中国进行学术考察。1912年，狩野直喜留学欧洲，研究敦煌文物。此后，狩野直喜的研究领域主要集中在中国明清小说和戏曲、敦煌文学、中国学术史，先后撰写了《中国哲学史》《两汉学术考》《魏晋学术考》《论语孟子研究》等著作。

前文已述，狩野直喜是最早发现崔述考信史学现代价值的日本学者。那珂通世的崔述资料就得之于狩野直喜。狩野直喜对崔述评价甚高，狩野直喜在《中国哲学史》中说，在中国古代社会，经典是不能随便怀疑的，"而他却能脱离这一传统，以独立而自由的观点，对经典进行颠覆，这对于学术的发展功不可没"。狩野直喜以研究清代考据学名世，他在众多清代考据学家中极力推崇默默无闻的崔述，说明他不仅精通中国古代学术，而且也极具近现代史学的专业眼光。也正因为如此，狩野直喜能够看到崔述学术的最大短板，那就是没有"借鉴考古学的研究成果"。在新史学的视域下，崔述作为一位旧史学的研究者，在考古学研究方面基本阙如，这确实是他的不足之处，此乃时代局限。而此种方法论的更新迭代，正是新史学较之旧史学最大的进步和超越。

狩野直喜与中国学者颇有交往，其中与罗振玉、王国维可谓学术挚友。他们在中国与日本多次见面交流，书信往来，切磋学问，互有助益。王国维于1927年6月自杀后，狩野直喜在京都发起举行追悼会，在《追悼会小启》中对王国维的评价是中国"现代之完人，学界之耆宿"。刘正在《京都学派》一书中评价狩野直喜对于中国思想史研究的影响，认为

"东洋史学京都学派的中国思想史研究,可以说从狩野直喜开始就公开地打出了继承清朝考证学传统的大旗,批判地借鉴了欧洲的汉学研究方法,通过对原典的训读和注解,进行文献实证研究。这一实证主义的学风对二十世纪日本乃至于国际汉学界的中国古代研究产生了深远的影响"。

桑原骘藏(1871—1931)同样就读于东京帝国大学文学部汉学科,毕业后又在东大的大学院跟随那珂通世学习研究东洋史,后在东京高等师范学校等教育机构任教,也到中国学习考察。进入京都大学后主要研究中西交通史和中国风俗史,先后出版了《东洋史要》《宋末提举市舶西域人蒲寿庚的事迹》《东洋史说苑》《东西交通史论丛》《东洋文明史论丛》等著作。其中《东洋史要》《宋末提举市舶西域人蒲寿庚的事迹》两书出版了多个中文译本,在中国学者中影响较大。《东洋史说苑》因谈及中国传统文化与国民性的负面内容而受到批评。钱婉约在《从汉学到中国学》一书中分析道,桑原骘藏"以一种近代的、批判和反省的目光对待中国古代历史文化","目的就是要为日本人树立一个与传统观念中的中国完全不一样的'中国形象',让日本人从传统的尊崇中国、亲善中国的情感中解脱出来,而走向相反的一面。这与日本明治以后'脱亚入欧'的主流中国观也是基本一致的"。对传统文化的反省与批评,本来就是中日两国近现代文化转型的重要特点,但这种批评来自邻国学者的"可靠、实证"的研究,闻者自然别有一番滋味在心头。桑原骘藏与清末民初文化名流文廷式颇有交情,与史学家陈垣有过学术交流,与其他中国学术界交往相对很少。"20世纪以来国外学者宋史研究论著集成"中有《日本编·桑原骘藏卷》,由科学出版社于2019年出版。

与桑原骘藏形成鲜明对比的是,内藤湖南对中国一直怀有真挚情感。内藤湖南(1866—1934)一生十次来到中国,与众多学者名流有过交往,其中包括严复、梁启超、刘鹗、文廷式、汪康年、张元济、夏曾佑、罗振玉、王国维等史学家。据日人泽村幸夫回忆,有一次他在内藤湖南家造访,看到过"穿着一身中国服装的梁启超"。文廷式曾将个人珍藏的蒙文抄本《蒙古秘史》抄录一份送给内藤湖南,内藤湖南又转送给那珂通世,后者经过研究考证出版了《成吉思汗实录》,轰动于世。罗振玉与内藤湖南从1899年起学术订交二十余年,彼此皆有重大助益。王国维的甲骨卜辞研究得到了内藤湖南的方法启发，曾致信内藤湖南，言辞诚恳地说，"先生大著作多以贵邦文字书之，若能将重要者译成汉文，都为一集，尤所盼祷"。事实上，内藤湖南是汉译论著最多的京都学派学者，所以在中国学术界产生的影响也是最大的。

内藤湖南精研清代学术，除了力推崔述考信辨伪之学，还开启了清代史学家章学诚研究的先河。内藤湖南早年阅读章学诚《文史通义》与《校雠通义》，并且得到了《章氏遗书》的全抄本，又在京都大学开设了有关《文史通义》的课程。1920 年，内藤湖南在《支那学》杂志上发表《章实斋先生年谱》。内藤湖南的章学诚研究引起中国学者的注意，后续研究持续推进。胡适从青木正儿寄赠的《支那学》杂志读到此文，非常佩服，深受启发，致信青木正儿说，"我也是爱读章氏的书的人"，"章实斋一生最讲究史法，不料他死后竟没有人好好地为他做一篇传！内藤先生的年谱确是极有用的材料"。胡适后来得到多种《章氏遗书》的抄本，编撰了《章实斋先生年谱》，于 1922 年出版，遂专门给内藤湖南寄去了一册，在封面上亲笔书写"敬赠内藤先生"及"表示敬意与谢意"字样。内藤湖南随即在《支那学》杂志上发表《读胡适之的新著实斋年谱》，以示回应。就章学诚研究而言，宫崎市定称乃师是"最早发掘这个被埋没的学者，彰显其学问的一个人"。这种说法得到了国内学者的认同，钱婉约在《内藤湖南的中国学》中认为，章学研究"从沉晦走向昌明"这一转变的实现，"内藤湖南实有首创之功"。

内藤湖南对中国文化总体上抱有一种尊重和敬意的态度。他的儿子内藤耕次郎称其父亲"只要是中国的东西，什么都喜欢"。可以说，内藤湖南的中国学是带有温度的研究。他在《清朝史研究》中说，"像中国这样具有古老文化的国家，无论什么朝代，只要太平盛世，国家强大起来，就自然致力于本国文化的发展"，他的结论是中国"文化始终在持续地发展着"。这种观点在当时中国国势屡弱、被认为文化停滞落后的年代，出自一位研究中国历史文化的外国著名学者之口，确实是具有不同一般的意义。1911 年章太炎在《学林》发表《与农科大学教习罗振玉书》，猛烈抨击日本汉学界"不求其实""自绳其美"的短浅与自大，引起日人哗然。不久后内藤湖南在广岛举行有关中国学界近况的演讲，介绍了章太炎的观点，认为日本当时的汉学比清代乾嘉考证之学落后了"短则七八十年，长则百年以上"，遭到章太炎的批判是当然之事。他说，"支那的学问，那可是世界文明之一大源泉。对于日本人来说，尤其是不能置之不理。这七八十年来，西洋的学问成为了有力的学派。如果不能注意到与现在有关的人物，那就不能不说这是学者的一大耻辱"。

与当时大多数日本的中国学研究者一样，内藤湖南的论著中涉及对中国历史与时事的评述。内藤湖南作为曾经从事十多年记者职业的学者，这方面的文字还不少，尤以《中国论》（《支那论》）最为著名。加利福尼亚大学圣巴巴拉分校教授傅佛果在《内藤湖南：政治与汉学》一书中对内藤湖南《中国论》高度评价：

> 如果说《支那论》是20世纪出版的有关中国历史与文化的著作对后世影响最大的一部书，或许也并非言过其实。此后的同类著作无一能与之匹敌。不仅有许多研究者从该书得到启发，接受了书中的各种见解，而且其中的一些见解还在以后的学术界中引起了很大的争论。从这个意义上来说，《支那论》实际上可以说是在20世纪的中国史研究领域提出了最重要问题群的著作。（傅佛果：《内藤湖南：政治与汉学》，江苏人民出版社2016年版，第193页）

当然，内藤湖南有关中国史论的内容也遭到了批评，甚至被认为为日本侵略张目。对此，沟上瑛《内藤湖南》一文的看法是：

> 对他来说，日本明明白白是中华文明圈的一员，日本人参画、寄与中国的近代化，是自然而然的事。正因为如此，他遭到了鼓吹日本侵略做过正当化的批判。但是，内藤湖南的本意在于，东方并不应该作为西方的附庸，而是把中日协力作为强化和发展东方的内在进步的要求，他的这种趣旨，和鼓吹拥戴万世一系的日本天皇为亚洲盟主的军国主义论调有本质的不同。（［日］内藤湖南：《诸葛武侯》，江苏人民出版社2019年版，第126—127页）

我们站在当时的历史背景下，以知人论世和知世论人的唯物史观来看，沟上瑛的说法是可以接受的。大凡在任何时代，学者作为一个现实社会的存在，确实很难做到在学术与政治之间划清界限。不过，对于后人来说，站在史学史学术研究的角度，即便从避免因人废言的意义上说，也还是应该全面客观地评价内藤湖南中国学的意义。正如刘克申在内藤湖南《日本文化史研究》一书的"译序"中所言，"内藤湖南一生同中国结缘，他对中国文化有着一种难以割舍的情结，没有理由怀疑这种感情的真诚"。更何况，去认真分析和研究——而不是简单的抵触和否定——他人对自身文化的批评，本来就是严肃学者应有的学术理性态度。

唯物史学在日本

日本明治以后的新史学大致上依循着两条脉络向前发展，一条是实证史学，另一条是唯物史学。从大的方面讲，这种双线发展的状况与其后的中国新史学颇为相似。事实上，中国新史学的双线发展直接受到了日本史学界的影响。

日本唯物史观的传播与唯物史学的建立，是两个相互关联而不尽相同的阶段。从时间上看，昭和之初即1927—1928年是这两个阶段的转折点。远山茂树在《历史唯物主义史学的成立》一文中说：

> 如果要问历史唯物主义是什么时候成立的，我可以毫不踌躇地举出吕野荣太郎在《社会问题讲座》发表的《日本资本主义发展史》（1927年）和他在《马克思主义讲座》中发表的《日本资本主义发展的历史条件》（1928年）以及服部之总所著《明治维新史》（1928年）等著作问世的时期，作为日本唯物主义史学成立的时期。（[日]历史学研究会、日本史研究会编《日本历史讲座》第八卷，商务印书馆1964年版，第208页）

以昭和之初为大致界线，之前日本学者和社会活动家的工作主要集中在马克思主义经典论著的翻译和历史唯物主义学说的传播；之后日本唯物史学家能够运用唯物史观来研究和分析日本社会发展的历史，产生出唯物史学的实际成果。

马克思主义及其著作在日本的传播始于19世纪七十年代，几乎伴随着明治维新而兴起。1870年，官僚学者加藤弘之在《真政的大意》一书中首次介绍说，"共产主义和社会主义两种经济学说大同小异，都主张消灭私有财产"。不过，加藤弘之对社会主义和共产主义持反对态度。从正面最先介绍马克思主义的是日本自由民权运动的著名政治家和理论家中江兆民（1847—1901）。1882年，中江兆民在他主编的《政论丛谈》上发表了十几篇有关社会党和社会主义的译文，介绍了空想社会主义、拉萨尔主义，同时也介绍了马克思主义。

随着日本资本主义经济的快速发展，工人阶级和工人运动不断壮大，日本工人运动蓬勃发展，自由民权运动不断壮大，社会主义思潮风起云涌，理论思潮与实践运动相互激荡，马克思主义广为传播。1898年，片山潜与安部矶雄、幸德秋水等人成立社会主义研究会，1902年堺利彦翻译了《共产党宣言》，1903年出版的片山潜《我们的社会主义》和幸德秋水的《社会主义神髓》，剖析了资本主义社会的种种弊病及其产生的原因，指出了社会主义必然代替资本主义的历史规律，以及实现这一历史规律的正确途径。1905年安部矶雄着手翻译部分《资本论》内容，并以连载形式发表。1907年堺利彦与森近运平合著《社会主义纲要》，与此前片山潜《我的社会主义》、幸德秋水《社会主义精髓》合称明治时代社会主义三大名著。1908年发生的所谓"大逆事件"使日本社会主义运动与马克思主义传播进入低潮。1917年苏联十月革命胜利再次极大鼓舞了日本社会主义运动的发展，以河上肇、山川均、樮田民藏为代表的一批马克思主义理论学者大力宣传普及马克思主义、列宁主义和布尔什维克思想。1922年7月，在共产国际支持下，日本共产党成立，堺利彦当选第一任委员长。在理论传播与社会运动的双重推动下，日本马克思主义译介加速发展。到1924年，《资本论》全本与《马克思恩格斯全集》均已翻译出版。列宁关于俄国社会主义革命的论著也相继译成了日文出版，到1932年列宁所有主要著作已全部在日本出版。

马克思主义理论在日本的广泛传播，直接推动了日本历史唯物主义史学的建立，日本学者开始运用唯物史观研究明治维新时期的日本社会经济发展。1921年，荣井敏彦在《快报》杂志发表了题为《明治维新研究中的新见解》的文章，这是日本学者第一次运用马克思主义唯物史观分析明治维新的社会性质。其后最具标志性的唯物史学成果便是吕野荣太郎的《日本资本主义发展史》一书，该书探讨了日本从古代到近代历史的社会内部矛盾形成、发展和爆发的具体过程和一般规律，在此基础上分析了迅速发展的日本垄断资本主义所具有的资本主义和帝国主义阶段的内在固有矛盾。吕野荣太郎《日本资本主义发展的历史条件》运用唯物史观讨论了使明治维新变革成为必然的客观条件，具体概括出三个主要因素，即封建所有关系的解体、封建身份制度的废弛、资本主义生产方式的采用，并将这三个因素涵纳于生产力与生产关系的基本矛盾之中。在此基础上，吕野荣太郎运用社会阶层与阶级的分析方法，对农民、封建统治者、大商人、高利贷者以及王朝势力与幕府力量进行了具体分析研究，指出在生产力与生产关系矛盾激化过程中产生的四种社会对立，以及日本封建制度向资本主义转化的物质力量。

服部之总的《明治维新史》在吕野分析的基础上，运用阶级斗争的观点，首次划分了明治时期日本社会矛盾与政治斗争的六个阶段，从而将唯物史观有关封建主义与资本主义矛盾斗争的一般规律通过明治维新的具体历史分析，概括出日本社会发展的差异性特点，用唯物史学驳斥了神道主义和皇国主义的唯心史观。服部之总的研究体现了日本唯物史学的不断深化和水平提升。

日本二三十年代唯物史学的一个重要特点就是与国际共运和现实革命斗争紧密结合。1927年和1932年，共产国际先后制定了有关日本革命的纲领，这些纲领对日本唯物史学家的研究观点产生了直接影响，沈仁安、宋成有在《近代日本的史学和史观》一文中说：

> 这些纲领对正在形成中的马克思主义史学有着强大的指导作用。吕野荣太郎的《日本资本主义发展的历史条件》和服部之总的《明治维新史》，就是在二七年纲领指导下写成的。吕野荣太郎还根据二七年纲领修改了自己原先认为明治维新是资产阶级革命的观点。用

史实来论证日共的革命纲领，这是初期马克思主义史学的一个显著特点。（［日］坂本太郎：《日本的修史与史学》，北京大学出版社1991年版，第211页）

三十年代末期和四十年代日本军国主义甚嚣尘上，渗透到社会生活的各个领域，历史学也不能幸免，马克思主义历史学受到无情压制，唯物史学家遭到迫害和逮捕，吕野荣太郎在狱中惨死，服部之总被迫改行，持续半个多世纪的唯物史观传播和唯物史学研究戛然中止。唯有那些服务于皇国主义和军国主义的史观史论才能继续存在。

战后，日本唯物史学得以重新发展，呈现出相当繁荣的景象。大致上表现出四个特点：一是继承了战前马克思主义史学的社会批判传统，借助于工会运动和社会主义活动的社会声势，致力于批判和谴责战前和战争时期的日本史学和史学教育，对日本军国主义和对外侵略历史进行分析批判，以远山茂树、井上清为代表的明治维新史研究成果，深刻反思日本明治维新以来的近现代化历史进程中的"失常"和"扭曲"。二是随着日本经济的恢复和发展，马克思主义史学家充分运用唯物史观的分析工具，开展日本社会经济史研究，扩大了唯物史学在战后众多史学流派中的影响力。三是在战后日本社会民主发展的背景下，马克思主义史学以被统治的大多数民众作为研究对象，致力于"民众史研究"，按照坂本太郎的说法，"由于这个原因，马克思主义历史学登上了史学界的王座"。四是在与其他史学流派的学术性互动中继续扩大影响和实现发展，如由家永三郎、石母田正、井上清、远山茂树、中冢明等马克思主义史学家联合其他学者编纂的《岩波讲座日本历史》体现了唯物主义历史观，战后四次刊行，影响深远；又如远山茂树等人合著的《昭和史》引发学界持久论争；再如战后进步史学有关日本社会亚细亚特点的研究也从唯物史观中获取方法论借鉴。

日本学者成田龙一在《近现代日本史与历史学》一书中将战后日本史学史研究划为三个阶段，分别是"战后历史学""民众史研究""社会史研究"。成田龙一所说的"战后历史学"主要就是指深受战前"讲座派"影响的马克思主义史学，代表人物便是远山茂树、井上清等人。所谓的"民众史研究"关注受到不公平对待和被欺压的人群，积极开展了女性史、地域史、部落史研究，而马克思主义史学也在其中发挥了积极作用。所谓"社会史研究"主要从法国年鉴学派演化而来，在20世纪70年代后期传入日本后影响较大，马克思主义史学家对此积极参与和回应，马克思主义史学家黑天俊雄、太田秀通以及阱信彦、迟冢忠躬等学者都主张汲取社会史研究的积极成果来丰富发展唯物史学。由此可见，战后日本马克思主义史学在日本史学界仍然发挥着重要作用，唯物史观作为一种史学方法论继续显现出理论与实践的生命力。

唯物史学在中国

从时间上划分，中国史学分为古代史学、近现代史学和当代史学。对应于各自的内容，便是所谓的传统史学、新史学和新中国史学。新史学这个概念，其实也有广义与狭义两种含义：广义的新史学是指19世纪后期到20世纪上半叶的中国史学，也就是中国近现代史学。在中国传统史学向近现代史学转型的过程中，涌现出多种多样的史学流派，包括国粹派史学等，其中最重要的史学学派就是实证史学与唯物史学。当然，实证史学与唯物史学并非各自铁板一块、泾渭分明，事实上两者都拥有许多近现代史学的共同特征。然而从根本上说两者的史观、史法、史论、史用确乎存在重要差异乃至对立，互相之间也进行过学术交锋与文化交战。因此，我们可以把广义的新史学再分为两个脉络，一个是实证史学，也可以称为狭义的新史学，另一个则是唯物史学，又称马克思主义史学。在传统史学向近现代史学转型的过程中，实证史学与唯物史学曾经相互交流、携手并进，也曾相互对峙、分道扬镳。新中国建立后，唯物史学成为主流，实证史学的合理部分也没有完全消失，逐渐形成中国特色社会主义的唯物史学，在中国当代史学的理论探索与应用实践中逐步发展和完善。

饶有趣味的是，在中国近现代史学转型过程中，无论是实证史学还是唯物史学，都从一开始就受到了日本史学界的重大影响。我们可以肯定地说，如果没有中国古代史学对日本古代史学千百年的浸润和滋养，就不可能有日本传统史学的实际样态。我们同样可以肯定地说，没有日本明治以后新史学对中国近现代史学转型的影响和助推，也不可能有中国近现代实证史学和唯物史学的迅速成长与发展。马克思主义唯物史观在中国的传播以及对近现代历史学研究的重大影响，决定了中国当代史学的基本特征和发展走向。

我们在前文已经谈论了日本新史学对中国实证史学的影响，这里再谈谈日本新史学对中国唯物史学的影响，同时兼论中国唯物史学如何在与实证史学的颉颃中最终取得主流史学的地位。

日本是亚洲最早开始接触和传播马克思主义的国家之一，中国早期对马克思主义的认识基本上来源于日本对经典著作和思想的译介。我们说过，在中国近现代新史学创立发展过程中，实证史学与唯物史学一开始曾"携手并进"，这是有史实依据的：最早提及马克思及其思想的国内学者正是实证史学的首倡者梁启超。对于梁启超等启蒙学者来说，当时史学领域相互对立的只有"旧史学"与"新史学"，所有外来的新颖史观史学都是反对"旧史学"的同盟军，彼此之间并没有实质性区别。1902年9月，身居日本的梁启超在《新民丛报》第18号上发表《进化论革命者颉德之学说》一文，最早提到马克思名字，说"麦客士，日耳曼人，社会主义之泰斗也"，"麦客士谓今日社会之弊在多数之弱者为少数之强者所压伏"。很显然，梁启超当时对马克思的了解来自于他所接触到的日本资料。1903年2月，留日学生马君武在《译书汇编》发表《社会主义与进化论之比较》一文，其中说道，"马克司者，以唯物论解释历史之人也"，这是"唯物论"最早见诸中文。

此后，中国留日学生通过《游学译编》《浙江潮》《民报》等中文刊物向国内读者介绍社会主义知识，内容既包括部分翻译的《共产党宣言》等经典原著内容，也包括译介日本作家的社会主义学说著作。1903年广智书局出版的福井准造《近世社会主义》单行本是从日本输入中国的第一种早期社会主义学说读物，幸德秋水《社会主义神髓》在1903年7月首版后仅2个月就被留学生译成中文出版。

十月革命后，马克思主义在中国的影响剧增。1919年5月，《晨报》刊载了陈溥贤翻译的河上肇《马克思的唯物史观》，对唯物史观进行了较为系统的介绍。李大钊在1919年发表《我的马克思主义观》，第一次系统介绍了马克思主义唯物史观、政治经济学和科学社会主义的基本观点，其中谈到马克思《政治经济学批判序言》的相关内容，李大钊注明"以上的译语，从河上肇博士"，即从河上肇的日译本转译的。1920年陈望道全篇翻译了《共产党宣言》，使国内第一次读到《宣言》全文，其所据底本也是日译本。另外，曾在日本学习生活过的陈独秀、李达、李汉俊、杨匏安等也在马克思主义理论的中国传播方面作出了重要贡献。直到二十年代中期，在留学苏联和欧洲的中国学生开始翻译经典理论之前，日本一直是马克思主义和唯物史观向中国传播的主渠道，许多社会主义和史学术语都来自日语的转译。

中国近现代唯物史学的发展过程，与日本的情况颇为类似，可分为唯物史观传播与唯物史学建立两个阶段。马克思主义唯物史观的引进与传播，从部分译介到全文翻译，从零星介绍到系统阐释，从学理研究到实践探索，大致到20世纪20年代后期至30年代初期，取得了巨大成效，为唯物史学的建立奠定了良好的基础。伍启元在出版于1933年的《中国新文化运动概观》一书的自序中写道：

> 这几年来书店所出版关于辩证法的唯物论的书籍，居然日多一日；可惜这些书籍，十九都是翻译，创作几乎没有。不过从此也可以看出辩证法唯物论的影响，到今天已是很大了。（伍启元：《中国新文化运动概观》，黄山书社2008年版，第69页）

谭辅之在1935年第3卷第6期《文化建设》杂志上发表了《最近的中国哲学界》一文，其中写道，"1928年到1932年短短的时期中，除了普罗文学的口号而外，便是唯物辩证法与唯物史观的介绍。这是新输液的黄金时代。在这时，一个教员或大学生书架上没有几本马克思的书总是要被人瞧不起的"。这些现象都表明，中国唯物史观在学术界的传播流布已经达到了基本普及的地步。

接下来，中国唯物史学家开始运用马克思主义唯物史观，具体研究分析中国社会历史发展问题，于是便进入到中国唯物史学的创建与发展阶段，其标志性事件就是始于二十年代后期、历时七八年之久的中国史学界那场关于中国社会历史的大论战，具体包括中国社会性质论战、中国社会史论战、中国农村经济性质论战。

中国近现代唯物史学的创建之所以表现为激烈的学术论战的形式，主要有学术发展与现实政治两个方面的原因。就学术发展而言，经过三十多年马克思主义唯物史观的广泛传播，不仅积累了丰富的唯物主义史学的学理基础，也造就了一批传统史学功底深厚、掌握马克思主义理论的史学家，他们是这场学术论辩的主力军，也是其后唯物史学发展的领军者。就现实政治而言，这场学术论辩事实上体现了当时的社会政治态势特别是国共双方的思想斗争和政治较量。正如周文玖所说：

> 这场论战的出现，有一定的政治原因，一定意义上说是当时政治在史学领域的反映。1927年，国共合作破裂。今后中国将向何处去？国共双方的看法是不同的。国民党从维护自身统治的利益出发，认为中国封建制度已经消灭了，也不存在外国侵略势力，中国已经是完全的资本主义社会了。而共产党则认为中国的社会性质没有改变，仍然是半殖民地半封建社会。由此引发了史学界对中国社会史的大讨论。（周文玖：《因革之变：关于历史本体、史学、史家的探讨》，北京师范大学出版社2010年版，第193页）

在马克思主义史学家阵营中，郭沫若是这场论战的主将。当时身居日本的郭沫若连续发表了多篇论文，后来整理成《中国古代社会研究》，于1930年出版。郭沫若在《自序》中说，"本书的性质可以说就是恩格斯《家庭、私有制和国家的起源》的续篇。研究的方法便是以他为向导，而于他所知道了美洲的印第安人、欧洲的古代希腊罗马之外，提供出来了他未曾提及一字的中国古代"。这事实上就是宣告本书是以马克思主义唯物史观研究分析中国古代社会发展的专著，其理论意义就是在学理与方法论层面为史学界提供一种中国唯物史学的研究应用范本，其现实意义则在于得出了马克思主义适合中国国情的重要结论。如果说，李大钊的《史学通论》是中国第一部系统的马克思主义史学理论著作，标志着唯物史观在中国的系统传播，那么郭沫若的《中国古代社会研究》则是中国第一部运用唯物史观研究中国社会历史的著作，标志着中国唯物史学的诞生。中国三、四十年代唯物史学家，有所谓的"五大家"之称，即郭沫若、范文澜、翦伯赞、吕振羽、侯外庐，其中郭沫若、吕振羽曾留学日本，翦伯赞留学美国，侯外庐留学法国，范文澜毕业于北京大学，未有留学经历。在中国社会历史论战中，吕振羽撰写了一系列论文，并出版了《史前期中国社会研究》《殷周时代的中国社会》等专著，直接参与了这场大论战。

抗日战争爆发后，国内唯物史学的学术个性与政治态度更加鲜明，郭沫若先后出版了《青铜时代》《十批判书》《历史人物》等著作和论文集，继续拓展唯物史学研究领域。翦伯赞于1938年出版了《历史哲学教程》，系统深化了马克思主义史学理论，并且在学理层面论证了马克思主义适合中国社会实际。侯外庐出版了《中国古典社会史论》《中国古代思想学说史》《中国近代思想学说史》。吕振羽着手编写《中国通史简编》，到1948年完成。

这里重点谈谈范文澜。抗战之前，范文澜在多所大学教书，出版了《文心雕龙讲疏》，曾两次因思想进步被捕。1940年，范文澜来到延安，先后担任马列学院历史研究所主任、中央研究院副院长。1942年，范文澜出版《中国通史简编》上、中两册，叙述从上古到清代中叶的历史，用马克思主义唯物史观的一般社会发展规律来分析中国古代各历史阶段的社会生产力与生产关系，并用阶级分析的方法叙述统治阶级与被统治阶级之间的矛盾斗争，"企图用马克思主义的普遍真理和中国的具体历史结合起来，说明它曾经经过了原始公社制社会、奴隶社会、封建社会诸阶段"。这种按照原始共产主义、奴隶制、封建制、资本主义和社会主义的"五阶段"历史分期，来分析阐释中国社会历史发展的规律性过程，符合1938年苏联《联共（布）党史》中的马克思主义史学观，成为后来唯物史观指导下中国历史编纂的基本范式。

《中国通史简编》下册是鸦片战争以后的近代史部分，用《中国近代史》（上册）书名出版于1946年，叙述中国沦为半殖民地半封建社会的过程，以及在这个过程中，中国人民轰轰烈烈的反侵略反封建的斗争，是用马克思主义分析中国近代历史的第一部著作，标志着中国唯物史学的发展达到了一个新的高度。

从唯物史学的学理建构看，正如史学家齐思和在1949年发表的《近百年来中国史学的发展》一文中说，"到了范文澜先生所编著的《中国通史简编》才由初期的创造而开始走进了成熟的时期"。从唯物史学的实践意义讲，范文澜的上述著作出版后影响巨大，在国统区，范文澜的《中国近代史》以作者"武波"化名流传；在解放区，此书得到毛泽东的高度评价，成为干部群众学习历史的必读书。事实上，毛泽东本人也是唯物史学的重要作家，他在发表于1949年的《丢掉幻想，准备斗争》一文中说，"阶级斗争，一些阶级胜利了，一些阶级消灭了，这就是历史，这就是几千年的文明史。拿这个观点解释历史的就叫做历史的唯物主义，站在这个观点的反面的是历史的唯心主义"，这是对马克思主义唯物史学的理论性和实践性的高度概括。

说到范文澜的《中国近代史》，不能不谈蒋廷黻出版于1938年的《中国近代史》，这两本书代表了中国新史学两种不同的史观史识，也体现了有关中国近现代社会性质和发展道路的不同取向。

在此之前，也有中国近代史的相关书籍出版，如陈恭禄在1934年出版了《中国近代史》，在1935年出版了《中国近百年史》，在社会上产生较大影响，七十万字的《中国近代史》在抗战前后各重印了四次，被指定为大学教科书。相较而言，蒋廷黻的《中国近代史》只有区区五万余字，却也同样产生了很大的影响。蒋廷黻和陈恭禄的这两部书虽然篇幅不同，却都代表了当时国统区史学家对于中国近代历史的基本看法，即将中国近代史视作中国走向近现代化的历史，在这个过程中，中国借鉴西方近现代思想、制度和科学技术，逐步摆脱封闭停滞的过去，不断开发民智和摆脱愚昧，在一个统一的中央集权的领导下，实现国家的工业化和现代化。

范文澜运用唯物史学的观点和方法，对中国近代历史进行了社会矛盾分析和阶级分析，认为帝国主义的经济政治压迫是导致中国落后的根本原因，将中国人民与帝国主义及封建主义之间的矛盾视为近代社会基本矛盾，将反帝反封建斗争作为中国近代史的主旋律，同时也是中国人民摆脱落后、走向强盛的必由之路。李印怀在《重构近代中国：历史写作中的想象与真实》一书中将范文澜与蒋廷黻的近代史叙事称为"革命范式"与"现代化范式"，并对两者进行了深入比较，他写道：

> 蒋（廷黻）设想"近代化"是近代中国的主要挑战，将晚清和民国时期看成是一个中国尝试了一系列现代化方案的时代，并且在蒋介石领导下的国民革命时期到达高潮，而国民革命则是中国民族国家建构的最后一步。相反，范文澜强调中国人民的反帝反封建革命是中国近代史的"主线"，认为共产党乃是结束于1949年的长达一个世纪之久的中国革命之最后阶段和唯一的正确途径。（李印怀：《重构近代中国：历史写作中的想象与真实》，中华书局2013年版，第79页）

范文澜的观点与毛泽东发表于1939年12月的《中国革命和中国共产党》一文是一致的。毛泽东指出：

> 帝国主义和中华民族的矛盾，封建主义和人民大众的矛盾，这些就是近代中国社会的主要的矛盾……这些矛盾的斗争及其尖锐化，就不能不造成日益发展的革命运动。伟大的近代和现代的中国革命，是在这些基本矛盾的基础之上发生和发展起来的。（《毛泽东选集》第二卷，人民出版社1991年版，第631页）

在抗日战争的时代背景下，毛泽东的论述体现了强大的理论力量和鲜明的实践特征，为现实革命斗争提供了明确的目标和方向。他说：

> 中国现时社会的性质，既然是殖民地、半殖民地、半封建的性质，那末，中国现阶段革命的主要对象或主要敌人，究竟是谁呢？不是别的，就是帝国主义和封建主义，就是帝国主义国家的资产阶级和本国的地主阶级……既然现阶段上中国革命的敌人主要的是帝国主义和封建地主阶级，那末，现阶段上中国革命的任务是什么呢？

毫无疑义，主要地就是打击这两个敌人，就是对外推翻帝国主义压迫的民族革命和对内推翻封建地主压迫的民主革命，而最主要的任务是推翻帝国主义的民族革命。(《毛泽东选集》第二卷，人民出版社1991年版，第633、636—637页)

1940年2月，毛泽东发表了《新民主主义论》，在这篇讲话中，毛泽东运用马克思主义唯物史观，进一步深刻分析了中国自周秦以来封建社会性质，以及自外国资本主义侵略以来逐渐变成了一个半殖民地半封建的社会，明确提出"中国革命的历史进程，必须分为两步，其第一步是民主主义的革命，其第二步是社会主义的革命"，即新民主主义革命和社会主义革命。接着，毛泽东在全面分析了新民主主义的政治、经济、文化后，向全世界展现了未来新中国的目标和前景。

随着新民主主义革命的胜利，中国唯物史学也取得了决定性胜利。我们可以说，中国唯物史学在思想理论领域有力地助推了中国共产党领导的中国革命的发展，而中国革命的成功也在社会现实领域为中国唯物史学提供了理论发展与实践应用的广阔空间和坚强保障。

结　语

1

中国古代史学是中国传统文化的重要组成部分，是中华优秀文化的核心内涵，是中华民族千百年来文化认同的凝聚力和政治运行的向心力。

在人类历史上，没有一个国家像中国一样，拥有如此悠久的史官制度、如此丰富的史述方式、如此完整的历史记录；也没有一个民族像中华民族一样，产生如此浓厚的史学兴趣、如此众多的史学名家、如此重要的史学功用。梁启超一百多年前在《中国历史研究法》中说：

  中国于各种学问，惟史学为最发达；史学在世界各国中，为中国为最发达（二百年前，可云如此）。（梁启超：《中国历史研究法》，中国人民大学出版社2012年版，第13页。）

梁氏此说，实乃不虚。不过，我们须注意到，梁氏在这里补充说明"二百年前，可云如此"。梁氏的言下之意是当世界进入到18世纪之后，历史学的情况发生了变化。随着西方近代启蒙主义、理性主义、科学主义以及唯物主义的发展，史学也有了长足的进步，有别于传统历史记叙的新的史学观念、史学方法逐步确立起来，人类历史记叙之学与其他自然学科、人文社会学科一样，开始发生质的转变，从古代传统史学转变为近现代史学。梁氏的意思是，此后就很难说中国的传统史学在世界各国之中"为最发达"。

事实确实如此。近现代以来，虽然人们可以继续延用"史学"这个概念来指称古代历史记述，但传统"史学"与近现代"史学"的内涵已经发生了根本性改变。李大钊是最早认识到这一点的中国史学家之一，他在《史学要论》中从唯物史观的角度对新旧史学作了深入比较分析，指出了两者之间的本质区别。他在《马克思的历史哲学与理恺尔的历史哲学》一文中写道：

> 今日持政治的历史观的历史家，因为受了马克思的经济的历史观影响，亦渐知就历史学的学问的性质加以研考。……要之，马克思和今日的一派历史家，均以社会变迁为历史学的对面问题，以于其间发见因果法则为此学目的。二者同以历史学为法则学。此由学问的性质上讲，是说历史学与自然科学无所差异。此种见解，结局是以自然科学为唯一的科学。自有马氏的唯物史观，才把历史学提到与自然科学同等的地位。此等功绩，实为史学界开一新纪元。（李大钊：《史学要论》，商务印书馆2009年版，第9—10页）

李大钊在这里提到"唯一的科学"，或许受到马克思思想的影响，马克思在《德意志意识形态》中说，"我们仅仅知道一门唯一的科学，即历史科学。历史可以从两方面来考察，可以把它划分为自然史和人类史"。建立一门"与自然科学同等的地位"的历史学正是以李大钊为代表的唯物史学家的努力目标，是20世纪初传统史学的近现代转型方向。当然，当时也有一些中国史学家受到西方其他新史学流派的影响，致力于客观主义、实证主义、启蒙主义新史学的创建，尽管主旨要义不尽相同，其着手之处同样是对中国传统史学的更新与改造。

事实上，当历史的车轮驶入近现代以来，传统史学的近现代转型是一个世界性的课题，中国、日本等东方国家如此，西方欧美国家也一样。中国古代留下了丰富而宝贵的史学遗产，包括史书、史料、史识、史论和史家等，但正如刘小枫所言，"古老的文明共同体都有自己的史书，但史书不等于如今的'史学'——无论《史记》《史通》还是《文史通义》，都不是现代意义上的史学"。此言听上去相当刺耳，却不无道理。

早在一百年前,李大钊《史学要论》开宗明义"什么是历史"就已说了大致相同的意思:

> 吾人自束发受书,一听见"历史"这个名词,便联想到《二十四史》《二十一史》《十七史》《史记》《紫阳纲目》《资治通鉴》,乃至 Herodotus、Grote 诸人作的《希腊史》等等。以为这些便是中国人的历史,希腊人的历史。我们如欲研究中国史,希腊史,便要在这些东西上去研究;这些东西以外,更没有中国史、希腊史了。但是历史这样东西,是人类生活的行程,是人类生活的联续,是人类生活的变迁,是人类生活的传演,是有生命的东西,是活的东西,是进步的东西,是发展的东西,是周流变动的东西;他不是些陈编,不是些故纸,不是僵石,不是枯骨,不是死的东西,不是印成呆板的东西。我们所研究的,应该是活的历史,不是死的历史;活的历史,只能在人的生活里去得,不能在故纸堆里去寻。(李大钊:《史学要论》,商务印书馆2009年版,第74—75页)

在近现代新旧文化的转型过程中,历史学虽然涉及一个民族和国家传统文化的深层内核,因而在文化心理上需要承受一定的压力和考验,但历史学也应像自然科学和经济学、政治学、社会学、哲学、文学等其他人文社会科学一样,勇于接受新的挑战,在凤凰涅槃中实现自我新生。中国传统史学经过近现代实证主义史学和唯物主义史学的洗礼之后,事实上做到了这一点。

2

中国传统史学需要进行近现代转型,不仅因为受到外部史学的新思想、新方法、新史料、新领域的影响,也是出于传统史学自身存在诸多不足乃至弊端的改良完善之需要。对于传统史学的欠缺,在20世纪前三十年中无论是唯物史学、实证史学甚至国粹派史学都有深入而中肯的剖析批评。需要指出的是,对中国传统史学的分析评判应该采取一种辩证唯物主义的态度。这里包含两层意思：

第一，中国传统史学的优劣评价应该是系统、全面和辩证的，一些今人看来的"缺点"其实只是一种"特点"，它既有"缺点"的一面，也有"优点"的一面，两者同时并存于"特点"之中。例如，有人批评中国传统史学注重纪传体、编年体，缺乏像希罗多德《历史》、修希底德《伯罗奔尼撒战争史》和爱德华·吉本《罗马帝国衰亡史》那种整体叙事式的历史记叙，这种说法当然是有道理的，中国传统史学确实没有出现一部整体历史叙事的史书，一些纪事本末体史书不过是纪传体和编年体的改编而已，而整体历史叙事恰恰更加接近于近现代新史学的叙事方式。然而不能否认的是，纪传体与编年体在保存原始客观史料方面确实具有自身的优越性。所以，与其简单地评论传统史学的"问题"，还不如全面地分析传统史学的"特点"。

第二，在对中国传统史学特点的褒贬分析过程中应该尽量恪守历史主义与进步主义相结合的态度，既要认识到传统史学在新的社会历史条件下的不足与落伍，也要认识到传统史学是一定时期社会现实存在和人类历史认知的产物，充分尊重传统史学的继承性与发展性之间的内在统一，以及历史记叙的本真性与诠释性之间的意义差别，避免历史研究中的机械主义和实用主义倾向。

为了全面把握中国传统史学的基本特色，本书采用了四种相互关联的分析角度，一是史料，二是史家，三是史用（包括史法与史鉴），四是史话。这种分类研究的方式源自于新闻传播学的启迪。历史学与新闻传播学至少有三个方面的共性：

第一，从内容上看，历史研究与新闻传播都聚焦于过去和"正在发生的"社会事件。我们知道，历史学研究旧事，新闻学关注新闻。我们还说，"新闻是未来的历史，历史是过去的新闻"。事实上，所谓旧事与新闻，都是过去发生的事情，区别只在时间长短而已，即便是现场直播"正在发生的"事件，它们也是发生在"过去"而不是"现在"的事情，正如英国史学家 E. H. 卡尔在《历史是什么》中所说，"现在只不过是想象中的划分过去与未来的分界线，不过是一个观念的存在"。所以，历史叙事与新闻叙事在内容上都是过往的叙事。

第二，从意义上看，历史叙事与新闻叙事都只关注值得关注的"事件"。在海量的社会事件中，能够构成"历史事件"与"新闻事件"的记录都已经过史学家和新闻记者的筛选，被赋予了特殊"历史意义"和"新闻价值"，而日常生活中大量没有这种"意义"和"价值"的往事都湮灭无闻了。所以，历史记述和新闻纪录都是有目的、有意义、有价值的社会行为。

第三，从结果上看，历史与新闻的共通之处在于两者都以追求"客观性"与"真实性"为基本归依。也就是说，历史学与新闻学都要求史家和记者尽量摒弃主观臆断，严格秉持客观态度，努力体现历史叙事和新闻叙事的真实性，这就是历史学与新闻学"如实直书"的基本原则要求。

基于上述共性，我们在选取传统史学的分析视角时就不妨借取传播学的"五W"模式。这里需要说明一下，传播学的"五W"模式与新闻报道的"五个W"不是同一回事，后者是关于新闻叙事的五个要素，包括who（何人）、when（何时）、where（何地）、what（何事）、how（如何），这是一个大学新闻系学生必须掌握的写作技巧。而传播学的"五W"模式则是美国学者哈罗德·拉斯韦尔提出的人类传播行为分析因素，他发表于1948年的传播学研究的经典论文《社会传播的结构与功能》中说：

说明传播行为有一个简便的方法，就是回答下列问题：谁？说什么？通过什么渠道？向谁？有什么效果？（张国良：《20世纪传播学经典文本》，复旦大学出版社2006年版，第199页）

由此产生了传播学的五个研究领域：第一，有关"谁"（who）的研究便是"控制分析"；第二，有关"说了什么"（say what）的研究便是"内容分析"；第三，有关"通过什么渠道"（in which channel）的研究便是"媒介研究"；第四，有关"对谁说"（to whom）的研究便是"受众分析"；第五，有关"产生什么效果"（with what effect）的研究便是"效果分析"。直到今天，所有的新闻传播研究大致跳不出这五个范围。

历史学、史学理论、历史哲学与此颇有异曲同工之妙。历史学同样关心五个问题：谁在写？写什么？怎么写？读者是谁？写得如何（有什么现实效用）？本书各章布局正是基于这样一种分析框架。

第一章"史料"，主要讨论中国传统史学"写什么"，即历史叙事的写作素材问题。

第二章"史家"，主要讨论中国传统史学"谁在写"，即历史叙事的写作主体问题。

第三章"史用"包括两个部分，前半部分"史法"主要讨论中国传统史学"怎么写"，即历史叙事的写作方法问题；后半部分"史鉴"，主要讨论中国传统史学"写作效用"，即历史叙事的现实应用问题。

第四章"史话"，主要聚焦于"读者是谁"的问题，把古代历史文本的大众读者对象纳入到研究范围之内，在官方史著与大众史话、庙堂史学与社会传说、历史叙事与文学叙事、作者主体与受众主体之间的互动关系中，去发现中国传统史学的叙事与传播特点。

第五章"史学"，主要是站在新史学的视野下，考察中日传统史学的近现代转型问题，展现清末民初特别是20世纪上半叶中国新史学的发展历程与特色。

3

中日传统史学交流是中日历史文化交流的一个重要缩影。比较史学是史学史研究的有效方式。通过考察中日传统史学的异同，可以为认识中国传统史学特点提供了一种观察视角。本书将中日史学史作为研究对象，一方面想要呈现一千五百年来中日史学交流长河的粼粼波光，另一方面也想借此显现二千五百年来中国传统史学的月华流照。

日本传统史学深受中国传统史学长期的、系统的影响，在许多方面亦步亦趋地学习，惟妙惟肖地模仿，呈现出以儒家文化圈为思想核心的东亚史学传统的共同特征。我们看到，中国史学对日本史学的影响始于《日本书纪》，该书引用、采取、模仿中国史籍甚多，包括《魏志·倭人传》《晋起居注》等，这说明在日本史学诞生之际就已打上了中国史学的印记。我们又看到，中国佛教的"因果论"东传之后对日本历史记述的影响，出现了慈园《愚管抄》这部日本历史上最早从明确因果关系的角度考察历史阶段性演进过程的史著。我们也看到，历史记述在日本传统社会也有重要的现实指导意义，是统治者借以汲取智慧、维护权威的有效助益。当德川家康消灭石田三成，并且有效削弱各地大名的实力之后，他便谋划获得征夷大将军的名号，试图建立新的幕府政权，但德川家康并不想效仿足利氏的室町幕府，而是希望效仿镰仓幕府，于是就仔细阅读镰仓时代的史书《吾妻镜》，并且让近臣永井直胜、本多正纯等研究镰仓时代的朝廷、幕府典故。我们更看到，江户时期的日本史学注重吸收中国考据学特别是清代考据学和辨伪学的优良学风和学术方法，为明治以后的日本传统史学转型和新史学发展奠定了不可或缺的基础。

在中日文化交流的过程中，日本一面认真摄取中国大陆文化，一面努力构建自己的独特文化。日本传统史学在效仿中国史学的同时，一直致力于服务自身社会政治的需要，有意识地强化日本史学的独特属性，这种状况在14世纪临济宗名僧虎关师练的《元亨释书》和15世纪临济宗名僧瑞溪周凤的《善邻国宝记》中已见端倪，典型的代表则是江户时期的学者山鹿素行。山鹿最初跟随林罗山学习宋学，后来从朱子学中脱离出来，又转而信奉孔子古学，最后从极度崇信汉学发展到日本优越思想。他在《配所残笔》中交代了自己思想变化的历程，他说：

> 我很早就开始喜欢中国的书籍，夜以继日地诵读不倦……受此影响，我不知不觉中变得尊崇中国……从古到今的学者们大都这么想，羡慕中国，模仿中国。直到最近为止，我头一次开始意识到这种思路是错误的……如果我们一条一条地比较历史功绩的话，日本反而是要远远优越于外国，因此日本才是真正的中国，才真正应该被称为"中朝"。（［日］平泉澄《物语日本史》，社会科学文献出版社2017年版，第571—572页）

"中朝"本来是东晋时人对西晋的称谓，后来成为"中国"代称。日本学者将本国称谓"中朝"，大有取代中国成为天下中心之意。这种心态可以说一直存在于近世以来日本文化之中，是促成日本明治维新后向西方转向的深层文化原因。

日本传统史学在明治维新后经历了学习西方史学文化和自我反省批判的过程，在史学观念、史学研究、史学方法、史学机构、史学编纂、史学教育等诸多方面实现了传统史学的近现代转型，新史学的迅速发展甚至达到了与西方近现代实证史学并驾齐驱的程度。但日本新史学也存在明显的服务国家主义的倾向，20世纪20年代后逐渐滑入服务于帝国主义和军国主义的泥沼，这种态势在二战结束后得以改观。

4

中国古代史学长期以来具有考信、辨伪、实证的优良传统，尤其是作为清代乾嘉学派主流的实证史学和以崔述为代表的民间考信史学，将考证辨伪史学水平推向了高峰，为传统史学迎接新时代奠定了重要基础。

鸦片战争后，中国人民一面抵抗西方列强侵略，一面学习西方先进文化。一些仁人志士开始放眼世界，通过了解国外历史与现状，明确中国社会发展方向。在这个过程中，传统史学发挥了探路和启蒙的积极作用。这种努力早于日本明治维新之前就已开始，如曾任两广总督林则徐幕僚的学者梁廷枏在1846年撰写完成了《海国四说》一书，不仅萃集了欧美国家的历史与现世的重要资料，而且通过中外制度比较，清醒地看到了彼此之间的差距。尽管像《海国图志》《海国四说》之类的书籍在当时寥若晨星，并且"是论出，人多龇之"，但确实代表了鸦片战争后爱国先进知识分子"开眼看世界"的视野和胸襟。梁廷枏同时另著有《夷氛闻记》一书，记述了中英通商关系由来、鸦片走私贸易、禁烟运动、鸦片战争经过、三元里抗英斗争等史事，也是一部不可多得的近代史籍。遗憾的是，这种打破闭关锁国、勇于自新自强的民意没有得到清廷政府的积极回应，使得晚起的日本明治维新反而后来居上，在东亚近现代社会转型的激烈竞争中实现弯道超车，一路绝尘而去。在史学领域，日本同样借着文化维新之势，领先一步引入西学，遂在传统史学的近现代转型中领先中国一二十年。

令人欣慰的是，在先行一步的日本实证史学影响下，中国传统史学积极面对新时势、新文化、新领域、新挑战，积极主动地开启了传统史学的近现代转型之路。随着留学日本与欧美的史学家生力军不断加入，中国近现代新史学在传统史学的根基上老树开花，在较短时间里取得了极为丰富而广泛的成果。时至20世纪二三十年代，中国新史学已与包括日本在内的世界各国史学界处在基本相近的水平上，即使在相对陌生的科学考古学领域也急起直追，取得了无愧时代的学术成就，并且形成了中国新史学的自身特色和优势，在史学研究、史学教育、史学应用等方面均有力助推了社会进步与民智开发。

在中国传统史学转型过程中，除了国粹派、国学派以及后来的新儒家史学时隐时现、不绝如缕之外，主要形成了两大学派体系或曰学术阵营：一是实证史学，一是唯物史学。在对旧史学的批判与新史学的创立过程中，实证史学与唯物史学是并肩作战的同盟军。在新史学与中国近现代实际相结合的过程中，双方相互影响，彼此竞争，分道发展，共同呈现了20世纪上半叶中国新史学的双重合奏。

唯物史观在中国的兴起和发展得益于中日文化交流，早期中国唯物主义史学家大都受到日本唯物史观的影响。随着唯物史观在中国的不断传播和发展，伴随着政治形势的变化演进，唯物主义史学终于成为主流史学，并从20世纪下半叶起直至今日，成为是占统治地位的中国历史学，并且伴随着中国当代社会的发展进步不断趋于完善。

5

历史不会终结，史学同样不会停滞，人类史学思想、史学理论必然长久处在变化发展之中。新的社会存在总会带来新的史学观念，新旧史观之间的交汇交流交融有利于促进历史学在思想观念和研究方法上的更新迭代。历史学唯有在不断的与时俱进中，才能长久保持自身的学术生命和社会价值。

进入20世纪后半叶，西方相对主义史学、后现代史学影响广泛，既丰富了史学家的史学思维，也带来了新的挑战和思考。始于19世纪末、盛于20世纪中叶的相对主义历史学及历史哲学，拥有一份长长的学术系谱，囊括了一长串闻名遐迩的人物，其中包括德国史学家威廉·狄尔泰和齐美尔、意大利史学家克罗齐、英国史学家柯林伍德和迈克尔·奥克肖特、美国史学家卡尔·贝克尔等。当然，影响最大的相对主义历史学家当属英国的E. H. 卡尔，他的《历史是什么》一书在20世纪下半叶蜚声于世，引发了史学界的诸多争论。曼德尔鲍姆在《历史知识问题》中概括了历史相对主义的三个主要观点：第一，历史的实际情况在内容方面比任何可能对它做出的记述丰富得多；第二，历史著作必定具有的连续性和结构并非与历史事件所特有那种连续性和结构真正相似；第三，历史学家必然要做出一些价值判断，这些判断与现在相关，而与过去无关。

事实上，历史相对主义所涉及的问题就是千百年来史学界一直在讨论的历史著述的客观性问题。彼得·诺维克在《那高贵的梦想》一书中对"客观性观念"作了一个扼要的归纳，"它所依据的基本原理是忠于过去的事实，忠于与过去的事实相符合的真理；把认知者和被认知的对象、把事实与价值观，特别是把历史与虚构截然区分开来"。安托万·普罗斯特认为，客观性就是"史家保持距离和不偏不倚"，他将历史学家与法官做了一番比较，认为法官在诉讼中要在控辩双方之间保持平衡，"必须避免片面的视角"，提问的时候没有偏心，以事实为准，这才称得上是公正的法官。这些对史家客观性的追求是千百年来历史主义的高贵理想，也是有责任的历史学家令人尊敬的自律要求。

E. H. 卡尔对此表示怀疑，理由是缘于历史学家的社会性。他说：

> 正如马克思曾经所说的，不要忘记的是，教育者本人也必须接受教育；以现在的行话来说便是，洗脑筋的人，自己的脑筋也被洗过了。历史学家在开始撰写历史之前就是历史的产物。（[英] E. H. 卡尔：《历史是什么》，商务印书馆2007年版，第128页。）

由此可见，历史相对主义是对历史实证主义的直接挑战。在历史上，实证史学早已经历过多次怀疑和挑战，然而这次相对主义的挑战远比以往更具系统性和学理性，体现了20世纪六七十年代以后西方非理性主义社会思潮的巨大影响力。

6

就在史学家们围绕史学的客观性问题争论不休之际，一股席卷全球多个学术文化领域的"后现代风云团"，挟持着一路上摧城拔寨的余威，再次给历史学界带来了更加强劲的超级飓风。从七十年代开始，后现代的学术狂潮终于波及人文社会学科的最后一个堡垒——历史学，经过八十年代的酝酿发酵，到九十年代已成烈焰之势，恰如理查德·艾文斯所说：

> 到了1990年代末，毋庸置疑，由后现代主义发动的有关历史、真相和客观性的辩论，已成沛然莫之能御之势。任何人，除非是极端的蒙昧者，都无法对其视而不见。（［英］理查德·艾文斯：《捍卫历史》，广西师范大学出版社2009年版，第7页）

后现代主义横扫传统史学的"撒手锏"，就是把历史叙事看成是一种话语的修辞表达，一种主观的叙事方式。在海登·怀特看来，唯一"复制"历史的方法就是用一定的形式将其呈现出来，历史学家留给世人的历史著述文本，虽然看起来由大量的"史料"内容组成，事实上却受制于一种更加基础性、根本性的东西——语言形式，用怀特的话来说就是语言修辞。怀特认为，"任何现代语言学家都知道，表现形式是内容本身的一部分"，而语言是由自身的结构所支配的，通过语言"描述"或"叙事"的历史，必然受制于语言本身的逻辑结构，因而不可能是"客观的""真实的"。这就是所谓历史学的"语言学转向"。怀特在《历史的负担》一书中说，"语言既不是人类意识的自有创造，也不纯粹是环境力量作用于精神的产物，而是意识与意识所寄居的世界之间的协调工具"，历史叙事文本烙上了语言的印记，这些印记不是历史相对主义者所关注的史家遣词造句这些枝节末叶，而是语言本身最深刻的特质——即语言内在的叙述结构，又称"元叙述"，它通过历史学家之手，按照语言的结构性原则，将散落在历史角落里的各种"史料"以特定的方式加以组合，形成一部又一部新的历史文本。语言存在着自身的结构和叙述模式，它在自身的配置中生成着意义，语言在传达意义的同时，也在创造着意义。总之，按照海登·怀特的意思，语言不只是表达的工具，更是形成意义、决定思维、影响写作、生成内容、建构文本的决定性因素。

后现代主义历史学延续了20世纪以来相对主义对客观主义史学的批评路数，但将批评的重点从认识论转向了形式论，从哲学转向了语言学。如果说相对主义者将"历史的客观存在"与"人的主观认识"分为两橛，后现代主义则把"历史的客观存在""人的主观认识""文本的语言形式"分为三段。他们通过精致的文本话语分析，"证明"了历史客观不仅难以直接认知，而且无法直接呈现。后人要了解过去的事必须依赖于史家，而史家又必须依赖于语言，经过这两种"中介"，特别是语言元叙述结构的过渡和过滤，呈现在世人面前的早已不是什么"历史客观"，而只是所谓的"文本客观"，两者判然有别。

7

历史学面对历史相对主义和后现代思潮的挑战，有三个方面的问题需要认真对待。

第一，要努力划清与历史虚无主义的界线。真实性与客观性，作为历史学从古到今最重要的学术圭臬，是历史学必须恪守的两大原则，这既是历史主义最基本的底线，也是人类致力于历史研究的"高贵的梦想"。历史虚无主义是对历史本身的简单粗暴的歪曲、抹杀和否定，其本质特征是违背历史学研究的历史主义原则和方法，其主要表现是对历史真实性与客观性的双重否定。历史虚无主义不属于史学观念，不属于史学理论，不属于史学方法，不属于历史学的学术圣殿，只不过是徘徊在史学殿堂之外的粗俗幽灵而已。历史虚无主义与历史学内在固有的审慎态度、怀疑精神、严谨分析毫不相涉，不仅严肃的史学家应该将其拒之门外，普通社会民众也应对其嗤之以鼻。正如史学家乔伊斯·阿普比尔等人在《历史的真相》一书中所说：

> 我们支持一种健康的怀疑主义，对于那些已奠定从多元文化方位探讨人类历史的基础的研究工作，要给予喝彩。但是，对于伴随当代相对主义的愤世态度与虚无主义，我们则予以摈弃。（［美］乔伊斯·阿普比尔、林恩·亨特、玛格丽特·雅各布：《历史的真相》，上海人民出版社2011年版，第7页）

历史学要守住学术底线，维护自身尊严，必须以更加明确的态度和更加有力的说理，来划清各种严肃的历史学理论与历史虚无主义之间的明确界线，并且对现实社会中的历史虚无主义现象进行批判。

第二，要积极研究和回应来自严肃的史学理论、史学思潮的学术互动与挑战。在划清历史虚无主义的界线之后，历史学要通过与各种学术流派、学术观点的交流切磋，发现新问题，探索新方法，开拓新领域，提升史学研究的新境界。就相对主义史学而言，它引发了人们再次将目光聚焦到历史叙事的客观性与主观性这个根本问题，在很大程度上深化了史学家对历史客观性的学术认识。就后现代史学思潮而言，它在促使史学家思考新问题、拓展新思路方面也发挥了积极的作用，包括推动了"叙事史"的复兴，开拓了"日常生活史"的微观史学领域，开辟了大众传媒时代的"影视史学"研究等。历史学本身也是一种社会历史的存在，所以它必须反映社会存在的历史，并在学理性思辨中不断臻于完善。数千年来历史学饱经风霜，备受磨难，却能够老而弥坚，旧枝新芽，一个重要的原因就在于坚持以开放的姿态与外部世界保持信息交流与学术互动。这也是中日史学交流史留给我们的最大启示。

第三，要坚持将历史研究与史学理论研究、历史书写与史学史书写置于同等重要的地位。人类的社会生活不断地给史学家留下大量史学课题和史学资料。历史在进行，历史叙事也在延续，人类史学史就永不停步。历史学家既要关注历史叙事，也要关注历史方法，更要关注历史观念，尤其是历史观念的发展变化。正如普罗斯特说：

被称之为"历史学"的这门学科并不是一种永恒不变的实质，不是柏拉图式的理念。它本身也是一个历史事实，换言之，历史学处在时间和空间之中。（[法]安托万·普罗斯特：《历史学十二讲》，北京大学出版社 2012 年版，第 6 页）

从古至今，人类一直在书写三部历史：第一部是人类全部社会生活的历史，可以称之为"历史"（histroy），我们每一个人都以自己的行动参与其中。第二部是对人类社会生活的历史记述，可以称之为"历史叙述"（narrative of history），它主要是由历史学家撰写的，但普通大众也可以通过民间史述的传播者和受众身份发挥一定的影响作用。第三部历史是体现在所有历史记叙中的史学观念、史学思想、史学理论和史学方法，它们本身构成了一部人类史学史或曰史学思想史，可以称之为"历史的历史"（histroy of histroy），或"历史叙述的历史"（histroy of narrative of history）。多数历史学家和绝大多数历史读者都关注第二部历史，而事实上第三部历史才真正决定着第二部历史如何书写与如何阅读，甚至在很大程度上影响着人类第一部历史的进程。这一点，我们只要想一想历史唯物主义史观对于现当代中国历史进程的巨大影响，即可有所领悟。人类塑造了"历史"，"历史叙述"反过来塑造了人类——赋予我们自身的过去、现在与未来的意义，而这一切又与"历史的历史"密切相关。就此而言，史学史或曰历史之历史，就是体现人类自身本质意义的观念史。从这个角度去看中外史学交流史，就可以理解本书的意蕴所在。

参考书目

白寿彝:《史学遗产六讲》,北京出版社 2011 年版。
班固:《汉书》,中华书局 1987 年版。
仓修良、叶建华:《章学诚评传》,南京大学出版社 1996 年版。
曹家齐:《20 世纪中国历史学》,西苑出版社 2013 年版。
常璩:《华阳国志》,齐鲁书社 2010 年版。
陈登原:《古今典籍聚散考》,华东师范大学出版社 2010 年版。
陈其泰、张爱芳:《汉书研究》,中国大百科全书出版社 2009 年版。
陈寿:《三国志》,中华书局 1973 年版。
程俊英、蒋见元:《诗经注译》,中华书局 2017 年版。
程树德:《论语集释》,中华书局 1900 年版。
崔述:《崔东壁遗书》,上海古籍出版社 2013 年版。
邓之诚《东京梦华录注》,中华书局 1982 年版。
杜维运:《史学方法论》北京大学出版社 2006 年版。
杜维运:《中国史学史》,商务印书馆 2010 年版。
杜维运:《中国史学与世界史学》,商务印书馆 2010 年版。
段润秀:《官修〈明史〉的幕后功臣》,人民出版社 2011 年版。
范晔:《后汉书》,中华书局 1985 年版。
方诗铭:《三国人物散论》,上海古籍出版社 2000 年版。
傅斯年:《史学方法导论》,上海古籍出版社 2011 年版。
顾颉刚等:《中国当代史学》,辽宁教育出版社 1998 年版。
顾颉刚、刘起釪:《尚书校释译论》,中华书局 2018 年版。

郭朋：《坛经校释》，中华书局1983年版。

郭绍虞：《文心雕龙注》，人民文学出版社1958年版。

韩震、董立河：《历史学研究的语言学转向》，北京师范大学出版社2008年版。

何炳松：《何炳松讲历史》，凤凰出版社2011年。

何宁：《淮南子集释》，中华书局1998年版。

侯云灏：《20世纪中国史学思潮与变革》，北京师范大学出版社2007年版。

胡奇光：《中国文祸史》，上海人民出版社2006年版，第133页。

胡士莹：《话本小说概论》，商务印书馆2011年版。

胡适：《水浒传考证》，北京出版社2020年版。

胡应麟：《少室山房笔丛》，中华书局1958年版。

黄进兴：《后现代主义与史学研究》，生活·读书·新知三联书店2008年版。

黄汝成：《日知录集释》，上海古籍出版社1985年版。

黄宗羲：《黄宗羲全集》，浙江古籍出版社1993年版。

贾思勰：《齐民要术》，中华书局2015年版。

翦伯赞：《史料与史学》，北京出版社2011年版。

姜萌：《从"新史学"到"新汉学"：清末民初文史之学发展历程研究》，人民出版社2020年版。

金性尧：《清代笔祸录》，上海远东出版社2012年版。

金性尧：《三国谈心录》，中国人民大学出版社2006年版。

金毓黻：《中国史学史》，商务印书馆2010年版。

李大钊：《史学要论》，商务印书馆2009年版。

李洪天：《回望如梦的六朝》，凤凰出版社2009年版。

李孝迁：《西方史学在中国的传播》，华东师范大学出版社2007年版。

李延寿：《北史》，中华书局1974年版。

李延寿：《南史》，中华书局1975年版。

李宗侗：《中国史学史》，中华书局2010年版。

梁启超：《清代学术概论》，中华书局2010年版。

梁启超：《古书真伪常识》，中华书局 2012 年版。

梁启超：《新史学》，《饮冰室合集》文集之九。

梁启超：《中国近三百年学术史》，人民出版社 2008 年版。

梁启超：《中国历史研究法》，中国人民大学出版社 2012 年版。

梁玉绳：《史记志疑》，中华书局 1981 年版。

刘咸炘：《刘咸炘学术论集》（史学编），广西师范大学出版社 2007 年版。

刘昫等：《旧唐书》，中华书局 1975 年版。

刘知几：《史通》，上海古籍出版社 2015 年版。

楼含松：《从"讲史"到"演义"》，商务印书馆 2008 年版。

卢弼：《三国志集解》，上海古籍出版社 2009 年版。

鲁迅：《中国小说史略》，中华书局 2010 年版。

吕思勉：《史学与史籍七种》，上海古籍出版社 2009 年版。

马端临：《文献通考》，中华书局 1986 年版。

蒙文通：《中国史学史》，上海人民出版社 2006 年版。

欧阳建：《古代小说与历史》，山西人民出版社 2005 年版。

欧阳修：《新五代史》，中华书局 1974 年版。

欧阳修等：《新唐书》，中华书局 1975 年版。

钱大昕：《廿二史考异》，商务印书馆 1958 年版。

钱穆：《中国史学发微》，生活·读书·新知三联书店 2009 年版。

钱婉约：《从汉学到中国学：近代日本的中国研究》，中华书局 2007 年版。

钱婉约：《内藤湖南的中国学》，九州出版社 2020 年版。

邵东方：《崔述学术考论》，广西师范大学出版社 2009 年版。

邵艳萍：《日本军记物语中的中国历史故事》，上海文艺出版社 2019 年版。

沈德符：《万历野获编》，中华书局 1959 年版。

沈约：《宋书》，中华书局 1974 年版。

盛邦和：《认识亚洲：中国与日本近现代思想史学研究》，上海人民出版社 2019 年版。

盛巽昌：《毛泽东与三国》，文汇出版社 1995 年版。

石光瑛：《新序校释》，中华书局 2001 年版。
司马光：《资治通鉴》，中华书局 1976 年版。
司马迁：《史记》，中华书局 1982 年版。
宋濂：《元史》，中华书局 1976 年版。
苏轼：《东坡志林》，中华书局 1981 年版。
苏舆：《春秋繁露义证》，中华书局 1992 年版。
孙希旦：《礼记集解》，中华书局 1989 年版。
童庆炳等：《历史题材文学创作重大问题研究》，经济科学出版社 2011 年版。
脱脱等：《宋史》，中华书局 1985 年版。
汪荣祖：《史学九章》，生活·读书·新知三联书店 2006 年版。
王夫之：《读通鉴论》，中华书局 1978 年版。
王佳晴、古伟瀛：《后现代与历史学：中西比较》，山东大学出版社 2006 年版。
王家范：《史家与史学》，广西师范大学出版社 2007 年版。
王鸣盛：《十七史商榷》，上海古籍出版社 2016 年版。
王利器：《盐铁论校注》，中华书局 1992 年版。
王瑞功主编：《诸葛亮研究集成》，齐鲁书社 1997 年版。
王树民：《廿二史札记校证》，中华书局 1984 年版。
王树民：《中国史学史纲要》，中华书局 1997 年版。
王先谦：《荀子集解》，中华书局 1988 年版。
王学典主编：《史学引论》，北京大学出版社 2008 年版。
王勇主编：《历代正史日本传考注》，上海交通大学出版社 2016 年版。
魏徵等：《隋书》，中华书局 1973 年版。
吴承仕：《论衡校释》，中华书局 1990 年版。
吴怀祺：《中国史学思想史》（清代卷），2002 年版。
吴兢：《贞观政要》，中华书局 2011 年版。
吴量恺：《崔述评传》，南京大学出版社 2001 年版。
向燕南：《从历史到史学》，北京师范大学出版社 2010 年版。
萧子显：《南齐书》，中华书局 1972 年版。

谢保成：《中国史学史》，商务印书馆 2006 年版。

熊十力：《中国历史讲话》，上海书店出版社 2008 年版。

徐元诰：《国语集解》，中华书局 2002 年版。

许维遹：《吕氏春秋集释》，中华书局 2009 年版。

薛居正：《旧五代史》，中华书局 1976 年版。

杨伯峻：《春秋左传注》，中华书局 1990 年版。

杨鸿烈：《史学通论》，岳麓书社 2012 年版。

杨乾坤：《中国古代文字狱》，山西人民出版社 1999 年版。

姚思廉：《陈书》，中华书局 1972 年版。

姚思廉：《梁书》，中华书局 1973 年版。

叶瑛：《文史通义校注》，中华书局 1985 年版。

永瑢等《四库全书总目》，中华书局 1965 年版。

余嘉锡：《世说新语笺疏》，中华书局 1983 年版。

俞樾等：《古书疑义举例五种》，中华书局合编。

张尔田：《史微》，上海书店出版社 2010 年版。

张舜徽：《史通平议》，《张舜徽集·史学三书平议》，华中师范大学出版社 2005 年版。

张廷玉：《明史》，中华书局 1974 年版。

张新科：《〈史记〉与中国文学》，商务印书馆 2010 年版。

张政烺：《文史丛考》，中华书局 2012 年版。

赵尔巽：《清史稿》，中华书局 1977 年版。

中华书局编辑部：《历代纪事本末》，中华书局 1997 年版。

周文玖：《史学史导论》，学苑出版社 2006 年版。

周文玖：《因革之变：关于历史本体、史学、史家的探讨》，北京师范大学出版社 2010 年版。

朱大渭：《六朝史论》，中华书局 1998 年版。

朱熹：《四书章句集注》，中华书局 2012 年版。

朱希祖：《中国史学通论》，上海古籍出版社 2013 年版。

［德］弗里德里希·梅尼克：《历史主义的兴起》，译林出版社 2009 年版。

［德］哈拉尔德·韦尔策主编：《社会记忆》，北京大学出版社 2007 年版。

［德］利奥波德·冯·兰克：《历史上的各个时代》，北京大学出版社2010年版。

［德］威廉·狄尔泰：《历史中的意义》，译林出版社2011年版。

［俄］高尔基：《论文学》，人民文学出版社1978年版。

［法］安托万·普罗斯特：《历史学十二讲》，北京大学出版社2012年版。

［法］朗格诺瓦、瑟诺博司：《历史研究导论》，中国人民大学出版社2011年版。

［法］马克·布洛克：《历史学家的技艺》，中国人民大学出版社2011年版。

［法］米歇尔·德·塞尔托：《历史与心理分析》，中国人民大学出版社2010年版。

［法］雅克·勒高夫：《历史与记忆》，中国人民大学出版社2010年版。

［古罗马］普罗塔克：《希腊罗马名人传》，商务印书馆1985年版。

［古希腊］希罗多德：《历史》，商务印书馆1959年版。

［古希腊］修昔底德：《伯罗奔尼撒战争史》，商务印书馆1960年版。

［古希腊］亚里士多德：《诗学》，人民出版社1984年版。

［韩］金文京：《三国演义的世界》，商务印书馆2010年版。

［美］J. W. 汤普森：《历史著作史》上卷，第一分册，商务印书馆1988年版，第85页。

［美］彼得·诺维克：《那高贵的梦想》，生活·读书·新知三联书店2009年版。

［美］道格拉斯·凯尔纳：《后现代理论》，中央编译出版社2011年版。

［美］格奥尔格·伊格尔斯：《二十世纪的历史学》，山东大学出版社2006年版。

［美］格奥尔格·伊格尔斯、王晴佳：《全球史学史——从18世纪至当代》，北京大学出版社2011年版。

［美］格特鲁德·希梅尔法布：《新旧历史学》，新星出版社2007年版。

［美］海登·怀特：《历史的负担》，北京出版社2011年版。

［美］李印怀：《重构近代中国：历史写作中的想像与真实》，中华书局2013年版。

［美］鲁滨孙：《新史学》，中国人民大学出版社 2011 年版。

［美］鲁滨逊：《新史学》，中国人民大学出版社 2011 年版。

［美］米勒德·J. 艾利克森：《后现代主义的承诺与危险》，北京大学出版社 2006 年版。

［美］倪德卫：《章学诚的生平及其思想》，江苏人民出版社 2007 年版。

［美］乔伊斯·阿普比尔、林恩·亨特、玛格丽特·雅各布：《历史的真相》，上海人民出版社 2011 年版。

［美］斯塔特编：《修昔底德笔下的演说》，华夏出版社 2012 年版。

［美］斯图尔特·休斯：《历史学是什么》，北京师范大学出版社 2018 年版。

［美］伍安祖、王晴佳：《史鉴：中国传统史学》，中国人民大学出版社 2014 年版。

［美］希拉里·普特南：《理性、真理与历史》，上海译文出版社。

［日］坂本太郎：《日本的修史与史学》，北京大学出版社 1991 年版。

［日］东野治之：《遣唐使》，新星出版社 2020 年版。

［日］冈田英弘：《日本史的诞生》，海南出版社 2018 年版。

［日］家永三郎：《日本文化史》，译林出版社 2018 年版。

［日］历史学研究会、日本史研究会编《日本历史讲座》第八卷，商务印书馆 1964 年版。

［日］内藤湖南：《中国史学史》，上海古籍出版社 2008 年版。

［日］内藤湖南：《诸葛武侯》，江苏人民出版社 2019 年版。

［日］平泉澄《物语日本史》，社会科学文献出版社 2017 年版。

［日］清水义范：《你一定想知道的日本文学简史》，四川文艺出版社 2020 年版。

［日］《岩波日本史》，新星出版社 2020 年版。

［日］永原庆二：《20 世纪日本历史学》，北京大学出版社 2014 年版。

［日］《早稻田大学日本史》，华文出版社 2020 年版。

［意］卡洛·安东尼：《历史主义》，上海人民出版社 2010 年版。

［意］克罗齐：《历史学的理论和实际》，商务印书馆 1982 年版。

［英］E. H. 卡尔：《历史是什么》，商务印书馆 2007 年版。

［英］W. H. 沃尔什：《历史哲学》，北京大学出版社 2008 年版。

［英］埃尔顿：《历史学的实践》，北京大学出版社 2008 年版。

［英］《盎格鲁—撒克逊编年史》，中译本序言，商务印书馆 2004 年版。

［英］基思·詹金斯：《论"历史是什么"》，商务印书馆 2007 年版。

［英］卡尔·波普尔：《历史主义贫困论》，中国社会科学出版社 1998 年版。

［英］柯林伍德：《历史的观念》，北京大学出版社 2010 年版。

［英］理查德·艾文斯：《捍卫历史》，广西师范大学出版社 2009 年版。

［英］迈克尔·奥克肖特：《历史是什么》，上海财经大学出版社 2009 年版。

［英］约翰·H. 阿诺德：《历史之源》，译林出版社 2013 年版。

［英］约翰·托什：《史学导论》，北京大学出版社 2007 年版。

Burn, R. M. Pickard, H. R：《历史哲学》，北京师范大学出版社 2008 年版。

C. Behan McCullagh：《历史的逻辑：把后现代主义引入视域》，北京师范大学出版社 2008 年版。

后　　记

在人类岁月的长河中，历代史家运用聪明才智和惊人毅力，共同营建起一座宽广而深邃的历史大观园。我们有幸徜徉在历史叙事的亭台楼阁，欣赏花团锦簇的六经三史，评点五彩斑斓的稗官野史，惊羡异香氤氲的西洋通史，流连姹紫嫣红的东瀛镜史，满目胜景，应接不暇。

在此花海香庭之中，却有一处地方人迹罕至，这便是历代史家撰写历史之史——史学史与史学思想史。法国学者普罗斯特说："历史学的认识论本身在一定程度上也是一部历史。"然而，历史之史犹如琪花瑶草，不与众芳争胜，杳然隐没于峭壁之上，虽乃镇园之宝，无奈鲜为人知。

如果说，史学家是历史大观园各种花木景观的设计师和园艺师，那么史学之史就是历史大观园的设计图和群芳谱。也许，一个普通的游园观光客可以不必了解这些图谱；但对于一个真正的史学爱好者，最好能有机会一瞥这些图谱，至少也应知道它们的存在与意义。诚如日本学者高桥章则所说："在从'史料'写作到史书编撰完成的各个阶段，甚至是在阅读'史书'的读者内心中都存在着历史思想。"了解史学之史，是跨越历史"知其然"与"知其所以然"深涧的必经之路。

我自幼喜欢历史。不，准确地说，喜欢阅读历史故事。从迷恋泛黄的老版《三国演义》连环画而不能自拔，到手捧崭新的中华书局1973年点校本《三国志》却不知所云，再到细读商务印书馆一部部汉译史学名著几近废寝忘食，直到自己撰写出版了几部与史学相关的专著，随着读书渐广，心中疑窦越多。我不再满足于知道各种史书写了什么，更想了解撰史者为何这么写，就如同一个小学生不满足于答出试卷题目，更想明白老师出题的用意是什么。于是大约在十多年前，我用数年时间购读了坊间大多数国内外学者的史学史、史学思想史论著，感觉自己对历史学的理解进入到一个新的胜境，遂生撰写一部中外史学史较论之愿。

这本小书从 2012 年开始写作，时断时续，边写边改，时至出版，倏忽十年。值此付梓之时，我要感谢浙江工商大学东方语言与哲学学院院长江静教授的推荐，使之补入"浙商大日本研究丛书"出版。我尤其要衷心感谢中国日本史学会名誉会长、北京大学历史系宋成有教授。感谢者有三：其一，在我写作本书时，日本学者坂本太郎《日本的修史与史学》一书是最重要的参考书，该书附录所载沈仁安先生与宋成有先生的论文《近代日本的史学与史观》与《日本史学新流派析》，是改革开放后国内学者重要的日本史学史论文，给予我极大的启发。其二，本书有幸列入的"浙商大日本研究丛书"，三年前由宋先生亲自作序，这对我来说不啻为一份意外的惊喜与荣幸。其三，2021 年 10 月"东亚视域下的中日关系——以赴日中国人为中心"国际学术研讨会在浙江工商大学举行，我应邀到会致辞，有幸拜见了发表主旨报告的宋先生。宋先生获悉我即将出版有关中日史学史的小书，便在研讨会上举案接引，强调他一贯主张的重视日本史学史研究的意义；令我十分感动与感激的是，宋先生在百忙中惠赐六千多字的长序，回顾展望日本史学史研究，可谓言近而旨远；条分缕析拙作多方面得失，实乃求道之鞭影。我与宋先生的这段学术因缘，特别是宋先生对后学的鼓励提携，将成为我治学生涯的美好记忆。

2021 年 12 月 26 日

于杭州紫金港